抜歯風習と社会集団

Ritual Tooth Extraction and Social Groupings

Kyoko Funahashi 舟橋京子 著

すいれん舎

はじめに

　人の一生は誕生してから死亡するまでの連続する時間であるが、多くの社会においてはこの時間の流れを年齢階梯（コドモ・オトナ等）、職業（生業）集団における何らかのstatus等によりカテゴリー化する。このカテゴリーの移動の際に行われるのが未開社会において特に顕著に見られる通過儀礼である。
　何らかの通過儀礼に伴い割礼、文身（入れ墨）、ピアス、抜歯等の身体加工を施す例は世界中に広く見られる（吉岡 1989）。その中でも、考古学的証拠として確実にその存在が遺存するものの中に、健康な歯牙を企画的に抜歯する抜歯風習が含まれる。ヒトの永久歯は1度抜歯すると生え替わることはなく、抜歯後は抜歯部分に空間が存在することから、古人骨を見ると生前にその歯牙が失われたことが判る。さらに、抜歯部分の歯槽骨の病変の有無や、複数個体に亘る特定歯種の抜歯例の積み重ねによりそれが企画的な抜歯であるということが示しうる。
　中・近世のヨーロッパや日本で見られる抜歯は刑罰の意味合いがあるが、未開社会における抜歯の契機は成人・婚姻・服喪などの通過儀礼があげられ（吉岡 1989）、日本では近代以降も病気治癒の意味での抜歯風習例もあるとされている（坂田 1973）。抜歯の儀礼的意味合いは、成人儀礼においては苦痛に耐える或いは男女それぞれの中に存在する女性的な部分・男性的な部分の排除により、性が不明瞭な子供から男性・女性になるというものである。また、婚姻においては婚入者が婚入先の集団に害を及ぼさないように、その汚れを取り除くために抜歯を行う。さらに服喪抜歯に関しては、喪に服するためあるいは死の汚れを祓うために抜歯を行い、抜去した歯は死霊の祟りを防ぐために死者とともに埋葬するという民族例が挙げられている（吉岡 1989）。
　通過儀礼としての抜歯は、「ある意味を持った儀礼に伴う抜歯の施行」とい

う非日常的性格を持ち、一方では、その後の日常生活においても抜歯しているということが、意識的にせよ無意識的にせよ自・他ともに再確認される。抜歯型式や抜歯の有無は生存時にその個体が属していた社会における何らかの社会区分（性別、親族集団等）と関連している可能性があり、各社会における社会集団についても言及可能である。さらに、埋葬時の区分原理と抜歯風習を比較すると、抜歯型式に見られる生存時の社会区分と、死亡時、即ち埋葬時に重視される社会区分の関係も明らかにしうる。したがって、抜歯の社会的意味・役割とその変容過程を明らかにすることは、通過儀礼や社会集団など先史社会の諸様相への言及を可能にし、その時期・地域的変化の観察をも可能にする。以上のことから、抜歯風習の研究は、先史社会を復元する上で非常に有効である。

日本においては、確実な企画的抜歯例としては縄文時代から永久歯を抜歯する風習が見られ、縄文時代の抜歯風習に関する研究は1900年代初頭から行われてきた（長谷部 1919b；宮本 1925；清野・金高 1929；大倉 1939）。人骨という資料の性質上、1900年代前半までは、形質人類学者に依るところが大きく、1960年代になり、渡辺誠氏・春成秀爾氏に代表されるように、考古学者が、文化的系譜関係や社会構造を解明するために、抜歯風習の研究を行うようになった（渡辺 1966；春成 1973：1974）。これらの日本における抜歯研究は大きく分けて渡辺氏、中橋孝博氏の研究に代表されるような抜歯の起源・伝播に比重を置いた研究と（渡辺 1996；中橋 1990：1996 など）、春成氏の研究に代表されるような社会における抜歯風習の儀礼的意味から当時の社会構造を復元するという研究（春成 1973：1986：1987：1995）に大別される。

しかし、1990年以降①抜歯型式と血縁関係を結びつける方法の提示と抜歯型式論への応用、②考古学者による列島先史時代の親族組織に関する研究の進展、③韓半島における抜歯事例の増加、といった研究状況の変化が見られる。したがって、これらをふまえ、改めて列島先史時代抜歯風習を検討し直す必要がある。

以上のことから、本論においては、まず第Ⅰ章で、海外および日本における出土人骨を用いた抜歯研究を概観し、抜歯を用いてどのような研究が行われてきたかを整理する。特に、①抜歯研究における形質人類学的手法の導入、②抜

歯風習の系統論、③抜歯を行う施行儀礼、④抜歯風習に基づく社会論、という4つの観点から既存の研究の到達点と問題点を明らかにする。また、民族誌学的事例に基づき、実際の社会での抜歯風習の有り様を明らかにする。次に第Ⅱ章において、先行研究の問題点を克服し、また民族誌学に見られる抜歯事例との対比が可能なデータを提示しうるような観察・分析方法について示す。次に、Ⅱ章で提示した方法に基づき、第Ⅲ・Ⅳ章において縄文時代から弥生時代の抜歯風習についての検討を行い、第Ⅴ章で、隣接地域の中国大陸・台湾島・韓半島における抜歯の様相を概観する。その上で第Ⅵ章において、列島先史時代抜歯風習の系統論・儀礼的意味・抜歯風習に基づく社会論を展開し、さらには先史時代社会の変化と抜歯風習の変化についても議論を行う。

目　　次

はじめに

第Ⅰ章　序　　　論 ………………………………………………………………… 15
　　第 1 節　抜歯研究の世界的趨勢………………………………………………… 15
　　　　1　形質人類学的研究……16
　　　　2　考古学的研究……19
　　　　3　民族誌学的研究……23
　　　　4　小　　　結……30
　　第 2 節　日本列島先史時代における抜歯研究………………………………… 30
　　　　1　形質人類学的研究……31
　　　　2　考古学的研究……37
　　　　3　民族誌学的研究……57
　　　　4　小　　　結……59
　　第 3 節　問題の所在……………………………………………………………… 60
　　　　1　風習的抜歯の鑑別方法に関する問題……60
　　　　2　抜歯施行年齢の推定方法に関する問題……63
　　　　3　抜歯の系統論における問題……65
　　　　4　抜歯の儀礼的意味に関する問題……70
　　　　5　抜歯風習を用いた社会論における問題……74
　　　　6　仮説の検討……79

第Ⅱ章　分析方法と対象 …………………………………………………………… 87
　　第 1 節　方法論的検討…………………………………………………………… 87
　　　　1　抜歯の鑑別方法……88

　　　　2　抜歯施行儀礼の推定方法……90

　　　　3　抜歯に見られる区分原理の検証方法……98

　　第2節　資　　　料………………………………………………………… 105

第Ⅲ章　縄文時代における抜歯風習………………………………………… 115

　　第1節　抜歯風習萌芽期から発展期における様相…………………… 116

　　　　1　前記・中期……116

　　　　2　後　　　期……119

　　　　3　小　　　結……126

　　第2節　抜歯風習隆盛期における様相………………………………… 127

　　　　1　福島県三貫地貝塚……127

　　　　2　愛知県南部の諸遺跡……135

　　　　3　岡山県津雲貝塚……168

　　　　4　その他の遺跡……182

第Ⅳ章　弥生時代における抜歯風習………………………………………… 185

　　第1節　日本海沿岸……………………………………………………… 186

　　　　1　遺跡の概要……186

　　　　2　抜歯施行年齢……187

　　　　3　妊娠・出産痕と抜歯の有無……194

　　　　4　抜　歯　型　式……195

　　　　5　葬送行為と抜歯……202

　　　　6　歯　冠　計　測……215

　　　　7　抜歯施行率の遺跡間差……218

　　　　8　分析結果のまとめとその検討……219

　　第2節　北　部　九　州………………………………………………… 224

　　　　1　事　例　検　討……226

　　　　2　分　　　析……244

　　　　3　分析結果とその検討……252

第3節　西北九州……………………………………………………… 253
　　　　　1　事例検討……254
　　　　　2　分　　析……260
　　　　　3　分析結果のまとめとその検討……264
　　　第4節　南　九　州……………………………………………………… 266
　　　　　1　遺跡の概要……266
　　　　　2　分　　析……266
　　　　　3　分析結果のまとめとその検討……272
　　　第5節　東日本：東海から東北地方南部……………………………… 273
　　　　　1　抜歯施行年齢……273
　　　　　2　抜歯施行率……274
　　　　　3　上顎抜歯歯種と型式……275
　　　　　4　下顎抜歯歯種と型式……276
　　　　　5　分析結果のまとめとその検討……277

第Ⅴ章　隣接地域における抜歯風習 ………………………………… **279**
　　　第1節　韓半島の先史時代における抜歯風習 ………………………… 279
　　　　　1　抜　歯　事　例……280
　　　　　2　抜歯歯牙供献事例……286
　　　　　3　歯牙様副葬品出土事例……292
　　　　　4　小　　結……293
　　　第2節　中国・台湾における抜歯風習の変遷……………………… 295
　　　　　1　出土人骨に見られる抜歯風習……296
　　　　　2　文献記録に見られる抜歯風習……298
　　　　　3　小　　結……299

第Ⅵ章　考　　察 ……………………………………………………… **301**
　　　第1節　列島先史時代抜歯風習の系統論……………………………… 301
　　　　　1　縄文時代における抜歯風習の系統……301

　　　　2　弥生時代以降における抜歯風習の系統……305

　　　　3　南西諸島と北海道における抜歯風習の系統……308

　　　　4　ま　と　め……312

　第2節　列島先史時代抜歯風習の儀礼的意味……………………………313

　　　　1　抜歯風習を伴う諸儀礼とその特徴……313

　　　　2　低施行年齢・高施行率抜歯の儀礼的意味……314

　　　　3　高施行年齢・低施行率抜歯の儀礼的意味……318

　　　　4　抜歯風習に見られる社会的地位……320

　第3節　列島先史時代抜歯風習と社会集団………………………………324

　　　　1　抜歯区分原理に関する仮説……324

　　　　2　抜歯風習に見られる縄文時代中・後期の社会集団……326

　　　　3　抜歯風習に見られる縄文時代晩期から弥生時代の社会集団……327

　第4節　列島先史時代抜歯風習に基づく社会論…………………………334

　　　　1　列島先史時代における抜歯風習と社会変容……335

　　　　2　縄文時代晩期の社会集団とその地域差……339

　　　　3　弥生時代における渡来系抜歯風習の地域性とその背景……342

　第5節　先史社会と抜歯風習………………………………………………346

終　章　結　　　論……………………………………………………………351

　　appendix……357

　　参考文献……377

　　あとがき……403

　　索　　引……407

図表目次

- 図1　先天性欠如による空隙歯列 …… 89
- 図2　歯周疾患によるAMTL ……… 89
- 図3　外傷性疾患が疑われるAMTL …………………… 89
- 図4　犬歯の位置異常 ………………… 89
- 図5　歯種表記法 ……………………… 89
- 図6　抜歯施行率加齢変化モデル図 ………………………………… 90-92
- 図7　側方咬耗の位置 ………………… 92
- 図8　前耳状溝出現位置 ……………… 94
- 図9　Houghton妊娠・出産痕鑑別例 …………………………………… 95
- 図10　Cox妊娠・出産痕鑑別例 ……… 96
- 図11　有効な歯種の組み合わせ ……… 99
- 図12　一般交換におけるmtDNAの遺伝モデル ……………… 101
- 図13　分析方法とその関連性 ……… 104
- 図14　分析対象遺跡 …… 106-109・112
- 図15　地域別上下顎抜歯出現率（縄文前-中期） ……………… 117
- 図16　地域別上下顎抜歯出現率（縄文前-中期後葉） ………… 117
- 図17　歯種別抜歯施行率（太田貝塚） ………………………… 118
- 図18　地域別抜歯歯種の時間的変化（縄文後期） ……………… 120
- 図19　地域別抜歯本数の時間的変化（縄文後期） ……………… 121
- 図20　歯種別抜歯施行率（姥山貝塚） ………………………… 122
- 図21　歯種別抜歯施行率（縄文後期中葉東京湾の諸遺跡） ……… 123
- 図22　歯種別抜歯施行率（帝釈寄倉岩陰遺跡） ………………… 124
- 図23　姥山貝塚時期別抜歯歯種出土状況 ……………………… 125
- 図24　歯種別抜歯施行率（三貫地貝塚） ………………………… 128
- 図25　各抜歯型式出土状況（三貫地貝塚） ……………………… 131
- 図26　抜歯型式遺跡内出土状況（三貫地貝塚） ………………… 133
- 図27　三貫地貝塚調査区推定図 …… 133
- 図28　歯種別抜歯施行率（稲荷山貝塚） ………………………… 136
- 図29　歯種別抜歯施行率（吉胡貝塚） ………………………… 139
- 図30　歯種別抜歯施行率（保美貝塚） ………………………… 140
- 図31　歯種別抜歯施行率（伊川津貝塚） ………………………… 141
- 図32　小児・若年抜歯施行状況（4遺跡全体） ………………… 143
- 図33　下顎抜歯先行例（稲荷山3号咬合面観） ………………… 144
- 図34　下顎切歯抜歯後歯槽窩埋没途中例（吉胡111号咬合面観） ……………………………… 144
- 図35　小児抜歯事例（吉胡44号咬合面観） …………………… 144
- 図36　抜歯隣接歯の側方咬耗（4遺跡全体） …………………… 145
- 図37　下顎抜歯歯種の加齢変化（4遺跡全体） ………………… 148
- 図38　細別・大別抜歯型式外観図（4遺跡全体） ……………… 155
- 図39　数量化Ⅲ類散布図（4遺跡全体） …………………………… 156

図40　大別抜歯型式と性別…………157
図41　細別抜歯型式と性別…………159
図42　副葬品と諸属性の相関（吉胡貝塚）……………………160
図43　大別抜歯型式遺跡内出土状況（稲荷山貝塚）……………161
図44　人骨出土状況（吉胡貝塚）……………………………163
図45　歯種別抜歯施行率（津雲貝塚）……………………………169
図46　小児・若年抜歯施行状況（津雲貝塚）……………………170
図47　抜歯隣接歯の側方咬耗………171
図48　下顎抜歯歯種の加齢変化（津雲貝塚）……………………172
図49　細別・大別抜歯型式外観図（4遺跡全体）………………175
図50　数量化Ⅲ類散布図（津雲）……………………………176
図51　大別抜歯型式と性別…………176
図52　細別抜歯型式と性別…………177
図53　副葬品と諸属性の相関（津雲貝塚）……………………178
図54　津雲貝塚性別出土状況………179
図55　抜歯型式の地域的偏り………183
図56　歯種別抜歯施行率（古浦遺跡）……………………………188
図57　歯種別抜歯施行率（土井ヶ浜遺跡）………………………190
図58　下顎抜歯後歯槽窩埋没途中例（土井ヶ浜遺跡222号）……191
図59　歯種別抜歯施行率（中ノ浜遺跡）…………………………193
図60　上顎抜歯型式模式図（日本海沿岸）………………………198
図61　上顎抜歯型式と年齢（土井ヶ浜遺跡）……………………198
図62　上顎抜歯型式と性別…………198
図63　土井ヶ浜遺跡抜歯出土図
　　　……………………………205-207
図64　日本海沿岸抜歯施行率の時間的変化………………………219
図65　抜歯個体出土状況（新町遺跡）……………………………227
図66　抜歯施行率時間変化（金隈遺跡）…………………………230
図67　抜歯個体出土状況（金隈遺跡）……………………………232
図68　抜歯個体出土状況（有田126次遺跡）……………………233
図69　抜歯個体出土状況（西平塚遺跡中期前葉段階）…………235
図70　抜歯後歯槽窩埋没途中例（門田遺跡K7号）……………235
図71　抜歯個体出土状況（門田遺跡中期前葉段階）……………237
図72　抜歯個体出土状況（原遺跡）……………………………239
図73　抜歯個体出土状況（ハサコの宮遺跡）……………………241
図74　抜歯個体出土状況（正原遺跡）……………………………243
図75　北部九州抜歯施行率の時間的変化（前期-中期の各遺跡）…246
図76　年齢別抜歯施行率の時間的変化（北部九州全体）…………246
図77　北部九州抜歯歯種の時間的変化……………………………248
図78　各時期・地域間抜歯歯種の類似度…………………………249
図79　北部九州抜歯本数の時間的変化……………………………251
図80　大別抜歯型式と性別の相関（縄文晩期津雲貝塚と北部九州・西北九州前期個体群）……264
図81　歯種別抜歯施行率（広田遺跡）……………………………267
図82　性別と抜歯歯種（広田遺跡）

図83 歯種別抜歯施行率（鳥ノ峯遺跡）……………………269
図84 性別と抜歯歯種（鳥ノ峯遺跡）…………………………269
図85 抜歯年齢と抜歯対咬歯牙咬耗状況……………………281
図86 抜歯と対咬歯牙咬耗状況（勒島遺跡）…………………281
図87 抜歯と対咬歯牙咬耗状況（貞柏里127号墳）…………283
図88 抜歯と対咬歯牙咬耗状況（尹家屯127号墳）…………284
図89 成年抜歯施行率比較…………285
図90 抜歯と対咬歯牙咬耗状況（礼安里古墳）………………287
図91 梧野里第20号墳出土木棺内遺物出土状況……………290
図92 梧野里第20号墳第1号木棺内出土歯牙…………………291
図93 城山里古墳2号・3号墳出土人骨歯式……………………292
図94 慶山林堂遺跡A-1地区124号墓出土歯牙様青銅製品………293
図95 抜歯施行率の時間的変化（山東地方新石器時代）………297
図96 晩期抜歯区分原理の地域性……………………………339
図97 弥生時代抜歯風習の地域性……………………………343

表1 前耳状溝鑑別基準……………95
表2 サンプル……………110・111
表3 抜歯歯種（縄文前期-中期）……………………………117
表4 歯種別抜歯施行率（太田貝塚）…………………………118
表5 年齢・性別間抜歯施行率有意検定結果（太田貝塚）………118
表6 抜歯歯種と本数（縄文後期）……………………………120
表7 歯種別抜歯施行率（姥山貝塚）…………………………122
表8 年齢・性別間抜歯施行率有意検定結果（姥山貝塚）………122
表9 歯種別抜歯施行率（後期中葉東京湾諸遺跡）……………123
表10 年齢・性別間抜歯施行率有意検定結果（後期中葉東京湾諸遺跡）…………………………123
表11 歯種別抜歯施行率（帝釈寄倉岩陰遺跡）………………124
表12 歯種別抜歯施行率（三貫地貝塚）………………………128
表13 抜歯平均本数（三貫地貝塚）……………………………129
表14 抜歯と妊娠・出産痕（三貫地貝塚）……………………129
表15 抜歯歯種の組み合わせ一覧（三貫地貝塚）……………130
表16 抜歯型式と性別・年齢（三貫地貝塚）…………………131
表17 調査年度と抜歯型式（三貫地貝塚）……………………133
表18 調査年度と出土個体の性別（三貫地貝塚）……………133
表19 抜歯型式と頭位方向（三貫地貝塚）……………………135
表20 抜歯型式と集骨（三貫地貝塚）…………………………135
表21 歯種別抜歯施行率（稲荷山貝塚・吉胡貝塚・保美貝塚・伊川津貝塚）……………………137
表22 抜歯平均本数（稲荷山貝塚）……………………………139
表23 抜歯平均本数（吉胡貝塚）………………………………139
表24 抜歯平均本数（保美貝塚）

	……………………………140		（津雲貝塚）……………175
表25	抜歯平均本数（伊川津貝塚）……………………141	表46	細別抜歯型式と性別（津雲貝塚）……………………177
表26	抜歯と妊娠・出産痕（稲荷山貝塚）………………145	表47	細別抜歯型式と副葬品（津雲貝塚）…………………177
表27	抜歯と妊娠・出産痕（吉胡貝塚）…………………146	表48	細別抜歯型式と頭位方向（津雲貝塚）………………178
表28	上下顎抜歯の有無と年齢・性別（4遺跡全体）………147	表49	相関係数の平均値（津雲貝塚）……………………179
表29	抜歯歯種組み合わせ一覧………………………149-152	表50	歯種別抜歯施行率（古浦遺跡）……………………188
表30	若年時施行抜歯歯種の組み合わせ一覧………153・154	表51	抜歯平均本数（古浦遺跡）……………………………188
表31	数量化Ⅲ類固有値・寄与率（4遺跡全体）……………156	表52	抜歯隣接歯の側方咬耗（古浦遺跡・土井ヶ浜遺跡・中ノ浜遺跡）……………………189
表32	細別抜歯型式と性別………159	表53	歯種別抜歯施行率（土井ヶ浜遺跡）…………190・191
表33	細別抜歯型式と副葬品（吉胡貝塚）…………………160	表54	抜歯平均本数（土井ヶ浜遺跡）……………………190
表34	細別抜歯型式と頭位方向（稲荷山貝塚）……………161	表55	歯種別抜歯施行率（中ノ浜遺跡）……………………193
表35	細別抜歯型式と頭位方向（吉胡貝塚）………………161	表56	抜歯平均本数（中ノ浜遺跡）……………………………193
表36	合葬個体の細別抜歯型式……163	表57	歯種別抜歯施行率（吉母遺跡）……………………194
表37	集骨個体の細別抜歯型式……163	表58	抜歯平均本数（吉母遺跡）……………………………194
表38	相関係数の平均値（稲荷山貝塚）………………164・165	表59	抜歯と妊娠・出産痕………195
表39	歯種別抜歯施行率（津雲貝塚）……………168・169	表60	抜歯歯種組み合わせ一覧………………………196・197
表40	抜歯平均本数（津雲貝塚）……………………………169	表61	上顎抜歯型式と年齢・性別……………………………201
表41	抜歯と妊娠・出産痕（津雲貝塚）…………………171	表62	抜歯歯種と頭位方向・副葬品（古浦遺跡）…………203
表42	上下顎抜歯の有無と年齢・性別（津雲貝塚）………171	表63	副葬品にみられる年齢区分（古浦遺跡）……………203
表43	抜歯歯種組み合わせ一覧（津雲貝塚）………173・174	表64	抜歯型式の時間的変化（土井ヶ浜遺跡）……………209
表44	若年時施行抜歯歯種の組み合わせ一覧（津雲貝塚）..174・175		
表45	数量化Ⅲ類固有値・寄与率		

表65　抜歯施行率の時間的変化（土井ヶ浜遺跡）…………209	表80　歯種別抜歯施行率（広田遺跡）……………………267
表66　上顎抜歯型式と埋葬形態（土井ヶ浜遺跡）…………210	表81　抜歯歯種と年齢・性別（広田遺跡）………………267
表67　抜歯と埋葬施設・副葬品（土井ヶ浜遺跡）…………211	表82　抜歯と妊娠・出産痕（広田遺跡）…………………268
表68　副葬品にみられる年齢区分（土井ヶ浜遺跡）………211	表83　上顎抜歯歯種と副葬品（広田遺跡）………………268
表69　抜歯と墓域・石棺軸（中ノ浜遺跡）…………………213	表84　上顎抜歯歯種と頭位方向（広田遺跡）……………268
表70　上顎抜歯型式と埋葬施設（吉母浜遺跡）……………215	表85　相関係数平均値（広田遺跡）………………………269
表71　個体間相関係数（古浦遺跡・土井ヶ浜遺跡・中ノ浜遺跡）……………………217・219	表86　歯種別抜歯施行率（鳥ノ峯遺跡）…………………269
表72　北部九州観察個体一覧………225	表87　抜歯歯種と年齢・性別（鳥ノ峯遺跡）……………269
表73　時期別抜歯個体数（金隈遺跡）………………………230	表88　抜歯と妊娠・出産痕（鳥ノ峯遺跡）………………271
表74　地域・時期別抜歯歯種一覧（北部九州）……………247	表89　上顎抜歯歯種と副葬品（鳥ノ峯遺跡）……………271
表75　数量化Ⅳ類サンプルデータ……………………………248	表90　上顎抜歯歯種と頭位方向（鳥ノ峯遺跡）…………271
表76　抜歯歯種時期・地域間相関係数………………………249	表91　抜歯歯種一覧（弥生南西諸島）……………………271
表77　抜歯歯種と年齢・性別（大友遺跡）…………………257	表92　抜歯歯種一覧（弥生東日本）………………………274
表78　地域・時期別抜歯歯種一覧（西北九州）……………262	表93　時期・地域別成年抜歯施行率（韓半島・日本列島）………285
表79　遺跡別抜歯個体数（西北九州）………………………262	表94　中国大陸・台湾島抜歯歯種一覧………………294・295

第Ⅰ章 序　　論

　本章では、これまでに行われた古人骨を対象とした国内外の抜歯風習に関する研究を中心に整理し、その問題点を明らかにする。抜歯風習に関する研究は、国内外ともに形質人類学的研究、即ち形質人類学的方法に基づいた企画的抜歯風習の鑑別と施行年齢の推定などの抜歯風習の基礎的なデータに関する研究、を端緒としている。その後研究の進展に伴い、形質人類学的手法により得られた分析結果を用いた考古学的視点からの研究が行われている。したがって、本章においては、海外と日本列島内のそれぞれの抜歯風習の研究について、形質人類学的研究と考古学的研究に整理して論述し、日本における抜歯風習研究の特徴を明らかにする。その上で、今回本論において研究対象としている日本列島の先史時代抜歯風習に関する学史における問題点を、抜歯の鑑別方法・施行年齢の推定方法といった方法論的側面と現象と解釈の結び付け方に関する論理的側面から整理する。

　また、抜歯風習は近・現代の様々な社会においても広く行われており、民族誌学的事例も多く報告されている。本論で得られた抜歯風習に関する分析結果と実際の社会における儀礼的意味・社会的意味を結びつけるための仮説構築の手がかりとして、民族誌学的事例についても整理し各儀礼とその特徴について明らかにする。

第1節　抜歯研究の世界的趨勢

　本節では、世界における古人骨を用いた抜歯風習の研究と民族誌学的事例に見られる抜歯風習について整理を行う。古人骨を用いた抜歯風習研究は、上述のように形質人類学的研究と考古学的研究に分けて記述する。さらに、考古学

的研究に関しては、研究視点ごとに抜歯風習の系統論、抜歯風習の儀礼的側面に関する研究、抜歯風習の社会的意味について論じた研究に整理する。最後に、抜歯風習の民族誌学的事例を、抜歯の諸様相ごとに記述する。

1 形質人類学的研究

(1) 風習的抜歯の認定

抜歯研究の初源期の1900年代初頭にはブリテン島（Jackson 1915）・ハワイ諸島（Chappel 1927）・バージン島（Stewart 1939）などで古人骨に見られる抜歯風習の存在が指摘されるに留まり、1900年代半ばに入りHrdlicka氏により体系的な抜歯の認定基準が設定されている（Hrdlicka 1940）。氏は、環太平洋地域の様々な時期に帰属する人骨資料の調査に際し、風習的抜歯特に儀礼的抜歯の認定について詳細な基準を設定している。風習的抜歯の認定基準としては、①病気の痕跡がないこと、②抜歯が対称である（または対称に近い）、③同一集団内での類似した歯牙の欠落パターンの繰り返しが見られる、④歯槽骨頬側壁の破損（抜歯施術時の歯槽骨骨折による）、⑤抜歯が若い頃行われた証拠が見られる、⑥近隣の集団に風習的抜歯が見られる、⑦風習的抜歯の伝説やその他の情報がある、という7点が挙げられている。さらに、風習的抜歯の鑑別の際には、①先天性欠如、②外傷性欠如、③齲歯の治療的抜歯、④歯周疾患（膿瘍・膿漏・壊血症）、⑤高齢の個体に見られる歯牙喪失、などとの区別をすべきであるとしている。

これに対し、Merbs氏は、極北に居住する先住民族の抜歯風習の再評価を行う過程で、Hrdlicka氏が抜歯事例として取り上げたものは、以下の7つの点からHrdlicka氏自身が設定した風習的抜歯の認定基準を満たしていないとしている（Merbs 1968）。

①抜歯の際の外傷により歯槽の疾患になった場合、抜歯と認定できない

②Hrdlicka氏の提示している抜歯の半数以上が非対称抜歯である

③Hrdlicka氏の提示している抜歯は、同一集団内での類似したパターンの繰り返しが見られない

④歯槽頬側壁の破損が偶発的なものか、風習的抜歯によるものか区別困難

⑤ Hrdlicka の思春期抜歯説は成人個体の抜歯データにより導き出したもので、若年個体のデータに基づくものではない
　⑥極北モンゴロイドの民族学的文献に抜歯情報が見られない
　⑦北米先住民の神話に抜歯風習は見られない

したがって、Merbs 氏は、それらの生前歯牙喪失（= ante mortem tooth loss, 以下 AMTL）を意図的な抜歯ではなく、革鞣しなど道具としての歯の使用による外傷によると考え、脱落歯牙に性的な偏りがある場合も、各文化による道具としての歯の使用状況の差にすぎないとしている。これに対し、Cook 氏は、Hrdlicka 氏のサンプルに含まれているアラスカの Kodiak 島の先住民に関して、Merbs 氏と同様に Hrdlicka 氏の風習的抜歯の認定基準と照らし合わせ観察を行い、Hrdlicka 氏の設定した鑑別基準について以下のような指摘を行っている（Cook 1981）。

　①抜歯の対称性：大半が左右対称であるが、乳歯は小さく施術者に解剖学者並みの技術を求める必要はない
　②類似パターンの繰り返し：中切歯＝顎の中央を抜歯するという共通点が見られる
　③歯槽頬側壁の破損：骨折が見られない抜き方も想定しうる
　④若年期に行われているかどうか：思春期儀礼以外の儀礼が検討から除外されている
　⑤民族事例：現在の民族事例に抜歯風習が無い＝過去にも無いとは言えない

これらの点から、Hrdlicka 氏認定基準のうち②④⑤⑥に関しては、必ずしも風習的抜歯の必要条件ではなく、Merbs 批判の③に対しても、批判が適切ではないことを指摘している。その上で、Merbs 氏同様 Hrdlicka 氏の思春期抜歯説には疑問を呈しているものの、永久歯の AMTL も風習的抜歯であると認定している。

　1990 年代にも抜歯風習の認定に関する言及が認められる。Robb 氏は風習的抜歯の認定の基準として、①他の要因による AMTL 可能性の排除、②ある種の文化的パターンを示す、という 2 点を上げている（Robb 1997）。さらに前者

に関しては、先天性欠如・外傷・疾患との鑑別を注意すべきであり、後者については、対称性・可視性・何らかのカテゴリー（性差など）との相関や近隣社会の抜歯風習の有無という点が目安になると指摘している。これらの認定基準をふまえた上で、イタリア新石器時代の古人骨に見られる AMTL のうち前歯については、①先天性欠如の可能性が低い、② AMTL を起こす外傷に性差がある可能性は低い、③齲歯・歯周疾患による前歯の AMTL は稀である、④道具としての歯の使用の痕跡（AMTL が複数歯に及ぶ状態）が見られない、という4点から、風習的抜歯であると結論付けている。

（2）施行年齢の推定

　Hrdlicka 氏は自身の抜歯鑑別基準を用いて、10歳以下の個体に抜歯が見られず男性・女性の成人個体の一部に1-数本の切歯中心の前歯抜歯が見られるという観察結果から、思春期に抜歯された可能性を指摘している（IIrdlicka 1940）。

　Campbell 氏は、オーストラリアヴィクトリア州の先住民に見られる抜歯風習に関して、若年個体に抜歯が見られないことから思春期前後の儀礼的抜歯ではないと指摘している（Campbell 1981）。Robb 氏はイタリア新石器時代の古人骨に見られる風習的抜歯の抜歯施行年齢に関し、成人を分析対象とした分析を行い（若年個体は分析対象外）、成年以降の個体に抜歯が見られることから成年初期に始まる抜歯であると指摘している。

　中国の抜歯風習に関しては、韓康信氏・潘其風氏により、抜歯風習の施行年齢に関する言及が行われている（韓・潘 1981）。中国の新石器時代に属する個体に風習的抜歯が多く見られ、抜歯の見られる最年少個体が14歳前後であることから、抜歯施行年齢は14歳前後であるとしている。さらに、台湾の抜歯風習に関しては、蓮照美氏が施行年齢の推定を行っており、抜歯の見られる最年少個体が若年であることから抜歯施行年齢は若年であるとしている（蓮 1987）。

2　考古学的研究

（1）抜歯風習の系統論

　考古学的抜歯研究の初源期、1900年代初頭においては、人類の拡散と関連づけた抜歯の系統論が盛んに行われてきた。Jackson氏はイギリスの新石器時代に見られる抜歯風習の系統について言及している。氏は、Dog Holes 洞窟出土化石人骨の一部に見られる上顎左右中切歯抜歯とアフリカ大陸の古い段階（古くは B.C.20 世紀やエジプト第 12 王朝のエジプト人のミイラ）から現代（アフリカ東部）まで見られる切歯抜歯の抜歯歯種の類似性を指摘している（Jackson 1915）。さらに、イギリス新石器時代に見られる抜歯個体が少数であることから、東アフリカからの北方への移住の際の部族の分離或いは文化の発達の過程で風習が衰退した様相を示すと結論づけている。

　北方アジア・シベリアから北米・南米大陸までの系統づけに関しては、Hrdlicka 氏により研究が行われている（Hrdlicka 1940）。氏は、先述のような鑑別基準の検討を行った上で、シベリアの新石器時代人骨（イルクーツク）、時期不明のシベリア出土人骨（ヤクート・チュクチなど）、モンゴル（時期不明）、北米先住民（時期不明・19 世紀・先史時代・白人入植以前）、メキシコ・ペルー先住民における抜歯個体の存在を明らかにしている。その上で、これらの集団の成人男女の一部に 1 - 数本の切歯中心の前歯抜歯が見られるという共通性を指摘し、思春期における儀礼の一環であった可能性を指摘している。加えて、この抜歯風習という儀礼的行為の類似性は、アジアとアメリカ先住民との間をつなぐ手がかりであり、新石器時代のシベリアから北米への人の移動によりもたらされたものであろうと推定している。また、思春期における前歯抜歯が後期旧石器（現在では中期旧石器以降に比定されている遺跡を用いて）からアフリカ大陸の一部で行われているということから、新石器時代になってヨーロッパ・アフリカ・オーストラリア・アジアに広がっていったと指摘している。

　中国における抜歯風習に関しては、戸出一郎氏が古人骨に見られる風習的抜歯と文献記録に見られる抜歯風習の集成を行い、古人骨と文献記録に見られる抜歯風習の出現地域の相違を指摘している（戸出 1977）。厳文明氏は同様な手

法を用いながらも一歩論を進め、抜歯風習は東夷の特徴であり、華夏民族との融合過程で消滅した可能性を指摘している（厳 1979）。加えて、民族学的視点からもこれらの研究と同様な史資料を用いて厳氏の説を支持する見解が出されている（莫 1982；張 1990；林 1990）。さらに、韓氏と潘氏は、中国における抜歯対象歯種は時期・地域を通じてほとんど同じであり、古くは山東地方の新石器時代大汶口文化に見られ、時期が下るに従って抜歯個体の分布が南下し、西南地区に抜歯の文献記録が見られることから、抜歯は新石器時代の早い段階に発生し、その後南（台湾を含む）・西南に伝播したと指摘している（韓・潘 1981）。Han and Nakahashi 氏はその後の出土資料を加え同様な指摘を行っている (Han and Nakahashi 1996)。一方で、蓮氏は台湾先史時代抜歯風習の研究の中で、中国と台湾における抜歯について、①主要な抜歯タイプが異なる、②特に台湾への伝播ルートと考えられる中国東南海岸の抜歯タイプは台湾のものと異なり中国東南海岸より台湾の方が抜歯開始時期が早い、③中国東南海岸と台湾の墓制が異なるという諸現象から、台湾と中国新石器時代抜歯風習は異なるものであると指摘している（蓮 1987）。

さらに、春成氏は、上述の中国新石器時代抜歯風習のうち、4500 年前以降の上下顎切歯抜歯を服喪抜歯であると推定し、世界各地の類似した歯種の抜歯風習および民族事例に見られる服喪抜歯風習の事例収集を行っている。その上で、上下顎の切歯抜歯がモンゴル（-19 世紀？）、シベリア（新石器-19 世紀？）、アメリカ（15 世紀以前-19 世紀？）、日本（縄文前期-6 世紀）、琉球（縄文-13 世紀）、ポリネシア（18-19 世紀）に見られることから、中国から「数千年かけてアジア・アメリカ・太平洋にひろがっていった」と指摘している（春成 2000）

（2）抜歯風習の儀礼的意味

また、抜歯の施行儀礼に関する研究も行われている。

Hrdlicka 氏は、上述のように、成人個体に見られる抜歯をそれ以前の思春期に行われた思春期儀礼であると指摘しているが、一方で、その他の抜歯風習として、風習的抜歯の場合でも抜歯された意図により、①罰としての抜歯：一部の個体・地域に限られ、抜歯が1タイプのみで、成人や年長男性に多く出現

する、②目印としての抜歯（例：奴隷）：抜歯が１タイプのみ、③小児以下の抜歯：歯槽の変化が極端で、抜歯隣接歯の接近が大きい場合推測可能、④夫・子供への哀悼の抜歯：報告例はないがあるとすれば女性に限られる、という４タイプの抜歯の可能性について言及している。さらに、①②に関しては、人骨以外の情報（例：考古学的情報）の必要性を示唆している。

　Cook 氏は、Hrdlicka 氏のサンプルに含まれているアラスカコーディアック島の先住民における抜歯風習を研究し、成人個体に見られる永久歯抜歯のみでなく、幼・小児の１〜２割の個体にも下顎乳切・乳犬歯抜歯の存在を明らかにしている（Cook 1981）。その結果、コーディアック島には乳歯と永久歯の抜歯に見られるように、２段階の社会的地位区分が存在していたと指摘している。また一方で、北方エスキモーに見られる５つの社会区分のうちシャーマンは予言に基づいて乳児期に決定され、男の子は特定の行為を経ることにより、男性の秘密結社（secret whaling society）に入ることが出来る、という民族事例を紹介している。氏は抜歯施行年齢にあわせ、これらの民族事例をふまえた上で、抜歯の施された乳幼児・成人がこのような社会集団の１つに属していた可能性を指摘している。さらに、Koniag 文化と平行する北米北西海岸先住民の通過儀礼で乳幼児（10ヶ月或いは２歳）における名前の再授与という事例を挙げ、コーディアック島における乳歯の抜歯が同様なものであった可能性も指摘している。

　イタリア新石器時代の抜歯研究においては、Robb 氏が女性の成年初期に始まる抜歯風習の存在を指摘しており、抜歯個体・無抜歯個体が同一遺跡内から出土する事とあわせて、この抜歯風習が通常の通過儀礼ではない可能性を指摘している（Robb 1997）。その上で、抜歯を行う理由の解釈として、①社会的区分の組み合わさったもの：「成人」女性の地位＋特定のグループ或いは地位への通過儀礼、②美観のため：非儀礼的、③儀礼化された行為：例えば服喪抜歯など、という３つの可能性を挙げている

　中国新石器時代における抜歯の契機に関しては、韓氏と潘氏が、推定抜歯施行年齢（14歳前後）および西晋の『博物誌』に見られる抜歯風習の記述を挙げ、加えて日本先史時代抜歯風習に関する成人・婚姻抜歯説（春成 1973）を参照し、抜歯が婚姻資格を得る氏族成員権の表示抜歯であり「成人」に至った証拠で

あったと指摘している（韓・潘 1981）。また、台湾先史時代に見られる抜歯風習に関しては、施行年齢（若年）から成人儀礼の可能性が指摘されている（連 1987）。

韓半島においては人骨の出土報告例自体が未だ少ないが、これまで無文土器時代から原三国時代にかけて抜歯個体が報告されており（今村 1935a・b；金他 1988；金他 1993；田中 1996）、抜歯個体の存在及び抜歯した歯牙の供献事例と併せて韓半島で服喪抜歯が行われていた可能性が指摘されている（田中 1999）。

また、オーストラリアヴィクトリア州の先住民に見られる抜歯風習に関しては、Campbell 氏が、若年個体に抜歯が見られないことから民族誌学的研究に見られるような思春期前後の儀礼的抜歯ではないとしている（Campbell 1981）。それとともに、男性の抜歯頻度が高いことから、抜歯が男性の通過儀礼の一部として用いられていたという文献記録の記述との一致を指摘している。

（3）抜歯風習に基づく社会論

さらに、抜歯風習の儀礼的意味のみでなく、抜歯風習の変容を検討し社会状況・社会変化との対応を明らかにした研究が幾つか見られる。その1つとして、奴隷貿易に伴う抜歯風習の伝播を指摘した Stewart 氏、Stewart 氏と Groome 氏の研究がある（Stewart 1939；Stewart and Groome 1968）。これらの研究では、中南米では抜歯がほとんど見られないのに対し、カリブ海の島々から出土した 18-19 世紀の人骨に下顎抜歯と上顎の削歯が見られる点を指摘している。さらに Stewart 氏と Groome 氏は、これらの歯牙変形を有する個体が形質の点からネグロイドである可能性を指摘し、中南米においてはほとんど見られない抜歯をしているという点と併せて、西アフリカから連れてこられた黒人奴隷或いはその子孫である可能性が高いと結論づけている。

また、中国の抜歯風習に関しては、韓・潘氏により、社会進化段階と抜歯の関係に関する研究が行われている（韓・潘 1981）。氏らは、山東地方新石器時代の王因遺跡の合葬（一次葬）事例において同性合葬事例が7割を占める現象から族外婚を想定し、集骨事例を族外婚における婚出者の墓であるとした上で集骨被葬者に男性が多いことから男性族外婚であったと指摘している。さらに、

これらの合葬・集骨個体に抜歯が多く見られることから、抜歯の起源と男性族外婚が密接なつながりを持っており、抜歯個体の多く見られる大汶口早期文化に関しては、いまだ母系氏族社会を脱していない段階であったと指摘している。

また、同様に抜歯風習を用いた社会論研究として、ハワイ諸島の抜歯風習を対象としたPietrusewsky氏とDouglas氏の研究が挙げられる（Pietrusewsky and Douglas 1993）。ハワイ諸島においては、白人の入植以前18世紀末-19世紀の出土人骨に抜歯が見られ、文献記録から服喪抜歯であるという研究が幾つか行われている。(Chappel 1927；島・鈴木 1968；Pietrusewsky and Douglas 1993)。これらのハワイ諸島における抜歯風習の研究の中でも、Pietrusewsky氏とDouglas氏は出土遺跡の時期比定が可能な人骨のみを扱い、抜歯風習の時間的変化と社会的意味に関する考察を行っている。両氏は、ハワイ諸島の中でもハワイ島に最も抜歯個体が多く、オアフ島の先史時代（A.D.1700年以前）の遺跡には抜歯個体が見られず、墓地経営時期が1700年代末-1800年代初めにおよぶ遺跡は抜歯個体が見られる点を指摘している。さらに、この抜歯個体の時期変化に関しての説明として、文献史に見られる1700年代末から1800年代初めの島間抗争による多くの首長の死や当該期のハワイ諸島社会における権力のハワイ島・オアフ島への集中に関連し、この時期にハワイ島・オアフ島を中心に服喪抜歯が行われるようになったと指摘している。

3 民族誌学的研究

民族学的研究においても世界各地で抜歯風習が観察されている。実際の社会における抜歯風習の社会的意味・役割についてここで概観しよう。人工歯牙変形の1種として、抜歯風習について世界の民族事例を集めた研究としては、まずJhering氏とRippen氏の研究が挙げられよう（エーリング〈Jhering〉1984：1985；Rippen 1918a：1918b：1918c)。Jhering氏の研究は1800年代後半、Rippen氏の研究は1800年代後半-1900年代初頭の文献資料を主な研究材料として歯牙の人工的変形に関する民族事例の収集を行っている。

両氏の研究をまとめると世界各地の抜歯の分布はおおよそ次の通りである。アフリカ大陸においては、赤道を挟み西側は北緯10°-南緯5°（西海岸付近の

ナイジェリア）と東海岸は赤道直下から南緯20°までの範囲で研歯・削歯を行う部族が見られ、その分布範囲の北東側・南西側に抜歯と研歯・削歯および抜歯のみを行っている部族が存在する（Rippen 1918a）。また、南北アメリカ大陸においては尖歯・染歯が多く見られ、抜歯はメキシコの太平洋岸・ペルー・ブラジル・エクアドルのみに見られ、抜歯とその他の歯牙加工とは排他的な分布である（Rippen 1918b）。オセアニアにおいても抜歯風習が認められ（Rippen 1918c）、オーストラリアにおいては大陸の東部と西端に抜歯風習が見られる（割礼とは排他的分布を示す）。ポリネシアにおいては抜歯が見られるのはトンガ島・サンドウィッチ島であり、メラネシアにおいてはニューギニアのニューヘブリデス諸島で抜歯が見られ、ミクロネシアにおいてもマーシャル諸島の人々に抜歯が見られる。

この他にもオーストラリア・アフリカ・東アジアなど特定地域に絞って、民族調査の文献資料をまとめた研究が多数ある。以下これらの文献に見られる抜歯の民族事例をまとめ、抜歯の諸属性に分け実際に行われていた抜歯の様相を明らかにしよう。

（1）抜歯施行年齢とその儀礼的意味

東アフリカには抜歯研歯・削歯を行う部族が多く見られる。抜歯に関しては、7部族（Wpii・Wachaga・Wandai・Masai・Kavirondo・Banyoro・Batora）において、抜歯する本数は1本、2本、6本と異なるが、抜歯のタイミングは「若いとき少年少女から抜かれる」という点で共通している。この部族以外にも抜歯をしていることが「成人」の印である事例が見られる。さらには中央アフリカのNiam-Niam族では若者が戦士として認められた際に尖歯が行われ、シェラレオネ海岸の部族では花嫁が結婚式の直前に前歯の研歯を行っている。同じ中央アフリカのDamaraとOrva-Herero族では尖歯＋抜歯が行われており、男子は加入礼の際、女の子も思春期になると歯牙の加工を行う。さらに同じ中央アフリカのBaganda族やWapakomo族、ウガンダでは乳歯の抜歯が見られ、ウガンダでは永久歯抜歯と共に行われている例も見られる（Pindborg 1969）。抜歯の理由としては、①破傷風の牙関緊急の時のため（Masai族）、②流行、③永久

歯が生えそろうように（乳歯抜歯）、④発音のため（Dinka）、など諸説ある（Rippen 1918a）。

　北・南アメリカ大陸に見られる抜歯風習のうち古代ペルー人は征服された部族の印として抜歯をし、メキシコの太平洋岸の Guayma 部族は初潮時に抜歯を行い、黒人の抜歯風習による影響の可能性が考えられている（Rippen 1918b）。

　オセアニアのうち、オーストラリアにおいては大陸の東部と西端に抜歯風習が見られる（Rippen 1918c；Campell 1925）。普遍的に抜歯を行う部族では一定の年齢（思春期）、即ち 10-11 歳あるいは 14-16 歳で行い、男性が多いものの男女ともに見られる。散発的に抜歯を行う部族の場合、施行年齢はあまり一定せず、大半が 10 代で抜歯を行うが、遅い部族では 30 歳までに行う場合もあり、女性では抜歯する例は少数である。さらに、ポリネシアにおいてはトンガ島で抜歯が既婚の証であり、サンドウィッチ島ではチーフの死に際しての抜歯あるいは神への畏敬の念を示すための抜歯と言われている。メラネシアにおいては研歯・染歯・抜歯と複数の歯牙加工が見られ、ニューギニアのニューヘブリデス諸島で既婚或いは婚約した少女たちの抜歯が見られる。その他にも、スマトラ島-モルッカ諸島で思春期（特定の年齢ではなく）に研歯を行う。ミクロネシアにおいてはマーシャル諸島の人々に抜歯と染歯が見られ、ヤップ島では少女が思春期或いは適齢期になると 2-3 ヶ月森へ行き染歯を行う。

　東アジアでは台湾のいくつかの部族で抜歯風習が存在している。抜歯の施行年齢は個人差・蕃社差があるものの 12・13 歳-17・18 歳、おおよそ思春期に行われており（宮内 1940；野谷 1936）、年齢を数える方法が元々無いため抜歯を行うことをもって「成人」であることを表していたとの指摘もある（伊能 1907；野谷 1936）。また、抜歯を行っていた 4 族は耳朵穿孔・文身も行っており、このうち文身の開始も「成人」の表示である。一方で、蕃社によっては、抜歯は勇気の印であったり、文身の施術の際苦痛がないようにするため、美顔のためなどの目的がある。さらに、中国に関しては文献資料の中に抜歯風習の存在が見られる。古くは春秋戦国時代の『山海経』・『淮南子』、西晋の『博物誌』中に記載が見られるが、基本的に中国西南地域の僚族と仡佬族に関する記述が大半である。僚族と仡佬族の抜歯はおおよそ 14-16 歳で「成人」の表示として

行われており、明代・清代の文献になると同じ部族に関する文章中に服喪抜歯・婚姻抜歯の記載が見られる（江上 1940：1967；杉本 1973；戸出 1977；韓・潘 1981）。この中国大陸の文献に見られる複数の抜歯儀礼に関しては、古人骨を用いた考古学的な抜歯風習に関する研究との比較から、当初「成人」抜歯であったのが、時代が下るにつれ婚姻抜歯・服喪抜歯と変容した結果であると考えられている（韓・潘 1981；甲元 1995）。また、唐代の海南島における抜歯風習の存在も指摘されている。日本においては、長崎の船上生活者に近代以降も抜歯が見られたとの報告がある。その抜歯に関しては、病気治癒祈願あるいは子供を亡くした際の抜歯であったと報告されている（坂田 1974）。

（2）儀　　礼

　オーストラリアの場合、抜歯を行う加入礼の儀式は部族独特のものではないが、加入礼を執り行う人などいくつかの共通性が見られる（執行者は必ずしも通過儀礼を受ける男子のクランや胞族のメンバーである必要はない）。通過儀礼の為の招集は部族会議により出され、伝達者の手により急送される。集団内で抜歯が普遍的に行われていない部族でも、抜歯した歯の取り扱いに関する儀式は行われている（Rippen 1918c）。例えば、ヴィクトリア州では抜歯した歯を木の皮に隠し、隠した場所は部族の特定のメンバーのみしか知らない。また、ニューサウスウェールズ州では儀式の執行者は部族の medichine man であり、女性は男性の加入礼を見てはいけないという規制が存在する（Rippen 1918c）。また、男性は男性が、女性は女性が抜歯を行い、儀式の際には、普遍的に抜歯を行う部族では女性がある程度儀式の手伝いをするが、見てはならないという tribal law が存在し、抜歯を普遍的に行わない部族においてもエチケットとして抜歯を行っているときは異性の存在を疎んじるという傾向が見られる。抜歯を行う際に何らかの決定がなされる事例としては、次のようなものが挙げられる。まず、クイーンズランド州の Cape York 半島の部族ではトーテム・所有する土地の決定のために抜歯を用い、また、Princess Charlot Bay の近くの部族では結婚相手を決定するために抜歯を用いる。さらに、抜歯後の歯牙の廃棄の意味としては、①母親のキャンプの方に投げるあるいは母親に渡すといった母の庇護か

らの離脱と一人前の rank 入りという象徴的なものと、②歯を埋めたり水の中に投げ入れることにより、雨を止ませる・病気を防ぐ・睡蓮を生長させる共感性のもの、に区分可能であるとしている（Campell 1925）。

（3）抜歯型式の意味

Rippen 氏の研究を見ると（Rippen 1918a）、1800 年代末-1900 年代初頭の東アフリカにおいては、先に若干ふれたとおり、おおよそ部族ごとで抜歯する歯の本数・種類は研歯・削歯との組み合わせにより様々異なるが、明確な部族の表示であるとの記述は見られない。

オーストラリアでは 9 つの抜歯型式が見られ、抜歯する本数や性別による抜歯の有無は部族により異なるとの記述が見られるが（Rippen 1918c）、特定の歯種が特定の部族・地域に結びつくという傾向はない。雨を止めるために抜歯歯牙の埋納儀礼を行う部族では雨・水のトーテムのメンバーが抜歯を行うが、その他のクランでは抜歯は付加的なものである（Campell 1295）。また、ニューサウスウェールズ州においては、左あるいは右の上顎中切歯抜歯を行うが、左右どちらの歯を抜歯するかは、少年の利き手によって決められるという。

台湾島の民族誌学的研究を見ると、1900 年代前半の段階では主要な抜歯型式は左右対称の両側性の抜歯型式の 3 型式である。これらの各型式は部族が異なっても共通しており、族・社（親族集団）とは対応せず、その系統の追求は不可能であるとの指摘がなされている（宮内 1940）。一方で、型式は性別とも相関しない。また、時折見られる左右非対称の抜歯型式（例：左右側切歯＋片側犬歯）は、抜歯が苦痛などで困難であった際に、最後に抜かれるべき歯牙が抜かれずにいたために出来た型式であるとの指摘も見られる（宮内 1940）。さらに、本来は上顎の左右側切歯＋左右犬歯を抜歯する予定であったのが、歯が大きいため 2 本抜歯したところで抜歯を止める或いは逆に歯が小さいと左右複数本ずつ抜歯するといった具合に、歯の大小により抜歯される歯の本数が変わるという指摘もある（宮内 1940；野谷 1936）。

（4）その他の風習（身体加工儀礼）との組み合わせ

東アフリカにおいては抜歯の他に研歯・削歯も見られるが、抜歯とは排他的な使用状況が見られる。中央アフリカにおいては抜歯＋研歯・削歯という複合的な様相が見られ、歯牙の加工をしない部族は耳朶への穿孔が認められる（Rippen 1918a）。また、東エチオピアにおいては、男性のみ抜歯を行う場合や、男性は割礼、女性は抜歯と下唇へのプレート挿入を行うといった、性別により身体加工が異なる場合も見られる。

オーストラリアにおいては大陸の東部と西端に成人儀礼時の抜歯風習が見られ、それ以外の地域では成人儀礼で割礼を行う部族が見られる（Rippen 1918c）。

台湾においては、抜歯は「成人」の表示であるが、その他にも様々な身体加工が行われており、こと成人儀礼に限っても、抜歯の他にも耳朶穿孔・文身が行われている（宮内 1940）。また、同じ台湾先住民でも部族の相違により、抜歯を行わず、その他の身体加工のみが見られる場合もある。

（5）抜歯方法

抜歯方法に関しては、以下のように地域ごとあるいは地域内において様々な方法が見られる。

　a）東南アフリカ地域における抜歯施術の様相（Rippen 1918a）

　　ⅰ）抜歯方法

　　　① M'Wemba Kaffirs 族（北 Transvaal と南 Rodesia）

　　　　錐のようなものを歯肉下に挿入し歯を動揺させ、別の道具を用いてテコの原理で引っ張り上げる。

　　　② M'Shangan 族（東 Transvaal とポルトガル領東アフリカ南部：現モザンビーク南部）

　　　　歯の周りに糸を掛け、反対側の端に棒きれをつけ、糸を巻き取っていく。

　　　③ Swazis 族（東 Transvaal と Swaziland）

　　　　歯に間接的に打撃を与え、充分歯を動揺させておき、手で抜き取る。

　　　④ Makatese 族（北 Transvaal）

歯を腱で縛り、反対の端を固定し被抜歯者の顔に熱した鉄棒を近づける。

　ⅱ）抜歯後治癒方法

　　① M'Wemba族：特定の木の皮を粉にし、水と混ぜ罹患部に当てる。腫れている場合は、特定の木の根を罹患部にこすりつける。

　　② M'Shangan族：ヤマアラシの針のかけらでできた首飾りを架ける。

b）オーストラリアにおける抜歯施術の様相（Campell 1925）

　ⅰ）抜歯される人の姿勢

　　普遍的に抜歯を行う地域：動かないように押さえつけられる（穴を掘って足を埋め、手と頭を他人が押さえて施術）

　　付加的に抜歯を行う地域：よりやりやすい方法（大部分の場合仰臥の姿勢）

　ⅱ）抜歯方法

　　①施術前

　　　オーストラリア中央部：口の中に血を吸収させるための繊維を入れておき爪で歯肉をはがす

　　　クイーンズランド中央部：木を10分ほど噛み歯槽を緩くする

　　　Innamnckaの近く：木の切れ端を歯の間に挿入する

　　　大部分の場所：歯の固定をゆるめたりしない

　　②施術

　　　クイーンズランド：自分で棒を歯の裏にあて歯を圧迫する。友人がハンマーで木鑿を叩く

　　　Upper Stanford：とがった棒をてこのようにして使う。

　　　クイーンズランドの北西部：口の中に石を入れておき外から歯を叩く

c）台湾における抜歯方法（野谷 1936）

　①北方のタイヤル族・サイセット族：蕃刀や鉄器或いは石片を使用し、歯に木片・布をあてて打つ

　②中部地方～南のブヌン族郡蕃：糸を弓形に張った物を使用

　③中部・南部のツオウ族とブヌン族丹蕃：糸で歯を縛り抜く

以上のような抜歯方法の違いにより抜歯後の歯槽の状態及び歯根の残存状況が異なると考えられる。まず、抜歯施術前に歯を動揺させておき抜歯を行うような東アフリカのM'Wemba Kaffirs族やSwazis族においては、歯根ごと歯牙が抜去される場合が多い。一方で、オーストラリアの先住民に見られるような直接歯牙を折りとるような抜歯方法の場合、歯根が残存したり歯槽の頬側壁を骨折する場合が多い。

4　小　結

以上見てきた海外における古人骨に見られる抜歯風習研究を整理すると、以下の通りである。

① 1900年代半ばから風習的抜歯の鑑別に関する議論が進んでおり、施行年齢に関する検討も若干行われている。
② 考古学的研究においては、抜歯歯種と儀礼から推定した抜歯系統論と人類の拡散を結びつけて議論がなされている。
③ 施行儀礼の推定においては、施行年齢・施行率を考慮し民族事例を援用した研究が見られる。
④ 抜歯風習に基づく社会論においては、抜歯風習の変化と社会変化を結びつけて議論が行われている。

また、民族誌学的事例における抜歯風習研究においては、特定の施行年齢と特定の施行儀礼が結びつく傾向や、儀礼における親族集団の果たす役割の重要性、抜歯区分原理の用いられ方、地域による抜歯施行方法の相違など様々な様相が指摘されている。

では、上記のような海外における抜歯風習研究に対し日本においてはどのように研究が行われてきたのだろうか？　次節では、日本先史時代抜歯風習の学史について検討を行う。

第2節　日本列島先史時代における抜歯研究

日本列島における抜歯風習の研究成果はこれまで様々な研究者によりまとめ

られている（鈴木1931：1953；池田1981など）。本節では近年の研究成果を加え、日本列島における古人骨を用いた抜歯風習の研究と文献や民族誌学的事例に見られる抜歯風習について整理を行う。古人骨を用いた抜歯風習研究に関しては先述のように形質人類学的研究と考古学的研究に分けて記述する。さらに、考古学的研究に関しては研究の目的別に、抜歯風習の系統論、抜歯風習の儀礼的側面に関する研究、抜歯風習の社会的意味について論じた研究の順に、対象とした時期・地域別に整理する。最後に文献や民族誌学的事例に見られる抜歯風習や抜歯風習と関連すると考えられる風習を整理し、抜歯風習の起源に関する学史をまとめる。

1　形質人類学的研究

日本先史時代における抜歯風習の形質人類学的研究は、風習的抜歯の認定に始まり、抜歯風習の存在が確定的になると、抜歯の施行年齢に関する議論も行われるようになっている。また、抜歯風習研究の初期には出土人骨資料の時期的な偏りから、縄文時代の抜歯風習を中心に研究が行われ、徐々に弥生時代人骨の出土数が増加するに連れ、弥生時代抜歯風習についても研究が行われている。

（1）1900年代初頭-1950年代：抜歯風習研究の初源期

最初に風習的抜歯の存在について言及したのは、小金井良精氏である。氏は、先史時代遺跡から出土する人骨に同一歯種のAMTLが多く見られる点に着目し、これらのAMTLが風習的抜歯であった可能性を指摘している。氏はこの研究において、風習的抜歯の鑑別に際しての注意点として歯周疾患による生前歯牙喪失との鑑別を指摘し、風習的抜歯と歯周疾患によるAMTLの鑑別基準として骨吸収による歯槽低下を挙げている（小金井1918）。同様に、佐藤亀一氏も愛知県熱田貝塚出土人骨に見られる抜歯の報告例の中で、風習的抜歯と歯周疾患によるAMTLとは歯槽骨の観察所見が異なると指摘している（佐藤1918）。また、長谷部言人氏は、大阪府国府遺跡（前期-晩期）・岡山県津雲貝塚（晩期）の抜歯風習の研究を行う際、風習的抜歯の鑑別注意点として歯周疾患の他に、

①歯槽が閉じている、②歯槽突起の萎縮が著しくない、の２点をあげている。特に、上顎側切歯抜歯に関しては、鑑別の際先天性欠如との区別に注意が必要であるとし、先天性欠如の鑑別基準としては空隙歯列（欠損歯部分のみでなく全体的にまばらな空隙ができている歯列の状態）をあげている（長谷部 1919a）。さらに、松本彦七郎氏は、宮城県青島・里浜貝塚等の抜歯の検討の際、風習的抜歯の鑑別基準として小金井・佐藤・長谷部氏が挙げた歯周疾患の痕跡の有無に加え、①歯列全体の齲歯の罹患状況や抜歯部分の隙間の有無、②残存歯根の齲歯の有無の２点を挙げている（松本 1920）。さらに、小金井氏は、愛知県保美・伊川津貝塚（晩期）の抜歯事例報告の際、これらに加え、抜歯鑑別の際の注意点として、①歯槽閉鎖状態、②抜歯以外の生前歯牙喪失の有無、③左右対称性を挙げている（小金井 1923）。

　一方で、各遺跡において、抜歯個体と認定される個体数が増加すると、抜歯の施行年齢に関しても言及されるようになる。最初に施行年齢について指摘したのは小金井氏である（小金井 1919）。氏は、国府遺跡出土の抜歯人骨（縄文時代晩期）の報告の中で、２号人骨（35-40歳・男性）に関する抜歯後の空隙の検討を行い、抜歯後の隙間のない上顎犬歯を成長期が終わらない時期の抜歯であり、空隙の見られる下顎犬歯抜歯を成人以降に抜いた抜歯である可能性を指摘している（小金井 1919）。

　さらに、小児を含む様々な年齢層の個体を用いて、抜歯の施行年齢を最初に体系的に論じたのは長谷部氏である。氏は、津雲貝塚出土人骨において、第３大臼歯の発育と骨の癒合状態から未成人骨の年齢推定を行った上で、小児個体に抜歯が見られず、若年末期および成年初期と推定される２体に抜歯が見られることから、抜歯は「壮齢に達する前に行はれたものと思はれる。」と指摘している（長谷部 1919b）。一方で、大串菊太郎氏は、津雲貝塚・国府遺跡出土人骨に見られる抜歯風習について、抜歯後も歯列が乱れることなく整然としていることを根拠として、抜歯が行われたのは30代後半から40代以降であると推定している（大串 1920）。これらの施行年齢に関する研究を受け、松本氏は、抜歯の施行年齢の推定に関して、抜歯施行率の高い遺跡において抜歯をしている最年少個体と抜歯をしていない最年長個体を以て推定されるべきである、と

いう指摘を行っている（松本 1920）。さらに、氏は上述の長谷部・大串氏の抜歯施行推定年齢を挙げ（長谷部 1919b；大串 1920）、抜歯の施行年齢は氏らの推定年齢の中間、20歳前後であったと推測している。

　上述の長谷部氏の研究以降、若年個体を用いた施行年齢の推定法が主流となる。まず、宮本博人氏は、津雲貝塚の小児骨とその歯を対象として観察を行い、「乳歯の未だ存在する時期においては抜歯を行わざるも、四肢骨骨端の癒着を開始するの時期においては、抜歯部はすでに完全に萎縮するものにして、実に抜歯はその中間の時期、すなはち未だ骨端癒着現れず、智歯は漸く歯槽上壁を破りたる時期にして、おほよそ春機発動期に行はれたることを論明しえたり」としている（宮本 1925）。その後、愛知県吉胡貝塚（清野・金高 1929）、稲荷山貝塚（大倉 1939）（ともに縄文時代晩期）においても、若年個体における抜歯の施行状況から第二次性徴期頃に抜歯が行われることが指摘されている。

　一方で、清野謙次氏は形質人類学以外の面からの施行年齢の推定も行っている（清野 1949）。氏は、環太平洋民族における抜歯の多くが成年式と関係し第二次性徴期前後に行われる点を指摘し、第三大臼歯の平均萌出年齢である17-18歳に抜歯が行われた場合が多かった可能性を指摘している。

　以上のように人類学的な抜歯研究の初源期においては、風習的抜歯が認められるようになるとともに、抜歯鑑別の際注意すべき点として、歯周疾患・齲歯による病的な AMTL や上顎側切歯の先天性欠如が挙げられている。さらに、資料の増加に伴い、体系的な抜歯施行年齢の推定も行われるようになり、①抜歯の見られる最年少個体の年齢（長谷部 1919b；宮本 1925；清野・金高 1929；大倉 1939）、②歯列の変化（小金井 1919；大串 1920）、③未抜歯個体の平均年齢（松本 1920）、を用いた3通りの施行年齢の推定方法が採られ、それぞれ、①第二次性徴期頃、②成人以降或いは若年期＋成人（2段階の抜歯）、③20歳前後、という施行年齢を推定している。

（2）1960年代-1970年代：抜歯の施行年齢に集中した議論
　その後1960年代に入ると、風習的抜歯の存在は確実なものと考えられるようになり、論文中において抜歯の鑑別基準についての議論が一旦途絶え、抜歯

の施行年齢の推定が議論の中心になってくる。まず、永井昌文氏は、鹿児島県広田遺跡（弥生時代終末期）出土人骨を用いて、最年少抜歯個体の年齢から、12歳前後における抜歯施行の可能性を指摘している（永井 1961b）。さらに、渡辺誠氏は、福島県久保ノ作洞穴出土の14-5歳の抜歯個体の存在から、抜歯がこの年齢で行われたと指摘している（渡辺 1967）。

一方で、服部文彦氏は、愛知県本刈谷・枯木宮貝塚出土の上下顎犬歯を4本抜歯した人骨3体（縄文時代晩期）を対象とし、歯学的観点から抜歯後の時間と抜歯隣接歯の移動幅を同じであると仮定した上で、抜歯の相対的な施行時期差に関する推定を行っている（服部 1970）。氏は、抜歯後の空隙の幅は左右差よりも上下差が大きいという観察所見を指摘している。中でも、本刈谷貝塚の18歳前後の個体に関して、下顎犬歯は抜歯後歯槽窩の骨充塡が完了しているものの、上顎左犬歯の抜歯後歯槽窩の骨充塡が不十分な状態であり上顎犬歯は抜歯から数ヶ月以内であると指摘されている。これらの観察の結果、3体の上顎と下顎犬歯の抜歯には時間差があった可能性を指摘している。また、春成氏は、上下顎の抜歯の有無を用いて抜歯の施行順序を推定している。氏は、上顎犬歯のみの抜歯個体がより若い個体に多いという傾向を指摘し、上顎犬歯抜歯をした後に下顎犬歯・切歯抜歯をしたという相対的な抜歯施行順序の推定を行っている（春成 1973）。

以上のようにこの時期には抜歯の施行年齢の推定が行われ、①抜歯の見られる最年少個体の年齢を用いた施行年齢推定（永井 1961b；渡辺 1967）と②歯列の変化（服部 1970）や抜歯の有無（春成 1973）を用いた相対的な抜歯施行時期の推定方法の2通りの推定方法が採られ、前者に関しては、10代前半という施行年齢が推定されている。さらに、抜歯後歯槽窩の骨充塡の観察という新たな視点も見られ、より詳細な抜歯施行年齢の推定を可能にしている。

（3）1980年代以降：抜歯基礎データの総合的収集

1980年代に入り、再度風習的抜歯の鑑別基準を総合的に検討した上で抜歯の施行年齢の推定を行う研究が見られるようになる。

大多和利明氏は、広田遺跡に見られる抜歯風習を対象とした研究において、

抜歯の鑑別方法について体系的に詳述するとともに、抜歯の施行年齢についても言及している（大多和 1983）。氏は、歯牙の欠如を①非企画的歯牙の欠如、②企画的抜歯（＝風習的抜歯）に分け、前者に関しては先天性欠如・外傷性欠如・歯科疾患による欠如があると指摘し、それぞれについて鑑別基準を挙げている。一方で後者の風習的抜歯の特徴に関しては、①抜歯隣接歯牙の移動や抜歯対咬歯牙が隣接の歯列より挺出する、②歯槽部がやや薄くなるものの歯根方向への退縮はほとんど見られない、③抜歯隣接歯牙の側面に咬耗がほとんど見られない、という3点を指摘している。これらの鑑別基準に基づき風習的抜歯の認定をした上で、抜歯対咬歯牙の咬耗状況および抜歯歯牙の隣接歯側面に見られる咬耗の有無を用いて分析を行い、広田遺跡集団の抜歯施行年齢を10-14歳と推定している。

　これ以降の抜歯研究のうち、抜歯の鑑別基準に関しては、大多和氏の鑑別基準を基礎としそれに新たな基準を加えて風習的抜歯の認定が行われている。

　土肥直美氏・田中良之氏は、古墳時代抜歯風習の研究において、風習的抜歯の鑑別の際の注意すべき歯牙の欠如要因として、大多和氏の方法（大多和 1983）に従い先天性欠如・外傷による脱落・疾患による脱落を挙げるとともに、上顎犬歯の位置の異常・埋伏についても注意が必要であると指摘している（土肥・田中 1988）。また、氏らは、施行年齢の推定に大多和氏同様抜歯対咬歯牙の咬耗状況を用いるとともに抜歯後歯槽窩の骨充填不十分な成年個体の抜歯事例を挙げ、古墳時代の抜歯の多くが20代-30代（成年期）に行われていたと推定している。

　中橋氏も、山口県土井ヶ浜遺跡（弥生時代前期-中期）における抜歯風習に関する研究の中で、大多和氏やHrdlicka氏の鑑別基準（Hrdlicka 1940；大多和 1983）を挙げるとともに、風習的抜歯の鑑別は観察者の視点や経験によりある程度その判定結果に差異が生じると指摘している（中橋 1990）。また、抜歯の施行年齢を推定する方法として、従来の若年期の抜歯施行状況から抜歯の施行年齢を推定する方法に加え、各歯種別に20代以降の抜歯の施行率の加齢変化を明らかにするという方法により、歯種ごとの抜歯施行年齢の推定を行っている。その結果、氏は、土井ヶ浜遺跡個体群における抜歯の開始年齢を12-13歳である

と指摘している。さらに、成人においては、歯種ごとに抜歯施行率の年齢間比較を行い、加齢により抜歯が追加されていく傾向は見られないものの、抜歯対象歯種が変化する可能性を指摘している。

　竹中正巳氏ら古墳時代の南九州における若年の抜歯個体の抜歯鑑別に際し、大多和氏の方法（大多和 1983）を挙げ、抜歯風習の鑑別を行っている（竹中他 1993）。また、抜歯対象歯種で、歯冠が欠損し残存歯根が齲歯に罹患した事例に関しては、抜歯の施行時の失敗例である可能性を指摘している。さらに、服部氏らも服部氏（服部 1970）、大多和氏（大多和 1983）や竹中氏らの鑑別基準（竹中他 1993）などを基に、鑑別項目の作成を行い、新たに歯槽窩が完全に閉鎖しているという項目を挙げ、抜歯の鑑別を行っている。さらに、その鑑別結果に基づき、北海道の縄文時代抜歯風習の初源が従来いわれていた後期ではなく中期に遡る可能性を指摘している（服部他 1996）。また、藤田尚氏も、縄文時代晩期における抜歯施行儀礼の既存の仮説（春成 1973）の人類学的手法による検討の中で、抜歯の鑑別に際しての問題点を検討し、大多和氏や土肥・田中氏と同様な鑑別基準（大多和 1983、土肥・田中 1988）を用いている（藤田 1997）。さらに、抜歯施行年齢に関しては既存の研究同様、抜歯の見られる最年少個体をもって抜歯開始年齢（15歳前後）を指摘するとともに、年齢層間の抜歯施行率比較から成人以降加齢に伴い施行率の増加する抜歯歯種も見られると指摘している。

　拙稿においては、土井ヶ浜遺跡および縄文時代晩期東海以西に所在する諸遺跡に見られる抜歯風習施行年齢の検討を行っている（舟橋 1997：2003）。土井ヶ浜遺跡に関しては、抜歯開始年齢・平均抜歯本数の加齢変化・抜歯型式の加齢変化から、①上顎側切歯・犬歯抜歯は12-13歳で施行開始され、若年期にはほぼ完了している、②上顎の側切歯・犬歯の抜歯は左右や歯種による抜歯施行時期の差が殆どない、③上顎小臼歯・下顎抜歯は上顎犬歯・側切歯の抜歯を施している個体に成年・熟年の段階で施行される、という抜歯施行年齢・抜歯歯種間の関係を明らかにしている。一方で、縄文時代晩期抜歯風習に関しては、抜歯施行率の加齢変化・抜歯開始年齢・抜歯隣接歯の側方咬耗から、高施行率抜歯の施行年齢を平均13-16歳、10-20歳の範囲と推定している。加えて、上述

の既存の研究において上下顎の抜歯の有無の加齢変化から上下顎抜歯の施行順序が指摘されていたが（春成 1973）、分析の結果上顎のみの抜歯個体がより若い年齢群に多くみられるという結果は得られず、上下顎抜歯の有無から上顎・下顎の抜歯施行順序を指摘することは困難であるという指摘を行っている。これに対し、拙稿の津雲貝塚の若年の抜歯の有無に関するデータのみを取り上げ、上顎→下顎という抜歯施行順序は成立するとの指摘も認められる（山田 2008）。

　以上のこの時期における研究をまとめると次の通りである。抜歯鑑別基準に関しては、大多和氏により体系的な抜歯の鑑別基準が提示され（大多和 1983）、この大多和氏の鑑別基準を各研究者が改変するという形で研究が行われている。さらに、施行年齢に関しては、それまで行われてきた若年個体の抜歯施行状況から抜歯施行年齢を推定するという方法に加え、抜歯個体全体の対咬歯牙や抜歯隣接歯側面の咬耗度合いや抜歯施行率の加齢変化から歯種別の抜歯施行年齢を推定するという方法が提示されている。これらの方法を導入した結果、若年時の抜歯施行年齢のより詳細な推定（中橋 1990；舟橋 2003）や成人以降の抜歯施行年齢の推定も行われるようになり、実際に成人以降に行われた可能性が高い抜歯の存在も指摘されている（土肥・田中 1988；藤田 1997；舟橋 1997：2003）。

　このような、抜歯風習の形質人類学的研究の進展を基に抜歯風習についてどのような考古学的研究が行われてきたか、以下言及したい。

2　考古学的研究

　抜歯風習の考古学的研究は、その初源期には形質人類学者によるところが大きく、抜歯の系統論・施行儀礼に関する点に注目があつまり、出土人骨数が増加した1960年代以降、考古学者も風習的抜歯を研究対象として扱うようになり、1970年代には抜歯風習を用いた社会論が展開されるようになる。以下、系統・儀礼・社会論に分けて先行研究を見ていきたい。

（1）抜歯の系統論に関する先行研究
a）1900年代初頭-1950年代：日本国内資料を用いた系統論について
　日本列島において抜歯風習の確実な例は、前期に始まり、縄文時代後・晩期

の東海地方-西日本で盛行し、その後弥生時代中期以降衰退する（渡辺 1966；永井 1970：1977）。しかし、弥生時代中期以降においても依然として抜歯人骨の報告は見られ（永井 1969：1970：1971：1977）、古墳時代においても抜歯風習の存在が指摘されている（土肥・田中 1988）。以上のような変遷をたどる日本列島の抜歯風習の系統に関する先行研究について、以下概観したい。

　日本先史時代抜歯風習の系統に関する研究はその初源期においては、抜歯風習の時期的変遷という視点で捉えられている。まず小金井氏が、1900 年代初頭に当時盛んであった日本人の起源論との関係で抜歯風習への言及を行っている（小金井 1919）。一方、松本氏は、1900 年代初頭から報告されていた限られた抜歯資料を用いて、遺跡間で抜歯施行率・本数において異なる様相を示すのは、「石器時代遺跡」「アイヌ式遺跡」といった違いではなく各遺跡の所属時期が反映されている可能性が高いと指摘している（松本 1920）。さらに、この時期差を基に、本州の縄文時代前期から晩期および弥生時代東日本の諸遺跡の抜歯風習を比較し、日本先史時代抜歯風習は「発芽前期」から「廃棄後期」まで様々な段階が見られると指摘している。氏が用いた遺跡を現在の各遺跡時期に当てはめると、「発芽前期」から「増進期」：中期から後期、「全盛期」：晩期、「減退期」から「廃棄後期」：弥生時代、に比定される。

　これに対し、小金井氏は、上述のように当時盛んであった日本人の成立を巡る人種論に基づき、「縄文式」「弥生式」のそれぞれの遺跡の相互関係を明らかにするという目的で抜歯の系統論について触れている（小金井 1936）。氏は、「民族の風習は文化の高い方からその低い方へ影響を及ぼすのが通則である」という考え方に基づき、抜歯風習も「弥生式遺跡種族」から「縄文式遺跡種族」に伝わったとし、その上で周辺地域のマレー・台湾以外に確実な抜歯の事例が存在しない点から、日本先史時代抜歯風習が南方系の系譜を引くと指摘している。さらに、この裏づけとして、大陸に関係すると言われる「弥生式」の遺物のうち特に土器の中に南方由来の要素が見られるという当時の考古学における研究成果を挙げている。さらに氏は、「弥生式遺跡種族」「縄文式遺跡種族」ともに抜歯風習が消滅するのは、「大陸文化」の影響であろうと推測している。

一方で、山内清男氏は、それまで報告された抜歯例を抜歯歯種により抜歯様式に分類し、その時間変化に基づき抜歯風習の自生説を唱えている（山内1937）。氏は、各遺跡の年代観に基づいて抜歯風習の時期的変化を明らかにし、早期：抜歯風習無し、前期以降：僅かにあり、晩期：盛行期としている。さらに、抜歯様式に関しては、初期には下顎中切歯の両側抜歯（九州など）、上顎側切歯の偏側抜歯（東北・関東・岡山）が見られ、東北においては上顎側切歯両側抜歯が出現し、晩期になると全地域的に様式が多様化し、弥生時代東日本に関しては縄文時代晩期の様式を受け継ぐと指摘している。これらの結果に基づき、また縄文時代に列島外からの影響がきわめて少なかったという当時の考古学的研究成果をふまえた上で、日本先史時代抜歯風習は縄文時代に自生し弥生時代まで受け継がれたと指摘している。さらに、金関丈夫氏は、琉球諸島における弥生時代抜歯風習の抜歯歯種の検討から、弥生時代琉球列島に見られる抜歯型式が縄文時代晩期から弥生時代にかけて日本本土に一般的に見られる抜歯型式であり、琉球諸島の抜歯風習はその南限にあたると指摘している（金関1957）。

b) 1960年代-1970年代：列島外資料との比較に基づく系統論

　1960年代になると、日本の周辺域、特に中国・台湾における抜歯風習との関連付けに基づき、日本先史時代抜歯風習の系統について論じられるようになる。中でも、早い段階から中国・台湾の抜歯風習との関係が指摘されその系統が論じられた地域として、南西諸島がある。永井氏は、広田遺跡出土人骨と台湾に見られる抜歯風習の抜歯歯種（上顎側切歯・犬歯）の近似性を指摘している（永井 1961a）。

　また、山内氏の先史時代抜歯風習の研究を受け継いだ、抜歯風習の列島内自生を強調する研究も見られる。渡辺氏は、発掘資料の増加を受け中国・台湾の事例を考慮した上で、山内氏の説を補強する形で論を展開している（渡辺1966）。氏は、縄文文化の一要素としての抜歯風習に関する論究の中で、山内氏同様抜歯を様式に分類し、抜歯の実態・変化の要因について明らかにした上で抜歯の系統について言及している。氏は、抜歯様式・抜歯の施行率に基づき、縄文時代前期末-中期を抜歯風習の萌芽期ａ、中期末から後期前葉を萌芽期ｂ、

後期後葉までを発展期、晩期を盛行期、弥生時代を抜歯風習の衰退期と位置づけている。その上で、抜歯歯種の比較に基づき、弥生時代抜歯風習は、下顎抜歯をするという点で中国新石器時代の抜歯とは異なっており、大部分が縄文時代の踏襲であると指摘している。但し、広田遺跡に関しては、抜歯の諸様相（施行年齢・抜歯歯種）に加え島の立地・遺物に見られる文様から抜歯風習が中国南部に由来するものであるとの指摘がなされている。その後、氏は縄文時代抜歯風習の系統に関しては自説を変更している。まず、氏は先に挙げた日本先史時代における萌芽期の抜歯風習のうち、前期九州地方・中期瀬戸内地方を入れず、縄文時代中期末の東北地方の抜歯を萌芽期の抜歯風習であるとし、その時期の抜歯の自生を当該期仙台湾の大木式文化の自立性の高さに求めている（渡辺 1967）。その上で、氏は縄文時代後期から晩期西日本に見られる黒色磨研土器を標徴とする文化の出現を文化的な不連続であるとし、同時期の西日本の抜歯風習は、下顎切歯抜歯を行うという点で一系列の発展が見られる東日本抜歯風習とは異っていると指摘している。その上で、氏は、黒色磨研土器が中国の類黒陶の影響を受けていると考え、抜歯風習もまた中国龍山文化の影響を受けたと解釈している。さらに、氏は、後期の九州において韓半島に由来すると考えられる西北九州型結合式釣り針と非抜歯人骨の分布が一致するという現象を指摘し、西日本の大陸との文化的関連性の強い地域では後期の東日本からの抜歯風習の流入が見られなかったためこのような現象が起きていたと解釈し、後期までの抜歯風習は自生であったという推定も行っている（渡辺 1968）。

　上記の山内氏・渡辺氏の縄文時代抜歯風習の自生説を継承するとともに、新たに、弥生時代開始期に伝播してきた文化要素の中に、抜歯も含まれていた可能性を指摘したのが、春成氏の論考である（春成 1973：1974：1987：2000）。氏は、上顎側切歯に注目し、中国新石器時代の抜歯は上顎側切歯抜歯が主流であり、日本では弥生時代に入り上顎側切歯抜歯の頻度が増加することから、上顎側切歯を抜歯するという風習が弥生時代開始期に大陸から列島に伝播したと指摘している。また、上顎側切歯抜歯が渡来系の習俗であるという説の裏付けとして、その分布範囲が北部九州から島根県古浦遺跡までの日本海沿岸を中心としており渡来系形質の分布範囲と一致することが挙げられている。さらに春成氏は、

弥生時代南西諸島に見られる抜歯のうち、薩南諸島に関しては、金関氏の広田遺跡出土の副葬品が中国南部起源である（金関 1966）という指摘を受け、抜歯風習に関しても中国南部の系譜であると指摘している。また、沖縄諸島の弥生時代中期平行の抜歯に関しては、金関氏（金関 1957）同様縄文晩期以来西日本で見られる一般的な抜歯型式であるとしている。さらに、このような下顎切歯抜歯の出現が、「奄美・沖縄における九州の中期弥生土器の登場と軌を一にしているのだとすれば」（春成 1987）という仮定の下に、種子島を通さない沖縄諸島と九州本島沿岸の漁民の交流が存在していたと考え、その背景には南海産貝製腕輪の需要を想定している。

c）1980 年代以降：様々な視点から見た系統論

上述のような弥生時代抜歯風習の渡来説の高まりを受け、国内外において中国・台湾と日本の先史時代抜歯風習の関係を議論した研究が行われるようになる。

まず、韓氏と潘氏が、中国における抜歯風習の研究の中で、中国新石器時代と縄文時代中期末の抜歯歯種（上顎側切歯）が類似していることから、これらが同一の起源を持つ或いは中国が日本抜歯風習の源流であった可能性を示唆している（韓・潘 1981）。さらに、氏は、台湾における先史時代抜歯風習の研究の中で、渡辺氏や春成氏の研究を基に、日本と台湾の抜歯風習の関係について論じている（蓮 1987）。氏は、①先史時代台湾で最も多く見られる抜歯タイプ（上顎犬歯＋側切歯の両側抜歯）が日本においては縄文時代から弥生時代まで見られない点、②台湾には縄文時代に見られるような叉状研歯が見られない点を指摘し、日本列島と台湾島の先史時代抜歯風習は関係が無いと指摘している。

一方、中橋氏は、土井ヶ浜遺跡（弥生時代前・中期）における下顎抜歯頻度の低さ・上顎抜歯の偏側性を挙げ、中国新石器時代の抜歯風習との共通性を指摘している（中橋 1990）。さらに、Han and Nakahashi 氏は、中国・台湾新石器時代と日本縄文時代後晩期の諸遺跡・土井ヶ浜遺跡の抜歯型式の比較を行っている。氏らは、先述の中橋氏の指摘に加え、縄文後期西日本に見られる犬歯＋下顎切歯抜歯と類似した抜歯が中国大陸の大汶口晩期～龍山文化早期の数遺跡において見られることから、これらの地域の抜歯風習が何らかの関係を持って

いたことを示唆している（Han and Nakahashi 1996）。また、広田遺跡に関しても先述の土井ヶ浜遺跡と同様な特徴から、中国・台湾に系譜をたどりうる可能性を示唆している。一方で、これらの論考では中国新石器時代と日本弥生時代とは時期差が大きく直接的に抜歯風習の系譜関係を論じることは困難であると繰り返し指摘されており、抜歯の施行率の高さ・施行開始年齢など共通点も多いがその系譜関係については未だ断言できないとされている（中橋 1990；Han and Nakahashi 1996）。なお、近年江南地域の抜歯風習の研究から、江南地域の春秋時代に比定される梁王城遺跡出土人骨に上顎側切歯抜歯が見られると報告されている。さらに、頭蓋形質・歯牙の形態・ミトコンドリアDNA（以下mtDNA）に関しても弥生時代の渡来系形質を持った北部九州出土人骨と類似していることから、中国大陸と日本列島弥生時代の抜歯風習は何らかの関連があったという可能性が指摘されている（Nakahashi 2002）。

　上記のように抜歯系統論の研究には大きく分けて、特定の抜歯歯種に基づく分類・系統付け（永井 1961a；渡辺 1966：1967：1968；春成 1974：1987：2000）と全体的な抜歯歯種同士の組合せからなる抜歯型式および施行年齢に基づく分類系統付けが見られる（蓮 1987、中橋 1990、Han and Nakahashi 1996）。このような、系統付けの根拠を抜歯歯種に特化させ、網羅的に時期・地域間の比較を行った研究として、木下尚子氏の研究が挙げられる（木下 1997b）。氏は、中国・台湾・日本の各時期の抜歯風習を網羅的に扱って、日本先史時代抜歯風習の系統を議論している。氏は、抜歯を抜歯歯種により、Ⅰ：下顎中切歯、Ⅱ：上顎側切歯、Ⅲ：上下顎犬歯、Ⅳ：上顎小臼歯の4形式に分類し、抜歯歯種が時期・地域で独自の動きを見せるという現象を指摘し、各抜歯形式は独立した文化的系譜を持つと推測している。その上で、中国と日本の抜歯風習に関しては、萌芽期と衰退期においてⅡ式が卓越するという共通点を持つが、日本の抜歯風習の流行時期における抜歯形式の多様さ時期的変化という点で中国の抜歯風習とは異なると指摘している。また、国内の抜歯風習においては、Ⅱ式とⅢ式の系譜について言及しており、弥生時代以降見られるⅡ式に関しては外来的な要素であるという従来の説（春成 1974：中橋 1990）を踏襲する指摘を行っている。Ⅲ式に関しては縄文時代中期から後期の東日本で自生した要素であるという渡

辺氏の説（渡辺1966）を踏襲する指摘を行っており、その他の形式の系譜に関しては検討の余地を残すと結んでいる。

　一方、この時期に日本列島の南北両端の抜歯風習に関しても研究が進んでいる。南西諸島を扱った抜歯の系統論は、永井・金関の説（永井1961a；金関1957：1966）を踏襲する研究（池畑1980；中橋1990；Han and Nakahashi 1996）が見られる中で、新たな見解も出されている。峰和治氏は、金関氏（金関1957）以来本土の縄文系と指摘されてきた下顎抜歯に関して、上顎の抜歯が不明でるという点を考慮し縄文時代抜歯風習との関連付けを行わず、奄美諸島から沖縄にかけては下顎切歯を中心とした抜歯様式が広がっていたと指摘している（峰1992）。さらに、このような下顎左右中切歯の抜歯は日本本土でも縄文時代前期～中期に見られる最も古い様式であると指摘し、南西諸島特に琉球諸島において、古い抜歯様式が長期間守り続けられたと指摘している。一方で、北海道の縄文時代における抜歯風習に関しては、その初源期が遅くとも中期末まで遡り、本州の抜歯歯種が後期以降変化していくのとは異なり、北海道の抜歯歯種は縄文時代晩期まで変化しないという指摘が行われている（服部他1996）。これらの日本列島南北で古い抜歯歯種が残存するという指摘は、上述の木下氏の研究においても追認されている（木下1997b）。

　上記のような抜歯系統論のうち、特定の抜歯歯種に基づいて系譜付けを行う議論は、特定の抜歯歯種に意味を与え、各時期・地域で施行年齢などの抜歯歯種以外の諸様相の関連づけ無しに議論が行われている。この流れを汲む最近の研究として、春成氏の哀悼抜歯論が挙げられる（春成2000）。氏の論は、特定の抜歯歯種と儀礼との結びつきを想定したうえで抜歯風習の系統付けを行っている。春成氏は、初期の抜歯風習は乳歯の脱落順序を模倣したものであるという視点から、抜歯風習は地域・時間を超えて多元的に発生したとの立場にたち、縄文時代前期・中期の下顎中切歯抜歯と中期末の仙台湾周辺で見られる上顎側切歯抜歯は無関係であると指摘している（春成1983）。また、氏は上下顎の切歯を中心とした抜歯は6000-5000年前の中国大陸が起源の哀悼抜歯即ち服喪抜歯であると推定し、縄文時代前期に列島にも伝播しているとしている。さらに、この抜歯の流れをくむものとして、縄文時代前期の西日本以来、縄文時代晩期

琉球列島、弥生時代九州、古墳時代西日本に見られる上下顎切歯を中心とした抜歯が挙げられている（春成 2000）。特に琉球列島に関しては、九州または中国大陸南東部から4000年前（縄文時代後期）に伝わってきたとし、縄文晩期の流れを汲むとしてきた自説（春成 1987）を変更している。一方で、韓半島出土人骨に見られる抜歯風習に日本の弥生時代抜歯風習との関連を見いだす研究も行われている。田中氏は、韓半島慶尚南道の南江ダム水没地区の遺跡群の弥生時代開始期に近い青銅器時代の集落・畑地・墓地が出土した本村里遺跡で下顎小臼歯・切歯の抜歯歯牙の供献事例を報告している（田中 1999）。氏はその中で、韓半島において見られる下顎歯を対象とした服喪抜歯が、日本の弥生時代における抜歯風習に影響を与えた可能性を示唆している。このような韓半島における抜歯関連儀礼の報告を基礎とし、舟橋および田中氏は韓半島における弥生時代～古墳時代併行期における韓半島の抜歯事例の検討を行い、日本の弥生時代土井ヶ浜遺跡にみられる成人以降の抜歯風習の関連を指摘している（舟橋・田中 2001；Funahashi and Tanaka 2004）。さらに、韓半島における弥生時代～古墳時代併行期抜歯風習の施行年齢に関する分析の結果服喪抜歯であったという田中氏および自説を補強した上で（舟橋 2006）、弥生時代北部九州の中期以降や日本海沿岸に認められる成人以降の抜歯風習に関して成人以降の抜歯であり抜歯本数・抜歯歯種の変化も加味した上で韓半島からの影響を指摘している（舟橋 2008a）。

　以上のような抜歯系統論は、方法論的に見ると基本的に特定の抜歯歯種に基づく関連づけを中心に行われており、時期・地域を問わずに同一抜歯歯種を同一の儀礼に伴うものであると見なす傾向が見られる（永井 1961；渡辺 1966：1967：1968；春成 1974：1987：2000）。それ以外の諸様相の比較に基づく系統論に関しては、蓮氏（蓮 1987）中橋氏（中橋 1990）や Han and Nakahashi 氏（Han and Nakahashi 1996）が、中国・台湾と弥生時代抜歯風習の両側性・偏側性などの抜歯型式や施行年齢の共通性を指摘するに留まる。これらは、韓半島における古人骨出土例の少なさという資料的制約から、中国大陸と日本の抜歯風習の比較を行っている。但し、近年韓半島の出土人骨資料を用いて、歯牙の出土状況および抜歯施行年齢・抜歯施行率から、抜歯の施行儀礼が服喪抜歯という推

定がなされ日本列島の弥生時代に見られる抜歯風習との関連について指摘されるようになってきた（田中 1999；舟橋・田中 2001；Funahashi and Tanaka 2004；舟橋 2008a）。

一方で、先行研究に見られる抜歯の系統づけの結果を見ると、日本先史時代抜歯風習の系統論に関しては、①縄文時代前期から中期の抜歯風習萌芽期、②抜歯の隆盛期である縄文時代後期から晩期、③弥生時代開始の3つの時期において、それぞれ自生或いは内的変化と考える研究と外来要素の影響を示唆する研究とがみられる。なかでも、縄文から弥生時代の日本先史時代抜歯風習を総合的に研究した論考においては、資料の揃っていなかった初期の研究（松本 1920；山内 1937）を除くと、完全に日本列島内で自生し変化したという意見は見られず、上記の3時期のうちいずれかの時期での外来要素の影響を受けた可能性が指摘されている（渡辺 1966：1967：1968；春成 1974：1987：2000；Han and Nakahashi 1996；木下 1997）。

次に、実際の各社会における抜歯風習の社会的意味について、どのような議論が行われてきたか、儀礼的意味に関する研究史を概観したい。

（2）抜歯の儀礼的意味の検討
a）縄文時代における抜歯の儀礼的意味に関する研究史

縄文時代の抜歯の施行儀礼に関しては、古人骨という資料の性質上形質人類学者による研究が先駆的である。抜歯の施行儀礼を最初に論じたのは長谷部氏である。氏は、津雲貝塚出土人骨に関して、抜歯が「壮齢に達する前に行はれたものと思はれる。」とし、この施行年齢から、抜歯が「成年を認識する表示」であった可能性を指摘している（長谷部 1919b）。

その後、考古学の観点からも抜歯風習を取り上げた詳細な研究が行われるようになり、渡辺氏は、民族事例における複数回にわたる抜歯の施行および抜歯施行時の出血等の危険性を指摘した上で、施行年齢（17-18歳）から抜歯成人式との関連を指摘している（渡辺 1966）。さらに渡辺氏は、久保ノ作洞穴出土の 14-15 歳の抜歯個体から、抜歯がこの年齢で成人式の一環として行われたと指摘している（渡辺 1967）。

しかし、このような抜歯の施行＝成人儀礼という説が、1970年代以降大きく変化する。まず、春成氏は抜歯の施行年齢に関して、「縄文人が抜歯の開始年齢の基準を、不正確な智歯の萌出においていたとは考えにくい。歯槽閉鎖に要する期間を考慮に入れて、春期発動期よりも少なくとも2、3年はさかのぼる若年期と訂正する方が妥当である。」(1973：27頁) としている (春成 1973・1995)。さらに、抜歯本数が抜歯型式間で大きく異なることから、「成人の資格を得るための試練の量において、個々人間に大差が存在したとは考えられない」(1973：27頁) としている。これに関連付けて、上顎犬歯と下顎犬歯の抜歯後の空隙の大きさの違いについての報告例 (小金井 1919) を挙げ、「抜歯が一挙に行われたのではなく、一生の内にいくつかの理由で数回にわたって実施されたと予想」(1973：28頁) した。その上で、抜歯型式を歯種・施行頻度から、上顎犬歯と下顎切歯・犬歯とその他の歯牙の抜歯に区分し、これらが同一個体内に併存することから、「抜歯が単一の目的のもとになされたのでないことを端的に示す証拠だろう。」(1973：30頁) と結論付けている。これらの予測をもとに、傷身を行うような儀礼として成人・結婚・近親者の死亡をあげ、「上顎犬歯は成人抜歯」、「下顎犬歯および切歯は婚姻」、上顎切歯・小臼歯・下顎小臼歯は服喪抜歯である、と結論付けている。また、この傍証として、上顎犬歯のみの抜歯が咬耗度の進んでいない (比較的若い) 個体に多く見られる点を挙げ、無抜歯個体・下顎無抜歯個体はそれぞれ成人として認められなかった、あるいは結婚できなかった個体と結論づけている。また、縄文時代中期末から後期の東北で見られる抜歯に関しては、偏側的な抜歯であることから、左右差が婚姻時に出自の差異を示すものであり、したがって抜歯の契機は婚姻であると指摘している。さらに、縄文時代前期・中・後期に見られる下顎切歯中心の抜歯は、氏が服喪抜歯であると推測している中国新石器時代三里河遺跡・富庄遺跡 (縄文時代前-中期併行) に見られる抜歯風習との抜歯歯種の類似から、服喪抜歯であると推測されている (春成 2000)。

この春成氏の成人・婚姻抜歯論を基に行われた抜歯施行儀礼研究に藤田氏の研究がある (藤田 1997)。藤田氏は、渥美半島の3遺跡出土縄文晩期人骨を対象として、抜歯施行最年少個体・抜歯施行率の加齢変化 (成年から熟年) の検討

から、遺跡ごとに抜歯の歯種とその意味について考察を行っている。その結果、3遺跡ともに、抜歯の初施術年齢が15歳前後であり、上顎犬歯の完全萌出時期・身体が成熟したと認識される生理現象（精通・初潮）の見られる年齢と密接に関係していた可能性を指摘し、上顎犬歯の萌出を成人と判断する時期の目安にしていた可能性を指摘している。また、上顎犬歯が高頻度で行われていることからも成人抜歯の可能性を指摘している。その他の歯種は、遺跡間での抜歯頻度のばらつき・加齢変化から、成人抜歯と見なすことはできないとしている。その上で、上顎犬歯以外の歯種に関しては、①加齢に伴う施行率の増加があり施行率が低い歯種は若年期の抜歯と推定され、初めから抜歯される個体が区別されており本来村への移入者や集団内の出自を示す抜歯でそれに付加的に婚姻抜歯の意味合いがあった、②加齢に伴い施行率の増加傾向が見られる歯種については服喪抜歯・再婚抜歯、という可能性を指摘している。その上で高頻度の抜歯歯種でさえ100％の施行ではない点を指摘し、抜歯が「集団における掟」であったかどうかを疑問視している。

　また、田中氏は津雲貝塚における2割弱の下顎無抜歯個体および、吉胡貝塚における2割を越える上下顎無抜歯・下顎無抜歯個体の存在から、春成論の成人できない個体・結婚できない個体と考えた場合かなり高率であると指摘している（田中 1998）。さらに、上顎抜歯をせず下顎抜歯のみの個体の存在を挙げ、春成氏の儀礼説に従うと成人儀礼（上顎抜歯）を受けていないにもかかわらず結婚（下顎抜歯）をしていたことになると指摘している。このことから、春成氏（春成 1973）の指摘するような成人・婚姻に抜歯という「ハードル」の存在した未開社会において、成人儀礼を終えていない人物が結婚出来たということについて疑問を呈している。

　これらの春成氏の儀礼仮説への批判を受け、拙稿においては春成氏の抜歯儀礼推定の際に研究対象であった縄文時代晩期津雲・吉胡・保美・稲荷山貝塚の抜歯施行年齢の推定を行っている（舟橋 2003）。まず、上顎犬歯・下顎切歯・犬歯は平均13-16歳、10-20歳の範囲で行われており、妊娠・出産痕から推定される婚姻年齢との先後関係から成人抜歯であった可能性を指摘している。また、それ以外の抜歯歯種のうち上下顎小臼歯に関しては成人以降の抜歯であり

服喪抜歯説を否定するものではないという指摘を行っている。加えて、春成氏が成人・婚姻抜歯の根拠としていた上顎→下顎という一方向的な抜歯順序が認められないことから氏の成人・婚姻抜歯説を否定するに至っている。その後、成人以降の抜歯に関しては、縄文時代前期から継続して用いられており、儀礼を服喪抜歯と特定することは困難であるが、縄文時代前期以来選択された人々のみの特定の社会的地位への加入礼としての抜歯が存在しているとの指摘を行っている（舟橋 2008a）。

但し、2003年の拙稿の上下顎犬歯・下顎切歯＝成人儀礼説に関しては春成氏の成人・婚姻儀礼仮説を支持する立場からの批判がなされている。まず、高瀬克範氏が春成仮説の取り扱いを検討する中で批判を行っている（高瀬 2004）。高瀬氏は拙稿が抜歯以外の施行儀礼の可能性を考慮していない点および配偶者が死亡した場合高率で再婚するという前提に基づいたものである点から、春成仮説の反証にはならないという指摘を行っている。加えて、山田康弘氏は、2003年の拙稿が使用個体個別データをあげていないことから追認が不可能であり学術論文ではないとしている（山田 2004）。一方で、同じ2003年の拙稿の津雲貝塚の若年抜歯の有無に関するデータのみを取り上げ、春成氏の抜歯儀礼仮説の基礎である上顎→下顎という抜歯施行順序は津雲貝塚に関しては抜歯施行年齢からも確認できており、春成氏の成人・婚姻儀礼仮説の妥当性を指摘している（山田 2008）。

以上先学の研究を見てみると、① 1960年代までの人類学的研究：抜歯＝成人儀礼、② 1970・80年代の考古学的研究：抜歯＝複数目的（成人・初婚・再婚・服喪）、③ 1990年代以降の人類学的研究・考古学的研究：春成説の再検討、にまとめることができる。

b）弥生時代から古墳時代における抜歯施行儀礼に関する研究

弥生時代以降の抜歯施行儀礼に関する議論は少ない。春成氏は、抜歯歯種の比較から、弥生時代の抜歯施行儀礼は基本的に自身が提示した縄文時代の抜歯の施行儀礼を踏襲しており、弥生時代は抜歯の衰退期であるとしている（春成 1974：1987：2002：2007）。一方で、土井ヶ浜遺跡などで見られる上顎犬歯と側切歯を両方抜歯する型式は成人抜歯において上顎犬歯系（縄文系）と上顎側切歯

系（渡来系）の個体が婚姻関係を結ぶ際に相手の成人抜歯歯種を追加することにより出現すると指摘している（春成 1974：1987：2002）。最新の研究成果においてはやや論調を変え、14歳で上顎側切歯・犬歯計4本を抜歯した事例があることから、この場合も含め上顎側切歯・犬歯抜歯は全て成人儀礼で行われたと指摘している（春成 2007）。また、弥生時代から古墳時代に見られる切歯を中心とした抜歯は、氏が服喪抜歯であると推測している中国新石器時代の抜歯風習との抜歯歯種の類似から服喪抜歯であると推測している（春成 2000）。但し、佐賀県妻山石棺墓（4世紀）出土女性個体に見られる上顎左右犬歯抜歯に関しては、縄文・弥生時代から一貫して成人儀礼であったと推測している。

　これに対し、拙稿においては土井ヶ浜遺跡における抜歯の施行年齢の推定・抜歯型式の加齢変化など抜歯施行年齢の推定を行った上で、12-19歳のうちに抜歯されている上顎犬歯・側切歯抜歯に関しては成人儀礼であり、成人以降に抜歯が行われている小臼歯抜歯・下顎抜歯は服喪儀礼に伴う抜歯の可能性を指摘している（舟橋 2000）。一方で、北部九州に関しては抜歯施行率・抜歯加齢変化を明らかにした上で、中期以降には成人以降に抜歯が行われ施行率が低く、抜歯歯種に関しても抜きやすい歯種を抜歯しているという古墳時代の服喪抜歯との共通点が認められることから、服喪抜歯の可能性を指摘している（舟橋 2004：2008a；Funahashi 2004）。

　古墳時代に関しては、石棺内から被葬者とは別個体の歯牙が出土する例が、徳島県内谷組合式石棺・奈良県於古墳中央石棺に見られ、服喪抜歯の可能性が指摘されている（鈴木 1962b；宮川 1974）。被葬者が抜歯した例としては、愛媛県桜谷古墳や千葉県森台古墳などがあげられる（大山 1973；森本・小片 1983；森本他 1983）。このような古墳時代の抜歯事例および歯牙供献事例の増加により、古墳時代の抜歯施行儀礼に関する研究が行われるようになる。土肥・田中氏は、抜歯対咬歯牙の挺出状態から抜歯の施行年齢を20-30歳代と推定し抜歯本数から抜歯施行回数を想定している（土肥・田中 1988）。その上で、抜歯個体の出土状態・埋葬順位といった考古学的情報から抜歯施行儀礼を家長権の継承に伴う服喪抜歯であると結論づけ、弥生時代の中-後期のある時期に抜歯の儀礼的意味が変容していたとの指摘も行っている。これに対し、竹中氏らおよび竹中氏

は古墳時代後期の鹿児島県北後田古墳群地下式横穴出土の若年女性の抜歯（2号人骨）例を挙げ、家長権継承の服喪抜歯で説明しうるかという疑問を示しながらも（竹中他 1993）、家長権相続に伴う抜歯である可能性を支持している（竹中 1996）。春成氏は、民族事例に家長権継承のみの抜歯が見られないという点と抜歯本数が4本の事例から抜歯が複数回に及ぶと推測し、古墳時代の抜歯風習を家長権の継承との関連だけで説明するのは困難であるとしている（春成 2000：2007）。

（3）抜歯を用いた社会論
a）縄文時代における抜歯型式に基づく社会論

　出土人骨数が増えるにつれ、抜歯歯種や抜歯型式に関しても施行儀礼と同様に議論が進められている。まず、長谷部氏が、津雲貝塚における抜歯のうち下顎切歯抜歯が女性に限定され下顎犬歯抜歯個体が男性に多い点を指摘し、抜歯歯種は性差と相関すると指摘している（長谷部 1919b）。氏はこの現象の説明として、女性が抜歯風習の維持者であったため抜歯本数が多かったとしている。加えて、長崎県根獅子遺跡出土人骨に見られる抜歯風習に関しても、金関氏が同様に性別と抜歯型式との相関を指摘している（金関 1951）。

　また、考古学の側からは、抜歯そのものの社会的意味づけに関する言及が行われている。まず坪井清足氏は、縄文時代後期の土器の器形が定型化するという現象と関連づけ、当時の社会が安定していたと同時に発展性が失われていた状態であったと捉えている。このことから氏は、この時期の社会を停滞的な社会であると位置づけ、その停滞した社会を律するためのタブーが社会構成員に強く影響していたことを示すものとして晩期の抜歯風習を挙げている（坪井 1962）。また、渡辺氏は、先述のように抜歯を成人儀礼であるととらえ、晩期の抜歯施行率の高さを上げ、共同体の成員として免れることのできない重要なセレモニーであると推定している。したがって、抜歯は、厳然たる社会組織の存在を示しており集団から各個人に課せられた絶対的義務であり、縄文社会においては宗教的・法律的なものであると指摘している（渡辺 1966）。さらに、縄文時代晩期の東西日本における抜歯様式の差を抜歯様式の発展段階の差であ

ると捉え、これを「共同体」の成人式に対する観念の差と解釈し「共同体の発展段階」の地域差に結びつけている。

一方で、1970年代以降、抜歯型式に基づく社会構造の研究が春成氏により行われるようになる。春成氏は鈴木氏の抜歯＝同族標章説（鈴木 1960）に基づき、先述の抜歯施行儀礼論を前提として、下顎の抜歯型式の2系列（西日本：4I・2C、東日本O・2C）は婚姻時の差異を示すものであるから出自表示であると結論付けている（春成 1973）。さらに、大林太良氏の縄文社会父系説（大林 1971）に基づき、愛知以西の遺跡において、4I系列に男性が多く叉状研歯も多く伴うことから、4I系が自氏族出身で2C系が他氏族出身という結論に達し、これ以外の遺跡に関しては男性が多い系列が自氏族であるとしている。その後それら2系列と合葬・埋葬小群・副葬品との相関を指摘した上で抜歯系列を出身集団と指摘し（春成 1979）、最終的には抜歯系列を自集落出身・他集落出身に対応すると自説を変更し、今日に至っている（春成 1986：1987a：1995：2002）。さらに、氏はこれらの集落出自表示に基づき、婚後居住規定、出自規定についても言及している。氏は、縄文時代中期の東北においてみられる抜歯を、婚姻成立時の出自氏族（後に出身集落）区別のためであるとし、この婚姻抜歯の成立・普遍化は、他氏族・自氏族を区別しようとする出自観念の出現もしくは発達と密接な関係を持つものであり、氏族間の接触・交流が活発に恒常化した証であると捉えている（春成 1973：2002）。また、氏は、縄文時代晩期東日本は西日本に比して抜歯型式が単純であることから、抜歯型式による出自表示区分の意識が低かったと捉え、遺跡密度・遺跡規模・土器の様相の東西差を裏づけとし、縄文時代晩期東日本と西日本の抜歯型式の差を、当初は氏族の自立性の差（春成 1973）と解釈していたが、後に、婚後居住規定の差であるとしている（春成 1982b：2002）。

以上のように、春成氏は、煩雑であった抜歯型式を複数の異なる通過儀礼と関連付けることにより明瞭な分類を行っている。また、社会構造に関しては、それまでにも儀礼的遺物や生業における女性の役割や装飾品と女性との結びつきから縄文時代社会が母系社会であることを説いた和島誠一氏や岡本勇氏の研究（和島 1948：1962：岡本 1956）、北米原住民等の民族誌的モデルを利用し縄文

時代前期-後期の社会が父系社会であることを論じた大林太良氏の研究が存在したが（大林 1971）、考古学的に証明が困難であり当時の日本考古学においては中心的なテーマではなかった。しかし、春成氏は儀礼の推測を基礎とし抜歯型式が出自であるという仮説の下に考古学的研究からのアプローチが困難であった出自や婚後居住規定にまで言及し、縄文時代および弥生時代の社会構造に関する理解しやすい仮説を提唱した。

　この春成仮説に対し、抜歯型式と出自との関係について人類学的手法を用いて分析した先駆的研究として毛利俊雄氏、毛利・奥千奈美氏（毛利 1985；毛利・奥 1998）や田中・土肥両氏の研究が挙げられる（田中・土肥 1988a）。毛利氏および毛利・奥氏の研究は、津雲・吉胡・稲荷山貝塚の頭骨小変異の累積類似度を用いて春成氏の下顎抜歯型式＝出自表示という仮説を検証しようと試みたものである。分析の結果、有意差は無いが 4I 系の累積類似度が 2C 系のものより高く、春成仮説を否定する結果にはならなかったとしている。田中・土肥氏は、伊川津遺跡を対象とした歯冠計測値及び頭骨小変異の累積類似度を用いた研究により、春成氏が婚入者とした 2C 系の個体間で血縁者と見られる複数のペアの存在を指摘している。この結果、2C 系が婚入者であった可能性もあるとしている。さらに田中氏は、津雲遺跡出土人骨を対象とした歯冠計測値を用いた分析で、2C 系と 4I 系の Q モード相関係数の平均値がほぼ同じであり、この値は現代人の他人同士の値に比べて有意に高く、4I・2C ともに血縁者を多く含んだ構成であったという結論を得て春成仮説を否定するに至っている（Tanaka 1993：2001）。また、橋本裕子氏・馬場悠男氏も稲荷山貝塚を対象として、歯の形態小変異を用いて春成氏が抜歯型式との相関により設定した埋葬小群の性格を検討しているが、3 項目で春成仮説とは逆の 4I 系よりも 2C 系で高いという結果が出ている（橋本・馬場 1998）。その後、氏らは津雲貝塚を対象として歯の形態小変異に加え歯冠計測値を用いた血縁者推定を行い、春成仮説の検討を行っている。その結果、歯冠計測値を用いた分析の結果異抜歯型式個体間で血縁関係が推定されることから、これらの個体が婚入者とその子供もしくは春成仮説が棄却される可能性を指摘している。加えて、歯の形態小変異を用いた分析の結果、上顎は 4I 系で高く下顎は 2C 系で高いという結果を示し

ている（橋本・馬場 2000）。

　一方で考古学的或いは民族学的視点から、春成仮説に対する言及も行われている。佐々木高明氏は民族学的視点から、縄文時代においてはムラ＝出自集団ではなく、抜歯により導き出された婚後居住規定も全面的には受け入れられないという指摘を行っている（佐々木 1991）。田中氏は氏自身による形質人類学的研究の成果を受け、考古学的研究による社会の様相から部族社会であったと考えられる縄文時代において、ムラ＝出自集団という構図は成立し得ないと指摘し、抜歯に関しては半族概念を用いると春成氏の指摘した抜歯型式を矛盾なく説明できるが、考古学者から見ると抜歯を用いた半族／出自集団内の婚入者と婚出者の区別は不可能であり、抜歯は親族構造の研究には不適であるという結論にいたっている（田中 1998）。この半族表示説に関しては、高瀬氏が春成仮説の取り扱いを再検討する過程で批判をしている（高瀬 2004）。高瀬氏は、春成仮説のムラ出自を村落出自と解釈し直しており、田中氏の抜歯型式半族表示説は「抜歯型式が混在し当事者にも判断が付かなくなってしまうのであれば、抜歯は半族表示ではなかったといいうる。」（高瀬 2004）と批判している。

　さらに、これら一連の研究動向をふまえた上で、近年春成氏自身が一連の批判・検証論に答える形で自説を再考している（春成 2002）。まず、抜歯型式と対応すると考えられる集団概念に関する指摘に対しては、胞族（小林 1988）・半族（田中 1998）の場合、副葬品に見られるような優劣差が存在しうるのかという疑問を呈している。また、形質人類学的手法を用いた一連の研究に関しては、自説に有利な結果（毛利 1985；毛利・奥 1998；橋本・馬場 2000）と自説に不利な結果（田中・土肥 1988；橋本・馬場 1998）があり、自説には有利とも不利とも言えないとしている。加えて、これらの不利な結果のうち田中・土肥氏の研究に対しては、①2C系集団が血縁者を含み込む集団であるか否かを検討する際に比較に用いたのが現代人血縁集団である、②血縁者でも歯冠形態が似ていない場合もある、という2点から歯冠計測値を用いた分析方法への限界を指摘している。さらに、伊川津貝塚6号再葬墓に関しては婚出者が帰葬されたため血縁者を含み込んでいたという解釈を行い自説との整合性を指摘している。また、田中氏の出自表示論における抜歯系列の意味の取り扱いに関しては、①津

雲貝塚における分析データが未発表、②津雲貝塚の上顎犬歯のみの個体は無抜歯集団ではなく時期の異なる集団である、という批判を行っており、

「２つの抜歯系列と在来者・混入者は相関せず」の主張を検証することはできない。「抜歯型式は親族組織の研究には不適である」も検討できない。

と指摘している（春成 2002）。

　一方で、拙稿においては、縄文晩期の抜歯儀礼再考の結果得られた抜歯型式を構成する抜歯が成人儀礼に行われたという観点から、抜歯型式の社会的意味に関する検討を行っている（舟橋 2008b；2009）。まず、成人儀礼時における重要な社会区分に関し民族事例をもとに抜歯型式が①親族ソダリティー②非親族ソダリティーであるという２通りの仮説をたて、抜歯型式と性別や埋葬小群・副葬品との相関について分析を行っている。その結果、東海以西においては抜歯区分原理がジェンダーであり抜歯型式が非親族ソダリティーに対応する可能性が考えられ、東日本においては半族などの親族ソダリティーに対応する可能性を指摘した。加えて、この背後には当時日本における系譜意識の差異が存在する可能性を指摘している。一方で、このような成人儀礼に伴う抜歯の出現が縄文時代後期の諸儀礼関連遺構・遺物と相関していることから、縄文時代中期末から後期中葉には環状集落の解体に伴い、集落という日常的な場での部族内の結びつきが解体し、非日常的な出来事を利用して集団としてのまとまりを再確認する行為が必要になっており、その手段の一つが集団成員の多くが経験する成人抜歯風習であると結論づけている。

　縄文時代の抜歯型式を用いた社会構造の研究は、以上のように春成氏によって基礎づけられ、その後の研究に関しては春成氏の抜歯論を元にして、或いはそれに対する仮説の検証という形で行われている。しかし、抜歯型式が出自を示すという仮説に関しては未だ積極的に支持するような形質人類学的結果は出ておらず、むしろ田中・土肥氏、Tanaka 氏、橋本・馬場氏の研究に見られるように否定的な結果が出ている。また、その基本原理である「ムラ出自」は民族学的観点・考古学的観点から佐々木氏や田中氏により否定されている。加えて、村出自仮説の基本をなす成人・婚姻儀礼仮設の否定と形質人類学的抜歯施行年齢のデータに基づく抜歯施行儀礼論から、抜歯型式の社会的意味に関する

新たな論が展開されつつある。

b）弥生時代における抜歯風習に基づく社会論

　弥生時代の抜歯型式に基づく社会論も春成氏により基礎付けられた。氏は、日本の弥生時代に見られる上顎側切歯抜歯が大陸からの流入要素であるという考えに基づき、土井ヶ浜遺跡を用いて抜歯型式の分類を行っている。氏は、土井ヶ浜遺跡を主な検討対象とし、弥生時代前・中期に見られる上顎抜歯をC系：上顎犬歯抜歯／I系：上顎側切歯抜歯に区分し、C系の人々を縄文系集団、I系を渡来系集団に対応するとしている。また、縄文時代の抜歯儀礼仮説を適用し、上顎犬歯・側切歯をともに抜歯しているIC系は、縄文系集団の人と弥生系集団の人の婚姻の際に相手方の集団の歯種を抜歯することにより生じたものとしている（春成 1974）。その後、氏はやや論調を変え、土井ヶ浜集団は混血集団であることから、単純に縄文系集団・渡来系集団に分けることは不可能であり、C系の＝縄文系集団、I系＝渡来系集団とすることはできないとしている（春成 1987）。しかし、「CとIが当時意図的に区別されていた」という観点から、親族組織上の位置が、本人の形質とは関係なく親の出自により決められていた可能性もあるとしており、「父が縄文人の系統であるか渡来者の系統であるかによって、成人抜歯の型式を異にする習慣があったからではなかろうか」と推測し（春成 2002：58頁）、最新の著書においてもこの説を主張している（春成 2007）。以上のように、氏は形質と抜歯歯種に相関が見られなくても犬歯と側切歯の抜き分けを縄文系・渡来系という集団との対応関係で解釈可能であるという立場をとっている。加えて、上顎犬歯系を土井ヶ浜集団の始祖に連なる家系で側切歯系は二次的に加わった家系であるとの見解を示している（春成 2007）。さらに、この抜歯出自表示論に基づき、出自規定についても言及している。また、弥生時代の抜歯風習に関しては、北部九州の抜歯人骨を用いて、抜歯風習が婚姻抜歯→成人抜歯という順で衰退すると指摘し、抜歯風習の衰退期であるとしている（春成 1974）。そして、この背景として、弥生時代前期末から中期の人口増加に伴い可耕地を求めて集団分岐を繰り返した結果、「血縁的自立的労働組織」である氏族が「農業共同体」へ変化し氏族をつないできた部族機構が崩壊したため、氏族の自立性を基礎に発達した成人抜歯はその存立

意義を失ったと解釈している。

　その後、抜歯型式を用いて墓地の経営集団の社会構造を明らかにしようと試みた研究として山田康弘氏の研究が挙げられる（山田 1997：2008）。氏はほぼ全体像が判明した土井ヶ浜遺跡の資料を用いて抜歯型式をI系・C系・O系の3系列に区分し、全体像が明らかな墓域を抜歯の偏りに基づき5つの埋葬小群に区分している。この結果、各群で主要な抜歯系列が異なる傾向および埋葬施設・副葬品が特定の抜歯系列に偏る傾向を指摘している。それにより、抜歯系列間には階層差が存在し墓地経営当初は各抜歯系列が各埋葬小群を経営していたと考え、各群で複数の抜歯系列が男女ともに見られることから選択的婚後居住であり、双系社会であったと推測している。また、各埋葬小群の経営集団が抜歯系列の継承かつ婚姻の単位であったとし、この集団は世帯・家族（家系）であると結論付けている。

　一方で、拙稿においては土井ヶ浜遺跡の抜歯施行儀礼の推定に基づき、抜歯型式を構成する上顎犬歯・側切歯抜歯が成人儀礼に伴うものであるという抜歯施行儀礼の推定を行った上で、抜歯型式が成人儀礼の際に重要な社会集団と対応する可能性を考え抜歯型式が、①宗教・政治集団といった非親族ソダリティー、②リネージ・クランといった出自集団、に対応する可能性を検討している（舟橋 2000）。その結果、抜歯型式が性別との相関がないものとあるものが混在しておりなおかつ抜歯型式同一個体間で血縁関係が認められることから、抜歯型式は後者に対応する可能性を指摘している。加えて、弥生時代北部九州における抜歯施行儀礼の変化を推定し、成人抜歯風習が社会組織の変容と密接に結びついていた可能性を指摘している（舟橋 2008a）。北部九州と響灘沿岸地域にみられる抜歯風習の地域差に関しては、社会進化段階の相違が背景にあるとの指摘を行っている。

　この他にも既存の抜歯型式（春成 1974）と施行儀礼（舟橋 2000）に関する論を組み合わせ、性別・副葬品等との相関から土井ヶ浜遺跡の親族構造に言及した研究も見られる（古庄 2001）。また、東日本においては春成氏の型式分類にあてはまらない抜歯型式や移行パターンの存在が指摘されている（飯島 1986）。

　古墳時代における抜歯風習に基づく社会論は土肥・田中氏および田中氏によ

り行われている。氏らは上述の通り古墳時代抜歯風習の施行儀礼を家長権継承に伴う服喪とした上で、6世紀に抜歯個体の性別が男性に偏る現象が親族構造の父系化と連動した動きであると指摘している。さらに、6世紀になると抜歯風習自体がほとんど見られなくなることに加え女性単体埋葬・初葬者の動態を併せた上で、5世紀までの家長権継承は不安定であり抜歯のような呪術的行為が必要とされていたのが、6世紀以降になると家長権継承システムが父系に安定化するために抜歯が不要になったと指摘している（土肥・田中 1998；田中 1995）。

3 民族誌学的研究

a) 古代以降に見られる身体加工儀礼について

　出土人骨に見られる抜歯の確実な下限は、出土人骨でみると古墳時代であるが（土肥・田中 1988）、その抜歯の簡便化としてお歯黒の存在が指摘されている（金関 1975）。お歯黒に関しては、文献記録においては平安時代の『和名類聚抄』に見られる（佐藤 1981、大藤 1968）。一方で、考古学的証拠としては古墳時代後期の出土人骨の歯牙、人物埴輪の口腔に黒色物質の塗布が見られ、お歯黒の可能性が指摘されている（島・山崎 1953；島 1957；八木 1899）。さらに、『日本書紀』『古事記』等にも、山陰や九州南部における抜歯風習の存在を示す記述が見られる。また、抜歯と同様な時期から間接的にその存在が見られる身体加工として、文身がある。縄文時代中期から晩期にかけての東日本を中心に出土する土偶に文身と考えられる表現が見られ、さらに、弥生時代から古墳時代においては、器面に人面を描いた土器が出土しており、これらの人面にも文身と考えられる表現が見られる。一方で、文献記録においても、『魏志倭人伝』に男性が顔・体に文身をしており、その模様はクニごとや身分の上下によって差があったという記述が見られる（石原編訳 1951）。

　また、近・現代日本においては、羽原又吉氏が長崎県の家船の女性に成女式の意味の抜歯があったことを指摘している（羽原 1963）。金関氏・小片丘彦氏は、この長崎県の家船の抜歯風習が近代まで伝承されていたという国分直一氏の指摘を紹介している（金関・小片 1962）。さらに、氏らは大分県の家船にも同

様な風習が近代まで継承されていたという報告も紹介している。同様に、坂田邦洋氏は、長崎県の現代日本人に見られる風習的抜歯についての聞き取り調査の結果の報告を行っている（坂田 1973）。これらの聞き取りの結果、1900年代初頭の段階では五島列島においては病気治療のために抜歯が行われていたものの、既に抜歯は一般的ではなく、西彼杵半島の家船の場合は、抜歯施行理由は不明であるが女性に一般的に行われていた抜歯であったと指摘している。抜歯の種類に関しては、上顎両側の同じ歯を一度に抜歯しており、家船の場合上下顎は不明であるが前歯を数本抜いていたと指摘している。さらに、両地域ともに大正初期までお歯黒の風習が見られたが、五島列島に関しては、昭和以降入れ歯に黒い歯牙を用い、その両側に金歯を配するという美観法が見られ、坂田はこの風習の流行と抜歯風習の消滅との関連を指摘している。また、長崎県の現代人の抜歯風習の系譜を直接弥生時代に求めることは危険であるとしながらも、その可能性について示唆している。

b) 抜歯風習のおこりに関する研究

金関氏は、抜歯風習にポリネシアを中心に見られる服喪抜歯と、シベリア・中国・日本・アメリカ等で見られる成人抜歯の2種類があるという点に関し、「これらの二つの異なった場合を持つ風習が、別個に起こったとは考えにくい。根元は一つだったに違いない」と推定し、その根拠として中国において同じ地方にこの2種類の抜歯が併存している点を指摘している（金関 1975）。さらに、この2種類の抜歯風習を同時に説明しうる解釈として、死霊に対するカムフラージュを挙げている。未開社会においては、祖霊が死の直後のみならず、子孫の一生の重要な行事には必ず「出張」してくると考えられていることから、重要な儀礼の際に歯を抜いて変装・変貌することにより、祖霊から身を守るということが抜歯施行の本来の意味であったと指摘している。

これに対し、春成氏は、世界最古の抜歯事例が上顎或いは下顎の中切歯であるという点を挙げ、抜きやすさからこれらの歯種が初期の抜歯対象歯種に選ばれたという面を考慮しながらも、これらの抜歯は乳歯の脱落順を模倣したものであると推測している（春成 1983）。さらに、当時社会においては、乳歯の脱落と乳児期の終了が同一視されていたと推測し、縄文・弥生時代における幼児

の死亡率が高く、幼児の壁を越えることは人生の最初の関門であり、その際に自然に歯牙（乳歯）が脱落するという点から、歯牙の脱落が人生儀礼と結合したと指摘している。これらの推測から、抜歯が成年式・婚姻儀礼・葬送儀礼と結びつき、場合によってはこのうちのいくつかの儀礼と結合したと指摘している。

4　小　　　結

　以上の日本先史時代抜歯風習に関する学史の流れを整理すると以下のようになる。
　まず、形質人類学的研究においては、
　　① 1900年代初頭-1950年代：抜歯風習研究の初源期であり、抜歯の鑑定方法・施行年齢方法が研究者間で異なっている。
　　② 1960年代-1970年代：様々な抜歯の施行年齢推定方法が提示されるようになり、施行年齢推定法の精緻化がはかられる。
　　③ 1980年代以降：抜歯の鑑別・施行年齢の推定方法に関する方法が出そろい、総合的な観察・分析方法を用いた基礎データの収集が行われている。
考古学的研究においては、
　　①日本人の成立との関連から、研究当初から抜歯歯種に基づく抜歯系統に関する議論が盛んに行われており、縄文時代から弥生時代に関しては各研究者ともにいずれかの段階で外的影響を想定している。
　　②抜歯施行儀礼に関する議論は、1970年代以降施行年齢に関する形質人類学的データに基づいた研究が少なくなる。
　　③抜歯風習に基づく社会論が1970年代以降行われるようになり、その基礎となる抜歯型式の区分原理自体の問題点が指摘されている。
また、民族誌学的研究においては、日本列島において抜歯風習の衰退した古代以降代用行為としてお歯黒が近世まで使用されていた可能性が指摘されており、特定の地域では近代まで抜歯風習が遺存していたことが報告されている。さらに、抜歯の起源に関しても言及がなされている。

次節では、以上の日本の抜歯研究における到達点と問題点について整理し、前節の海外における抜歯研究との比較検討から日本における抜歯風習研究の特徴を明らかにする。

第3節　問題の所在

本節では、第2節において整理した日本列島先史時代抜歯風習研究について、海外における抜歯研究との比較からその特徴・問題点を明らかにし、学史上の問題点と到達点を整理する。以下、形質人類学的研究に関しては、抜歯風習の研究を行う上でデータの基礎となる鑑別方法と抜歯施行年齢の推定方法に関する問題点に分け、既存の方法の問題点及び有効な方法について明らかにする。考古学的研究では各研究の目的別に学史上の問題点を明らかにし、既存の研究の到達点を明らかにする。その上で、民族事例・既存の古人骨を用いた抜歯研究に基づき、抜歯を行う通過儀礼や社会区分に関する仮説の抽出を行い、仮説検証のための条件を提示する。

1　風習的抜歯の鑑別方法に関する問題

海外の抜歯風習研究では先述の通り、Hrdlicka 氏により体系的な抜歯の認定基準が設定されており（Hrdlicka 1940）、鑑別基準に関する議論はこの研究を基に行われている（Merbs 1968；Cook 1981）。したがって、本項でも Hrdlicka 基準を基に海外における抜歯鑑別基準を整理する。Hrdlicka 基準は以下の通りである。

①病気の痕跡がないこと
②抜歯が対称である（または対称に近い）
③同一集団内での類似した歯牙の欠落パターンの繰り返しが見られる
④歯槽骨頬側壁の破損（抜歯施術時の歯槽骨骨折による）
⑤抜歯が若い頃行われた証拠が見られる
⑥近隣の集団に風習的抜歯が見られる
⑦風習的抜歯の伝説やその他の情報がある

この Hrdlicka 氏の風習的抜歯の認定基準に対し、Merbs 氏は Hrdlicka 氏の抜歯サンプルが自身の認定基準を満たしていないと批判している（Merbs 1968）。この Merbs 氏の批判に対し、Cook 氏は Hrdlicka 氏の認定基準②・④・⑤・⑥・⑦について、必ずしも必要不可欠な要素ではないと指摘しており、③に関しては、切歯を抜歯するという共通の傾向が見られることから、Merbs 氏の Hrdlicka 氏への批判は妥当ではないとしている（Cook 1981）。②については日本においても偏側的な抜歯が多く見られる（長谷部 1919a；松本 1920）。④についても、本章の第1節で見てきたように、オーストラリア先住民に多く見られる歯槽壁の骨折を引き起こすような、歯牙をへし折る方法（Campell 1925）もあれば、あらかじめ歯肉をはがし、棒状のもので歯牙を動揺させておいてから、歯槽窩から歯牙を抜き取るように抜歯する方法もある（Rippen 1918a；野谷 1936）。⑤に関しても、日本の服喪抜歯は多くの個体が成年に達してから抜歯を行っている（土肥・田中 1988）。⑥⑦に関しても、過去の風習が現代まで何らかの情報として必ずしも遺存するとは限らない。したがって、Hrdlicka・Merbs 両氏に対する Cook 氏の批判は正しく、Hrdlicka 氏の提示した認定基準の中で有効なものは上記の①③が挙げられよう。

　さらに、Hrdlicka 氏は、風習的抜歯の鑑別の際に区別すべきそれ以外の歯牙の欠如として、先天性欠如、外傷性欠如、齲歯の治療的抜歯、歯周疾患（膿瘍・膿漏・壊血症）、高齢の個体に見られる歯牙喪失を挙げている。これらは、風習的抜歯以外の歯牙の欠如・脱落で考えられる選択肢を網羅しており、先天性欠如・外傷性欠如・歯周疾患は、それぞれ特徴的な様相があり、風習的抜歯との鑑別が可能である。さらに、齲歯の治療的抜歯に関しては、残存歯牙における重度の齲歯の観察により治療的抜歯が行われているか指摘することが可能である。日本の先史時代においては、かなり重篤な齲歯がしばしば見られることから治療的な抜歯の可能性は低く（藤田・鈴木 1995）、抜歯の目的に治療を考慮する必要は無い。高齢の個体に見られる歯牙喪失に関しては、歯牙喪失が複数歯に及び風習的抜歯と区別できない場合には、サンプル個体に含めないという方法により対処可能である。

　一方、日本における風習的抜歯の鑑別は抜歯研究の初源期である 1900 年代

初頭に議論が行われ、1980年代以降体系的な鑑別の際の注意点が提示されている。1900年代初頭の抜歯の認定基準に関しては、風習的抜歯の鑑別の際に注意すべきその他の生前歯牙喪失として、歯周疾患・齲歯による歯牙喪失、上顎側切歯の先天性欠如が挙げられている（小金井 1918・1923；佐藤 1918；長谷部 1919；松本 1920）。小金井氏は、風習的抜歯の認定基準として左右対称性を挙げているが、抜歯が必ず両側性であるとは言えないためこれはHrdlicka抜歯認定基準②同様否定できよう。

1980年代以降になると大多和氏が歯牙の欠如を、①非企画的歯牙の欠如、②企画的抜歯に分け、前者に関しては先天性欠如・外傷性欠如・歯科疾患による欠如があると指摘しており（大多和 1983）、他の研究者もほぼこれを踏襲している（土肥・田中 1988；中橋 1990；竹中 1993；服部他 1996；藤田 1996）。このほかに、上顎犬歯の埋伏・位置異常との鑑別に注意すべきであるという指摘もなされている（土肥・田中 1988）。これらの注意すべき歯牙欠如は考え得る可能性を網羅しており、研究方法の処で詳述するように明確な鑑別基準も提示されており風習的抜歯との違いが明白であることから、風習的抜歯の鑑別に有効である。

また、風習的抜歯の特徴としては、①抜歯隣接歯牙の移動や対咬歯牙が隣接歯の歯列より挺出する点、②歯槽部がやや薄くなるものの、歯根方向への退縮はほとんど見られない点、③抜歯隣接歯牙の側面に咬耗がほとんど見られない点が挙げられている（大多和 1988）。但し、①は抜歯から死亡時期までの間隔が長い個体に限られ、②も歯槽低下が見られないという点は重要であるが、歯槽壁が骨折せずに抜歯された場合つまり歯槽窩がほぼ保持された状態で歯槽窩内に骨充填がされる場合、抜歯後しばらくはそれほど歯槽骨の頬舌幅は狭くない。③は若年において抜歯をされた個体にのみ適用可能である。したがって、これらに関しては、風習的抜歯の特徴として必須の条件ではない。

以上、国内外における先行研究から、風習的抜歯の認定基準としては、①企画的な歯牙の欠如である、②類似した歯牙の欠落パターンの繰り返しが見られるという点が上げられよう。さらに、鑑別の際に注意すべき点として、先天性欠如・外傷性歯牙喪失・歯科疾患による歯牙喪失・上顎犬歯の埋伏・位置異常といった非企画的歯牙の欠如・歯牙喪失との鑑別を行うという点が挙げられよ

う。

2 抜歯施行年齢の推定方法に関する問題

　世界の先史時代抜歯風習における共通した抜歯施行年齢の推定方法は、最年少抜歯個体をもって抜歯の施行年齢とする方法（Cook 1981；Campell 1981；韓・潘 1981；蓮 1987；Robb 1997）、が挙げられる。抜歯研究の初源期に Hrdlicka 氏が用いた、成年以降で抜歯が見られる場合その前段階の若年層で抜歯を行っているという推定方法は、思春期抜歯のみを想定して推測された方法で根拠がなく、すでに否定されている（Cook 1981；Merbs 1968）。

　一方で、日本においては、①抜歯の見られる最年少個体の年齢（長谷部 1919a・b；宮本 1925；清野・金高 1929；大倉 1939；永井 1961b；渡辺 1967；中橋 1990；藤田 1997；舟橋 2000：2003）、②抜歯後の隣接歯間の空隙幅の変化（小金井 1919；大串 1920；服部 1970）、③抜歯最年少個体と未抜歯最年長個体の平均年齢（松本 1920）、④歯後歯槽窩の骨充填度合いの観察（服部 1990；土肥・田中 1988；舟橋 2000）、⑤抜歯対咬歯牙の咬耗（大多和 1983；土肥・田中 1988；舟橋 2006）、⑥抜歯隣接歯側面の咬耗（大多和 1983；舟橋 2000：2003）、⑦抜歯施行率の加齢変化（中橋 1990；藤田 1996；舟橋 2003）を用いた施行年齢の推定方法が採られている。抜歯研究初源期には主に①②③がそれぞれ単独で用いられているが、1980年代の大多和氏の研究（大多和 1983）以降、それぞれの手法を組み合わせてより詳細な施行年齢の推定が行われている（土肥・田中 1988；中橋 1990；藤田 1996；舟橋 2000：2003）。

　まず、それぞれの手法について、その問題点と利便性について検討してみたい。①に関しては、世界の抜歯研究においても用いられている方法であるが、松本氏の指摘通り最年少個体1体の年齢を提示するのみでは、抜歯開始年齢の一番早い個体を指摘しているにすぎない（松本 1920）。但し、中橋氏が示しているように、対象とする個体群の若年個体全体の抜歯の有無を提示し抜歯平均年齢を指摘することは可能であろう。②に関しては、抜歯後の空隙の方へ残った隣接歯が移動してくるという動きを利用したものであり、抜歯施行年齢というよりも抜歯歯牙間の相対的な抜歯時期の順序を推定する方法である。但し、

抜歯後の空隙の幅は歯並びと相関し、抜歯年数との相関はないという結果（Inoue et al. 1995）がその後出されている。仮に、同一個体内であればどの歯種でも抜歯後の空隙の狭まるスピードが同じと仮定した場合、空隙の幅の差がどの程度の抜歯時期の差を反映しているのかという臨床的なデータがあれば、抜歯の施行年齢について指摘することも可能かもしれない。ただし、その場合でも同様な抜歯タイプ個体を一定程度揃えサンプル全体の傾向を見る必要があり、先行研究に見られるような数例のみを挙げての施行年齢の指摘はできない。③に関してはこの手法の発案者である松本氏自身が指摘しているが、未抜歯個体と一生無抜歯の個体の識別が困難である。④に関しては、抜歯後の歯槽窩の骨充填過程に関する臨床データの蓄積があり抜歯施行年齢の推定に非常に有効であるが、抜歯後短期間で死亡した個体のみ使用可能であり適応可能な個体数が非常に限られている。⑤は、対咬歯牙が抜歯された歯牙は、咀嚼時に相対する歯牙がないため周囲の歯牙に比べて咬耗がかかりにくいという現象を利用した方法であり、抜歯対咬歯牙の咬耗度を観察することにより大まかな施行年齢の推定が可能である。⑥に関しては、隣接する歯牙の接触点に見られる咬耗を利用したものである。側方咬耗の度合いは歯並びや噛み合わせによって個人差があるが、一定数の個体で同様な傾向が見られれば抜歯施行年齢との関連を指摘することが可能である。また、実際にどの年齢で側方咬耗が見られるかに関してのデータは、若年から20代の古人骨を用いて採取可能である。⑦に関しては、加齢に伴い抜歯をする人が増加するような場合抜歯の施行率は加齢に伴い増加する、という予測に基づいた方法であり、一定度の個体数が揃えば使用可能な方法である。

　以上見てきたように、古人骨に適用可能な抜歯施行年齢推定方法は①抜歯最年少個体の年齢、④歯後歯槽窩の骨充填度合いの観察、⑤抜歯対咬歯牙の咬耗、⑥抜歯隣接歯側面の咬耗、⑦抜歯施行率の加齢変化、であると考えられる。但し、これらの手法は、①が抜歯開始年齢の推定、⑥・⑦は抜歯の施行年齢の上限を推定する方法、⑤はあくまでも大まかな年齢の推定方法で、④の方法は抜歯施行年齢と非常に近いものの資料数が限られている。このようにこれらの方法はそれぞれ抜歯施行年齢の異なる側面を明らかにする。したがって、これら

の方法を相互補完的に用いて総合的に抜歯施行年齢を推定する必要がある。

また、直接的な施行年齢の推定方法ではないが、春成仮説の設定対象となった縄文時代晩期東海遺跡の個体群に関しては、上下顎の抜歯の有無と年齢の相関を見るという春成氏が用いた上下顎抜歯の相対的施行順序推定の根拠とした方法（春成 1973）についても上述の手法とあわせ分析を試みる必要があろう。

3　抜歯の系統論における問題

海外の抜歯風習研究に関しては、抜歯歯種に主眼をおき人の移動を背後に想定し、ヨーロッパ・アフリカや環太平洋地域といった広範囲にわたる地域の抜歯風習を結びつけた研究が見られる（Jackson 1915；Hrdlicka 1940；春成 2002）。また、より狭い東アジア内で、抜歯歯種・施行年齢の両面を考慮した系統論も行われている（韓・潘 1981；蓮 1987）。

日本先史時代抜歯風習の系統論に関しては、縄文時代前期から中期の抜歯風習萌芽期と縄文時代後期から晩期の抜歯風習隆盛期、弥生時代開始の3つの時期において、それぞれ自生或いは内的変化と考える研究と外来要素の影響を示唆する研究とがみられる。但し、縄文時代から弥生時代まで、日本先史時代抜歯風習を総合的に研究した論考においては、日本国内・海外ともに資料の揃っていなかった初期の研究（松本 1920；山内 1937）を除くと、上記の3時期のうち、いずれかの時期での外来要素の影響を受けた可能性が指摘されている（渡辺 1966：1967；春成 1974；1987：2000；中橋 1990；Han and Nakahashi 1996；木下 1997）。さらに、南西諸島に関しては別個に、その系統に関しての議論がなされている（金関 1956a；永井 1961；池端 1980；峰 1992）。以下にこれらの抜歯風習の系統論についてその背景と問題点を指摘したい。

まず、先行研究における研究者間の見解の相違を生み出した要因の1つとして、それぞれの研究当時の古人骨資料の出土状況の違いによるという資料上の制約が挙げられよう。特に、弥生時代抜歯風習の系統に関する各研究者の見解の相違は、資料状況によるところが大きい。1930 年代までの研究（松本 1920；山内 1937）に関しては、1970 年代以降の研究者が渡来系の要素が見られるとする西日本の弥生時代抜歯資料が出土する以前の研究であり、中国大陸・台湾島

などの周辺地域に関してもまとまった研究が行われていない。さらに、1960年代以降にはほとんどの研究者が日本列島の抜歯風習への外的影響を明らかにする際の比較資料として、中国における抜歯風習を用いて系譜関係を論じている（渡辺 1966；春成 1974：2000；中橋 1990；木下 1997a）。これは、地理的に中国大陸より近く弥生時代の開始期に様々な文化的要素の流入が見られる韓半島の古人骨資料が少ないためであるが、近年韓半島において人骨出土例の増加に伴い無文土器時代に服喪儀礼に伴うと考えられる歯牙供献儀礼行為の存在が指摘されている（田中 1999）。さらに、日本列島の弥生時代に見られる抜歯風習との影響関係についても可能性が指摘されており、韓半島全体の出土古人骨について、抜歯風習を検討する必要があり、著者自身も検討を進めてきている（舟橋 2006）。

　また、日本先史時代抜歯風習系統論の方法論的な問題は、抜歯歯種を中心に系統論が行われており（松本 1920；山内 1937；永井 1961a；渡辺 1966；春成 1974：2000；木下 1997）、抜歯歯種に加え施行年齢に関しても検討を行った研究はごく一部に限られる（中橋 1990；Han and Nakahashi 1996）という点が挙げられよう。抜歯歯種をもとに系統付けを行う手法には時期・地域を越えて同一歯種の抜歯を安易に系統づけてしまう危険性や、抜歯歯種は同様でも抜歯の施行年齢、ひいては施行儀礼が異なっている場合を看過してしまう危険性がある。さらに、施行年齢について検討を加えても、抜歯歯種を重視して系統付けを行うと抜歯型式が考慮されず、抜歯歯種と抜歯型式のどちらを重視したかにより結論が異なるという結果につながる。例えば、縄文時代前期に見られる下顎切歯抜歯は、歯種の共通性から、中国との系譜関係が指摘されている（春成 2002）。但し、その施行年齢・施行率等の施行状況に関しては検討が行われないままに下顎抜歯を服喪抜歯であると推測し、中国から環太平洋地域への服喪抜歯の伝播を指摘している。縄文中期末東北地方に見られる上顎側切歯抜歯に関しては、自生説（渡辺 1967；春成 2002）の他に中国との関係も指摘されている（韓・潘 1981）。前者は、それ以前の下顎切歯抜歯との抜歯歯種の違いおよび当該期の東北地方における文化的な成熟度合いに基づき、抜歯風習が自生可能な社会的素地が形成されていたと指摘しており、後者は抜歯歯種の共通性から中国との関係を指

摘している。これらの論は両者ともに縄文中期末東北地方に見られる抜歯の施行年齢・施行率等の施行状況に関する形質人類学的データに基づいていない。したがって、どちらが妥当な結論であるか判断することは困難である。

続く縄文時代晩期西日本で見られる抜歯風習に関しては、春成氏は外来要素を想定しておらず（春成 1973：1982b）、渡辺氏は下顎側切歯抜歯の出現に加え土器・石器など他の文化要素の分布ともあわせ、外来の要素の影響を指摘している（渡辺 1967：1968）。渡辺氏同様に、Han and Nakahashi 氏も犬歯と下顎切歯という抜歯歯種の組合せから大汶口文化後期と縄文時代後期・晩期の抜歯風習との関係を指摘している（Han and Nakahashi 1996）。これらの研究のうち、渡辺氏は文化要素との関連づけを重視し後・晩期の抜歯人骨の検討資料自体が少ない。また、氏が根拠としたのは、東日本からの文化の伝播した地域（大分・熊本）と後期九州の抜歯人骨が出土していない地域（西北九州・南九州）の排他性であるが、その後の資料の増加で、鹿児島県の縄文時代後期後半–晩期初頭（峰他 1996：1999；内藤・坂田 1977）や後期の長崎県脇岬遺跡においても抜歯事例が報告されている（内藤 1971）。Han and Nakahashi 氏に関しては、類似性を指摘している大汶口後期の抜歯事例（富庄遺跡・三里河遺跡）は、上下顎切歯抜歯が主流であり、氏らが指摘している犬歯＋下顎切歯抜歯は富庄遺跡の1割程度の個体のみである。さらに、縄文時代後期に関しては抜歯施行年齢が未だ不明であり、抜歯施行年齢に関して検討を行った上で比較を行う必要がある。

弥生時代に関しても、どの抜歯歯種に焦点を当てて系統づけを行うかにより、各研究者による結論が異なっている。まず、渡辺氏は弥生時代九州から関西地方に見られる抜歯風習を対象として下顎抜歯をしているという点を重視し、台湾・中国とは異なると指摘している（渡辺 1966）。一方で、春成・木下氏は上顎側切歯を重視し、外来要素即ち中国との系譜関係を指摘している（春成 1974；木下 1997b）。これに関しては、中橋氏や Han and Nakahashi 氏も、土井ヶ浜遺跡と中国新石器時代の抜歯施行年齢・抜歯歯種の共通性から、何らかの関係が推定されるという見解を示しているが（中橋 1990；Han and Nakahashi 1996）、側切歯抜歯の施行年齢の検討は土井ヶ浜遺跡以外には行われていない。また、中国大陸と日本列島弥生時代抜歯風習の関連を示唆する近年の研究に関

しては、抜歯風習の比較においては土井ヶ浜遺跡が挙げられているが、中国大陸と日本列島の抜歯風習の関連の裏づけとしてあげられている頭蓋形質・歯牙形態・mtDNA の類似性では北部九州弥生時代人骨が挙げられている（Nakahashi 2002）。加えて中国大陸においては抜歯施行儀礼が時期により異なる可能性が示唆されており（韓・潘 1981：甲元 1995）、抜歯衰退期にあたる春秋時代の抜歯風習に関しては、施行年齢に基づいた施行儀礼の推定を行い日本列島弥生時代抜歯風習との比較を行う必要があろう。さらに、氏らは、中国新石器時代と日本の弥生時代では時期的な違いがかなりあるため、直接的に抜歯風習の系譜関係を論じることは困難であると述べている。

　また、弥生時代の抜歯風習の儀礼的側面の系統論に関しては、春成氏は基本的に氏が提示した縄文時代の抜歯の施行儀礼（春成 1973）を踏襲しているという仮定の下に論を進めている（春成 1974：1987）。一方で、上下顎切歯抜歯に関しては、縄文時代或いは弥生時代に中国大陸から伝播してきた服喪抜歯であると指摘している（春成 2000）。但し、春成氏が服喪抜歯の1例としてあげている大友遺跡の下顎切歯＋犬歯抜歯に関しては、同一抜歯型式は縄文時代晩期から見られる。さらに、大友遺跡のこの抜歯型式をとっている最年少の個体は13歳であり（松下 1981b）、施行年齢からすると古墳時代西日本で見られる服喪抜歯（土井・田中 1988）よりも春成氏が婚姻抜歯としている縄文時代晩期の施行開始年齢：15歳前後（藤田 1997）や抜歯施行年齢：13-16歳（舟橋 2003）に近い。したがって、施行年齢を検討せず、時期・地域の異なる抜歯風習の抜歯歯種のみを取り出して特定の儀礼と結びつけた結果、施行年齢が近く抜歯型式という見かけ上も同じ抜歯が縄文晩期では婚姻、それに続く弥生時代では服喪と解釈されるという混乱が生じている。これに対し、著者自身は抜歯歯種・抜歯施行率・抜歯の施行年齢の総合的な検討から、弥生時代前期までの抜歯風習に関しては縄文時代までの風習と共通しており、中期以降が半島の服喪抜歯との関連性が見られると指摘している（Funahashi 2004；舟橋 2008a など）。このように、抜歯歯種のみから系譜関係を推定するのは困難であり、施行年齢・儀礼を含め、考古学的時代区分にとらわれず抜歯風習の施行年齢・施行率など抜歯の諸様相総体を用いた系統譜論が必要である。

南西諸島に関しては、薩南諸島の縄文時代晩期から弥生時代にかけて見られる抜歯は、抜歯歯種（永井 1961b）や副葬品等の文化要素から（金関 1966；渡辺 1966）それぞれ、台湾・中国南部との関連が指摘されており、その後の研究者もこれを支持している（春成 1974・2002；池畑 1980；Han and Nakahashi 1996）。但し、蓮氏も指摘しているとおり台湾島と薩南諸島の抜歯では抜歯歯種は同じでも、台湾の抜歯は両側性であり薩南諸島は偏側性であるという違いが見られる（蓮 1987）。したがって、薩南諸島の抜歯が偏側であるという点に意味があるのか否か等を検討し台湾の抜歯風習との比較を行う必要がある。一方で、琉球諸島の抜歯風習に関しては金関氏（金関 1957）を除くとほぼ同じ資料を用いながらも、縄文時代晩期の下顎抜歯歯種との共通性を指摘する意見と（春成 1987；池畑 1980）、下顎切歯という点を重視し縄文時代前期から中期に見られる古いタイプの抜歯の残存であるという意見（峰 1992；木下 1997）、同じく下顎切歯抜歯という点を重視し九州または中国南東部から縄文時代後期に伝播したという意見（春成 2000）に分かれる。これらの結論の違いは各研究者が系譜づけを行う際に注目する歯種の違いにより異なっており、繰り返し述べるように、可能な限り抜歯型式・施行年齢・儀礼についても検討して系統関係を考える必要がある。

　以上のように、抜歯歯種を重視した系統づけが主流となった要因は、簡単に比較可能であるという点が上げられよう。特に、日本本土の縄文時代前期から後期と琉球諸島に関しては、抜歯個体が少なく施行年齢の推定が困難であるという資料的な問題によるのかもしれない。しかし、抜歯歯種により比較を行った場合、どの歯種に焦点を当てるかにより結論が異なっている。さらに、抜歯の系統関係と同じような現象が見られる考古遺物を、抜歯風習との関連を明らかにしないまま抜歯の系統付けの傍証として上げている点も問題であろう。これらの問題に関しては、抜歯歯種に加え施行年齢およびそこから得られる施行儀礼（ある場合は抜歯型式の社会的意味）を可能な限り推定した上で、系統関係を推定するという手順により解決できよう。特に、日本では縄文時代晩期から弥生時代にかけて上下顎ともに複数の歯種を抜歯の対象としており、抜歯本数に関しても1本から十数本と様々であり抜歯歯種のみからでは系統関係の推定は

困難である。したがって、各時代・地域の資料を網羅的に扱い、日本列島の周辺地域のうち抜歯風習の流行時期が近く抜歯個体の帰属時期の明らかな韓半島の資料を主な比較対象とし中国・台湾出土人骨も含めて、歯種とともに儀礼的意味も検討し日本先史時代抜歯風習の系統を明らかにする必要がある。

4 抜歯の儀礼的意味に関する問題

世界における抜歯の施行儀礼に関しては、施行年齢・施行率といった形質人類学的データに基づく研究が行われており（Cook 1981；Robb 1997；韓・潘 1981）、施行年齢の推定に誤りのある部分に関しては否定されている（Hrdlicka 1940；Cook 1981）。さらに、民族誌学的研究も進んでおり、その研究成果を施行儀礼・施行年齢・施行率の関係という点からまとめると、以下のようになる。

A）個人の通過儀礼

①成人儀礼：思春期に施行、施行率高い（Rippen 1918a・1918c；Campell 1925）

②婚姻儀礼（既婚者表示）：施行の様相は不明だが女性の記述多い（東アフリカ：Rippen 1918a；中国南部：江上 1940 など）

③服喪儀礼：施行率（抜歯をする人）は服喪対象者により異なる（Michael 1993；江上 1940 など）

B）集団のための祭祀

年齢：様々

施行率：それほど高くない（特定氏族のみ）（Rippen 1918c；Campell 1925）

これらの民族誌学的研究を見ると、施行年齢・施行率と施行儀礼の間に一定程度関連が見られる。また、古人骨の研究から特定の社会的地位への加入礼としての抜歯の存在が指摘されており、施行年齢は特定の年齢であり施行率がそれほど高くないという様相が見られる（Cook 1981；Robb 1997）。

一方で、日本先史時代抜歯風習における抜歯の施行理由に関する研究は、①1960年代までの形質人類学的研究：抜歯＝成人儀礼、②1970・80年代の考古学的研究：抜歯＝複数目的（成人・初婚・再婚・服喪）、③1990年代以降の研究：②の再検討にまとめることができる。1960年代までの研究に関しては、

形質人類学的手法により、抜歯が第二次性徴期即ち14・15歳-18・19歳位に行われたことが指摘されており、思春期の抜歯であることから成人抜歯であるという指摘がなされている（長谷部 1919；清野 1949；渡辺 1966：1967）。

　これに対し、1970年代以降の春成氏の一連の論考は、複数の遺跡の抜歯データをまとめ抜歯の施行に複数の目的を与えるという画期的なものであった。しかし、氏の研究はその説の基盤をなす施行年齢の点で、形質人類学的情報が不足している。前期から後期の下顎切歯抜歯を服喪抜歯とし（春成 2000）、中期末から後期の東北で見られる抜歯を婚姻抜歯と指摘しているが（春成 1973：1980b：1982b）、ともに施行儀礼の推定に必要な施行頻度・施行年齢等形質人類学的根拠が無い。例えば、上顎側切歯の偏側性の抜歯に左右差が見られることから、集団内での婚姻時の差異表示であると推測しているのである。縄文時代後・晩期の抜歯に関しては、それまでの研究と異なり抜歯に複数の儀礼の存在を推測しているにもかかわらず、氏が用いたのは1960年代までの成果、つまり抜歯施行の開始年齢のみである。さらに、春成氏は抜歯後の空隙の差（小金井 1919）を上下顎の抜歯時期の差を示す根拠としてあげている。しかし、これは1体のみであり、本節の第2項で指摘したとおり抜歯後の空隙の差による施行年齢の推定は困難である。したがって、形質人類学的データに基づかない、施行頻度の相違のみから各歯種に異なる施行目的を与えた氏の方法は、前提となった各歯種の施行年齢を検討し直す必要がある。さらに、本刈谷貝塚の上下顎犬歯を抜歯している若年個体で、抜歯後歯槽窩の骨充填の度合いから確実に下顎の後に上顎の犬歯抜歯をした確実な事例も見られることから（服部 1970）、上顎→下顎という抜歯の相対的な施行順序に関する面から見ても氏の儀礼推定方法を再考する必要がある。また、藤田氏（藤田 1997）・田中氏（田中 1998）の指摘している無抜歯個体・下顎無抜歯個体に関する評価も重要な問題点であろう。

　さらに、藤田氏の研究に関しては（藤田 1997）、春成氏の説に疑問を呈しているものの春成氏の仮説を前提としているため、抜歯と施行儀礼の関係については、春成氏の仮説の域を出ない。現象の解釈に際し、加齢に伴い施行率が増加している歯種に関しては、服喪・再婚という儀礼を提示されているものの、

加齢に伴い施行率が増加している場合、なぜ服喪・再婚と言えるかという分析結果と解釈を結びつける根拠について触れられていない。また、施行率の増加が見られない場合には、出身・身分表示という表象としての意味合いは提示しているものの、それらがどのような儀礼に伴い行われたかについても言及されていない。

　このような問題点を踏まえ、著者自身抜歯施行年齢推定に基づき春成氏が成人・婚姻・再婚抜歯とした上下顎犬歯・下顎切歯抜歯を成人儀礼に伴う抜歯であると位置づけているが（舟橋 2003）、この結果に対し、使用個体個別データをあげていないことから追認が不可能であり学術論文ではないとの批判（山田 2004）がある。しかし、分析に用いた人骨の出土遺跡名、所蔵機関と分析対象とする個体の歯牙残存状況の基準および分析方法・分析データを明示しており、同じ機関で同じ遺跡出土の資料を用いて観察・分析を行えば分析結果の追試は可能である。加えて、山田氏は拙稿の津雲貝塚の若年個体の抜歯の有無に関するデータのみを用いて春成氏の成人・婚姻抜歯仮説が妥当であるとの指摘を行っているが（山田 2008）、津雲貝塚の若年特に10代前半のサンプル数は少ないことから、この分析のみを切り取って上下顎抜歯施行年齢および上下顎抜歯順序に言及することは困難である。また、高瀬氏は拙稿が、ⅰ）抜歯以外の身体加工儀礼の可能性を考慮していない、ⅱ）配偶者が死亡した場合高率で再婚する、という前提に基づいたものであるから、春成仮説の反証にはならないという指摘を行っている（高瀬 2004）。拙稿の抜歯儀礼論は施行年齢に基づくものであり、施行儀礼の推定においてこれらは全く前提となっていない。ⅰ）は前述の通り上顎のみ抜歯或いは無抜歯個体を未婚・未成人とした春成仮説に該当する指摘であり、ⅱ）は施行儀礼の推定に直接関連しない分析ではあるが、既存の春成仮説検討という観点から分析した部分である。さらに、高瀬氏は「上顎と下顎の抜歯の施行年齢の差違や婚姻と抜歯の関係についての春成仮説に不利なデータ」に関しては、「10代半ばから後半のうちに成人・婚姻・出産をおこなうとすればその時間差の把握は非常に難しいこと、サンプル数が少ないなどの点から」効果的な検証ではないとしている。これは誤解であり、抜歯の平均施行年齢は13-16歳であり、遅い個体の場合10代後半までばらつくと

いうのが拙稿の分析結果である。以上のように、いずれの批判も拙稿の分析結果・解釈を覆すものではない。但し、晩期東海以西以外の時期・地域に関しては施行儀礼の推定に関する言及を行っているものの (Funahashi 2006；舟橋 2008b) 分析結果を紙面で公表しておらず、抜歯施行年齢推定結果を明示する必要がある。

　弥生時代抜歯風習に関しては、広田遺跡および土井ヶ浜遺跡の抜歯施行年齢について研究がなされているが (永井 1961；大多和 1983；中橋 1990)、これらは形質人類学的な抜歯施行年齢の推定を目的としており施行儀礼に関しては言及されていない。また、春成氏は、自身の縄文晩期の施行儀礼（成人・婚姻）をそのまま当てはめている場合と (春成 1973：1974)、一部の切歯中心の抜歯特に下顎切歯に関しては服喪抜歯としている場合 (春成 2000) が見られるものの、形質人類学的な施行年齢に関するデータに基づいていない。後者の服喪抜歯説に関しては、第3項でも指摘したとおり、施行年齢を検討せずに特定の歯種と儀礼を直結させた結果、類似した歯種・施行年齢の抜歯を異なる儀礼と解釈するという混乱が生じている。著者自身は抜歯施行年齢に関する検討から施行儀礼を推定しているものの (舟橋 2000)、日本海沿岸地域を土井ヶ浜遺跡に代表させており、より個別の遺跡の検討も必要である。加えて前者の成人・婚姻抜歯説に関しては、形質人類学的データに基づく抜歯施行年齢の推定により、その基礎となった縄文晩期の抜歯施行儀礼論が否定されており (舟橋 2003)、弥生時代に入り抜歯施行儀礼が変化していることも明らかになっている (Funahashi 2004；舟橋 2008a)。したがって、弥生時代の施行儀礼に関しては、各地域・時期ごとに施行年齢を推定した上で検討する必要がある。

　古墳時代の抜歯風習に関しては、抜歯歯牙の遺体への供献事例が報告されている (鈴木 1962；宮川 1974)。さらに、土肥・田中氏が、成人以上という抜歯施行年齢と抜歯個体の埋葬施設・副葬品・出土状態・埋葬順序など考古学的情報に基づき、家長権継承に伴う相続儀礼としての服喪抜歯の可能性を指摘している (土肥・田中 1988)。これに関しては、竹中氏ら・竹中氏が若年の家長権継承という点について若干疑問を呈しながらも (竹中他 1993)、基本的に土肥・田中氏の説を支持している (竹中 1996)。形質人類学的には若年のカテゴリーであっても、10代中頃であれば成人として扱われていたあるいは家長権継承を

機会に成人として扱われたと考えることは可能である。したがって、土肥・田中氏の施行儀礼推定方法およびその結果は本論の儀礼検討の参考になる。

　以上のように、日本先史時代抜歯風習の儀礼的側面の研究は、縄文・弥生時代に関しては、1970年代以降、形質人類学的裏付けのない儀礼仮説が定着しており、1990年代にはいると若干の疑問が投げかけられるようになり、一部抜歯施行年齢の推定に基づく抜歯儀礼の復元も行われている。但し、古墳時代抜歯風習に限っては、施行年齢の推定に基づく儀礼の検討が行われている。一方で、世界における抜歯の施行儀礼に関しては、施行年齢・施行率といった形質人類学的データに基づく研究が行われており、また、実際に民族誌学的研究を見ると、施行年齢・施行率と施行儀礼の間に一定度関連が見られる。したがって、日本先史時代抜歯風習の儀礼的側面に関する研究も、抜歯施行年齢・施行率といった形質人類学的データに基づき、上述のような民族誌学的研究で見られる施行儀礼の諸様相との比較を行った上で、儀礼の推定を行うべきである。

5　抜歯風習を用いた社会論における問題

（1）世界における抜歯風習を用いた社会論

　世界の古人骨を用いた抜歯風習研究においては、抜歯風習の変化・出現を、既知の社会変化・社会状況と対応させて解釈した研究が見られる一方で（Stewart 1939；Stewart and Groome 1968；Pietrusewsky and Douglas 1993）、抜歯風習と婚姻システムを結びつけ、抜歯風習の衰退から社会進化段階に言及した研究も見られる（韓・潘 1981）。

　日本の古人骨に見られる抜歯風習を用いた社会論は、縄文時代・弥生時代ともに抜歯タイプに関するものが多いが、民族誌学的研究における抜歯タイプの意味をみてみると、

　　①性　　差（アフリカ）
　　②部族表示（アフリカ：成人儀礼、オーストラリア）
　　③物理的側面　　痛くて抜歯途中で中止（台湾：成人儀礼）
　　　　　　　　　　抜歯部位の間隔が狭くなったため追加して抜歯（台湾：

　　　　　　　成人儀礼）
　　　　　　　　　利き手（オーストラリア）
等が見られる。これらを見ると、抜歯タイプが社会的意味を持たない場合もあり、社会的意味を持つ場合は性差・部族表示に限られる。

（2）縄文時代

　日本においては、抜歯型式の研究初源期には、抜歯型式と性別の相関を指摘する研究が見られる。まず、長谷部氏が、津雲貝塚における抜歯の歯種と性差の相関から、女性による抜歯風習の維持を指摘している（長谷部 1919b）。伊川津・保美貝塚の一部の女性個体および津雲貝塚出土人骨の分析では長谷部氏と同様な傾向が指摘されているが（小金井 1923；宮本 1925）、吉胡貝塚出土人骨を対象に行った分析では、抜歯型式と性差の相関は見られていない（清野・金高 1929）。また、渡辺氏は、上述のように抜歯を成人儀礼であるととらえ、縄文時代晩期の東西日本における抜歯様式の差を「共同体の発展段階の格差」に結びつけている（渡辺 1966）。これに関しては、抜歯様式・成人式に対する観念・「共同体の発展段階」を関連づけて説明しているが、この3要素を結びつける根拠が不明である。

　また、抜歯型式に基づく社会構造の研究は春成氏により基礎づけられている。春成氏は、一連の論考の中で煩雑であった抜歯型式を複数の異なる通過儀礼と関連づけることにより明瞭な分類を行っている。さらに、抜歯型式と「集落出自」を結びつけ抜歯型式から社会構造にも言及し考古学的研究からのアプローチが困難であった出自や婚後居住規定にまで言及し、縄文時代および弥生時代の社会構造に関する理解しやすい仮説を提唱している。しかし、春成仮説に対する形質人類学的手法を用いた検証の結果を見ると、春成氏が自説に有利な研究結果としてあげている研究（毛利 1985；毛利・奥 1998）においては有意差がでておらず、2C系と4I系で差があったとはいえない。加えて、選択した小変異が女性に優位に出現するものであり、各抜歯型式における性別の偏りが分析結果に反映している可能性が考えられる。歯の形態小変異を用いた発表（橋本・馬場 2000）に関しては、基準化されたMMD値がSjøvold氏の定義する有意な

値(2.0)(Sjøvold 1973)に近い値であるが、上顎と下顎で各抜歯系統の類似状況が逆転する為、発表者も解釈の困難さを指摘している。一方で、春成仮説に不利な結果に関しても、その結果を導き出した歯冠計測値を用いた個体同士の血縁関係を見るという方法は（橋本・馬場 2000）、貝塚のように経営期間が長い遺跡では有効ではない。田中・土肥氏の分析方法に関しては春成氏の言う限界を含み込んだ上での研究結果であり、田中氏が研究データを公表していないという批判に関しては 2001 年の論考（Tanaka 2001）で提示されている。以上の形質人類学的研究成果をまとめると、頭骨小変異（毛利 1985；毛利・奥 1998；田中・土肥 1988a）・歯冠計測値（田中・土肥 1988；Tanaka 1993：2001）・歯の形態小変異（橋本・馬場 1998：2000）のいずれの方法においても積極的に春成仮説を支持しうる結果は出ていないと言える。

　さらに、考古学的或いは文化人類学的視点から、縄文時代における「集落＝出自集団」という春成仮説の前提とする社会イメージに対する問題点が指摘されている（佐々木 1991；田中 1998）。もし仮に、出自集団ではなく春成氏の指摘するような居住単位集団の表示が行われていた可能性を想定しても、移住（移村）の可能性を考えると居住集団の表示として恒久的に残存し変更不可能な抜歯は適さない。一方で、田中氏の指摘する半族表示の可能性であるが、近年、高瀬氏が春成仮説の取り扱いを再検討する過程で批判をしている（高瀬 2004）。高瀬氏は春成仮説のムラ出自を村落出自と解釈し直しておりこれは春成仮説と同じく居住集団を出自集団としているという点から否定できるが、ここでは半族表示説への批判に絞って見てみよう。高瀬氏により、田中氏の抜歯型式半族表示説は「抜歯型式が混在し当事者にも判断が付かなくなってしまうのであれば、抜歯は半族表示ではなかったといいうる。」（高瀬 2004）と批判されている。しかし、これは高瀬氏の誤りであり、田中氏の説では抜歯が半族表示で婚姻により族籍が移動する場合当時生きていた人々の間では表示機能は果たしている。但し、我々考古学者が単に遺跡内の抜歯系統の性構成比を見ても親族系譜や婚後居住規定への言及は困難であることから、抜歯はこれらの研究手段としては不向きであるというのが田中氏の結論である。したがって、抜歯型式が半族表示であるという仮説は未だ有効であると言えよう。

一方で、春成氏の最新の自説を補強する言及のうち上記に挙げた形質人類学的検証以外の点について検討してみよう。遺物と抜歯系統との相関から優劣差のある半族・胞族が存在する可能性があり得るのかという春成の疑問点に関しては（春成 2002）、副葬品が社会の水平区分と垂直区分のどちらと相関するのか検討が必要であり、副葬品の存在が無条件で社会の垂直区分を示すというわけではない。加えて拙稿の吉胡貝塚の分析においては抜歯型式と副葬品に相関は見られない（舟橋 2008）。したがって、半族・胞族に関しては抜歯型式に対応する可能性が残される。また、伊川津貝塚の 2C 個体間の血縁関係を婚出者の「帰葬」により説明しているが、一部の人のみ帰葬された場合、村から婚出して帰葬された「自集落出身者」と「他集落出身」の婚入者はともに 2C 系抜歯ということになり、墓域において「自集落出身者」「他集落出身者」を見分けることは困難である。全ての婚出者が帰葬された場合或いは帰葬されない場合、墓地における抜歯系統の違いは同じ集落出身者の婚出者／そうでない人の違いであり、その性構成から婚後居住規定に言及できる可能性も考えられる。一方で、春成氏が津雲貝塚の無抜歯個体を別時期とする根拠は認められない。

　以上のように抜歯型式の社会的意味に関しては、それに基づいて多くの社会構造に関する研究がなされてきた。またその過程で春成仮説の検証作業が形質人類学的方法などを取り入れて行われ、さらに民族事例や文化人類学的成果との突き合わせに基づき従来の出自概念・イメージのはらむ問題点などが指摘され田中氏により半族という代案が出された。加えて、先述の通り春成仮説の基盤をなす抜歯の施行儀礼からも春成仮説を支持する結果は得られていない（舟橋 2003）。さらに、抜歯を構成する著者自身が新たに西日本非親族ソダリティー／東日本親族ソダリティーという新たな抜歯区分原理に関する可能性を提示している（舟橋 2008b）。

　以上のことから、春成氏の縄文時代の抜歯型式集落出自表示論は再考する必要があり、それに基づいて行われていた抜歯風習から見た縄文社会論についても検討し直す必要がある。したがって、形質人類学的手法を用いた抜歯の認定・抜歯施行年齢の検討・抜歯型式と血縁関係の相関の検討といった基礎的分析に基づいた研究が必要であろう。

（3）弥生時代以降

　弥生時代の抜歯型式に基づく社会論は春成氏の一連の論考（春成 1974：1987：2002：2007）と山田氏の論考（山田 1997：2008）が挙げられる。両氏ともに、犬歯・側切歯という上顎抜歯歯種を重視して、抜歯型式或いは系列に分類している。春成氏の論に関しては、側切歯という抜歯歯種に対する渡来系要素としての評価を重視したものである（春成 1974：1987：2001）。これに関しては、墓地経営開始期の前期末にすでに渡来人そのものではなかったと推定される土井ヶ浜集団において、どの程度縄文・弥生のいう系譜意識が残存していたか不明であり、上顎側切歯抜歯が渡来系の要素であるという点に関しては半島の抜歯歯種についても明らかにすべきである。さらに、山田分類の抜歯系列に関しては、春成氏の研究以降発表された土井ヶ浜遺跡で見られる様々な抜歯型式（九大第二解剖 1988：中橋 1990）、中でも中橋氏が指摘する抜歯型式の偏側性・両側性といった側面が全く検討されていないまま分類が行われている。加えて、春成氏が縄文系と渡来系の個体の婚姻により生じたとするIC系をI系或いはC系に区分する際に用いた方法、即ち対咬歯牙の咬耗度から隣接する2歯の抜歯の先後関係を推測する手法に関しては、検討の余地があろう。この方法は厳密な噛み合わせの復元が必要であり、抜歯の対象である前歯の近遠心径が狭いことをも考慮するならば、この手法で隣接する2歯の抜歯の先後関係を推測することは危ういと考えられるからである。また、氏の埋葬小群の設定は、抜歯型式の墓域内での偏りを基準として分けられたものであるが、これに関しては金関氏ら（金関他 1961）・甲元眞之氏（甲元 1975）・春成氏（春成 1982c）の研究に見られるように先に空間的なまとまりにより埋葬群を設定し、その上で抜歯型式との相関を見るという手順が必要であろう。さらに、ごく少数の個体数の差をもって特定の副葬品や埋葬施設が特定抜歯系列に偏るという指摘を行っている点も検討の余地がある。これらの先行研究をふまえ、著者自身も土井ヶ浜遺跡の抜歯型式の再検討を施行儀礼の検討に基づいて行っている（舟橋 2000）。その結果、上顎抜歯型式は5型式分類可能であり、出自集団に対応する可能性を指摘しているが、土井ヶ浜遺跡以外の日本海沿岸の諸遺跡或いは東日本地域における様相は不明である。拙稿同様に墓地分析をもとに抜歯の空間配置を検討して

いる研究もあるが（古庄 2001）、抜歯の分類自体が歯種のみによるもので春成氏の抜歯型式分類の域（春成 1974）を出ていない。

一方で、弥生時代北部九州の抜歯風習に関しては、縄文時代以来の抜歯風習の衰退とする説が見られたが（春成 1974：1987）、その後形質人類学・考古学的な観点から古墳時代に見られる服喪抜歯への移行期であるという説（土肥・田中 1988）が出されており、実際に弥生時代中期以降に古墳時代の服喪抜歯と施行年齢・施行率・抜歯歯種が類似した抜歯風習へと変容していることが明らかになっている（Funahashi 2004；舟橋 2008a）。加えて、古墳時代の服喪抜歯風習が当該期の父系化・家長権継承の安定化といった社会変化と連動している事が明らかにされており（土肥・田中 1988；田中 1995）、弥生時代の北部九州に関しても、典型的部族社会変容期に縄文時代晩期以来の抜歯施行儀礼が変化していることが明らかになっている（舟橋 2008a）。したがって、弥生時代の北部九州以外についても抜歯の施行儀礼も含め、各時期・地域別に抜歯の様相を明らかにし、各地域の社会変化と抜歯の衰退過程に関する議論を行う必要がある。

以上のように、海外における抜歯風習に基づく社会論は抜歯風習の変化を社会変化により説明するあるいは抜歯風習から社会進化段階に言及した研究が見られる。一方で、日本の古人骨を用いた抜歯風習を用いた社会論は古墳時代や北部九州弥生時代など特定の時期・地域に限られており、縄文・弥生時代ともに抜歯型式や特定の歯種を出自表示とみなし、婚後居住規定・社会構造などに言及した研究が多く見られるに留まる。但し、形質人類学的・民族学的にすでに否定されている研究もあり、抜歯型式の再設定や、民族誌学的研究における抜歯型式の意味を考慮した研究が必要である。

6　仮説の検討

（1）列島先史時代抜歯風習研究における問題点

以上の列島先史時代抜歯風習研究の問題点を抜歯風習の属性別に挙げると以下の通りである。

まず、抜歯風習の形質人類学的研究に関しては、抜歯の鑑別方法・抜歯施行

年齢の推定方法ともに1980年代に入り、既に体系的な手法が提示されており、各研究者により提示されている有効な手法を第1項で指摘したように組み合わせることにより、より確実な抜歯の鑑別・抜歯施行年齢の推定が可能である。

一方で、考古学的研究に関しては、抜歯風習の系統論・施行儀礼に関する議論・抜歯風習に基づく社会論ともに問題が山積している。1980年代以降、抜歯の基礎的データに関する研究が進んでいるにもかかわらず、それらが各論ともに生かされていない。

列島先史時代抜歯風習の系統論に関しては、抜歯歯種や形質人類学的裏付けのない通過儀礼に基づく系統づけを行った研究が多く、抜歯歯種・抜歯型式・施行年齢に基づく研究は、弥生時代の土井ヶ浜遺跡（中橋1996；Han and Nakahashi 1990；舟橋・田中2001；Funahashi and Tanaka 2004）や北部九州（舟橋2008）のみと限られている。したがって、列島先史時代抜歯風習の各時期・地域を網羅し、抜歯歯種・抜歯型式・施行年齢に基づく系統論を展開し、比較対象として併行する時期の中国・台湾・韓国の抜歯風習に関しても、既存の研究を参考にし、列島先史時代抜歯風習の系統を論じる際の比較材料とする必要がある。

施行儀礼に関する研究も、縄文時代に関しては、1970年代以降、形質人類学的裏づけのない儀礼仮説が定着しており、1990年代にはいると若干の疑問が投げかけられるようになっている。現段階では、施行年齢に基づいて導き出された通過儀礼のうち可能性として残されるものは「成人儀礼」（長谷部1919b；清野1949；渡辺1967；舟橋2003）であり、服喪抜歯（春成2002）に関しては施行年齢等から検討を行う必要があろう。弥生時代に関しても形質人類学的裏づけのない儀礼仮説が定着している一方で、土井ヶ浜遺跡に見られるように形質人類学的データの提示が行われ（中橋1990；舟橋2000）、形質人類学的データに基づく古墳時代の服喪抜歯説が弥生時代に遡る可能性も示されている（土肥・田中1988；舟橋2008a）。したがって、本研究においては、抜歯施行年齢の推定・抜歯施行頻度を用いて、施行儀礼を推定し、対象時期は縄文時代・弥生時代の各時期・地域を中心として、古墳時代抜歯風習との関連に関しても、若干言及したい。

また、社会論については、縄文時代の抜歯型式に関しては、長期にわたり定

着していた春成氏の抜歯型式＝集落出自表示論（春成 1973；1980a：1995：2002）は、集落＝出自集団という概念自体が部族社会で成立し得ないという点から既に否定されている（田中 1998）。さらに、形質人類学的手法を用いた血縁者の推定から、春成氏が婚入者の集団であるとしている抜歯型式の個体群も、血縁者を多く含む個体群であるという分析結果が出されている（Tanaka 1993：2001）。田中氏によるこれら一連の研究のうち、抜歯型式に関する議論は、春成氏の設定した抜歯型式に基づく婚姻抜歯説を矛盾無く説明するためのものであるが、抜歯の系統が半族表示である可能性が指摘されている。一方で、著者自身の研究において施行年齢・施行儀礼の推定に基づく縄文晩期抜歯型式の社会的意味に関しては、西日本非親族ソダリティー／東日本：親族ソダリティーと既存の説とは異なる結論に到っている（舟橋 2008b）。これは、これまで集落出自表示のみで考えられていた抜歯の区分原理が時期・地域を通じて異なっていた可能性を示すものである。したがって、本論では、各時期・地域ごとに施行年齢ひいては通過儀礼との関連から抜歯の分類を行い、考古学的事象との相関について検討を行い、抜歯の区分原理の推定から抜歯風習と諸社会集団の繋がりを明らかにし、その時間的・空間的変容に基づく社会論を展開する。

　以上見てきたように、日本の抜歯風習の考古学的研究に関しては系統論・施行儀礼の推定・抜歯風習の区分原理ともに問題が山積しているが、形質人類学的研究における抜歯鑑別方法・施行年齢推定方法や区分原理を検証するための血縁者の推定方法はこれまでの研究において検討が重ねられており、非常に精度が高められている。したがって、次章において既存の研究における抜歯鑑別方法・施行年齢の推定方法を再度整理し、上述の日本先史時代抜歯研究の問題点を克服するための観察・分析方法を検討したい。

　次に、以上の日本先史時代抜歯風習の問題点について論じる上で、検討すべき仮説をまとめる。

（2）本論で検討する仮説
a）抜歯の社会的意味について
　まず、前項までに見てきた古人骨に見られる抜歯風習および抜歯風習の民族

誌学的事例を各儀礼およびその特徴ごとに整理すると以下のようになる。
 ⅰ）儀礼的側面
　　A）個人の通過儀礼
　　　①成人儀礼：思春期に施行・施行率高い（Rippen 1918a・1918c、Campell 1925）
　　　②婚姻儀礼（既婚者表示）：施行の様相は不明だが女性の記述多い（東アフリカ：Rippen 1918c、中国南部：江上 1940 など）
　　　③服喪儀礼：施行率（抜歯をする人）は服喪対象者により異なる（Pietrusewsky and Douglas 1993、江上 1940 など）
　　　④特定の地位への加入礼：北米先住民幼・小児の１〜２割の個体（Cook 1981）
　　　　イタリア新石器時代・成人以上の女性施行率低い（Robb 1997）
　　B）病気治癒祈願・予防のため：施行年齢は様々、施行率はそれほど高くない（特定部族のみ）（Rippen 1918c；Campbell 1925）
　　　集団祭祀（雨を止めるため）施行年齢は不明、特定の氏族に見られる（Rippen 1918c）
 ⅱ）抜歯型式・抜歯の有無
　　社会的意味無し：利き手（Rippen 1918c）、物理的側面（痛みにより中止、抜歯後空隙の補足）（宮内 1940；野谷 1936）
　　親族ソダリティー：部族（Rippen 1918a）

　抜歯型式に関しては、列島先史時代ほどの抜歯型式の発達は世界各地を見ても他に例を挙げることはできず、強いて挙げるならば、東アフリカの民族事例における部族表示としての抜歯型式のみである。但し、列島先史時代において一般的な歯牙加工は抜歯のみであり、東アフリカのように削歯や研歯を用いて型式を多様化させることは不可能であり、東アフリカのように部族に対応するほどの多様性を生み出すことは困難であった。したがって、日本列島のように抜歯のみで型式を構成し、型式の多様性が限られるような場合には部族表示の可能性は考えられない。以下、社会区分に関しては抜歯風習のみでなく、社会人類学的研究で取り上げられている社会集団も加味して整理し仮説として用い

る。社会復元においては考古学的に抽出しやすい居住単位に加え、居住集団を結びつける非居住集団を明らかにすることが重要になってくる。この非居住集団の性格については社会人類学的成果との対比を行うため、社会人類学において使用される用語体系に沿って論を進める。社会集団とは出自集団および非居住集団（＝ソダリティー）を指す。ソダリティーとは非居住集団という枠の広い概念であり、居住集団を横断し統合することにより機能を持つ様々な集団である。ソダリティーは、氏族や半族などの親族組織を基軸とし出自集団を内包する親族ソダリティーと、秘密結社や生業集団などのジェンダーなどを基軸とする非親族ソダリティーに分けられる（Service サーヴィス 1979）。なお、半族・胞族に関しては、副葬品が特定の抜歯型式に偏るという現象をもとに、抜歯型式に対応する集団は優劣があるとして抜歯型式に対応する社会集団としては否定されている（春成 1995：2002）。但し、前出の通り拙稿において抜歯と副葬品に相関は認められず、抜歯型式に対応するものとしては、以下のような社会集団が想定されよう。

　　α）抜歯型式に社会的意味が無い場合：利き手、抜歯途中で中止、抜歯後に間隔が狭くなって追加
　　β）抜歯型式が親族組織を内包する親族ソダリティーと対応する場合：氏族、胞族、半族
　　γ）抜歯型式が親族組織を横断するような非親族ソダリティーと対応する場合：生業集団、宗教・政治集団、胞族

これらの儀礼的側面・抜歯型式の意味について検討すべき仮説として取り上げたい。

b) 抜歯系統論についての仮説

　前項の抜歯系統論についての先行研究から、縄文時代各時期・地域の抜歯風習に関しては、施行年齢も加味した上で、

　　α）自生・内的変化
　　β）外来要素が入っている

という2つの仮説に基づき検討を行う。弥生時代の抜歯系統論に関しては、

　　α）内的変化

β）上顎側切歯抜歯は渡来系の抜歯
　　γ）韓半島に見られる服喪抜歯風習が日本に伝播している
という3つの可能性について検討を行いたい。

（3）仮説成立条件
　上記の仮説を検討するために、縄文時代晩期・弥生時代において、抜歯を行った儀礼、抜歯型式の意味、縄文時代・弥生時代・韓半島（弥生時代平行期）の抜歯歯種・抜歯施行儀礼を明らかにする必要がある。では、抜歯を行った儀礼、抜歯型式の意味が上記の仮説に合致するかどうかを明らかにするにはどのような条件が必要であろうか？　前項の民族事例・海外の古人骨を用いた抜歯研究を参照すると、未開社会においてみられるように抜歯が儀礼に伴う場合、儀礼の違いにより、以下のように抜歯が行われる年齢に相違が見られる。
　　α）通過儀礼
　　　①成人儀礼：思春期に集中（但し、若干ばらつく）・施行率高い
　　　②婚姻儀礼：様相不明。女性を抜歯対象とする記述が目立つ
　　　③服喪儀礼：社会的「成人」、施行率：対象者により異なる
　　　④特定の社会的地位への加入礼：特定の年齢、施行率それほど高くない
　　β）病気治癒祈願・予防のための祭祀：年齢様々、施行率それほど高くない
　　　　集団のための祭祀：施行年齢不明、施行は特定の出自集団
このように、例えば、成人儀礼の場合、10代の思春期に施行が集中し、施行率も高い場合が多い。また、服喪抜歯や特定の社会的地位への加入例として抜歯が行われる場合、抜歯の施行率自体がそれほど高くなく、特定の年齢層或いは年齢層以上で散発的に行われたりする。したがって、抜歯の施行年齢やその抜歯を行っている個体の比率について分析を行うことにより、どのような通過儀礼に抜歯が用いられていたかを明らかにすることが出来る。施行率・施行年齢等が不明な集団祭祀に関しても、抜歯風習が特定の出自集団と結びつくという傾向が見られるかどうか検討することにより、その存在を明らかにできる。
　さらに、抜歯型式に関しては、成人儀礼のような基本的な集団成員権獲得に

伴う抜歯においては抜歯型式に社会的意味の無い場合と社会的意味がある場合が想定される。まず、α) 社会的意味がない場合には、考古学的事象と相関しないという可能性が考えられよう。また、痛みや見た目の統一性など物理的な要因により結果として抜歯型式のバリエーションが増えている場合は、近代台湾島において見られたように見た目の類似した抜歯型式群が観察されよう。次に、社会的な意味がある場合に関しては、β) の場合血縁集団を内包している可能性が考えられる。さらに、民族誌に見られる出自集団は実際の墓制では表れにくいが、表れる場合には墓域の分割という形で表れる（O'Shea 1984) という指摘があることから、墓域内で空間的にまとまる可能性が考えられる。最後のγ) であるが、未開社会における生業集団、宗教・政治集団はジェンダー（文化的・社会的性別）ごとに編成されている場合が多く、抜歯型式がこれら非親族ソダリティーと結びつく場合、抜歯型式が性別と相関することが予想される。以上の諸社会区分原理に対応する抜歯型式の特徴を整理すると以下の通りである。

α) 抜歯型式に社会的意味が無い場合：考古学的事象と相関しない。見た目の類似した型式群である

β) 抜歯型式が親族ソダリティーと対応する場合：血縁集団を内包している。墓域内で群をなす

γ) 抜歯型式が非親族ソダリティーと対応する場合：性別と抜歯型式が相関する

以上見てきたような通過儀礼・社会集団に関する仮説を検証するための方法について次章で検討を行う。

第Ⅱ章　分析方法と対象

　本章では、前章の第3節第6項で検討した仮説を検証する際に必要な条件の提示および仮説検証に適した分析方法と研究対象個体について言及する。

第1節　方法論的検討

（1）儀礼的意味
　α）通過儀礼
　　①成人儀礼：思春期に集中（但し、若干ばらつく）・施行率高い
　　②婚姻儀礼：様相不明。女性を抜歯対象とする記述が目立つ
　　③服喪儀礼：社会的「成人」、施行率は対象者により異なる
　　④特定の社会的地位への加入礼：特定の年齢、施行率はそれほど高くない
　β）病気治癒祈願・予防のための祭祀：年齢様々、施行率はそれほど高くない
　　集団のための祭祀：施行年齢不明、施行は特定の出自集団
（2）抜歯型式
　α）抜歯型式に社会的意味が無い場合：考古学的事象と相関しない
　　見た目の類似した型式群である。
　β）抜歯型式が親族ソダリティーと対応する場合：血縁集団を内包している。墓域内で群をなす。
　γ）抜歯型式が非親族ソダリティーと対応する場合：性差と抜歯型式が相関する。
以上のような仮説の検証を行うために、抜歯歯種・抜歯施行年齢・抜歯施行

率・抜歯型式と性別・血縁関係・考古学的所属性の相関・抜歯と婚姻年齢の先後関係などを明らかにする必要がある。したがって、以下本論において用いる抜歯の鑑別方法および施行儀礼の推定・抜歯型式の社会的意味を明らかにするための諸分析方法を以下検討する。

1 抜歯の鑑別方法

抜歯の認定に関しては様々な研究者により、抜歯の鑑別の際の注意が挙げられている（Hrdlicka 1940；大多和 1983；土肥・田中 1988）。本論では以下の点に注意を払って行う。

①先天性欠如との鑑別：住谷（住谷 1959）によると、先天性欠如の最も多い歯牙は第三大臼歯（欠如率：上顎：1.86％；下顎：0.86％）であり、次いで多いのが第二小臼歯（上顎：1.37％；下顎：1.92％）で下顎前歯部（中切歯：1.22％；側切歯：0.69％）と上顎側切歯（0.57％）がこれに続く。したがって、抜歯の対象歯牙のうち上顎側切歯と下顎中切歯・側切歯に関しては先天性欠如との区別が必要である。上顎側切歯の先天性欠如は第三大臼歯の欠如との相関が高く（Garn 1962）、また一般に先天性欠如では欠如歯部分のみでなく複数歯にわたって歯間に一定度の隙間が存在するような空隙歯列の形成がみられる（大多和 1983：図1）。したがって、これらを念頭に置いて抜歯の認定を行う。

②歯周疾患及び重度の齲歯による脱落との鑑別：歯周疾患の場合、病変部の骨再生能力が弱くなっているため、歯牙欠如部の歯槽の表面がスポンジ状を呈したり歯槽骨が低下している（下川 1959；Carranza 1993：図2）。したがって、これらを指標として抜歯の鑑別を行う。但し、歯列の大部分に生前歯牙喪失がみられ、抜歯との区別が困難な個体は分析の対象外とする。

③外傷性欠如との鑑別：外傷の場合は歯牙の脱落欠如が数歯に及び、上顎左右中切歯のいずれかが含まれる場合が多い（大多和 1983：図3）。したがって、これを鑑別の際の指標とする。

④犬歯の位置異常：犬歯が側切歯の位置に萌出するという犬歯の位置異常と、犬歯の遠心側に乳歯がより遅くまで残存した後に脱落したと考えられるような空隙が見られるような状態を鑑別の指標とする（土肥・田中 1988：図4）

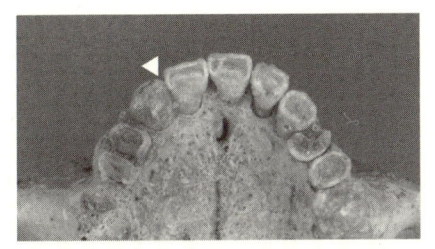

図1 先天性欠如による空隙歯列（金隈遺跡64号）本来は矢印部に右上顎側切歯がある

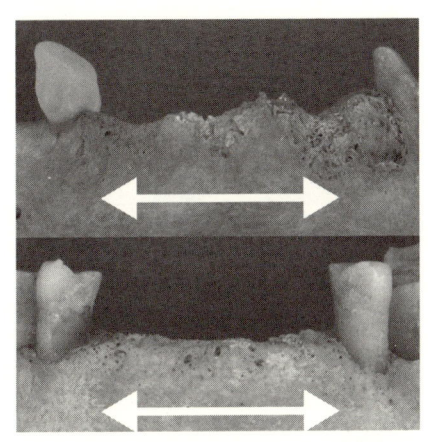

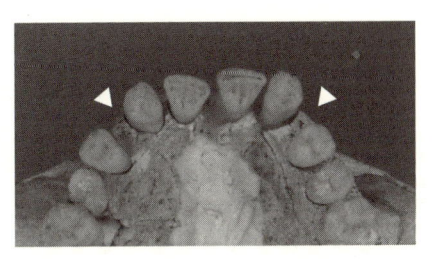

図4 犬歯の位置異常（広田 E-Ⅸ-1号）

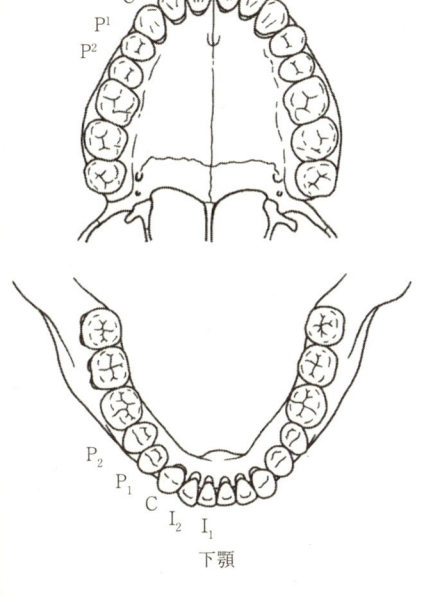

図2 歯周疾患による AMTL（古浦遺跡60号）、下段：抜歯による AMTL（古浦遺跡22号）

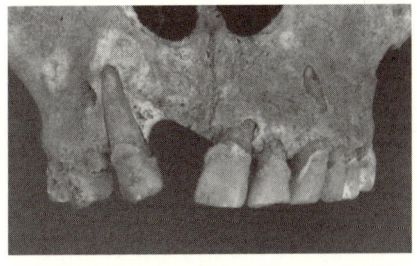

図3 外傷性疾患が疑われる AMTL（一ノ谷遺跡20号）

I1：中切歯　I2：側切歯　C：犬歯
P1：第一小臼歯　P2：第二小臼歯
R：右　L：左

図5 歯種表記法

なお本稿中の抜歯歯種の表記方法に関しては図5の通りである。

90　第Ⅱ章　分析方法と対象

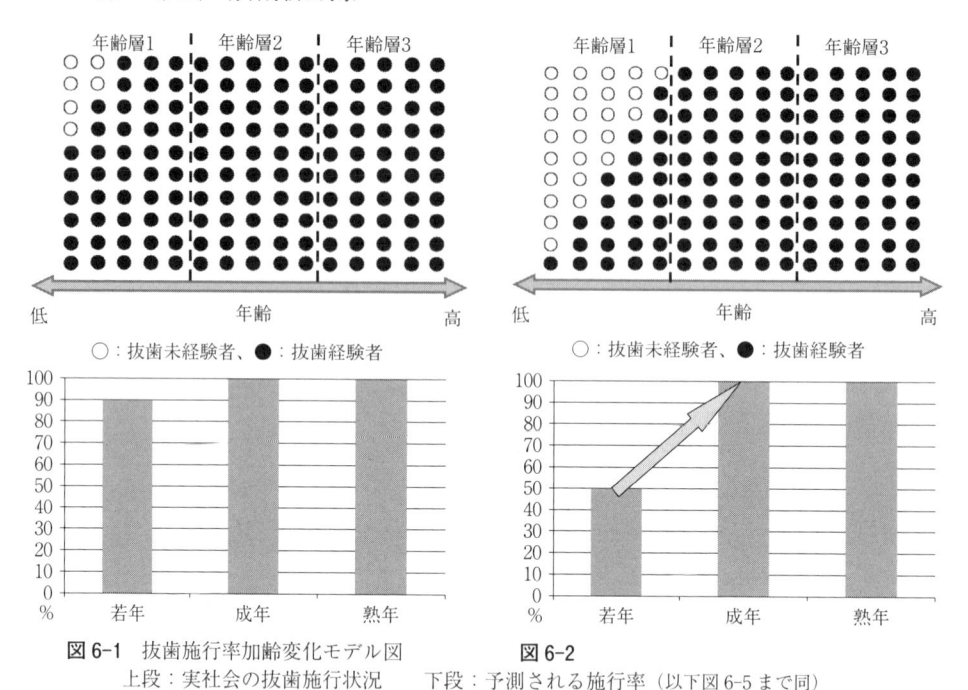

図6-1　抜歯施行率加齢変化モデル図
上段：実社会の抜歯施行状況　　下段：予測される施行率（以下図6-5まで同）

図6-2

2　抜歯施行儀礼の推定方法

　仮説の検討において見てきたように、通過儀礼と儀礼対象者すなわち抜歯施行儀礼と抜歯施行率は一定度相関すると考えられる。したがって、抜歯の施行儀礼を推定するには、①抜歯の施行年齢、②抜歯施行率の2点を抜歯施行儀礼推定の際の1つの柱とする。以下では抜歯施行年齢の推定方法および抜歯と婚姻の先後関係を明らかにするための妊娠・出産痕の評価について検討してみよう。

（1）抜歯施行年齢の推定方法

　抜歯の施行年齢に関しては、大まかな施行年齢を明らかにするための分析として、各年齢層における抜歯施行率を算出する。どの年齢層で抜歯頻度がピークに達しているかを観察することにより、そのピークの年齢層までに抜歯が施行されたといえる（図6）。例えば、実際の社会においてモデルの一番最年少の

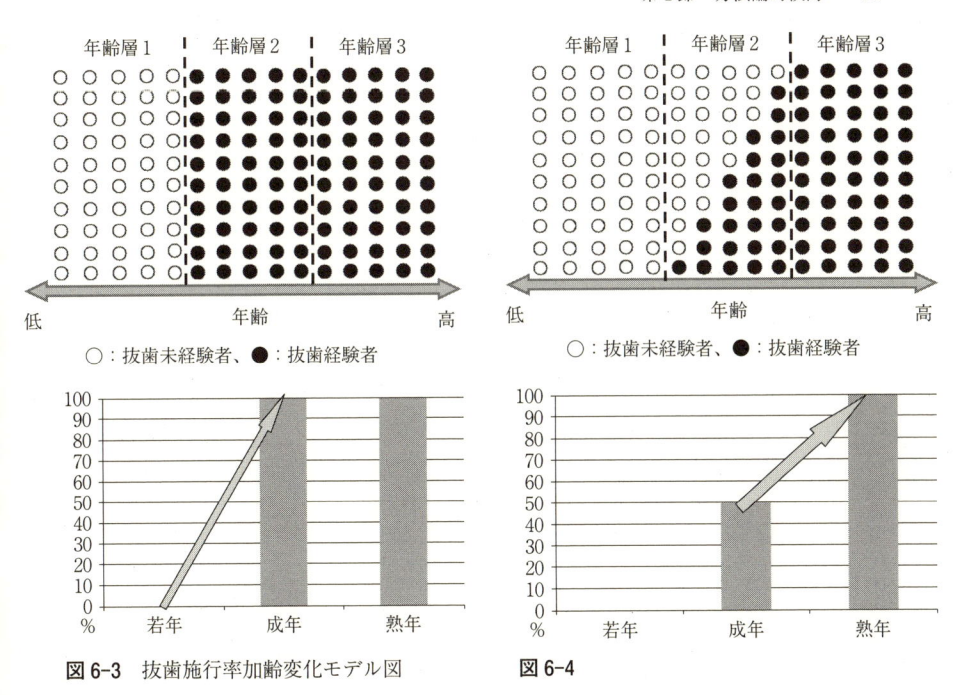

図 6-3　抜歯施行率加齢変化モデル図　　図 6-4

　年齢層1以前あるいは年齢層1の初期の段階で抜歯が行われている場合、年齢層1では未抜歯個体は殆ど含まれないことから、各年齢層間の抜歯の施行率はおおよそ同じになる（図6-1）。次に、年齢層1で抜歯が行われている場合年齢層1には抜歯経験者と抜歯未経験者が混在する。したがって、年齢層間の施行率に関しては年齢層1と年齢層2の間で増加すると予想される（図6-2）。年齢層2の初期に抜歯が行われている場合には年齢層2には殆ど抜歯未経験者は含まれないことから、年齢層間の施行率に関しては年齢層1で見られず年齢層2と3で施行率は一定になると予想される（図6-3）。年齢層2で抜歯が行われている場合年齢層2には抜歯経験者と抜歯未経験者が混在する（図6-4）。したがって、年齢層間の施行率に関しては年齢層2と3の間で増加すると予想される。年齢層1と年齢層2の両方で抜歯が行われている場合、年齢層1・2の両方に抜歯経験者と抜歯未経験者が混在する（図6-5）。したがって、年齢層間の施行率に関しては年齢層1と2の間および年齢層2と3の間で増加すると予想される。これらは実際の抜歯の施行とそれに基づく施行率の加齢変化に

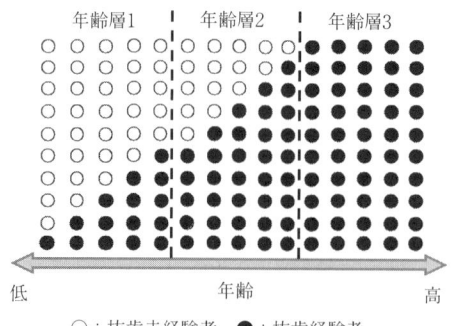

92　第Ⅱ章　分析方法と対象

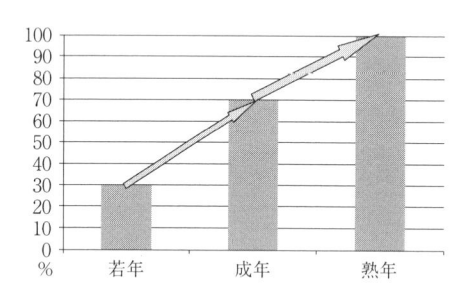

図6-5　抜歯施行率加齢変化モデル図

○：抜歯未経験者、●：抜歯経験者

図7　側方咬耗の位置

関するモデルである。これらのモデルに基づき各年齢層間の施行率比較から抜歯施行年齢を推定する。施行率の加齢変化の有意性の検定については5％以上の頻度差があった場合にカイ二乗検定（サンプル数30以下もしくは期待値に5以下の数値がある場合はフィッシャー検定）を行って有意差のあった場合のみ施行率に変化ありと記述している。使用ソフトはシミック株式会社のHalbau 7である。結果はappendixを参照していただきたい。

永井氏（永井 1961b：1962）や中橋氏ら（中橋他 1989：中橋 1990）は歯の萌出年齢を用いて抜歯の施行開始年齢を明らかにしており、若年時の抜歯に関しては本論でもこの方法を採る。これと同様に成人以降の抜歯に関しても抜歯最年少個体の年齢推定は抜歯施行年齢推定の1つの手がかりとなる。一方、抜歯年齢の上限を推定する方法として、抜歯隣接歯の側面の咬耗（図7）に関する分析を用いる。この方法を用いて抜歯施行年齢を明らかにした研究として大多和の研究が上げられる（大多和 1983）。氏は、歯の萌出年齢・歯根の完成年齢に加え、14歳8ヶ月の現代人において側方咬耗がみられることを指摘し、側方咬耗が認められない弥生時代の広田遺跡の抜歯の施行年齢を10（犬歯の萌出開始年齢）-14歳であると結論づけている。歯並びや噛み合わせによっても側方咬耗の度合いは個人で差があるが、一定数の個体で同様な傾向が見られれば、

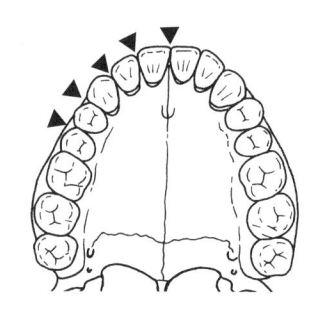

抜歯施行年齢との関連を指摘することが可能であろう。したがって、本論では、①各年齢層間の抜歯施行率比較、②抜歯最年少個体の年齢推定、③抜歯隣接歯の側方咬耗を柱とし施行年齢の推定を行う。

さらに、抜歯施行率が低いあるいは抜歯歯種が多様で上述の3項目では抜歯施行年齢推定が困難な場合、抜歯対咬歯牙の観察を用いて大まかな抜歯施行年齢の推定を行う（大多和 1983；土肥・田中 1988）。抜歯が行われると、抜歯後の空隙に対応する部分の対咬歯牙は咬耗が進まず、抜歯してから死亡までの時間が長いと対咬歯牙が峰状に残った状態すなわち挺出状態が見られる。抜歯対咬歯牙に関してもかみ合わせ歯種により咬耗の進み具合が異なるため、なるべく多くのサンプルを用いて傾向の把握を行う。加えて、抜歯後歯槽窩の骨充填が不十分な事例に基づく施行年齢推定が可能であることは既存の研究においても示されており（服部 1970；土肥・田中 1988；舟橋 2000）、本論でもこれを観察項目の1つとして用いる。

したがって、本論では、①年齢別抜歯施行率比較、②抜歯最年少個体の年齢、③抜歯隣接歯側方咬耗を主な分析項目とし、低施行頻度抜歯や観察が可能な場合には、④抜歯対咬歯牙の咬耗度、⑤抜歯後歯槽窩の観察を用いて抜歯施行年齢の推定を行う。

なお、先行研究（春成 1973）において抜歯施行儀礼の推定に用いられた上下顎抜歯の有無と抜歯型式の加齢変化に関しては、直接抜歯施行年齢を推定する方法ではないため抜歯施行年齢の推定には使用しない。ただし、これらの儀礼推定の対象資料となった縄文晩期の諸遺跡に関しては、先行研究の検討を目的としてこれらの項目についても検討を行う。

大別年齢は13-20歳を若年、20-40歳を成年、40-60歳を熟年と記述する。可能な場合には歯牙形成状況（Ubelaker 1978）・骨端癒合状況（Brothwell 1972）・恥骨結合（埴原 1952）等を用いて詳細な年齢推定を行う。

（2）妊娠・出産と抜歯の施行時期

本論では、既存の研究において指摘されている婚姻と抜歯の関係を明らかにするために、既婚者の目安として妊娠・出産痕を用いる。妊娠・出産と婚姻に

1：前耳状溝の位置

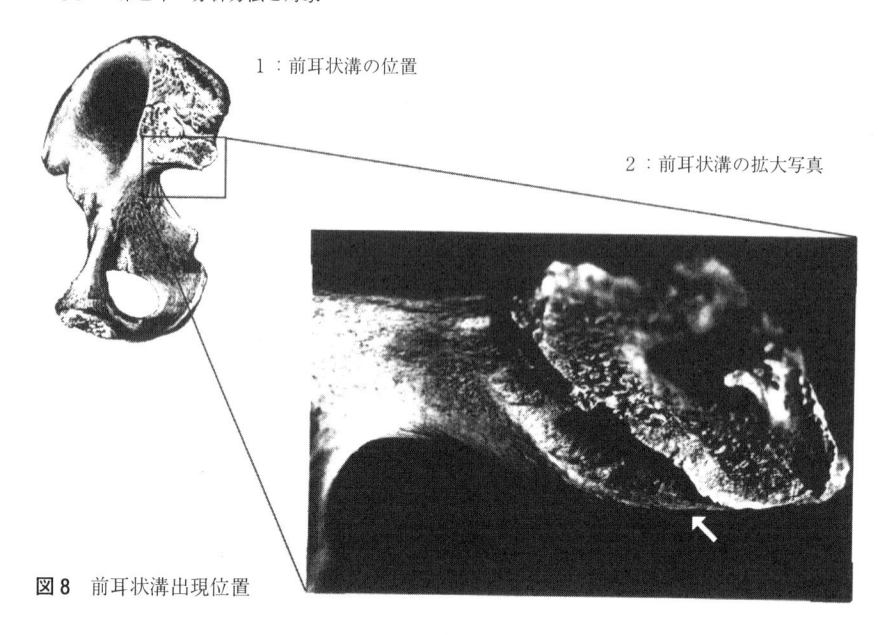

2：前耳状溝の拡大写真

図8 前耳状溝出現位置

関しては、未開社会においては結婚後出産までは妻の地位は不安定であり、婚姻という一連の通過儀礼は出産を以て終了するということが指摘されており（Gennep 1909；Evans-Prichard 1951 など）、同様な考え方が日本において近・現代まで見られたことも指摘されている（江守 1986）。したがって、抜歯の契機が婚姻ならば、抜歯は出産の後に行われた可能性も考えなければならず、抜歯施行年齢と妊娠・出産痕の見られる最年少個体の年齢関係を見ることにより抜歯と婚姻（出産）との先後関係を明らかにする。加えて、抜歯の有無と妊娠・出産経験の有無の相関を明らかにすることにより、抜歯の施行と婚姻の関係を明らかにし抜歯施行儀礼を考察する際の手がかりの1つとする。

　骨盤にみられる妊娠・出産に伴う変化についての研究は恥骨背面のくぼみを用いた研究が古くから行われてきているが、本分析においては、古人骨において恥骨より残存しやすい耳状面前部に見られる前耳状溝を用いる（図8）。以下前耳状溝と妊娠・出産経験に関する研究を整理し、その有効性と鑑別基準を示す。まず、前耳状溝に関しては、Houghton 氏が溝の形状により GP と GL 分類し（図9；表1）、GP は女性のみに見られ GL は男性・女性ともに見られるという分析結果を提示している。さらに、仙腸関節付近が恥骨部分よりもより体

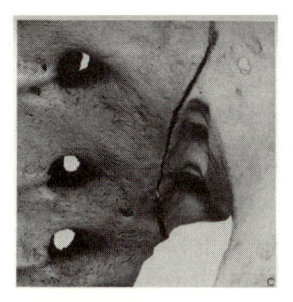

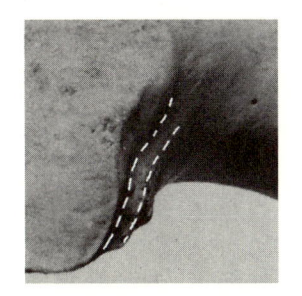

1：妊娠・出産痕　　　　　2：靭帯付着痕

図9 Houghton 妊娠・出産痕鑑別例（Houghton1974 より引用加筆）

表1 前耳状溝鑑別基準

属性 \ 溝種類	GP（妊娠痕）	GL（非妊娠痕）
形成される位置	耳状面腹側に隣接	耳状面に平行
溝の縁の形状	波打っている	まっすぐ
溝の底部形状	凹み状 凹みを区切る ridge があるものあり	平坦
幅	広い（狭いものもあり）	狭い
深さ	深い（浅いものもあり）	浅い

重の負荷がかかりやすく、骨盤のほかの部位に比べもっとも妊娠・出産時の負荷を受けやすいと指摘し、GP を妊娠・出産に起因するもの、GL を靭帯の付着痕と結論づけている（Houghton 1974）。また、妊娠痕の形成される要因に関する研究も見られ、妊娠中・出産後に骨盤の骨組織に一般的に起こる変化（ホルモン作用による恥骨結合背側面・仙腸関節部における靭帯の軟化・弛緩および靭帯付着部における活発な骨吸収）から、女性に特有の妊娠・出産痕は妊娠または出産の経験を表している可能性が高いとされている（Putschar 1976；Houghton 1974：1975）。

　その後、出産経験の明らかな女性個体を用いた研究が行われ、妊娠・出産経験と特定のタイプの前耳状溝は相関があるという報告がなされている（Kelley 1975）。但し、この研究では、出産経験のみとの相関を見た分析が行われていたため、未経産婦に妊娠・出産痕が見られるという結果が出ている。Igarashi 氏（Igarashi 1992）は出産経験に妊娠経験を加えて前耳状溝との相関を見ること

により、前耳状溝のうち Houghton 氏が GP とした溝が妊娠・出産によるものであるという指摘を行い、この溝を持つ個体は妊娠・出産経験者の可能性が高いと指摘している。

一方で前耳状溝の成因を妊娠・出産ではないとする意見も若干見られる。Spring 氏らは医療記録の存在する女性と男性を対象とし、X 線写真を用いて耳状面付近の観察を行い、前耳状溝に関しては独自の分類基準を設定し、妊娠経験や年齢・性別との相関を見ている（Spring et.al 1989）。その結果、溝のタイプによっては女性の示標となるが、男女ともに見られる溝も存在するとし、妊娠前後のX線像の比較（7体）の結果変化は見られず、前耳状溝は妊娠経験の示標にはならないとしている。また、イギリス中世の Spital fiedlds 出土人骨を用いて、妊娠・出産痕の再評価を行った研究もある（Cox 1989；Cox and Scott 1992）。この研究は子供の洗礼記録から出産経験を推定し、4 タイプ前耳状溝と出産経験の相関を見ている。溝の分類基準に関しては、Houghton 氏の基準が採用されており、前耳状溝のサイズとタイプは性差があるが、溝の成因は体重移動の際の靭帯へのストレスによるものであるとしている。

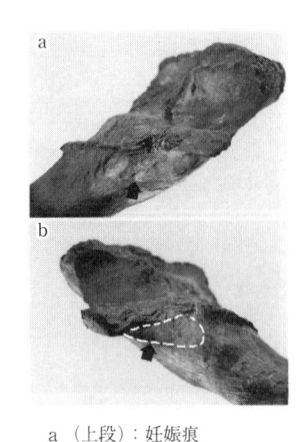

a（上段）：妊娠痕
b（下段）：靭帯付着痕
図 10　Cox 妊娠・出産痕鑑別例（Cox1992 より引用加筆）

このうち、Spring 氏らの研究では溝のサイズ（深さ・幅）によりグレード分けされており、Houghton 氏の分類に用いられている溝底面の形状・溝の縁の形状・溝の湾曲度合いといった重要な属性が取り上げられていない。したがって、前耳状溝の分類基準において既に Houghton 氏の分類と異なっており、Houghton 氏が用いた妊娠・出産痕鑑別の基本的な属性が含まれていないため妊娠・出産痕と非妊娠・出産痕の分類が不可能であったと考えられる。また、Cox 氏および Cox と Scott 氏の研究に関しては、Houghton 氏の溝の区分規準 GP（妊娠・出産による）・GL（妊娠・出産と無関係）を用いている。しかし、GL の代表例としてあげられている前耳状溝は、幅が広く耳状面に平行な細い溝ではなく幅の広いくぼみ状であり（Cox 1989：図 10）、Houghton 氏の分類規準で

はGLに分類しえないものである。したがって、Houghton氏の基準を用いた妊娠・出産痕の再評価としながらも、前耳状溝の分類がHoughton氏の基準通り行われたかどうか疑問であると言わざるを得ない。

さらに、出産経歴に関しては、①A人骨が出土した棺桶の蓋についているプレートの年齢・死亡年月日を用いて生殖可能だった年齢（11歳-51歳）から結婚したと考えられる時期を算出する、②当時の文献記録からその時期にAと同じ名字の男性と結婚したAと同じ洗礼名を持つ女性を割り出す、③夫婦名から夫婦の子供のChrist Churchでの洗礼記録を調べる、という手順を踏んで、子供の洗礼記録をその女性の出産歴にしている。但し、誕生が望まれなかった子供や死産の場合洗礼記録は残らず、洗礼記録が必ずしも実際の血縁関係を反映していない可能性も十分に考え得るため、洗礼記録から推定した出産歴はバイアスがある。

一方で、日本の臨床データを用いた研究によると、現代日本人女性では妊娠・出産痕の見られる18例中16例に妊娠・出産経験があるという結果がある（五十嵐由里子氏私信）。但し、妊娠痕があって妊娠または出産の経験がない個体が、妊娠・出産痕の見られる18例中2例存在し、妊娠・出産痕の見られない1例には妊娠または出産の経験がある。このような例外的なケースの成因としては次のような可能性が考えられる。妊娠・出産痕の形成要因である仙腸関節部での骨吸収が起きるような骨盤の損傷が起きれば、妊娠出産痕あり・妊娠出産経験なしという個体が存在する可能性もありうる。また、骨盤に対する負荷が比較的小さい場合、例えば母胎の骨盤腔に比べて子供が著しく小さい場合、例外的に骨組織に変化が起きないこともあるため、妊娠出産痕なし・妊娠出産経験あり、という個体が存在する可能性もありうる。

以上のように、前耳状溝のうち妊娠・出産経験と相関する可能性が高い溝の存在について懐疑的な研究は、前耳状溝の分類において既にHoughton氏の分類と異なっているため妊娠・出産痕と非妊娠・出産痕の分類が不可能であったと考えられる。したがって、現在までのところ、前耳状溝と妊娠・出産痕の関係について明確に否定できるような研究は見られず、女性の骨盤に見られる前耳状溝のうちGPに分類されるものに関しては妊娠または出産経験を表す可能

性が高いものと考えられる。したがって、本分析では妊娠・出産痕の鑑別に関しては、Houghton 氏（Houghton 1974）の判定基準が有効であると考え、これを用いる。

3 抜歯に見られる区分原理の検証方法

（1）形質人類学的手法

抜歯型式の背後にある社会集団を明らかにするために、抜歯の区分原理を明らかにする必要がある。まず、抜歯型式が非親族ソダリティーに対応する可能性を検討するため、抜歯型式と性別の相関について分析を行う。性別との対応が見られない場合、親族ソダリティーとの対応の可能性を検討するため歯冠計測値を用いた血縁者の推定を行う。土肥氏らの現代人を対象とした研究により、歯のサイズは遺伝し、親子・兄弟姉妹間で類似することや、血縁関係を示すのに有効な歯種の組み合わせが明らかにされている（土肥他 1986：図11）。分析手法の長所としては、①父系・母系両方の親族関係を推定可能、②実際の血縁関係と分析データの対比が可能という2点が挙げられる。逆に短所としては、①他人でも似ている個体の存在（他人の空似）、②親子でも似ていない個体の存在があげられる。古人骨にこの歯冠計測値を使用する理由は利便性である。短所のうち前者に関しては、土肥氏らにより他人の空似度が低い歯種の組み合わせ＝有効な歯種の組み合わせが提示されている。元々、多様な歯種の組み合わせが可能であり、歯種の組み合わせによっては他人間でも相関係数が高くなるなどの他人の空似が認められる。他人群・血縁者群の臨床データを有している場合には、実際に古人骨間の血縁関係推定で使用する歯種の様々な組み合わせに関し、有効な組み合わせかどうか検討を行うことが可能である（佐宗・諏訪 2008）。但し、このような臨床データを有していない場合、分析に使用する歯種の組み合わせが果たして血縁関係を抽出するのに有効な組み合わせか否か判断するのは困難である。したがって、臨床データを有していない場合でも土肥氏らの提示している有効な歯種の組み合わせを使用することにより、個体間の血縁関係あるいは個体群が血縁者を多く含むか否かを推定することが可能である。加えて、個体同士の血縁関係の推定は同時期性の保証されている個体間で

のみ有効であり、他人の空似の可能性が排除できない墓地の経営期間の長い縄文時代の貝塚遺跡に関しては有効ではないという対象遺跡に応じた使用方法が明らかにされている（田中・土肥 1987；田中 2008b）。この場合には、対象とする個体群の相関係数の平均値を算出し、土肥氏らの他人個体群・血縁者個体群の相関計数の平均値との比較を行い、血縁者を多く含む個体群か否かを検討することが可能である。短所のうち後者に関しては、似ている個体を抽出する方法であり、1例のみを以て似ていない＝血縁関係のない個体と即断することはできない。但し、田中氏が横穴墓被葬者の親族関係復元で行っているように、多数の事例を集めることによりある考古学的単位の中で血縁関係の無い個体が含まれる可能性を高くすることは可能である。一方で、考古学者により引用される歯冠計測分析の批判として、溝口優司氏による Q-mode 相関係数の算出には独立変数を使用すべきである（溝口 1993）との指摘が取り上げられている（山田 2008 など）。これは、Q-mode 相関係数は使用する形質間に相関があると相関係数が高くなるというものである。しかし、独立変数を使用していなくても血縁者の相関係数と同様に他人の相関係数の値も高くなり、結果として高くなった値同士であっても他人群では相関係数の値が低く他人群と血縁者群で有意な差が見られる有効な歯種の組み合わせを抽出しているというのが土肥氏らの方法の有効な点である。この点を溝口氏も評価しており、氏の論文の結論としては、現時点での最良の方法の1つとして血縁者と他人同士の相関係数を多数計算し有意性の検定を行うという土肥氏らの方法を位置づけている。

　この他にも、人骨を用いた血縁推定方法の古人骨資料への応用研究がいくつか見られる、頭骨や歯牙の形態小変異を用いた血縁者の推定（毛利・奥 1998；橋本・馬場 1998；2000；山田 2008；渡辺 1991；2008）や mtDNA を用いた血縁者の

	M − D + B − L（I − CはM − Dのみ）	
上顎 + 下顎	$I^1I^2CP^1P^2M^1M^2$	$I^1I^2CP^1P^2M^1$
	$I^1I^2CP^1P^2M^1M^2$	$I^1I^2CP^1P^2M^1$
	$P^1P^2M^1M^2$	$I^1I^2CP^1P^2$
	$P_1P_2M_1M_2$	$I_1I_2CP_1P_2$
	$CP_1P^2M^1$	$P^1P^2M^1$
	$CP_1P_2M_1$	$P_1P_2M_1$
	$I^1I^2CM^1$	P^1M^1
	$I_1I_2CM_1$	P_1M_1
上顎	$I^1I^2CP^1P^2M^1M^2$	$I^1I^2CP^1P^2M^1$
	$CP^1P^2M^1$	$P^1P^2M^1$
下顎	$I_1I_2CP_1P_2M_1M_2$	$P_1P_2M_1M_2$

図11　有効な歯種の組み合わせ（土肥他 1986 より引用）

推定方法（西本他 2001；西本 2008；篠田他 1998）が挙げられる。これらの方法についても検討してみよう。まず、形態小変異についてはその出現背景には遺伝的な要因と環境要因の両方があり、出現率の性差・集団差などが指摘されている（百々 1981）。したがって、この方法は同時期性の保証された個体間で複数項目の小変異を用いて、他の血縁関係を推定可能な分析方法と併せて用いる場合は個体間の血縁関係を推定することも可能であると考えられる。但し、いくつかの研究事例（渡辺 1991：2008；山田 2008）において見られるような特定或いは少数の項目のみを用いて個体間の血縁関係推定を行うことは困難である。一方単独で用いる場合、累積類似度などの出現率の算出により血縁者を多く含む集団であるか否か或いは考古学的に抽出した単位間の比較を行うことが可能である（毛利・奥 1998；橋本・馬場 1998：2000）。但し、このような場合でも抽出した考古学的単位の妥当性もさることながら、使用した項目が女性に偏る（毛利・奥 1998）、項目間で出現の連動が見られる（橋本私信）など使用する項目の選択が非常に難しい。したがって、分析対象の各時代・地域における性別ごとの小変異の出現率に関するデータや有効な小変異の組み合わせに関するデータがあれば、血縁者を多く含む集団か否かを推定することは可能であるが、著者自身このような小変異に関するデータを保有していないため、形態小変異は本論では血縁者推定分析に使用しない。

　mtDNAに関しては、分析結果の運用において難しい課題が2点ある。考古学者が注意すべき点はmtDNAのハプロタイプが同一な個体群が母系出自集団と直結しているわけではないという点である。つまり、mtDNAハプロタイプの共有はあくまでも遺伝的にある過去の段階に母を共有していたということを示すのみであり、mtDNAハプロタイプの共有がマクロな地域集団の特徴なのかミクロな血縁集団の特徴なのか判断が困難という点である。篠田謙一氏が指摘しているように、遺跡内でのミクロな血縁関係を表しているとする場合には、サンプル遺跡と同時期・同地域において、得られたmtDNAハプロタイプが珍しいものであるというデータが必要である（篠田他 1998）。仮に、mtDNAの共有がミクロな血縁集団と対応している場合でも、レヴィストロースの一般交換モデルを使用すると同一母系遺伝子の集団への蓄積は可能になる

図12 一般交換における mtDNA の遺伝モデル（小野沢1984より引用加筆）

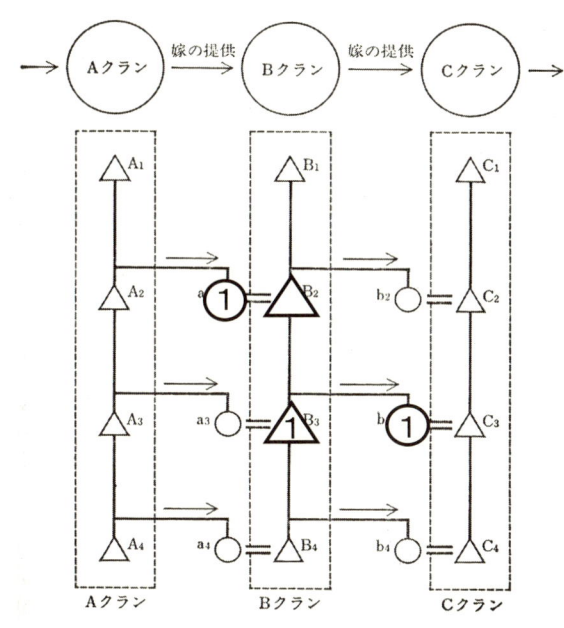

○：女性，△：男性，図形内の数字：mtDNAハプロタイプを示す。

（図12）。たとえば、mtDNA 分析結果の考古学的運用の代表例の1つとして知られる中妻貝塚に関しては特定のハプロタイプに偏るという点と少数ハプロタイプが男性に偏るという点から妻型居住婚の母系集団という結論が出されている（西本他 2001；西本 2008）。女性の分析個体が少ないため、氏らが母系社会であることの根拠としている少数派ハプロタイプが男性に偏るという分析結果の読み取りに関しては評価が困難である。一方でハプロタイプの共有個体の蓄積に対しては、父系社会であったと想定して中妻ムラおよびその周辺にハプロタイプ1を主流ハプロタイプとする氏族Aが点在しており、中妻ムラの主流氏族Bに女性が婚入していたという説明で成り立ちうる。但し、この場合でも男性における mtDNA ハプロタイプの蓄積は説明できても女性の mtDNA ハプロタイプの蓄積の説明は困難であり、単純な母系でも父系でも説明できないことから消去法として双系の可能性が残される（舟橋 2009）。ここで注意しておきたいのはあくまでも各氏族への婚入者は婚入先の墓地に帰葬されたものとの想

定である。婚入者が婚入元の氏族の所在する集落の墓地に埋葬されている場合、婚入者が男性であれ女性であれ mtDNA ハプロタイプの共有が成立することから親族関係の推定は困難である。また、2つめとして、歯冠計測のような実際の血縁関係が明らかな人たちから得られた臨床データが無く、実際の血縁関係と分析データの対比が困難である点が上げられる。例えば、mtDNA に加え yDNA を使用して実際の父系と母系社会を比較すると、確かにそれぞれのタイプの多様性に有意差は見られる（Oota et al. 2001）。但し遺伝的多様性は各集団で異っており、どの程度の多様性が見られれば母系か父系かといった判別の可能性は現段階では不明である。以上見てきたように mtDNA ハプロタイプ共有集団＝母系出自集団と即断することは難しく、分析結果を先史社会の親族関係・親族構造の復元に応用するにはかなりの前提作業を要する。

　以上の列島先史社会復元において用いられてきた血縁推定方法のうち、mtDNA ハプロタイプに関しては、遺伝のメカニズムは明らかであるが分析結果の運用が難しい。一方で、歯冠計測値および形態小変異に関しては遺伝のメカニズムは明らかにされていないものの、実際の血縁関係の明らかな個体間の臨床データが提示されている。このうち形態小変異に関しては時期・地域・性別などマクロな集団における出現頻度のデータや有効な小変異の組み合わせに関するデータなど、分析に必要な基礎データの入手が困難である。これに対し、歯冠計測値を用いた分析方法に関しては既に臨床データを用いて有効な歯種の組み合わせが提示されており、遺跡の性格による有効な分析手法も明示されており、本来必要とされる臨床データを持ち合わせていなくても方法の運用が可能な形になっている。したがって、本論においては歯冠計測値を用いて血縁関係の推定或いは血縁者を多く含み込む集団か否かの推定を行う。計測方法は藤田恒太郎氏（藤田 1949）、分析方法は土肥氏ら（土肥他 1986）に拠る。

（2）考古学的方法

　前出の形質人類学的情報に加えて頭位方向・副葬品・埋葬施設・埋葬小群等の考古学的事象と抜歯型式・抜歯の有無の関係についても分析を行う。考古学的事象の分析からは、抜歯型式に見られる区分原理と通過儀礼に見られる年齢

区分の2側面へのアプローチが可能である。

　まず、抜歯型式に見られる区分原理に関してである。既存の抜歯型式と考古学的事象の検討においては、抜歯型式の墓域での空間的偏りから墓群を設定しているにもかかわらず、同一抜歯型式が墓群を形成するという循環論的な指摘を行う傾向（春成1979；山田1997）が見られる。しかし、考古学的事象との相関の有無を確かめたいのであれば、まず考古学的事象のみで分析を行い、そこから得られる現象と抜歯型式が相関するか否かを検討すべきである。例えば、墓群と抜歯の相関を明らかにしたいのであれば、まず墓の空間分布により墓群を設定し、墓群の性格を明らかにした上で抜歯との相関を検討すべきである。この墓群の性格に関しては、日本考古学においてはこれまでに「世帯」（林1998）あるいは集落の「自集落出身者」「他集落出身者」、「単系出自集団」（谷口2002）、「世帯or小家族集団」（山田2008）といった解釈がなされてきた。拙稿では春成氏の「埋葬小群」（春成1979）という用語を用いて、墓域内に空閑地を持って現れる複数基の墓の集まりを示しその性格について言及している（舟橋2008b）。この同一埋葬空間における墓の空間的まとまりに関しては、オシェ氏が民族資料を用いた考古学的研究から出自などの水平的社会区分は考古資料には現れにくいが現れる場合は埋葬群として表現されるとしている（O'shea 1984）。拙稿ではこのオシェ氏の研究成果を仮説とし、稲荷山貝塚（晩期）における埋葬の空閑地の存在から埋葬小群の設定を行い、この埋葬小群が血縁者を多く含むか否か歯冠計測値を用いて検証作業を行った（舟橋2008b）。その結果個体数が少ないことから他人群の値との間に有意差は得られていないものの、分析可能であった中央群と南群で複数の歯種の組み合わせで親子・兄弟間レベルの平均値が得られており、埋葬小群は血縁者を多く含み込む群であり、埋葬小群は出自集団もしくは氏族の可能性が高いと指摘している。この他にも伊川津貝塚の1984年調査区出土人骨は血縁者を多く含み込む集団である可能性が示されている（田中・土肥1988a）。この調査区が墓域全体の中で稲荷山貝塚のように明瞭な空閑地を持つ埋葬小群として認識しうるか否かは不明であるが、少なくとも血縁者を多く含む個体群が墓域の中でまとまって埋葬されていたという指摘は可能である。一方で特殊墓地においても埋葬群が出自集団もし

抜歯施行儀礼 ← 抜歯施行年齢 ← (1)最年少抜歯個体
　　　　　　　　　　　　　　　(2)各年齢層間の抜歯施行率の比較など
　　　　　　　　抜歯施行率 ← (3)成人の総抜歯施行率

民族学と考古学的成果による結びつけ

抜歯型式の　　非親族　　　(4)性別間の抜歯施行率・抜歯型式の比較
社会的意味　　ソダリティー
　　　　　　　　　　　　　　(5)年齢層間の抜歯型式の比較
　　　　　　　親族
　　　　　　　ソダリティー　(6)抜歯と葬送行為に見られる考古学的事象との
　　　　　　　　　　　　　　　相関（副葬品・墓群など）
　　　　　　　　　　　　　　(7)歯冠計測値を用いた親族関係の推定

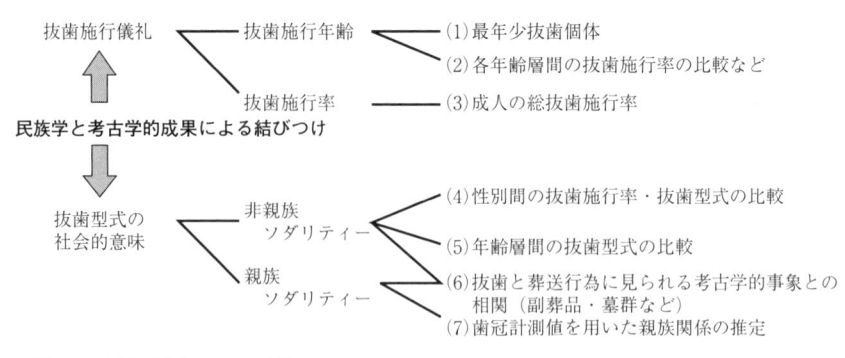

図13 分析方法とその関連性

くは氏族に対応し、被葬者がその代表であると指摘されている（田中 2008a）。以上の先行研究を踏まえると、少なくとも縄文後・晩期に関しては埋葬群が何らかの親族集団と対応している可能性が考えられる。さらに、これまでの研究において多数個体の集骨事例は集骨された個体群で血縁者を多く含む可能性が考えられる（田中・土肥 1988；松村・西本 1996；篠田他 1998）。したがって、歯冠計測値を用いた分析による血縁関係推定が行えない場合には、多数個体の集骨事例を血縁関係の推定される個体群として扱う。

　加えて、先行研究（春成 1973）により副葬品と抜歯の相関が指摘されている場合でも、実際には副葬品と性別が相関する場合や抜歯型式・副葬品・性別の三者が相関する場合があり、そのうちの副葬品と抜歯型式の相関のみを抽出して副葬品が特定の抜歯型式に偏っていると指摘している可能性もある（舟橋 2008b）。したがって、本論においては、抜歯型式との相関のみでなく、性別・年齢と個々の考古学的事象についても検討を行い、相関があるという結果が得られた場合には、抜歯型式と考古学的事象の相関に関する分析結果においてこれを採用する。

　また、年齢区分へのアプローチとしては、年齢と副葬品の有無や種類の相関（山田 1997）・埋葬空間での偏り（藤田 2005）等が指摘されている。これに基づき、副葬品や墓域における年齢区分の偏りを観察し、これらにおいて何らかの年齢区分が見られる際には分析結果を提示し、抜歯に基づく年齢区分との関係を明らかにしたい。

以上本論で採用する分析方法をまとめると図13の通りである。

第2節 資　　料

　本節では対象とする資料およびその帰属時期の決定法について言及するとともに、考察において東アジアの先史社会における抜歯風習について議論を行う際に必要となってくる年代観を明らかにする。

　本論の対象遺跡は図14-1～14-5および表2-1～2-3の通りである。日本列島に関しては、古人骨で確実に抜歯が観察される縄文時代前期から弥生時代までとする。データは実見可能な遺跡に関しては、観察を行っている。抜歯データのうち著者自身が人骨の実見によりデータを採取した人骨資料は、韓国の東亜大学校博物館、釜山大学校博物館および日本の東北大学医学系研究科（当時）、多賀城博物館、新潟大学第一解剖学講座（小片コレクション）、東京大学総合研究博物館、独立行政法人国立科学博物館、文化庁（旧田原町収蔵）、旧渥美町教育委員会、京都大学理学部人類学教室（当時）、大阪大学大学院人間科学研究科生物人類学教室、九州大学大学院比較社会文化研究院基層構造講座（当時）所蔵のものである。データ収集および発表を許可していただいた古人骨所蔵機関の東亜大学校沈奉謹教授（当時）、釜山大学申敬澈教授、東北大学百々幸雄教授（当時）・永広昌之教授、新潟大学熊木克治教授（当時）・牛木辰男教授、国立科学博物館馬場悠男部長（当時）・溝口優司部長、東京大学諏訪元教授、京都大学石田英實教授（当時）・中務真人准教授、大阪大学熊倉博雄教授、九州大学田中良之教授・岩永省三教授、多賀城博物館各位、旧田原町教育委員会増山禎之氏、旧渥美町教育委員会天野敏規氏、文化庁担当各位に深く感謝いたします。縄文時代に関しては、個体数が一定度以上の遺跡に関しては個別に分析を行い施行年齢等の推定を行っている。弥生時代に関しては渡来系の文化要素の流入状況に関して考古学的に研究の進んでいる北部九州・山口地方を中心に分析を行う。中国大陸・台湾島に関しては、報告書・論文発表データを用いて分析を行い、韓半島出土人骨に関しては、観察可能な個体に関しては実見している。なお、論文・報告等によるデータは、抜歯歯種が確定できるもののみで

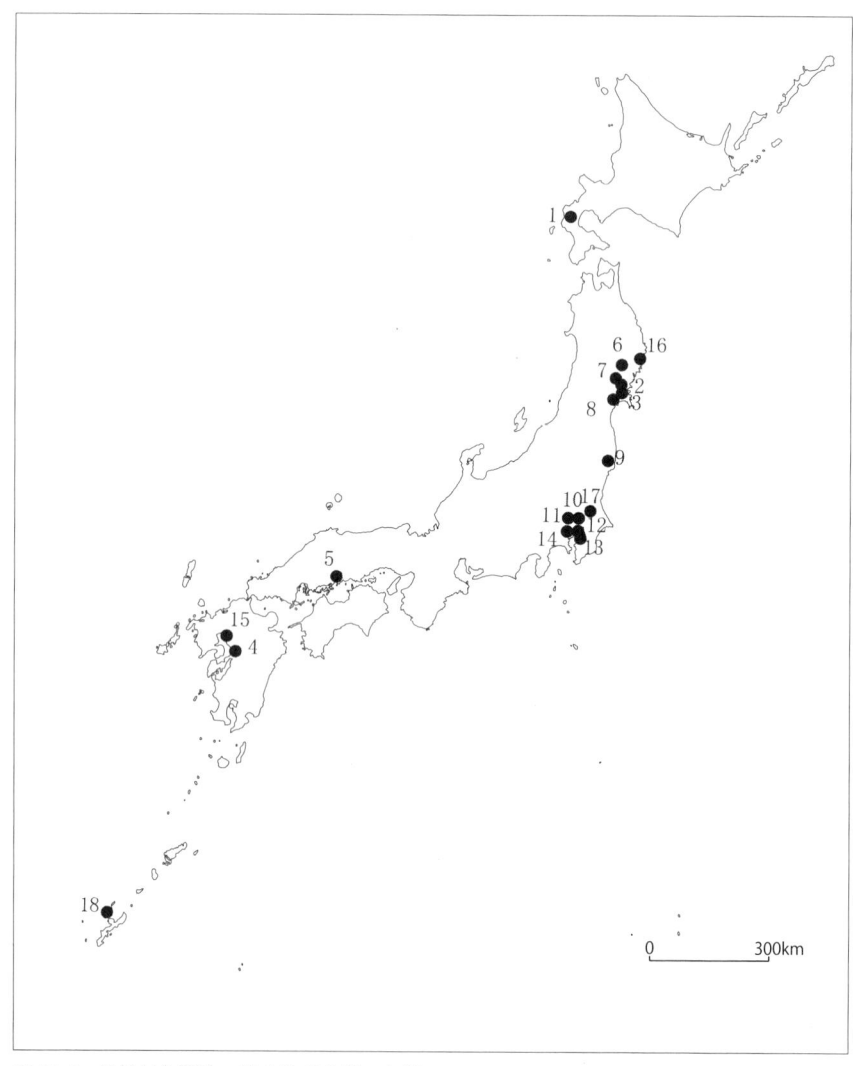

図14-1　分析対象遺跡　縄文時代前期・中期

あり、抜歯型式等のみが記載されており実際の抜歯歯種が不明な場合はサンプルから除外している。

　分析に用いたのは、基本的に抜歯個体の見られる年齢層、即ち若年以上である。但し、若年の抜歯の施行の様相に関する分析においては、若年に年齢が近い10-12歳の小児個体に関しても観察結果を記載する場合がある。分析に関し

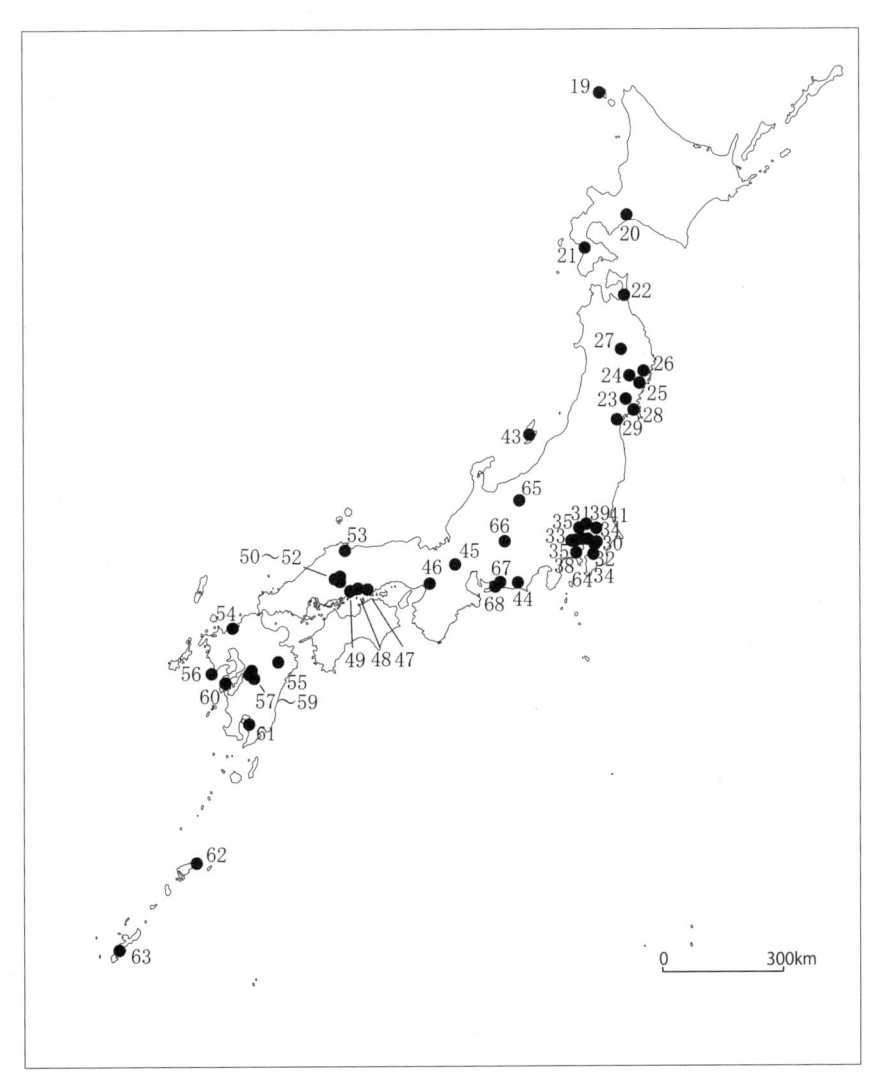

図 14-2　分析対象遺跡　縄文時代後期

ては資料的な制約の見られる側方咬耗以外に関しては全て遺跡ごとに分析を行い、各地域における共通性・差異を抽出する。また、脱落歯牙が多く、歯槽骨の全体的な退縮が著しく、抜歯の有無・型式の判定が困難なものはサンプルから除外している。

　本来、人骨の時期決定に関しては、人骨の出土した遺構および伴出した遺物

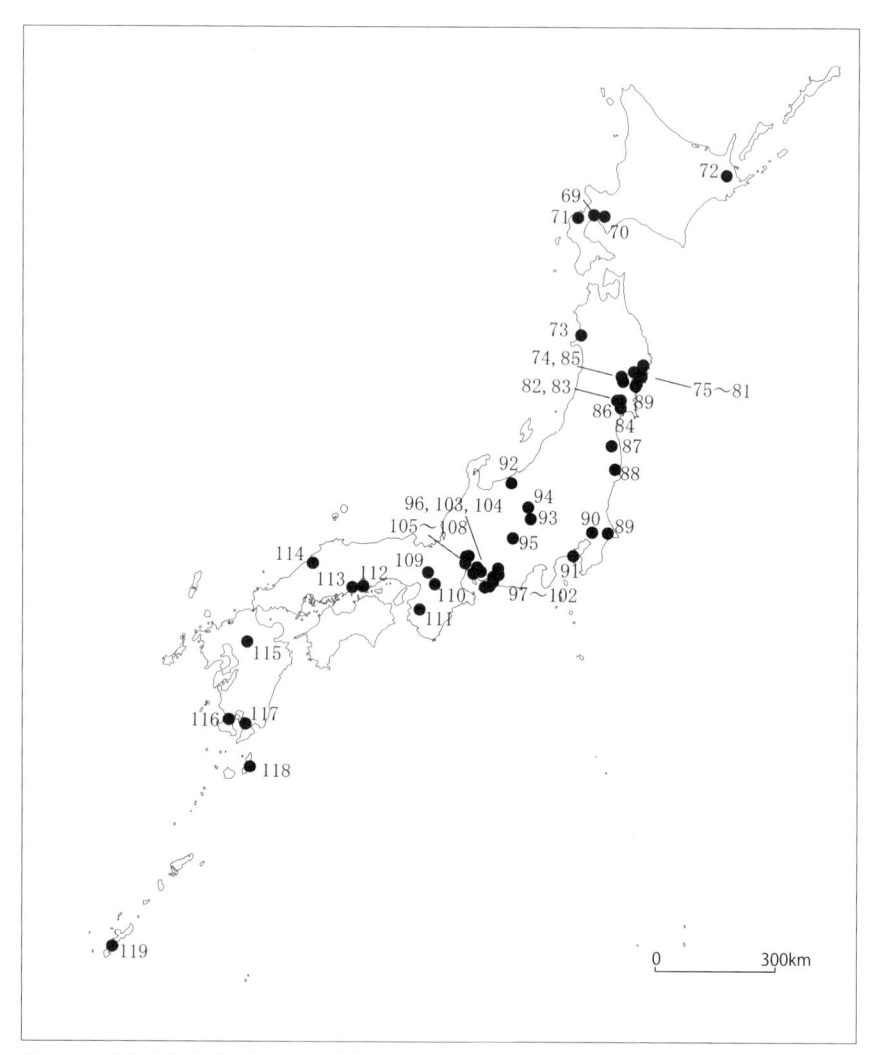

図 14-3 分析対象遺跡　縄文時代晩期

から時期決定を行うべきである。但し、今回の分析対象人骨は、発掘時期が古く考古学的発掘調査を経ずに出土した場合や遺構の検出が困難であった事例が多い。このような場合には、報告書にしたがって、人骨の周囲から出土した一番新しい土器の時期を人骨の時期としている。なお、熊本県轟貝塚や広島県太田貝塚に関しては調査時期が古く人骨と土器の関係が不明であるが、報告（濱

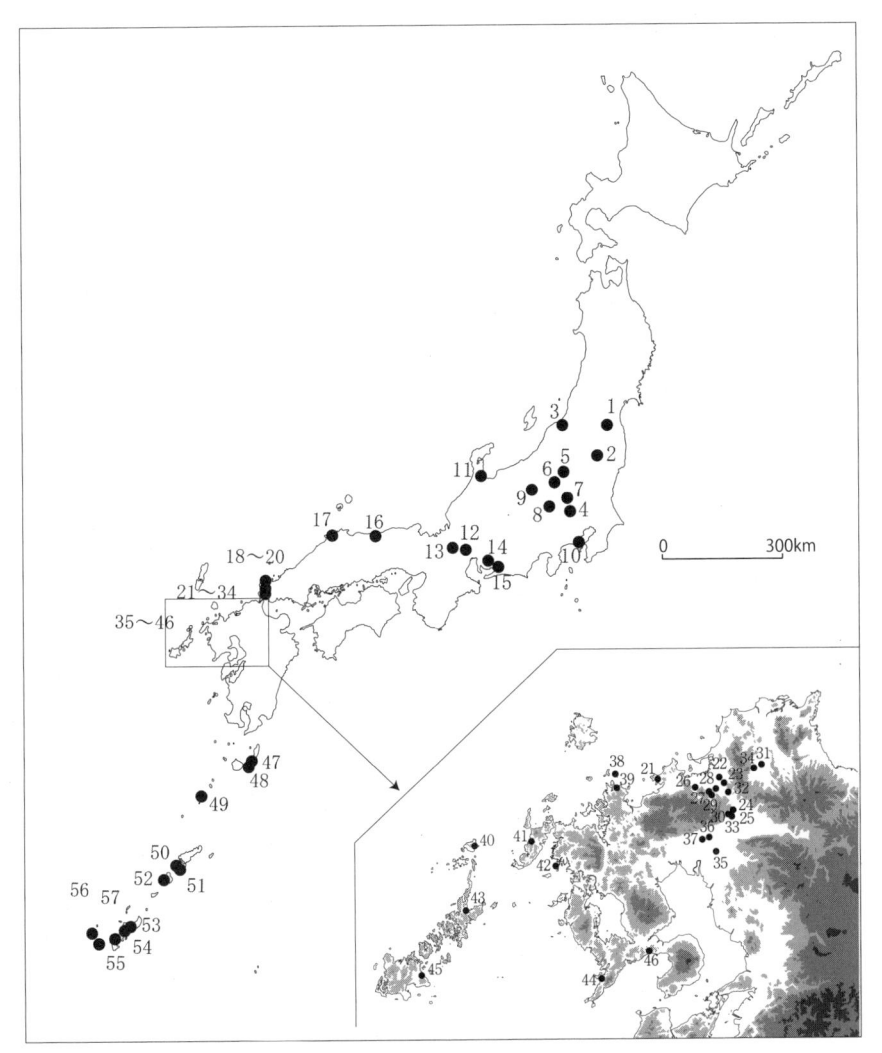

図 14-4 分析対象遺跡 弥生時代

田・榊原 1920；清野 1925；河瀬 1985 など）にしたがいそれぞれの貝塚で最も多くの土器が出土している時期、即ち轟貝塚は前期、太田貝塚は中期を各遺跡の時期とする。弥生時代の人骨の時期決定に関しても基本的に縄文時代と同じである。北部九州に多い甕棺出土人骨に関しては、橋口達也氏の編年（橋口 1985）が墓地における甕棺等の切り合いとも矛盾無く有効であると考え、これを用い

表2 サンプル

2-1

番号	時期	県名	遺跡名
1	前期末・中期	北海道	コタン
2	早期末-前期初頭	宮城県	南境貝塚妙見地区
3	前期	宮城県	貝殻塚貝塚
4	前期	熊本	轟
5	前期-中期	広島	太田
6	中期前半	岩手	貝鳥
7	中期末	宮城	青島
8	中期末	宮城	川下り・響
2	中期末-後期初頭	宮城	南境
9	中期中葉-末	福島	大畑
10	中期末-後期初頭	千葉	貝の花
11	中期中葉	千葉	中峠
12	中期末	千葉	姥山
13	中期末	千葉	加曽利北
14	中期後半	東京	千鳥窪
15	中期	福岡	二川（老嶺）
16	中期-後期	岩手	門前
17	中期-後期	茨城	新地
18	中期-後期	沖縄	具志川島
19	後期中葉	北海道	オションナイ
20	後期後葉	北海道	美沢1（JX-4）
21	後期末	北海道	三ッ谷
22	後期初頭	青森	表館
23	後期初頭-中葉	岩手	貝鳥
24	後期後葉	岩手	湧清水
25	後期	岩手	宮野
26	後期	岩手	細浦
27	後期	岩手	蒔内
28	後期前葉	宮城	高松
29	後期	宮城	橋本囲
30	後期初頭-中葉	千葉	加曽利
31	後期前葉	千葉	貝の花
32	後期前葉	千葉	矢作
33	後期前葉-中葉	千葉	姥山
34	後期前葉-中葉	千葉	宮本台
35	後期中葉	千葉	曽谷
36	後期中葉	千葉	西広
37	後期	千葉	堀之内
38	後期	千葉	称名寺
39	後期	千葉	上本郷
40	後期	千葉	下太田
41	後期	茨城	中妻
42	後期？	東京	西ヶ原二丁目
43	後期中葉	新潟	三宮
44	後期末	静岡	西
45	後期	岐阜	羽沢
46	後期	大阪	森の宮
47	後期	岡山	羽島
48	後期	岡山	西元浜
49	後期	岡山	中津
50	後期	広島	帝釈猿神岩陰
51	後期後葉	広島	帝釈寄倉岩陰
52	後期後半	広島	豊松堂面岩陰
53	後期	島根	崎ヶ鼻
54	後期	福岡	桑原飛櫛
55	後期後葉	大分	草木洞穴
56	後期	長崎	脇岬
57	後期前葉	熊本	カキワラ
58	後期末	熊本	御領
59	後期末	熊本	大野
60	後期	熊本	沖の原
61	後期	鹿児島	下山田II
62	後期中葉-後半	鹿児島	柊原
63	後期	沖縄	仲宗根
23	後期-晩期	岩手	貝鳥
64	後期-晩期	埼玉	新郷（東）
65	後期-晩期	長野	宮
66	後期-晩期	長野	大明神
67	後期-晩期	静岡	蜆塚
68	後期-晩期	愛知	亀山（川地）
69	晩期初頭	北海道	共春
70	晩期後葉	北海道	高砂
71	晩期	北海道	有珠モシリ
72	晩期	北海道	栄磯
73	晩期前葉	秋田	柏子所
74	晩期末	岩手	熊穴
75	晩期	岩手	下船渡
76	晩期	岩手	大洞
77	晩期	岩手	中沢浜
78	晩期	岩手	蘭沢
79	晩期	岩手	宮野
80	晩期	岩手	細浦
81	晩期中葉	宮城	前浜
82	晩期末	宮城	中沢目
83	晩期	宮城	北小松
84	晩期	宮城	里浜
85	晩期	宮城	貝鳥
86	晩期	宮城	二月田
87	晩期	福島	三貫地
88	晩期後葉	福島	久保ノ作
89	晩期	千葉	余山
90	晩期	千葉	素谷荒海
91	晩期	神奈川	高坂
92	晩期	新潟	寺地
93	晩期初頭	長野	深町
94	晩期前半	長野	保地
95	晩期中葉	長野	野口墳墓
96	晩期初頭	愛知	枯木宮
97	晩期	愛知	樫王
98	晩期	愛知	菟足神社
99	晩期	愛知	稲荷山
100	晩期	愛知	吉胡
101	晩期	愛知	伊川津
102	晩期	愛知	保美
103	晩期	愛知	本刈谷
104	晩期	愛知	西の宮
105	晩期	愛知	大曲輪
106	晩期	愛知	雷
107	晩期	愛知	鳴海（矢切）
108	晩期	愛知	玉ノ井
109	晩期	大阪	日下
110	晩期	大阪	国府
111	晩期	和歌山	瀬戸
112	晩期	岡山	涼松
113	晩期	岡山	津雲
114	晩期	島根	小浜
115	晩期中葉	熊本	天岩戸
116	晩期中葉	鹿児島	上焼田
117	晩期	鹿児島	柊原

118	晩期	鹿児島	長崎鼻
119	晩期	沖縄	クマヤー洞穴

表 2-2

番号	時期	県名	遺跡名
1	前期-中期初頭	福島県	根古屋
2	中期初頭	福島県	牡丹平
3	前期-中期初頭	新潟県	緒立
4	中期初頭	群馬県	岩津保洞窟
5	中期前半	群馬県	八束脛洞窟
6	中期前半	群馬県	幕岩岩陰
7	後期	群馬県	三笠山岩陰
8	中期初頭	長野県	月明沢岩陰
9	後期	長野県	生仁
10	中期中葉	神奈川県	大浦山洞穴
11	弥生	富山県	白山神社洞穴
12	前期	愛知県	熱田
13	前期後葉-後期	愛知県	朝日
14	中期末-後期	愛知県	新御堂
15	中期末-後期	愛知県	瓜郷
16	後期	鳥取県	青谷上寺地
17	中期	島根県	古浦
18	前期末-中期中葉	山口県	土井ヶ浜
19	前期-中期	山口県	中の浜
20	中期	山口県	吉母浜
21	早期-前期前半	福岡県	新町
22	前期中葉-後半	福岡県	雀居
23	前期末-後期	福岡県	金隈
24	中期初頭-前半	福岡県	ハサコの宮
25	中期初頭-前半	福岡県	正原
26	中期前葉	福岡県	有田
27	中期前葉	福岡県	門田
28	中期前葉	福岡県	西平塚
29	中期前葉-中期	福岡県	原
30	中期前葉、中-後期	福岡県	西島
31	中期中葉、後葉	福岡県	立岩
32	中期後半-後期初頭	福岡県	吉ヶ浦
33	中期中頃-後期前半	福岡県	狐塚
34	中期	福岡県	山村
35	中期	福岡県	塚崎東畑
36	中期	佐賀県	切通
37	中期-後期	佐賀県	三津永田
38	前期	佐賀県	小川島
39	前-中期	佐賀県	大友
40	前期-中初	長崎県	宇久松原
41	前末-中初	長崎県	根獅子
42	前末-中初	長崎県	宮の本
43	前期-中期	長崎県	浜郷
44	中期	長崎県	深堀
45	中期-後期	長崎県	大浜貝塚
46	中期-後期	長崎県	有喜貝塚
47	後期	鹿児島県	鳥ノ峯
48	後期	鹿児島県	広田
49	前-後期	鹿児島	大池B地点
50	中期	鹿児島	喜念原始墓
51	弥生時代	鹿児島	西ミヤド
52	弥生時代	鹿児島	西原海岸
53	弥生時代	沖縄	大当原貝塚
54	中期	沖縄	木綿原
55	前期	沖縄	安座間原第一
56	弥生時代	沖縄	大原貝塚
57	弥生時代	沖縄	古座間味貝塚

表 2-3 中国

番号	遺跡名	時期
1	北辛	B.C.5440-4310
2	大汶口 I	B.C.4520-3830
3	野店	B.C.4220-2690
4	王因	B.C.4060-3210
5	六里井	B.C.4050 前後
6	呈子	B.C.3770-3370
7	五村	B.C.3500-2700
8	尚庄	大汶口中期
10	大汶口 II	B.C.2500-2100
9	三里河 I	B.C.2870-2690
12	橘溝前寨	B.C.2030-1780
13	陵陽河	B.C.1880-1560
14	西夏候	大汶口晩期
11	三里河 II	B.C.2410-1810
15	前埠下	大汶口
16	尉遲寺	B.C.2850-2550
17	富庄	大汶口？
18	大墩子	B.C.4510 前後
19	雕竜碑	B.C.4250-2850
20	下王崗	B.C.4970-2170
21	七里河	B.C.3150-2660
22	姜寨	B.C.5050-4050
23	神木新化	B.C.2150-1900
24	朱开沟	B.C.1500-1000
25	唐史道洛墓	A.D.658
26	圩墩	B.C.4170-3270
27	崧沢	B.C.3900-3300
28	曇石山	B.C.1830-1250
29	金蘭寺	B.C.2500
30	河宕	B.C.3660-2520
31	仔北	B.C.1050 前後
32	洛表	A.D.1368-1644
33	圓山	B.C.2200-1500
34	芝山岩	圓山文化
35	鎮港	B.C.2000 前後
36	墾丁	B.C.2000 前後
37	鵝鑾鼻	牛稠子文化
38	卑南	B.C.2700-770
39	尹家屯漢代磚墓	A.D.2-3 世紀
40	梧野里20号墳	B.C.1世紀中頃-A.D.1世紀
41	貞柏里127号墳	A.D.1世紀
42	本村里	無文土器時代
43	勒島	B.C.1世紀
44	礼安里	A.D.4世紀
45	城山里	A.D.5世紀中頃-後半
46	林堂	原三国

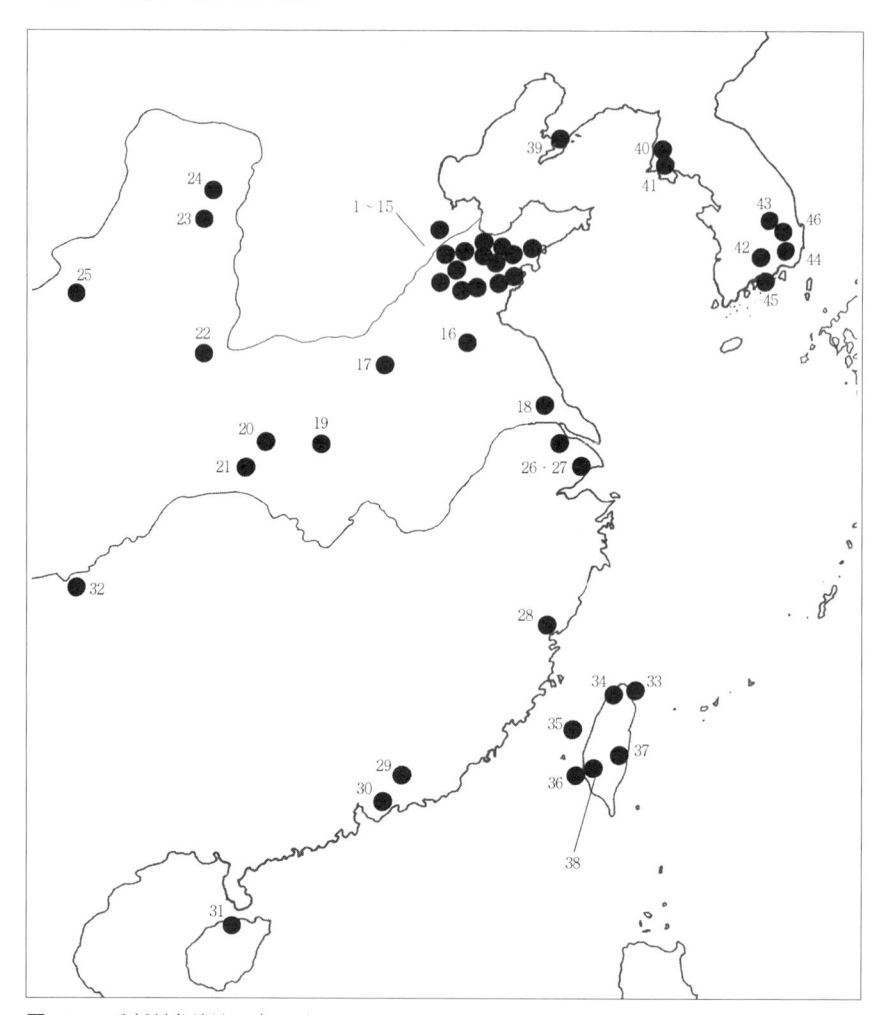

図14-5　分析対象遺跡　東アジア

る。大陸・半島との併行関係を論じる際数年前に問題になった理化学的年代測定法に基づく弥生時代開始年代が関係してくるが、これに関しては既存の考古学的編年観に従う。理由としては、既存の弥生時代の編年観自体が大陸の青銅器との交差年代に基づく暦年代の明らかな資料を基礎に組み立てられたものであるという点が上げられよう（Takakura and Mizoguchi 2004など）。加えて、弥生時代開始年代を引き上げた研究成果に関しては、C14年代測定結果のデータで

示された年代幅から弥生開始年代を選択する方法およびサンプルの違いによる年代測定結果の違いなど多くの問題点が指摘されている（田中他 2004 など）。したがって、現在までのところ弥生時代開始年代を大きく引き上げ弥生時代の年代観の改変を迫るようなデータは出ておらず、年代観に関しては既存の考古学的編年観に従う。

　以上の方法・対象を用いて、次章以下分析を行いたい。

第Ⅲ章　縄文時代における抜歯風習

　本章においては、抜歯萌芽期から隆盛期とされる時期（渡辺 1966）の抜歯風習を取り上げる。第Ⅰ章において整理したとおり、この時期は、縄文時代前期・中期・後期・晩期の各時期ともに日本列島外の抜歯風習の影響を受けた可能性が示唆されている。また、形質人類学的データに基づかない抜歯施行儀礼論や抜歯型式論も縄文時代晩期を基礎として行われており、先行研究において検討すべき問題点が多く見られる時期である。

　本章では以下、時期を追って第1節において抜歯風習の萌芽期から発展期とされる前期から後期を取り扱い、第2節において抜歯風習の隆盛期とされる晩期を取り上げる。各節ともに抜歯の施行年齢・施行率・抜歯型式等の形質人類学的手法に基づく分析結果を提示した後に、考古学的手法に基づいた分析結果の提示を行う。第1節で取り上げる縄文時代前期から後期の分析においては、1遺跡の出土個体が少なくまた報告書に基づくデータが多く含まれることから、各時期ごとに様相を概観してその時期の大まかな傾向を指摘し、その後1遺跡の出土個体数が多く実見が可能であった遺跡を個別に取り上げ、各時期の全体の様相との比較を行う。また、第2節で取り上げる縄文時代晩期に関しては、1遺跡の出土個体数が多い遺跡を分析し各地域の抜歯の様相を明らかにするとともに、出土個体数の少ない遺跡に関しても東西日本の様相を明らかにする。本章の目的は、以上の分析を通じて、日本列島における抜歯風習の出現期の様相と抜歯風習の発展過程および最も発展した段階の様相とその地域性を抜歯歯種・施行年齢・施行率・抜歯型式の区分原理から明らかにすることである。

　では、以下順を追ってみていこう。

第1節　抜歯風習萌芽期から発展期における様相

　本節においては、施行年齢に関しては、実際の観察および報告書のデータに基づき抜歯観察可能個体の年齢・性別が明らかな遺跡を用いて分析を行っている。分析項目に関しては、当該期における抜歯施行率の低さと実際に観察した個体が限られていることから、第Ⅱ章の方法論で取り上げたうち、抜歯の見られる個体の最低年齢と抜歯施行率の各年齢層間での比較を用いており、側方咬耗を用いた年齢推定方法に関しては、抜歯個体自体が少なく抜歯隣接歯の遺存状況もあまり良好ではなかったことから、当該期の資料に関しては分析を行えていない。

　前期から中期の抜歯事例に関しては、遺跡数が少なく時期によって遺跡の分布地域に差が見られることから、前期・中期の長期間にわたる様相を時間軸に基づいて論述することは困難であるが、可能な限り時間軸に基づく変化の様相を明らかにし、学史で指摘されている地域的な様相の有無についても検討を加えたい。

1　前期・中期

　前期には少数の遺跡出土人骨に抜歯が認められ、中期になると抜歯個体出土遺跡数が増加する。まず、抜歯の本数を見ると、上顎のみ・下顎のみ或いは上下顎を1～2本抜歯するのが主流である（表3）。

　抜歯歯種に関しては、上顎では側切歯、下顎では中切歯・側切歯が主流である。当該期の抜歯歯種の地域差に関しては、北に行くほど上顎抜歯が多いという地理的勾配が認められる（図15）。但し、西日本の当該期出土人骨数自体が少なく、さらにこの時期は、1遺跡における抜歯個体数も少ない。少数個体出土している西日本の抜歯個体を見ると、轟貝塚や太田貝塚においては、上顎側切歯抜歯も見られ、東北地方の貝鳥貝塚・大畑貝塚・南境貝塚でも下顎切歯のみの抜歯は見られる。加えて、中期末の仙台湾周辺においては既存の研究で指摘されているとおり上顎側切歯に抜歯歯種が収斂している（山内1937など）。こ

第1節 抜歯風習萌芽期から発展期における様相　117

表3 抜歯歯種（縄文前期～中期）

遺跡名	時期	抜歯個体数	上顎抜歯歯種					下顎抜歯歯種					
			$1I^1$	$1I^2$	$2I^2$	$1C$	$1I^21C$	$1I_1$	$1I_2$	$1C$	$2I_1$	$1I_1 1I_2$	$2C$
コタン	前期	1	-	1	-	-	-	-	-	-	-	-	-
南境貝塚妙見地区	前期	1	-	-	1	-	-	-	-	-	-	-	-
貝殻塚貝塚	前期	1	-	-	-	-	-	-	1	-	-	-	-
轟	前期	4	-	1	-	-	-	-	2	-	1	-	-
コタン	中期	2	-	2	-	-	-	-	-	-	-	-	-
貝鳥	中期	1	-	-	-	-	-	-	1	-	-	-	-
青島	中期	2	-	2	-	-	-	-	-	-	-	-	-
川下り	中期	3	-	2	-	-	1	-	-	-	-	-	-
南境	中期	2	-	2	-	-	-	-	1	-	1	-	-
大畑	中期	2	-	-	-	-	-	-	2	-	-	-	-
中峠	中期	1	-	-	-	-	-	-	-	-	-	1	-
姥山	中期	1	-	-	-	1	-	-	-	-	-	-	-
加曽利	中期	1	-	1	-	-	-	-	-	-	-	-	-
千鳥窪	中期	2	-	1	-	-	-	-	-	-	-	-	1
太田	中期	U3/L8	(1)	1	-	(1)	-	4	-	-	3	-	1
二川（老嶺）	中期	L1	-	-	-	-	-	-	1	-	-	-	-

数値＝個体数

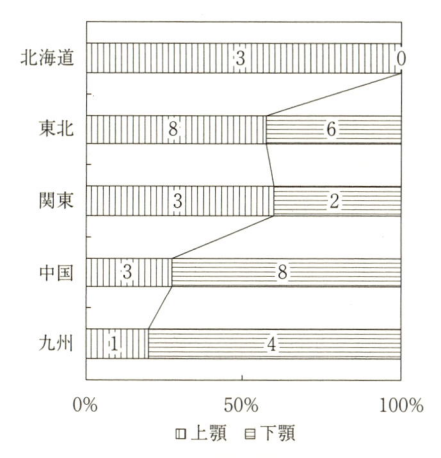

図15 地域別上下顎抜歯出現率
（縄文前-中期）（数値＝個体数）

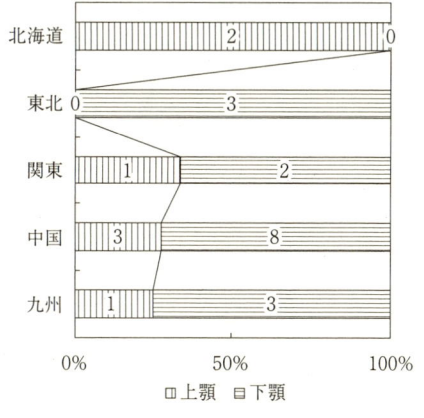

図16 地域別上下顎抜歯出現率
（縄文前-中期後葉）（数値＝個体数）

　のことから、中期末の資料を除外し中期中葉以前の上下顎抜歯の割合の空間的変化を見ると、北海道を除くと顕著な地域差は認められない（図16）。

　抜歯施行率に関しては、加齢に伴い抜歯施行率が増加する可能性を考えると、熟年における施行率がその遺跡における最終的な抜歯施行率であるが、熟年個

第Ⅲ章 縄文時代における抜歯風習

表4 歯種別抜歯施行率（太田貝塚）

年齢	性別	上顎数	抜歯顎数	上顎抜歯歯種 I^1+I^2	C'	下顎数	抜歯顎数	下顎抜歯歯種 I_1	C
若年	女性	−	−	−	0 (0/2)	−	−	0 (0/2)	0 (0/2)
成年	男性	8	0	0 (0/19)	0 (0/19)	13	1	8.3 (2/24)	0 (0/24)
	女性	2	0	0 (0/6)	0 (0/6)	8	1	0 (0/18)	11.8 (2/17)
	不明	−	−	0 (0/1)	0 (0/2)	−	−	0 (0/3)	0 (0/2)
熟年	男性	4	1	12.5 (1/8)	0 (0/8)	8	4	36.4 (4/11)	0 (0/12)
	女性	1	1	33.3 (1/3)	33.3 (1/3)	3	2	16.7 (1/6)	0 (0/6)
	不明	−	−	− (0/1)	0 (0/1)	−	−	40.0 (2/5)	0 (0/4)
成人	男性	−	−	0 (0/2)	0 (0/2)	−	−	11.1 (1/9)	0 (0/9)
	女性	−	−	−	0 (0/1)	−	−	0 (0/1)	0 (0/2)
	不明	−	−	0 (0/3)	0 (0/3)	−	−	−	0 (0/1)

顎数：左右C間完存個体のみ、％＝抜歯本数／観察本数、（）内：抜歯本数／観察本数

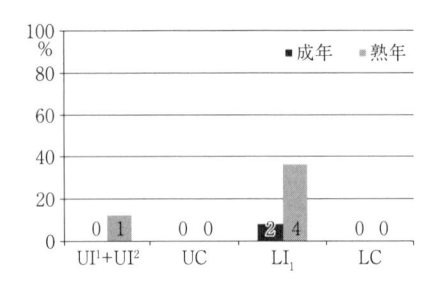

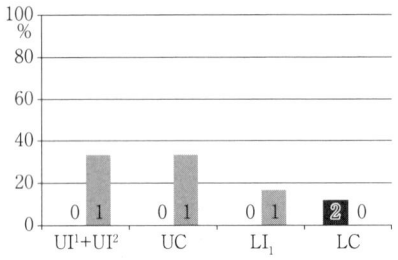

1：男性（数値＝本数）　　2：女性（数値＝本数）

図17 歯種別抜歯施行率（太田貝塚）

表5 年齢・性別間抜歯施行率有意検定結果（太田貝塚）

		I^1	C'	I_1	I_2	C
成年−熟年	男性					
	女性					
	total		＊＊			
男性−女性	成年					
	熟年					
	total					

		上顎	下顎
成年−熟年	男性		
	女性		
	total		＊
男性−女性	成年		
	熟年		
	total		

本数により検定　　　　　　　　個体数により検定

体のサンプル数が少ないことから遺跡の出土個体全体で施行率を算出する。まず、京都大学所蔵分の轟貝塚に関しては、上下顎の犬歯間の歯列が完存している個体の抜歯施行率は、上顎10.0％（1本／10本中）下顎23.1％（3本／13本中）である。次に中期の遺跡に関しては複数の遺跡で主様な抜歯対象歯である上顎側切歯を用いて抜歯施行率を算出すると、青島貝塚25.0％、川下響貝塚50％（3本／6本中）、千鳥窪貝塚25.0％（1本／4本中）である。このうち、成年個体を用いて各遺跡の施行率を上顎側切歯に的を絞って算出すると青島貝塚0％（0本／5本）、川下響貝塚60％（3本／5本中）である。

施行年齢の分析に関しては、一定度の個体数を必要とすることから、出土個体数の多い太田貝塚を対象とする。抜歯の施行年齢・施行率に関する分析を行ったところ、下顎において成年層から熟年層で加齢に伴う抜歯施行率の増加が認められる（表4・表5・図17）。

このように、加齢に伴う施行率の増加が見られることから、熟年の抜歯施行率を太田貝塚集団における最終的な抜歯施行率と想定すると施行率は30-40％程度である。

2　後　　期

（1）後期における諸遺跡の様相

この時期になると全体的に中期に比べ抜歯個体の確認される遺跡が増加する。抜歯対象となる左右小臼歯間が完存している個体に絞ってみると、1体当たりの抜歯本数が2本以上の個体の割合が増加し、抜歯対象歯種も上下顎切歯に加え犬歯の割合が増加する（表6）。抜歯タイプも、中期に主流であった上顎側切歯の偏側性抜歯に加え、上顎側切歯の両側性抜歯、上顎犬歯の両側性抜歯やこれに下顎犬歯の両側性抜歯を加えたものが上顎側切歯の偏側性抜歯と同程度の割合で出現する。これら後期の抜歯について、詳細な時期比定が可能な遺跡を用いて、抜歯歯種・本数の時期差・地域差をみてみる（図18-1～4、図19-1～4）。なお、関西地域に関してはサンプル資料が1遺跡と少ないことから参考までにデータのみ挙げておく。

時期差に関しては、北海道を除くと、後期の前葉-中葉までは上顎側切歯の

120　第Ⅲ章　縄文時代における抜歯風習

表6　抜歯歯種と本数（縄文後期）

地域	時期	遺跡名	UI¹	UI²	UC	UP	LI₁	LI₂	LC	LP	上顎抜歯本数 1本	2本	3本	4本以上	下顎抜歯本数 1本	2本	3本	4本以上
北海道	中葉	オショロナイ	-	2	-	-	-	-	-	-	1	-	-	-	-	-	-	-
	後葉	美沢	-	1	-	-	-	-	-	-	1	-	-	-	-	-	-	-
	末	三ツ谷	-	1	-	-	-	-	-	-	1	-	-	-	-	-	-	-
東北	初頭	貝鳥	-	2	-	-	-	-	-	-	1	-	-	-	-	-	-	-
	初頭	表舘	-	1	-	1	-	-	-	-	1	-	-	-	1	-	-	-
	前葉	高松	-	6	-	-	-	-	-	-	-	3	-	-	-	-	-	-
	中葉	貝鳥	-	1	-	-	-	-	-	-	1	-	-	-	-	-	-	-
	後葉	湧清水	-	3	11	2	-	-	19	2	1	1	-	-	5	-	-	1
関東甲信越	前葉	矢作	-	1	-	-	-	-	-	-	1	-	-	-	-	-	-	-
	中葉	加曽利	-	4	2	-	4	1	-	-	3	1	-	-	1	2	-	-
	中葉	姥山	-	10	11	-	2	4	1	-	7	5	-	1	4	1	-	-
	中葉	曽谷	-	1	2	1	-	-	-	-	-	3	-	-	-	3	-	-
	中葉	西広	-	2	5	-	-	-	-	-	5	0	-	-	-	-	-	-
	中葉	三宮	-	-	1	1	-	-	-	-	-	-	-	-	-	-	-	-
	末	西	-	-	2	-	-	-	2	-	-	-	-	-	-	1	-	-
		下太田	-	1	3	-	-	-	-	-	-	1	1	-	-	1	-	-
		西ヶ原二丁目	-	-	-	-	-	1	-	-	-	-	-	-	1	-	-	-
関西	後半	森ノ宮	-	-	2	-	-	-	-	-	-	-	-	-	-	-	-	-
中・四国	後葉	寄倉岩陰	-	-	30	14	-	-	34	10	-	3	-	7	-	9	-	5
	後半	豊松堂面	-	-	6	-	-	1	2	-	-	3	-	-	1	1	-	-
		中津	1	1	6	2	2	2	6	-	1	2	-	1	-	1	1	-
		羽島（貝殻塚）	-	-	-	-	-	1	-	-	1	-	-	-	1	-	-	-
九州	初頭	桑原飛櫛	-	2	1	-	-	-	-	-	1	-	-	-	-	-	-	-
	前葉	カキワラ	-	2	-	-	2	2	-	-	2	-	-	-	-	-	-	1
	中葉	沖の原	-	2	-	-	2	2	-	-	2	1	-	-	-	-	-	1
	中葉-後半	柊原	-	1	-	-	-	-	-	-	-	-	-	-	-	-	-	-
	後葉	草木洞穴	-	-	2	-	2	-	-	-	-	1	-	-	-	1	-	-
	末	御領	-	1	2	-	1	-	-	-	2	-	1	-	2	-	-	-
	末	大野	-	-	2	-	-	2	-	-	-	-	-	-	-	-	-	-

数値：抜歯歯種部分は本数、抜歯本数部分は個体数、対象：左右P1間完存個体

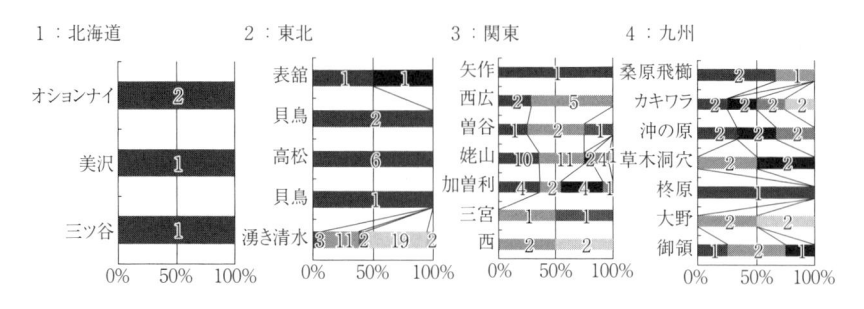

1：北海道　　　2：東北　　　　3：関東　　　　4：九州

■UI² ■UC ■UP ■LI₁ ■LI₂ ■LC ■LP

図18　地域別抜歯歯種の時間的変化（縄文後期）　　（数値＝本数）

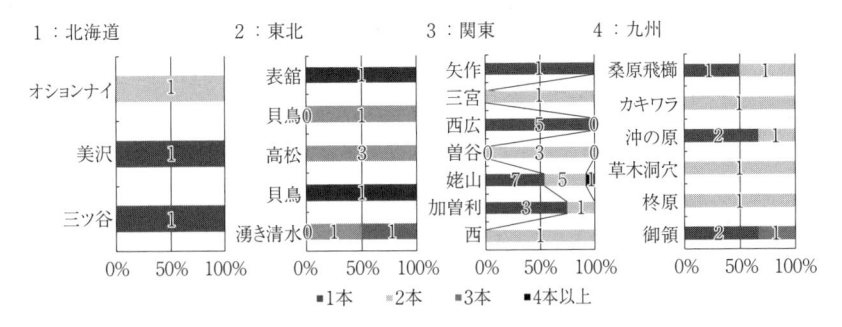

図19　地域別抜歯本数の時間的変化（縄文後期）　（数値＝個体数）

偏側性および両側性抜歯が大半であり、前段階の中期に比べ左右両側性抜歯の増加により抜歯本数自体の増加が見られる。また、中期に引き続き下顎切歯のみの抜歯も見られる。前段階においては上顎無抜歯個体の下顎抜歯タイプは切歯を1～2本抜歯するのが主流であったが、この時期になると犬歯も含め下顎歯を2本以上抜歯する個体が多く見られるようになる。ただし、上顎抜歯の不明な個体・上下顎ともに抜歯をしている個体など、全ての個体の下顎抜歯タイプを見ると、未だ下顎切歯1～2本の抜歯が主流である。

　一方で後期後葉になると上下顎ともに抜歯対象歯種は切歯に代わり、犬歯抜歯が主流になる。抜歯歯種の地域差に関しては、従来は後期の東日本で上顎犬歯抜歯が自生したという指摘がなされていたが（渡辺1969、木下1997）、後期は中期同様に時期により抜歯個体出土遺跡の地域的偏りが若干見られ、初頭あるいは前葉から中葉にかけて営まれる遺跡は東日本に偏っている。したがって、時期差を空間差として読みとったために、従来のような上顎犬歯抜歯の東日本自生が指摘されたと考えられる。ただし、後期末の熊本県御領貝塚で施行率が低く福岡県山鹿貝塚においては抜歯個体が見られない。今回の分析で積極的に東日本における上顎犬歯抜歯の自生を支持するデータは得られていないが、このような後期西日本の様相を見ると上顎犬歯が東日本で自生した可能性を否定するものではない。

　これ以外の遺跡に関しても、中期末・後期初頭の貝の花貝塚および中-後期の岩手県門前・岡山県西元浜遺跡に関しては、上下顎切歯を中心に抜歯している。一方で後期から晩期と推定される諸遺跡（新郷・亀山・宮・大明神）におい

表7 歯種別抜歯施行率（姥山貝塚）

年齢	性別	上顎数	抜歯顎数	上顎抜歯歯種 I²	C'	下顎数	抜歯顎数	下顎抜歯歯種 I₁	I₂	C
若年	男性	-	-	0 (0/2)	0 (0/2)	-	-	0 (0/2)	0 (0/2)	0 (0/2)
	女性	-	-	0 (0/2)	0 (0/2)	-	-	0 (0/2)	0 (0/2)	0 (0/2)
成年	男性	8	0	25.0 (9/36)	5.4 (2/37)	13	1	2.5 (1/40)	5.0 (2/40)	0 (0/40)
	女性	2	0	11.1 (2/18)	15.8 (3/19)	8	1	10.7 (3/28)	10.7 (3/28)	3.6 (1/28)
	不明	-	-	0 (0/4)	0 (0/4)	-	0	0 (0/2)	0 (0/2)	0 (0/2)
熟年	男性	4	1	37.5 (3/8)	57.1 (4/7)	8	4	0 (0/5)	0 (0/5)	0 (0/5)
	女性	1	1	9.1 (1/11)	54.5 (6/11)	3	2	25.0 (3/12)	16.7 (2/12)	8.3 (1/12)
成人	男性	-	-	0 (0/1)	0 (0/1)	-	-	-	-	-

顎数：左右 C 間完存個体のみ、％＝抜歯本数／観察本数、( ) 内：抜歯本数／観察本数

表8 年齢・性別間抜歯施行率有意検定結果（姥山貝塚）

		I²	C'	I₁	I₂	C
成年－熟年	男性					
	女性	*				
	total	*				
男性－女性	成年					
	熟年					
	total				*	

		上顎	下顎
成年－熟年	男性		
	女性		
	total	*	
男性－女性	成年		
	熟年		
	total		*

本数で検定、有意水準＊5％ ＊＊1％（表10も同様）　　個体数で検定

図20 歯種別抜歯施行率（姥山貝塚）

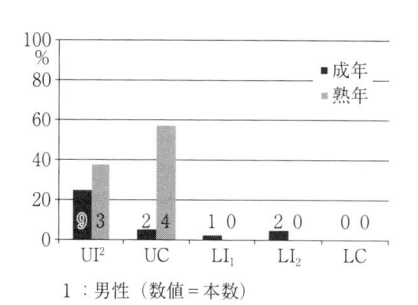

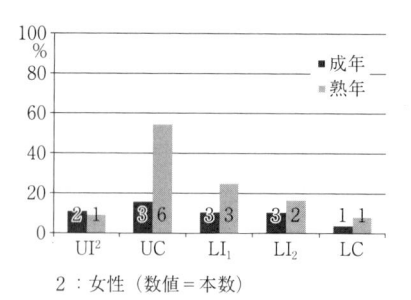

1：男性（数値＝本数）　UI², UC, LI₁, LI₂, LC：9/3, 2/4, 1/0, 2/0, 0/0

2：女性（数値＝本数）　UI², UC, LI₁, LI₂, LC：2/1, 3/6, 3/3, 3/2, 1/1

ては上・下顎犬歯および下顎切歯を抜歯する晩期と類似した様相である。その他の詳細な時期比定が困難な遺跡でも切歯のみられる遺跡（橋本囲・南境・宮本台・堀之内・中妻・新地・崎ヶ鼻・下山田・具志川島）と切歯に加え犬歯を抜歯する遺跡（葂内・帝釈猿神・脇岬・仲宗根）が見られる。

表9 歯種別抜歯施行率（後期中葉東京湾諸遺跡）

年齢	性別	上顎数	抜歯顎数	上顎抜歯歯種 I²	C'	下顎数	抜歯顎数	下顎抜歯歯種 I₁	I₂	C
成年	男性	10	8	32.0 (8/25)	19.2 (5/26)	12	1	0 (0/25)	3.8 (1/26)	0 (0/26)
	女性	3	3	14.3 (1/7)	42.9 (3/7)	5	3	10.0 (1/10)	10.0 (1/10)	10.0 (1/10)
熟年	男性	3	3	33.3 (2/6)	83.3 (5/6)	1	0	0 (0/3)	0 (0/3)	0 (0/3)
	女性	4	3	12.5 (1/8)	62.5 (5/8)	5	2	10.0 (1/10)	20.0 (2/10)	0 (0/10)

顎数：左右C間完存個体のみ、％＝抜歯本数／観察本数、( ) 内：抜歯本数／観察本数

表10 年齢・性別間抜歯施行率有意検定結果（後期中葉東京湾諸遺跡）

		I²	C'	I₁	I₂	LC			上顎	下顎
成年-熟年	男性		**				成年-熟年	男性		
	女性							女性		
	total							total		
男性-女性	成年						男性-女性	成年		*
	熟年							熟年		
	total							total		*

本数で検定　　　　　　　　　　　　　　　個体数で検定

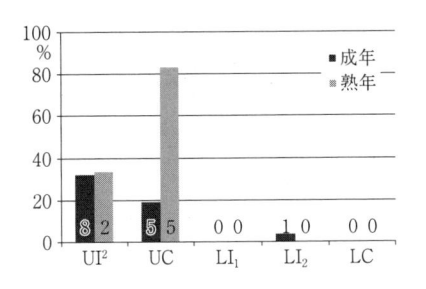

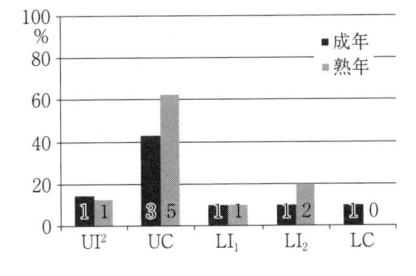

1：男性（数値＝本数）　　　　　　　2：女性（数値＝本数）
図21 歯種別抜歯施行率（縄文後期中葉東京湾の諸遺跡）

　施行年齢に関しては、中期末-後期中葉の姥山貝塚は成年層から熟年層で加齢に伴う抜歯施行率の増加が見られる（表7・表8・図20）。地理的にまとまっている東京湾沿岸の中葉の遺跡については、犬歯のみ加齢に伴う施行率の増加がみられる（表9・表10・図21）。一方で、後葉の帝釈寄倉遺跡出土個体に関しては、施行率の加齢に伴う増加傾向は見られず、未成人個体にも抜歯が認められる（表11・図22）。

表11 歯種別抜歯施行率（帝釈寄倉岩陰遺跡）

年齢	性別	サンプル数	上顎抜歯歯種 C'		P1		下顎抜歯歯種 C		P1	
若年	女性	1	100	(2/2)	0	(0/2)	100	(1/1)	0	(0/1)
	不明	1	−		−		0	(0/2)	0	(0/2)
成年	男性	11	100	(11/11)	33.3	(4/12)	85.7	(12/14)	28.6	(4/14)
	女性	8	100	(8/8)	100	(8/8)	100	(11/11)	36.4	(4/11)
	不明	1	−		−		0	(0/2)	0	(0/2)
熟年	男性	2	100	(2/2)	100	(2/2)	0	(0/2)	0	(0/2)
	女性	3	−		−		100	(4/4)	50.0	(2/4)
成人	女性	1	−		−		100	(2/2)	0	(0/2)

％＝抜歯本数／観察本数、（）内：抜歯本数／観察本数

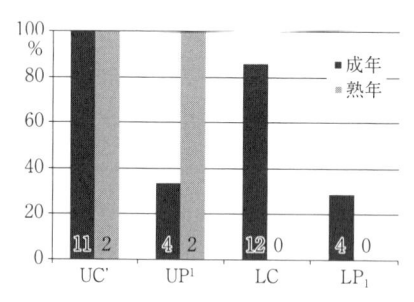

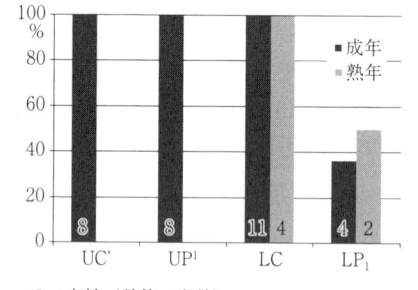

図22 歯種別抜歯施行率（帝釈寄倉岩陰遺跡）

したがって、抜歯歯種・施行率の分析結果をまとめると、抜歯歯種は時期が下るにつれ犬歯の抜歯施行率が増加し、後期後葉になると主要な抜歯対象歯種は犬歯が切歯に取って代わる。施行率も時期が下るにつれて増加し、後葉の段階には1遺跡内での抜歯施行率が高率化する。施行年齢に関しても、中葉に属する遺跡では全体的には加齢に伴い抜歯の施行率が増加するという現象がみられなくなる傾向にあり、後葉では成年層においてすでに熟年と同程度の割合で抜歯個体が見られる。

（2）姥山貝塚における抜歯風習の様相

後期に属する遺跡の中でも、抜歯観察可能個体が多く、遺跡内で抜歯風習の時間的な変化を明らかにしうる遺跡として姥山貝塚が挙げられる。以下にその様相について若干ふれたい。

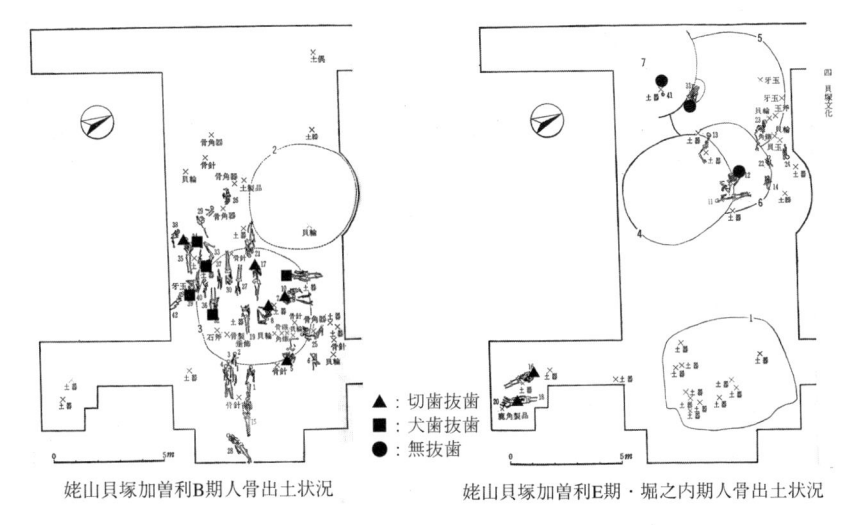

第 1 節　抜歯風習萌芽期から発展期における様相　　125

姥山貝塚加曽利B期人骨出土状況　　姥山貝塚加曽利E期・堀之内期人骨出土状況

▲：切歯抜歯
■：犬歯抜歯
●：無抜歯

図23　姥山貝塚時期別抜歯歯種出土状況（杉原・戸沢1971より引用加筆）

a）遺跡概要

　姥山貝塚は千葉県市川市に位置し、1909年以来数度にわたる調査が行われ、住居址や人骨が検出された大規模な馬蹄形貝塚遺跡である（杉原・戸沢1971；堀越2005など）。1926年の東京人類学会の発掘遠足会、1962年の明治大学考古学研究室による調査で多くの人骨が出土しているが、中でも1962年の調査において発掘されたM地点では、約8×20mという発掘区の範囲から42体という多数の人骨が出土している。これらの人骨は、出土位置や帰属時期に関する報告がなされており、出土した層位から加曽利E・堀之内期と加曽利B期の人骨に分けられる。以下出土状況の明らかなM地点出土人骨について、若干の分析を行いたい。

b）抜歯風習の時間的変容（図23）

　まず、加曽利E・堀之内期とされる人骨群と加曽利B期の人骨群における抜歯施行状況を見ると、無抜歯個体は加曽利E・堀之内期に帰属する個体である。また、抜歯の施行歯種を見ると、加曽利E・堀之内期においては上顎側切歯や犬歯を偏側的に抜歯している。一方で、加曽利B期には上顎側切歯抜歯に加え犬歯の両側性の抜歯が見られるようになり無抜歯個体も見られなくなる。この

傾向を裏づけるデータとして、姥山貝塚において、上顎犬歯抜歯個体で帰属時期の明らかな個体 6 体中 5 体が加曽利 B 期の個体であるという点が挙げられよう。これらの様相は、上記の縄文時代後期の諸遺跡の様相で見てきた全国的な傾向と合致するものである。

c）考古学的事象と抜歯の相関

　加曽利 E・堀之内期の個体群、加曽利 B 期の個体群ともに、抜歯歯種と頭位の相関や抜歯型式の空間的な偏りは見られない。

3　小　　結

　抜歯対象歯牙に関しては、山内氏以来（山内 1937）縄文時代前期から中期の西日本において見られる下顎切歯抜歯と中期末の東北地方で見られる側切歯抜歯とは別系統という、日本列島の萌芽期の抜歯風習を複数系統として捉える傾向が見られる（渡辺 1967：木下 1997）。しかし、本節の分析で見てきたとおり、前期の轟遺跡・中期の太田貝塚ともに上顎側切歯の抜歯も見られる。したがって、抜歯風習萌芽期においては上下顎切歯を対象に抜歯していたと言えよう。また、先行研究においては、後期の中頃から後半に抜歯歯種が変化するという指摘がなされてきており（春成 2002）、本分析ではさらに詳細な抜歯歯種の時期変化に関して分析結果を得ることができた。新たに明らかになった抜歯歯種の変容については以下の通りである。

　　①縄文時代後期の前葉までは、上下顎の切歯を中心とした抜歯が見られ、後期中葉には犬歯抜歯が半数を占め後葉以降になると、上下顎犬歯を中心とした抜歯が行われるようになる。
　　②後期前葉から中葉にかけて営まれた姥山貝塚では、1 遺跡内でこの主要抜歯対象歯種の時間的変容が観察できる。

　抜歯施行率に関しては、
　　①中期の太田貝塚や後期初頭から中葉の姥山貝塚においては低い。
　　②姥山貝塚においては、後期前葉（加曽利 E・堀之内期）には無抜歯個体が見られるものの後期中葉（加曽利 B 期）には抜歯個体のみが見られる。
　　③後期後葉の寄倉岩陰遺跡出土人骨に関してはこれまでの指摘通り、抜歯

施行率は高率であり、9割以上の個体に抜歯の施行が見られる。

さらに、施行年齢については、前期の抜歯施行年齢に関しては抜歯施行個体が少ないという資料上の制約から明らかにすることはできなかった。しかし、

①中期から後期中葉に関しては、成年から熟年期の間で加齢とともに抜歯施行個体が増加していることから、少なくとも成年期において抜歯が行われていたと推定できる。

②後期後葉には若年期に既に抜歯の施行が行われており、成年期から熟年で抜歯の施行率に増加が見られないという結果から、若年期に行われた抜歯の可能性が高いと推定できる。

以上のことから、抜歯歯種・施行率・施行年齢ともに後期中葉を境に変化しており、この時期に抜歯風習の画期が見られると言えよう。

では、次に抜歯風習の隆盛期である縄文時代晩期の様相についてみてみよう。

第2節　抜歯風習隆盛期における様相

本節では抜歯風習の隆盛期と考えられている縄文時代晩期の抜歯風習（渡辺1966）について、出土個体数が多く遺跡単位の分析が可能な遺跡を地域ごとに分析結果をまとめて提示していきたい。分析結果は、抜歯施行年齢に関連した分析結果・抜歯型式の区分原理に関する分析結果の順に提示し、最後に考古学的事象との相関についての分析結果を示す。この際、先行研究で抜歯施行儀礼の推定根拠となった上下顎抜歯の有無と年齢の相関および抜歯型式と年齢の相関を検討する。これらの個別地域の検討後に、最後の項においてこれまでの研究においていわれている当該期の抜歯風習の東西差（渡辺1966；春成1973）を確認するため、抜歯型式の東西差に関する分析を行う。

1　福島県三貫地貝塚

三貫地貝塚は福島県相馬郡新地町に位置する貝塚遺跡である。1952年の日本考古学協会による発掘調査と1954年の東京大学理学部人類学教室による調査の結果、縄文時代晩期に属する100体以上に上る人骨が出土しており、複数

表12 歯種別抜歯施行率(三貫地貝塚)

年齢	性別	サンプル数	上顎抜歯歯種 C'	P¹	下顎抜歯歯種 I_1	I_2	C	P_1
若年	女性	3	33.3 (2/6)	0 (0/6)	0 (0/3)	0 (0/4)	0 (0/3)	0 (0/3)
	不明	1	−	−	0 (0/2)	0 (0/2)	0 (0/2)	0 (0/2)
成年	男性	14	75.0 (9/12)	7.7 (1/13)	4.2 (1/24)	0 (0/24)	21.7 (5/23)	20.8 (5/24)
	女性	12	83.3 (10/12)	0 (0/12)	0 (0/20)	0 (0/20)	50.0 (10/20)	0 (0/18)
	不明	3	100 (4/4)	50.0 (2/4)	0 (0/2)	0 (0/2)	0 (0/2)	0 (0/2)
熟年	男性	4	100 (4/4)	0 (0/3)	16.7 (1/6)	16.7 (1/6)	33.3 (2/6)	0 (0/6)
	女性	5	100 (6/6)	0 (0/5)	12.5 (1/8)	12.5 (1/8)	80.0 (8/10)	20.0 (2/10)
	不明	2	50.0 (2/4)	0 (0/4)	−	−	−	−
成人	男性	3	100 (1/1)	0 (0/1)	25.0 (1/4)	0 (0/4)	50.0 (2/4)	25.0 (1/4)
	女性	2	100 (2/2)	100 (2/2)	0 (0/2)	0 (0/2)	0 (0/2)	0 (0/2)
	不明	1	−	−	0 (0/1)	0 (0/1)	−	0 (0/1)

%=抜歯本数/観察本数、( )内:抜歯本数/観察本数

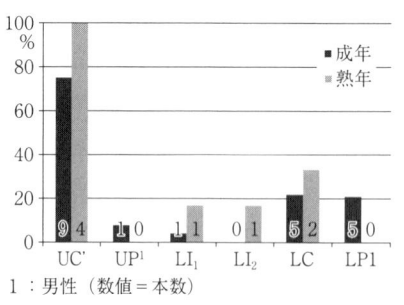

図24 歯種別抜歯施行率(三貫地貝塚)

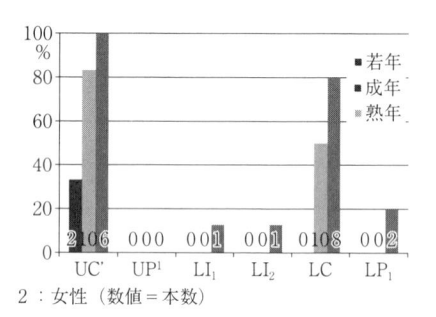

体の人骨を環状に配して埋葬した再葬墓も見られる(福島県立博物館 1988)。東日本の当該期古人骨資料としては、まれに見る個体数と保存状態であり、抜歯人骨も多く見られる。以下に三貫地貝塚出土人骨に見られる抜歯風習について分析を行う。分析に用いたのは、抜歯個体の見られる若年以上である。

(1) 施 行 年 齢

a) 抜歯の施行率・平均本数と年齢

①抜歯施行率　まず、歯種別の施行率を見る。上顎に関しては、男女ともに成年と熟年の間では大きな増加傾向は見られない(表12・図24)。下顎に関しても、男性・女性ともに全ての歯種で加齢に伴う有意な増加傾向は見られない。

②平均抜歯本数　次に抜歯個体の平均抜歯本数について見たい(表13)。個

表13 抜歯平均本数（三貫地貝塚）

年齢	性別	C'	P¹	I₁	I₂	C	P₁
若年	女性	2.00	0	—	—	—	—
成年	男性	2.00	0.25	0.25	0	1.25	1.25
	女性	2.00	0	0	0	2.00	0.00
	不明	2.00	1.00	—	—	—	—
熟年	男性	2.00	0	0.50	0.50	1.00	0.00
	女性	2.00	0	0	0	2.00	0.00
	不明	2.00	0	—	—	—	—

＊対象：上下顎左右P1間完存個体、数値＝抜歯本数／抜歯個体数

表14 抜歯と妊娠・出産痕（三貫地貝塚）

抜歯	上顎		下顎	
妊娠痕	有り	無し	有り	無し
有り	5	0	4	2
無し	0	0	0	0
計	5	0	4	2

数値＝個体数

体数が少ないため、若年に関しては参考程度に留めたい。上顎・下顎ともに、全ての歯種で加齢に伴う本数の増加傾向は見られない。

b）若年期における抜歯の施行状況

　若年個体は上顎3体・下顎2体の観察が可能である。上顎は15-20歳の女性個体に抜歯が見られる。一方で、下顎に抜歯をしている個体は見られない。但し、若年の下顎は個体数が2体と少なく、成人の下顎抜歯頻度は48.5％（33体中16体）とそれほど高くない。したがって、若年個体のサンプル数が少ないため、若年の下顎に抜歯が見られない可能性がある。

c）側方咬耗による抜歯年齢推定

　抜歯個体の側方咬耗の観察が可能であった個体は少ない。上顎犬歯は8本であり、うち3本に若干の側方咬耗が見られ、残りの5本には咬耗は見られない。下顎犬歯は4本の観察が可能であり、うち2本に若干の側方咬耗が見られ、残りの2本には咬耗は見られない。

d）妊娠・出産痕と抜歯の有無

　上顎・骨盤の両方が観察できた個体は、計6体であり、全ての個体に妊娠・出産痕が見られる（表14）。上顎の観察が可能な個体は、全て上顎抜歯がある。下顎に関しては、下顎抜歯のある個体と下顎無抜歯個体が両方見られる。

（2）抜歯型式

　三貫地貝塚においては上顎で単独で抜歯されている歯種は犬歯のみであり、小臼歯抜歯はいずれも犬歯に付属して抜歯されている（表15）。また、下顎に

表15 抜歯歯種の組み合わせ一覧(三貫地貝塚)

抜歯型式	若年	成年	熟年	成人	男性	女性	不明
─|─	1	1	─	─	─	2	─
C|C	─	4	─	─	3	1	─
C|CP¹	─	─	─	1	1	─	─
C|C 上／C|C 下	─	2	1	─	─	3	─
C|C 上／─|I₁I₂ 下	─	─	1	─	1	─	─
?|? 上／P₁C|I₁C 下	─	─	─	─	─	─	─
─|─ 上／?|? 下	1	1	1	─	1	1	1
C|C 上／?|? 下	1	3	2	─	1	3	2
C|C 上／C?|I₁I₂C 下	─	─	1	─	─	1	─
P¹C|CP¹	─	1	─	1	─	1	1
?|C	─	1	─	─	─	─	─
C|? 上／C|C 下	─	─	1	─	─	1	─
C|? 上／P₁C?|CP₁ 下	─	─	─	─	─	─	─
?|? 上／P₁C?|CP₁ 下	1	6	2	2	4	5	2
?|? 上／─|I₁ 下	─	1	─	─	1	─	─
?|? 上／C|C 下	─	3	1	─	1	3	─
?|? 上／─|CP₁ 下	─	1	─	─	1	─	─
?|? 上／P₁C|CP₁ 下	─	2	─	─	2	─	─
計	4	26	11	5	18	22	6

関しても、単独で抜歯されている歯種は犬歯または切歯であり、小臼歯抜歯は犬歯抜歯個体のみ抜歯されている。したがって、上下顎ともに小臼歯抜歯は単独で抜歯されず、犬歯抜歯個体に付属的に行われる抜歯である。

単独で出現する上下顎犬歯・下顎切歯抜歯の有無により上下顎抜歯型式を分類すると、複数個体見られるのは無抜歯、2C'／無抜歯、2C'／2C の 3 種である。さらに、それ以外にも、後述の愛知以西で多く見られる下顎の切歯を中心とした抜歯も 2 例見られる。三貫地貝塚においては、人骨の遺存状態による制約上、上下顎の揃っている個体数は少なく、上下顎両方ふくめて抜歯型式の設定を行うとサンプル数が非常に少なくなる。但し、成人全体の上顎犬歯抜歯は高率であり大半の個体で上顎犬歯抜歯を行っていたと言える。したがって、バリエーションの多く見られる下顎抜歯のうち、施行年齢の明らかな犬歯抜歯の有無を基軸としてO型・2C 型に分類する。これは春成分類のO型・2C 型に対応する。個体数が少ないことと抜歯施行年齢が不明なことから型式設定は行えな

第 2 節　抜歯風習隆盛期における様相　131

表16　抜歯型式と性別・年齢（三貫地貝塚）

下顎抜歯型式	若年	成年	熟年	成人	男性	女性	不明
O型	1	7	-	2	9	9	1
2C型	1	14	6	3	5	8	2
切歯系	-	1	2	-	2	1	-

数値＝個体数

いが、切歯を中心とした抜歯（1I$_1$、1I$_1$1I$_2$、I$_1$I$_2$2C）も見られこれを切歯系抜歯とする（表16）。この分類を元に、以下抜歯型式と様々な要素についての相関を見ていきたい。

a）抜歯と性別（図25）

下顎抜歯の観察が可能な個体中、既に抜歯を終えていたと考えられる成人以上の性別の明らかな33体を用いて抜歯と性別の関係に関して見た結果、抜歯系統と性別に相関は認められない。

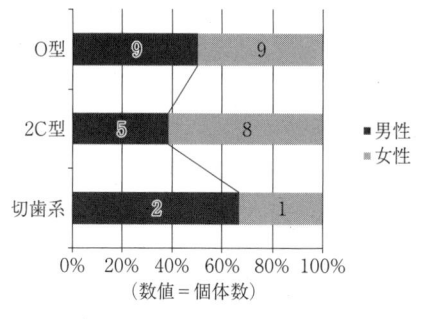

図25　各抜歯型式出土状況（三貫地貝塚）

b）抜歯とその他の抜歯歯種の相関

少数の個体にのみ見られる上下顎第1小臼歯抜歯に関しては、基本的に上顎第1小臼歯は上顎犬歯、下顎第1小臼歯は下顎犬歯に伴う。

c）葬送行為と抜歯型式

ⅰ）抜歯型式と空間分布　人骨の出土位置の明らかな1952年度発掘調査区内で、抜歯型式の空間分布を明らかにし、その後、別の墓群と考えられる1952年度発掘調査区と1954年度発掘調査区出土人骨との抜歯型式を比較したい。まず、1952年度発掘調査区において、下顎抜歯型式の空間的な偏りは見られず（図26）、下顎抜歯個体と下顎無抜歯個体がほぼ同数出土している。次に、1952年調査区出土個体と1954年調査区出土個体を比較すると、下顎抜歯型式に偏りが見られる（表17）。報告者である森氏は、1952年出土人骨を集骨を中心に小群に分けており、1954年度発掘調査においても鈴木尚氏によるいくつかの集骨に関する記述が見られることから、1952年度発掘調査において見られた集骨を中心とした墓群とは別の埋葬群が存在していた可能性を指摘し

ている (森 1988b)。この点について検討してみよう。1952年と1954年発掘調査区の正確な位置関係は不明であるが、1954年発掘調査日誌から推定すると、1954年調査区Ⅰ・Ⅱトレンチは1952年度調査区のBトレンチに近接して東西に設定されており、ⅢトレンチはAトレンチの東側に近接して南北に設置されている。また、日誌によるとⅠトレンチが「西より第1、2、3、4区」と設定されており、2区で1952年度Aトレンチの跡が発見されていることから、Ⅰトレンチ4・5区は、1952年度Aトレンチの東側に当たる（図27）。さらに、鈴木氏の「福島県相馬郡新地村駒ヶ嶺三貫地貝塚発掘人骨整理表」（鈴木 1988）をみるとⅠトレンチ2・3区からは人骨は出土していない。したがって、今回のサンプル個体中、1954年度発掘調査でⅠトレンチ4・5区およびⅢトレンチで出土した個体は1952年度Aトレンチ東側から出土した別埋葬群をなす個体群であると考えられる。これらの調査区出土人骨の下顎抜歯型式について年度別に比較すると、1952年調査区出土個体群は抜歯系個体が多く、1954年調査Ⅰトレンチ4・5区出土個体群は無抜歯系個体が大半である（表17）。各調査区の出土観察個体に関しては、年齢・性別の偏りはない（表18）。さらに、先の抜歯型式と性別の相関についての分析のところで明らかにしたように、抜歯型式と年齢（成年と熟年）・性別は相関が見られない。したがって、これらの調査区による抜歯型式の空間的な偏りは、年齢・性別の偏りに起因するものではない。

　また、1952年調査区は最低でも4つ（N・S・W・E群）の埋葬小群の存在が指摘されている（林 1977；森 1988a）。このうち、環状の集骨を中心に有し、近接するN群（図26左半分）・S群（図26右半分）に関しては、各群で抜歯型式あるいは大別・細別抜歯系統の偏りは見られない。さらに、N群・S群から5m南東に位置するE群と推定される1号人骨は上顎犬歯＋下顎切歯の抜歯個体である。

　したがって、N群・S群のように、明瞭な空閑地を持たず近接して営まれている埋葬小群に関しては、抜歯系統の差異は認められない。しかし、N群・S群と1954年Ⅰトレンチ4・5区出土個体群のように間に空閑地の存在が想定されるような埋葬群に関しては、下顎抜歯系統に差異が見られる。E群より出

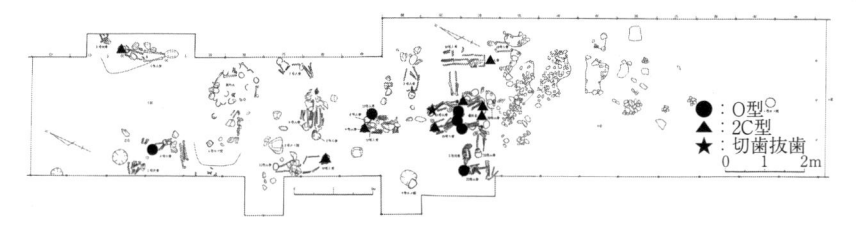

第 2 節　抜歯風習隆盛期における様相　133

図26　抜歯型式遺跡内出土状況（三貫地貝塚）（福島県立博 1988 より引用加筆）

●：O型
▲：2C型
★：切歯抜歯

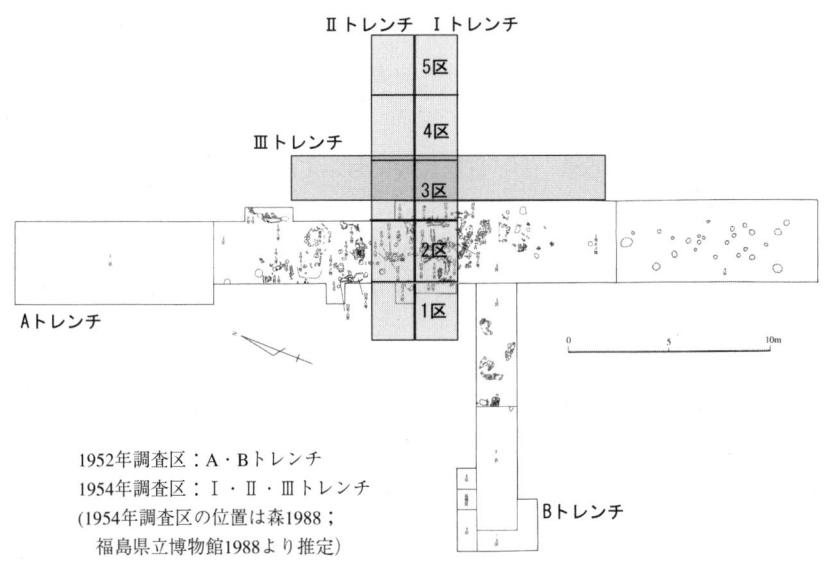

図27　三貫地貝塚調査区推定図（福島県立博 1988 より引用加筆）

1952年調査区：A・Bトレンチ
1954年調査区：Ⅰ・Ⅱ・Ⅲトレンチ
(1954年調査区の位置は森1988；
　福島県立博物館1988より推定)

表17　調査年度と抜歯型式（三貫地貝塚）

調査年度 下顎抜歯	1952	1954
無し	7	9
2C系	10	0
切歯系	2	1

数値＝個体数

表18　調査年度と出土個体性別（三貫地貝塚）

調査年度 性別	1952	1954
女性	13	6
男性	10	9
計	23	15

数値＝個体数

土している切歯を抜歯している1号人骨に関しても、異なる地点に異なる抜歯歯種の個体が埋葬されていた可能性を示すものかもしれない。

　ⅱ）副葬品と抜歯型式　　副葬品を有する個体は1952年に発掘された23号の髪飾り・腰飾のみであり、この個体は上顎犬歯のみを抜歯している。ただし、三貫地貝塚においては先述の通り、1952年の調査個体の一部および1954年調査出土個体に関しては出土状況等の情報が無く、副葬品を伴う個体が、この1体のみであったかどうかは不明である。

　ⅲ）抜歯型式と頭位方向　　頭位方向の判明している1952年度発掘調査区出土人骨に見られる頭位は4方向あり、抜歯型式・歯種との相関は見られない（表19）。

　ⅳ）抜歯型式と埋葬形態　　三貫地貝塚においては多数個体の集骨例が見られ、それらの下顎抜歯型式は表20の通りである。出土状況の明らかなB集積に関しては、O型・2C型の両方が見られる。出土状況の不明なCGR集積に関しては、無抜歯個体が多く見られる。

　（3）分析結果とその検討：三貫地貝塚
a）施行年齢
　施行年齢に関する分析結果は以下の通りである。
　　①上顎下顎ともにすべての歯種で施行率の加齢に伴う有意な増加傾向は見られない。
　　②平均抜歯本数は上顎・下顎ともに、全ての歯種で加齢に伴う本数の増加傾向は見られない。
　　③上顎は15-20歳の女性個体に抜歯が見られる。一方で、下顎に抜歯をしている個体は見られない。
　　④上下顎犬歯の隣接歯のうち約半数に若干咬耗が見られる。
　　⑤妊娠・出産痕の見られる個体は全て上顎抜歯をしており、下顎は2C型・O型の両方である。
以上の結果を総合すると、抜歯施行率の加齢変化および抜歯隣接歯の側方咬耗の状況から上下顎の犬歯に関しては若年で抜歯を行っていた可能性が高い。

同時期の宮城県前浜貝塚や久保ノ作洞窟遺跡の10代中頃の個体に見られる上顎犬歯・下顎切歯・犬歯抜歯の存在は、三貫地貝塚の抜歯施行年齢に関する分析結果を裏づけるものであろう。その他の歯種に関しても抜歯施行率の有意な増加は見られないが、抜歯施行率自体が極端に低いため施行率の加齢変化に基づく施行率の推定は困難である。

表19 抜歯型式と頭位方向（三貫地貝塚）

頭位 下顎抜歯	北	北東	南東	北西
無し	—	—	—	2
2C系	2	—	3	1
切歯系	—	1	—	1

数値＝個体数

表20 抜歯型式と集骨（三貫地貝塚）

集骨 下顎抜歯	B号	CGR
無し	3	5
2C系	3	1
切歯系	—	1

数値＝個体数

b）抜歯型式

抜歯型式に関する分析結果は以下の通りである。

　①抜歯は下顎犬歯の有無を基軸に2C型、O型に分類される。

　②抜歯型式と性別に相関は認められない。

　③抜歯型式・下顎抜歯歯種は出土地点により偏る可能性がある。

　④頭位方向と抜歯型式・下顎抜歯歯種との相関は見られない。

　⑤多数個体の集骨例では2C型、O型の両方が見られる。

以上のように、抜歯型式・下顎抜歯歯種は墓域において空間的な偏りが見られる可能性が考えられる。一方で、副葬品や頭位といった考古学的事象との相関は見られない。

2　愛知県南部の諸遺跡

対象遺跡は、先学の研究資料としても用いられており、春成仮説構築の際に資料として用いられた、縄文時代晩期に属する愛知県渥美半島の吉胡貝塚・稲荷山貝塚・保美貝塚および伊川津貝塚である。

分析には、一部小児個体も含まれる。各遺跡の年齢・性別の個体数は表21の通りである。

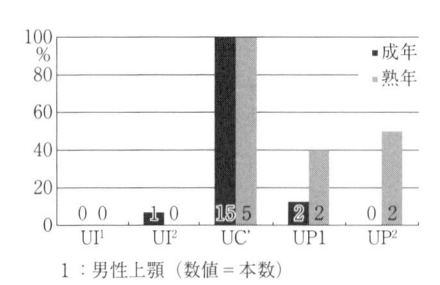

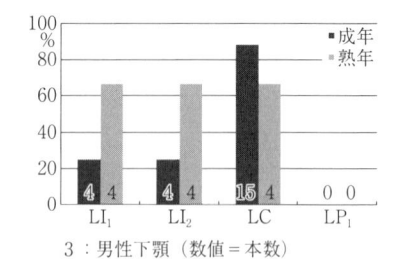

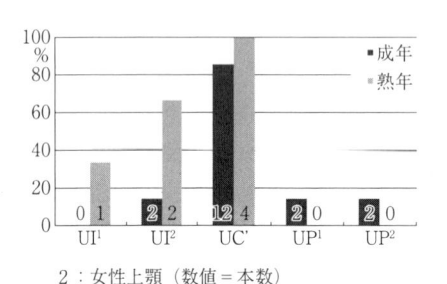

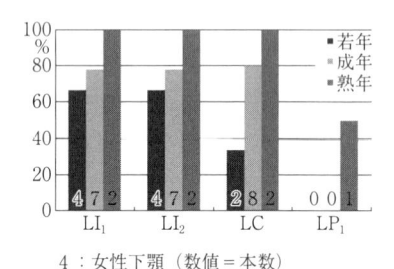

136　第Ⅲ章　縄文時代における抜歯風習

図28　歯種別抜歯施行率（稲荷山貝塚）（データは全て表21による以下図31まで同様）

1：男性上顎（数値＝本数）
3：男性下顎（数値＝本数）
2：女性上顎（数値＝本数）
4：女性下顎（数値＝本数）

（1）施　行　年　齢

a）抜歯施行率と平均本数

ⅰ）稲荷山貝塚

①抜歯施行率　　上顎の歯種ごとの施行率を各年齢層間で比較すると（図28）、男女ともにいずれの歯種においても成年と熟年層間で有意な増加は見られない。下顎の歯種ごとの施行率に関しては、若年は個体数が少なく参考程度であり、成年-熟年間でいずれの歯種も有意な施行率の増加傾向は見られない。施行個体が1体のみの上顎中切歯抜歯は別として、成年以降の個体にのみ見られる上顎側切歯・上顎第1・第2小臼歯抜歯は、成年時の施行率が10-20％前後である。したがって、上顎のサンプル個体数が少ないため若年ではこれらの歯種の抜歯が見られなかった可能性もある。一方で熟年以降に見られる下顎第1小臼歯抜歯の熟年時の施行率は男女あわせると25％であり、若年において抜歯しているならば、若年サンプル個体中に出現可能な頻度であり、成年以降に抜歯された可能性が高い。

第2節　抜歯風習隆盛期における様相　137

表21　歯種別抜歯施行率（稲荷山貝塚・吉胡貝塚・保美貝塚・伊川津貝塚）

*%＝抜歯本数／観察可能本数＊100、（ ）内：抜歯本数／観察可能本数，稲荷山の熟年女性のみ3本中1本にUI1抜歯有り

②平均本数　次に抜歯個体の平均抜歯本数について各年齢層間で比較を行う（表22）。上・下顎ともに、若年と熟年の個体数が少ないため参考程度である。平均本数の合計を見ると、上顎は成年-熟年で大きな増加傾向は見られないが、下顎は成年と熟年間で増加が見られる。次に、歯種別に平均本数を見ると、上顎に関しては、側切歯・犬歯・第1・第2小臼歯抜歯ともに成年と熟年間で大きな増加傾向は見られない。下顎に関しては、若年と成年間では中切歯・側切歯・犬歯抜歯ともに大きな増加傾向は見られない。成年と熟年間では、男女合わせて男性の小臼歯を除く全ての歯種で増加傾向がみられるが、熟年個体数が少ないため値が偏っている可能性が高い。参考までに熟年全体の値をみると、各歯種ともに成年と熟年間で大きな増加傾向は見られない。

ⅱ）吉胡貝塚

①抜歯施行率　まず、歯種別に各年齢層間の施行率を比較する（表21・図29）。上顎の歯種ごとの施行率を比較すると、女性では若年-成年間で第1小臼歯抜歯の施行率に有意な増加が見られる。上顎小臼歯抜歯は、いずれも若年では施行個体はない。男性に関しては、若年-成年間で犬歯の施行率に有意な増加が見られる。下顎の歯種ごとに各年齢層間の施行率を比較すると、女性に関しては、中切歯・側切歯抜歯の施行率は若年-成年間で増加する。男性に関しては犬歯の施行率は、若年-成年間で増加する。第1小臼歯抜歯は、若年では施行個体は見られない。

成年以降に見られる抜歯歯種に上顎第1・第2小臼歯・下顎第1・第2小臼歯がある。成年女性の上顎第1小臼歯抜歯に関しては、本数で見ると37.1%であり、若年で抜歯の施行を開始していれば、若年女性個体（5体）においてもこの歯種の抜歯個体が出現する可能性が高い。しかし、若年女性個体にこの歯種の抜歯が見られないことから、成年以降に行われた可能性が高い。

②平均抜歯本数　次に抜歯個体の平均抜歯本数の年齢層間比較を行う（表23）。若年男性の個体数が少ないため、若年は若年全体を用いて成年との比較を行う。合計本数では、上顎に関しては、男性においては各年齢層を通じてほぼ一定の値である。女性では若年-成年間で増加傾向が見られる。下顎に関しては、女性では若年-成年間で増加傾向が見られ、男性は成年と熟年間で増加

表22 抜歯平均本数（稲荷山貝塚）

1：上顎

年齢	性別	サンプル数	I^2	C	P^1	P^2	計
若年	女性	2	0	2.00	0	0	2.00
成年	男性	5	0	2.00	0	0	2.00
	女性	5	0.40	2.00	0.40	0.40	3.20
熟年	男性	2	0	1.00	1.00	1.00	3.00
	女性	1	1.00	2.00	0	0	3.00
	全体	3	0.33	0.33	0.67	0.67	3.00

2：下顎

年齢	性別	サンプル数	I_1	I_2	C	P_1	計
若年	全体	4	1.00	1.00	1.25	0	3.25
成年	男性	8	0.50	0.50	1.75	0	2.75
	女性	5	1.20	1.20	1.60	0	4.00
熟年	男性	3	1.33	1.33	1.33	0	3.99
	女性	1	2.00	2.00	2.00	1.00	7.00
	全体	4	1.50	1.50	1.50	1.00	5.50

対象：上下顎左右 P^1 間完存個体
数値：抜歯本数／抜歯個体数（以下表25まで同）

表23 抜歯平均本数（吉胡貝塚）

1：上顎

年齢	性別	サンプル数	I^2	C'	P^1	P^2	計
若年	全体	5	0.20	2.00	0	0	2.20
成年	男性	16	0.13	2.00	0.31	0.06	2.50
	女性	12	0.25	1.92	0.92	0	3.09
熟年	男性	9	0	2.00	0.56	0.11	2.67
	女性	5	0	2.00	0	0	2.00

2：下顎

年齢	性別	サンプル数	I_1	I_2	C	P_1	P_2	計
若年	全体	6	1.14	1.29	0.86	0	0	3.29
成年	男性	25	1.24	1.20	0.88	0.16	0.04	3.52
	女性	18	1.50	1.28	1.33	0	0	4.11
熟年	男性	16	1.50	1.25	1.00	0.31	0.66	4.72
	女性	7	1.14	0.86	1.43	0.00	0	3.43

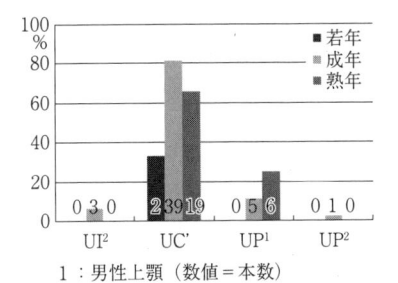

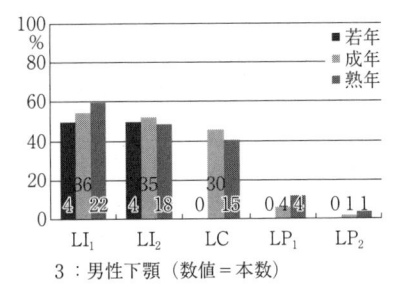

図29 歯種別抜歯施行率（吉胡貝塚）

1：男性上顎（数値＝本数）
2：女性上顎（数値＝本数）
3：男性下顎（数値＝本数）
4：女性下顎（数値＝本数）

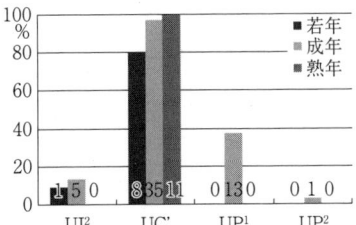

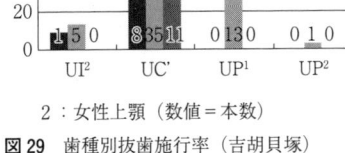

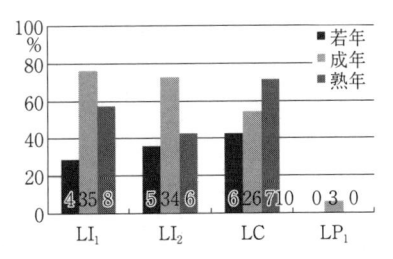

表24 抜歯平均本数（保美貝塚）

1：上顎

年齢	性別	サンプル数	I²	C'	P¹	計
若年	女性	1	0	2.00	0	2.00
成年	男性	8	0.38	2.00	0.44	2.82
	女性	1	0	2.00	0	2.00
熟年	男性	2	0.50	2.00	0	2.50
	女性	4	0	2.00	0.50	2.50

2：下顎

年齢	性別	サンプル数	I₁	I₂	C	P₁	計
若年	全体	3	2.00	2.00	0	0	4.00
成年	男性	15	0.73	0.60	1.60	0.53	3.46
	女性	6	2.00	2.00	1.00	0	5.00
熟年	男性	4	0.50	0.50	1.50	1.00	3.50
	女性	6	1.33	1.50	1.00	0.67	4.50

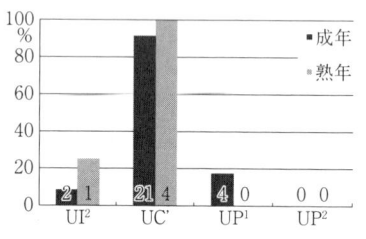

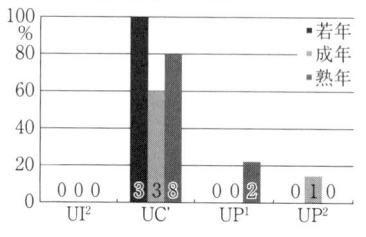

1：男性上顎（数値＝本数）

3：男性下顎（数値＝本数）

2：女性上顎（数値＝本数）

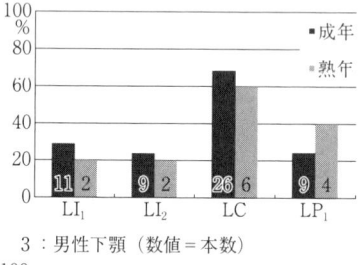

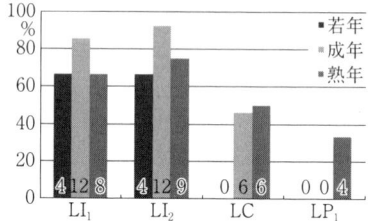

4：女性下顎（数値＝本数）

図30 歯種別抜歯施行率（保美貝塚）

傾向が見られる。歯種別に見ると、女性の上顎若年-成年間と男性の下顎成年-熟年間の抜歯本数増加にはそれぞれ小臼歯抜歯が寄与しており、女性の下顎若年-成年間の抜歯本数増加には下顎犬歯が寄与している。

iii）保美貝塚

①抜歯施行率　上顎歯種ごとの各年齢層間における施行率を比較すると（図30）、下顎犬歯の若年-成年間を除くと施行率の有意な増加は見られない。上顎側切歯・第1・第2小臼歯と下顎犬歯・第1小臼歯抜歯は若年個体では見られず成年以降に見られるが、若年のサンプル個体数が少ないため（上顎2体；下顎4体）、これらの歯種の抜歯個体がサンプル中に出現していない可能性も考

表25 抜歯平均本数（伊川津貝塚）

1：上顎

年齢	性別	サンプル数	I^2	C'	P^1	計
若年	女性	1	0	2.00	0	2.00
成年	男性	8	0	2.00	1.00	3.00
	女性	11	0	2.00	0.36	2.36
熟年	男性	3	0	1.67	0.67	2.34
	女性	5	0.40	2.00	0.80	3.20

2：下顎

年齢	性別	サンプル数	I_1	I_2	C	P_1	計
若年	男性	2	1.00	0	2.00	0	3.00
	女性	1	2.00	2.00	0	0	4.00
成年	男性	11	1.00	1.00	0.82	0.27	3.09
	女性	8	1.25	1.25	1.25	0	3.75
熟年	男性	6	0.67	0.83	1.33	0.33	3.16
	女性	5	1.20	0.80	1.60	0.20	3.80

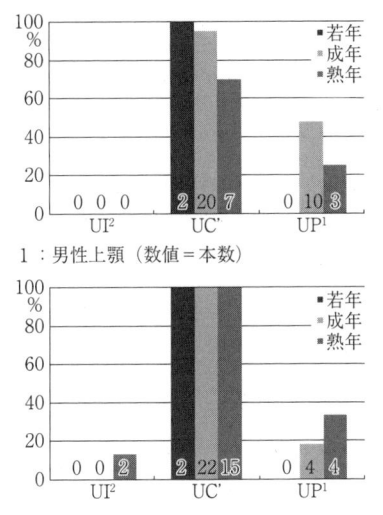

1：男性上顎（数値＝本数）

2：女性上顎（数値＝本数）

3：男性下顎（数値＝本数）

4：女性下顎（数値＝本数）

図31 歯種別抜歯施行率（伊川津貝塚）

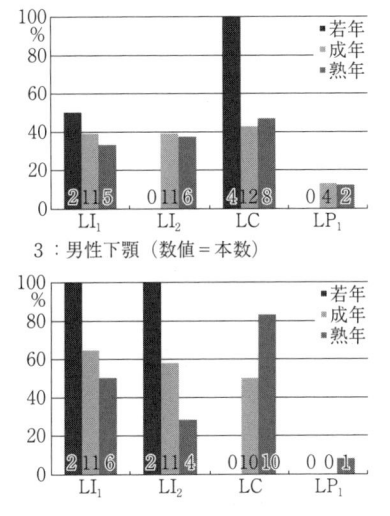

えられる。

②平均抜歯本数　次に抜歯個体の平均抜歯本数の年齢層間比較を行う（表24）。若年はサンプル個体数が少ないため性別で分けず一括で比較を行う。また、上顎に関しては成年・熟年ともに性別の偏りが大きいため、データは参考程度である。合計本数を見てみると、上顎は、成年-熟年間でほぼ一定の値である。下顎は男性・女性ともに、成年-熟年間でほぼ一定の値であるが、若年と成年女性間で増加がみられる。歯種別に平均本数を比較するとこの増加には

下顎犬歯が寄与していると考えられる。

　ⅳ）伊川津貝塚

　①抜歯施行率　　上下顎の歯種ごとの施行率を各年齢層間で比較すると（図31）、いずれの歯種ともに施行率の有意な増加は見られない。また、上顎側切歯・第1・第2小臼歯と下顎切歯・第1小臼歯抜歯は若年個体では見られず成年以降に見られるが、若年のサンプル個体数が少ないため、これらの歯種の抜歯個体がサンプル中に出現していない可能性も考えられる。

　②平均抜歯本数　　抜歯個体の平均抜歯本数の年齢層間比較を行う（表25）。若年データは個体数が少なく参考程度である。合計本数を見てみると、女性上顎の成年－熟年間で増加が見られる。歯種別に検討すると、この増加には上顎側切歯・第1小臼歯抜歯が寄与していると考えられる。

　ⅴ）小結：施行率と平均本数について

　以上、4遺跡における施行率の変化をまとめると、成年－熟年間に関してはいずれの歯種においても施行頻度に加齢に伴う増加は見られない。平均本数は稲荷山男性の下顎中切歯・側切歯および吉胡男性下顎第1小臼歯、伊川津女性上顎側切歯・第1小臼歯で増加が見られる。

　一方で、若年から成年層に関しては、吉胡貝塚のみ複数の歯種で増加傾向が見られる（男性上下顎犬歯、女性上顎第1小臼歯・下顎中切歯・側切歯）。このうち上顎第1小臼歯に関しては若年では見られない。

　また、4遺跡ともに上顎側切歯・上顎・下顎の第1・第2小臼歯は成年以降の個体でのみ見られるが、遺跡ごとで見ると吉胡貝塚の上顎第1小臼歯以外は、若年個体のサンプル数が少ないため若年個体においてこれらの歯種の抜歯が見られなかった可能性も考え得る。しかし、4遺跡の若年個体数をあわせると、上顎14体・下顎21体にのぼる。若年個体に見られない抜歯歯種の中でもどの遺跡の成年個体群でも最低10％は見られる上顎第1小臼歯抜歯が見られないのは確率的に不自然である。したがって、上顎第1小臼歯抜歯は、成年期以降に抜歯された、もしくは若年期に抜歯する個体も存在していたが、ごく少数であった、と考えられる。

上顎犬歯

	10	11	12	13	14	15	16	17	18	19
稲荷山貝塚				○	●					
吉胡貝塚		○ ○	●		○		●	● ● ○	● ●	○
保美貝塚				(○)					● ●	
伊川津貝塚				●	●				● ●	●

下顎中切歯・側切歯・犬歯

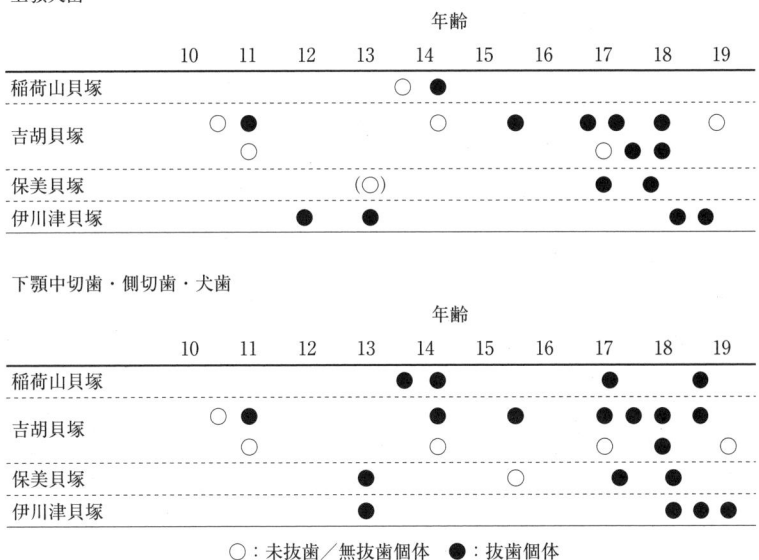

	10	11	12	13	14	15	16	17	18	19
稲荷山貝塚					● ●			●		●
吉胡貝塚		○ ○	●		○			● ○	● ●	○
保美貝塚				●		○			●	
伊川津貝塚				●					● ●	● ●

○：未抜歯／無抜歯個体　●：抜歯個体

図32　小児・若年抜歯施行状況（4遺跡全体）

b）若年期における抜歯の施行状況

　抜歯の施行期と考えられる若年期において、抜歯の有無をまとめた（図32）。さらに、吉胡貝塚に関しては、若年に先行し、乳歯がほぼ抜け永久歯列の完成間近である10-12歳の個体に関しても観察が可能であったため、参考データとしてあげている。吉胡・伊川津貝塚の小児例を除くと、4遺跡ともに、およそ13-15歳の個体から抜歯が見られ、上顎と下顎で抜歯の開始年齢に差が見られない。加えて下顎のみの抜歯個体も見られる（京大稲荷山3号：図33）。この個体は下顎右犬歯のみを抜歯しており、他の歯種に抜歯は認められない。これに関しては、愛知県4遺跡においては後出の津雲貝塚のように上顎無抜歯で下顎犬歯のみ抜歯する個体は見られないことから、服部氏の論に見られる下顎から抜歯している事例の類例である可能性が考えられる。下顎のみの抜歯個体も見られる。吉胡貝塚の17-19歳の個体（京大吉胡111号）の下顎切歯4本全てが抜歯されており、抜歯後歯槽窩の骨充填が最終段階に入り、骨表面に歯槽窩の円状の痕跡を留めている状態が見られる（図34）。

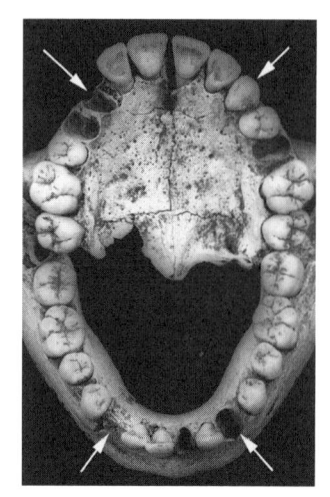

図33 下顎抜歯先行例（稲荷山3号咬合面観）（矢印：犬歯部位）

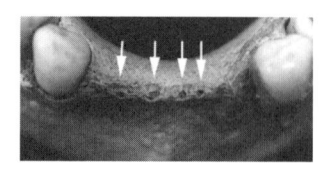

図34 下顎切歯抜歯後歯槽窩埋没途中例（吉胡111号咬合面観）（矢印：抜歯部位）

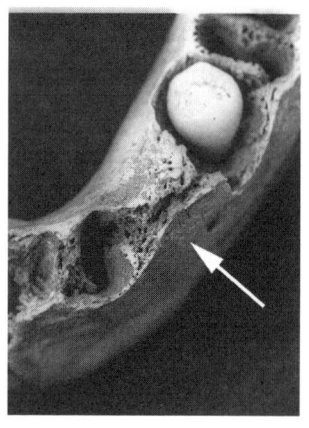

図35 小児抜歯事例（吉胡44号咬合面観）（矢印：抜歯部位）

上述の吉胡貝塚の10-12歳で抜歯の見られる個体（京大吉胡44号）（図35）に関しては、上顎の犬歯と下顎の左犬歯・第1小臼歯を抜歯している。また、これとほぼ同年齢の伊川津貝塚の12歳前後の個体（科博伊川津2、18、48-1号）においても抜歯の施行が認められる。

若年という年齢上、性別不明の個体が多く含まれることから、抜歯を始める年齢に性差があるかどうかは不明である。

以上の点から、早い個体では10-12歳遅い個体では10代末で抜歯しているものの、平均的抜歯施行境界年齢に関しては上下顎ともにおおよそ13-16歳であり、これは先学の指摘にある思春期（宮本1925；清野・金高1929；渡辺1967）のうち思春期中期にあたる。

c）側方咬耗による抜歯年齢推定

側方咬耗を用いた抜歯施行年齢の推定に関しては、大多和利明氏によりその有用性が指摘されている（大多和1983）。氏は14歳8ヶ月の現代人の小臼歯に側方咬耗が見られ、弥生時代広田遺跡出土人骨の抜歯隣接歯にはほとんど咬耗が見られない点を指摘し、歯根未完成時における抜歯の容易さと併せて、広田遺跡の抜歯施行年齢が10-14歳であったと結論付けている。本論ではこれに従い、まず、分析対象個体群のうち10代-20代の個体群を用いて、縄文時代晩期個体群の抜歯対象歯である前歯部において、どの年齢から側方咬耗が見られるようになるかを検討する。その後、抜歯された歯の隣接歯に

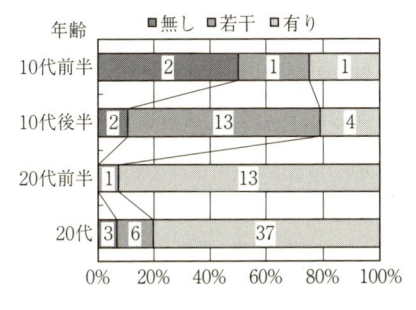

第2節　抜歯風習隆盛期における様相　145

1：側方咬耗の加齢変化
図36　抜歯隣接歯の側方咬耗（4遺跡全体）

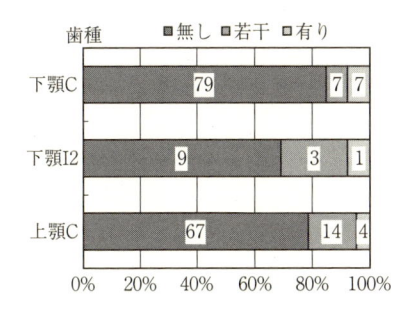

2：抜歯隣接歯の側方咬耗
（数値＝本数）

おける側方咬耗の観察を行い、その有無から各抜歯がどの年齢で行われたかについて検討を行う。

　縄文時代晩期人骨に見られる側方咬耗については、10代後半の個体群の前歯で、観察歯の9割に側方咬耗が認められる（図36-1）。上顎犬歯・下顎中切歯・下顎側切歯・下顎犬歯は、4遺跡で抜歯の施行率・平均本数の変化の傾向に大きな差異が見られず、観察可能な歯数自体も少ないことから、4遺跡のデータをまとめて分析を行っている（図36-2）。上顎犬歯抜歯の隣接歯に関しては、8割の歯牙に側方咬耗が見られない。下顎犬歯抜歯の隣接歯に関しては、8割の隣接歯牙に側方咬耗が見られず、下顎側切歯抜歯に関しても8割の隣接歯牙に側方咬耗が見られない。

　したがって、側方咬耗から見る限り、これらの上顎犬歯・下顎側切歯・犬歯の大半は、未だ歯牙の側面に咬耗の見られない10代で、抜歯の施行が行われた可能性が高い。これ以外の歯種に関してはサンプル歯数が少ないため、具体的な傾向を指摘することはできない。

d）妊娠・出産痕と抜歯の有無

　i）稲荷山貝塚　　上顎抜歯・下顎抜歯と妊娠・出産痕の有無の関係を見てみる（表26）。妊娠・出産痕の見られる個体は、全て上下顎の抜歯を有する個体である。妊娠・出産痕の見られない個体で、下顎抜歯を持つ個体が2体存在

表26　抜歯と妊娠・出産痕（稲荷山貝塚）

抜歯 妊娠痕	上顎 有り	上顎 無し	下顎 有り	下顎 無し
有り	5	0	4	0
無し	1	0	2	0
計	6	0	6	0

数値＝個体数

表27 抜歯と妊娠・出産痕（吉胡貝塚）

抜歯 妊娠痕	上顎 有り	上顎 無し	下顎 有り	下顎 無し
有り	21	1	23	1
無し	1	0	2	0
計	22	1	25	1

数値＝個体数

するが、うち1体は13-15歳である。なお、妊娠・出産痕の見られる最年少個体は17-22歳である。

ⅱ）吉胡貝塚　　上顎抜歯・下顎抜歯と妊娠・出産痕の有無の関係を見てみる（表27）。妊娠・出産痕の見られる個体、即ち妊娠・出産経験のある個体は、基本的に上・下顎の抜歯を有する個体であるが、1体のみ上・下顎ともに無抜歯の個体が存在する。また、妊娠・出産痕の見られない個体で、下顎左右犬歯抜歯を持つ個体が存在する。したがって、上・下顎の抜歯を行わずに妊娠・出産を経験した可能性が高い個体と、下顎抜歯を行っているが妊娠・出産経験はない可能性が高い個体が存在していたと言える。さらに、参考データではあるが、下顎の抜歯対象歯列が完全に遺存していないため抜歯本数分析のサンプルに含んでいない女性個体で、下顎抜歯を行っていない可能性が高く妊娠出産を経験している個体が存在する（京大吉胡98号）。この女性個体は、抜歯対象歯牙の内、下顎の右側切歯から左第2小臼歯までが遺存しており、この遺存している歯列部分に抜歯の痕跡は見られない。吉胡貝塚の女性個体に下顎片側犬歯のみの抜歯が見られないことから、この個体は下顎無抜歯の可能性が非常に高いが、妊娠・出産痕がみられる。なお、妊娠・出産痕の見られる最年少個体は17-19歳の個体である。

ⅲ）保美貝塚　　保美貝塚の妊娠・出産痕に関しては、良好なデータが得られなかった。観察可能であった個体のうち、妊娠・出産痕の見られない個体が2体存在し、そのうち14-17歳の個体は下顎無抜歯であり、もう1体の熟年個体は下顎に抜歯が見られる。

e）副葬品・叉状研歯に見られる年齢区分

　縄文時代後晩期における成人の重要な副葬品として、鹿角製腰飾がある。今回抜歯の分析に用いた遺跡のうち腰飾が出土しており、副葬品と人骨との対応関係が明らかな遺跡は稲荷山貝塚・吉胡貝塚である（清野1949・1969）。したがって、両貝塚出土人骨を用いて副葬品と年齢の関係を見ていこう。吉胡貝塚からは鹿角製腰飾が26点出土している。このうち乳児を入れた埋設土器内か

表28 上下顎抜歯の有無と年齢・性別（4遺跡全体）

抜歯の有無	若年	成年	熟年	成人	男性	女性	不明
無し / 無し	2	3	2	—	6	1	—
無し / 有り	3	2	3	1	5	2	2
有り / 無し	—	2	1	—	3	—	—
有り / 有り	11	81	35	8	72	59	4

＊抜歯の有無：上段＝上顎、下段＝下顎　　数値＝個体数

ら出土した事例が1例見られるが、これに関しては清野氏によると、口縁部を上にして埋設されており、恒久的な蓋の役割をするようなものは遺存しておらず、土器内から出土した遺物に関しては偶然のものか、本来副葬されていたものか不明である（清野 1949）。したがって、この事例に関しては除外しておく。残りの鹿角製腰飾の出土例25点を伴う個体（24体）中、最も若い個体は92号（K352）、10代後半の女性個体である。さらに、その他の副葬品に関しても年齢の判明しているものは全て成人以上である。年齢の不明な個体に関しても、性別の判定可能な個体であり（清野 1969）、少なくとも思春期を迎えた後の10代中頃以上の個体であったと推定できよう。また、稲荷山貝塚に関しては、貝輪・腰飾などの副葬品を有する個体3体中、最も若い個体は10代前半である。一方で、叉状研歯を有する個体は縄文時代晩期西日本において28例が報告されている（春成 1989）。これらの個体のうち最も若い個体は15-16歳の若年個体である。したがって、叉状研歯の施行や副葬品の年齢の画期として、10代中頃という年齢が上げられよう。

f）上下顎抜歯の有無と加齢変化：先行研究（春成 1973）の分析結果再検討

　縄文晩期抜歯風習の集落出自論の基礎となる成人・婚姻儀礼仮説の根拠となる人類学的データは上顎のみの抜歯が比較的若い年齢層に偏るという点である（春成 1973）。したがって本項では、抜歯施行年齢の直接的推定には結びつかないが、先行研究再検討のため上下顎抜歯の有無および抜歯歯種の組み合わせと年齢の相関について検討を行う。

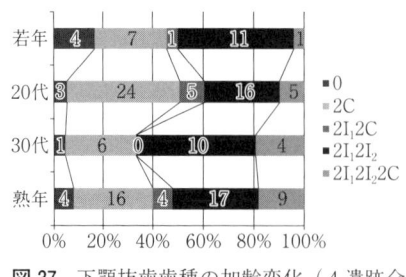

図37 下顎抜歯歯種の加齢変化（4遺跡全体）（数値＝個体数）

各年齢層における上下顎抜歯の有無の比較を行う（表28）。上下顎抜歯の有無について見たところ、上顎のみの個体は見られず逆に上顎抜歯が無く下顎抜歯がある個体が若年に見られることから、下顎抜歯→上顎抜歯という順番で抜歯した可能性はある。但し、この352体の下顎は$2I_1 2I_2$抜歯であり、このような抜歯（上顎無抜歯＋下顎$2I_1 2I_2$）は吉胡貝塚や保美貝塚では成人以上の男性にも一定数見られる。したがって、この後上顎を抜歯する予定ではなかった可能性もあり、この個体を以て下顎抜歯→上顎抜歯という順番で抜歯したと断定することは出来ない。以上のように、このような上下顎の抜歯の有無の検討から先行研究で指摘されているような上下顎抜歯先後関係を推定することは困難である。

次に、抜歯型式の移行について検討する。春成氏は4I系：4I型（$2I_1 2I_2$抜歯）→ 4I2C型（$2I_1 2I_2 2C$抜歯）、2C系：2C型（2C抜歯）→ 2C2I型（$2I_1 2C$抜歯）という抜歯型式の変化を想定し「2C → 4I2C型といった変化はないものと考えたい」（春成 1973：2002）とした上で、4I型・2C型が初婚時に、4I2C型・2C2I型抜歯が再婚時に行われたと仮定している。抜歯の施行年齢においてこれらの歯種は若年時の抜歯の可能性が考えられており婚姻→再婚に伴う抜歯とは考えにくい。しかし、春成氏が想定したような抜歯型式の変化が存在した可能性を考慮して春成氏の抜歯型式の年齢層間比較を行う。再婚が完全に妨げられている場合でなければ、加齢に伴い初婚者の数は減り、再婚者の数は増加するはずである。分析の結果、加齢に従って初婚抜歯とされる2C型・4I型（$2I_1 2I_2$）の割合が減少し再婚とされる4I2C型（$2I_1 2I_2 2C$）・2C2I型（$2C2I_1$）の割合が増加するという現象は見られない（図37）。したがって、抜歯型式の加齢変化からも先学の抜歯型式の加齢変化という説は支持し得ない。

表29 抜歯歯種組み合わせ一覧
1：稲荷山貝塚

抜歯型式	若年	成年	熟年	成人	男性	女性	不明
$\dfrac{C \mid}{\mid}$	1	-	-	-	-	-	1
$\dfrac{C \mid C}{C \mid C}$	1	7	-	-	2	5	1
$\dfrac{P^2P^1C \mid C}{C \mid C}$	-	-	1	-	1	-	-
$\dfrac{? \mid C}{C \mid C}$	-	1	-	-	1	-	-
$\dfrac{C \mid CP^1P^2}{I_2I_1 \mid I_1I_2}$	-	1	-	-	1	-	-
$\dfrac{C \mid C}{CI_2I_1 \mid I_1I_2C}$	-	1	-	-	1	-	-
$\dfrac{?P^1C \mid I^2CP^1?}{CI_2I_1 \mid I_1I_2C}$	-	1	-	-	1	-	-
$\dfrac{P^2P^1CI^2 \mid I^2CP^1P^2}{CI_2I_1 \mid I_1I_2}$	-	1	-	-	1	-	-
$\dfrac{CI^2I^1 \mid ?C}{P_1CI_2I_1 \mid I_1I_2C}$	-	-	1	-	-	1	-
$\dfrac{? \mid ?}{\mid}$	-	2	-	-	-	1	1
$\dfrac{C \mid C}{? \mid ?}$	-	2	-	-	-	1	1
$\dfrac{CI^2 \mid C}{\mid}$	-	1	-	-	-	-	1
$\dfrac{CI^2 \mid C}{? \mid ?}$	-	-	1	-	-	1	-
$\dfrac{C? \mid ?C}{? \mid I_1I_2}$	-	1	-	-	-	1	-
$\dfrac{P^1C \mid CP^1?}{? \mid ?}$	-	-	-	1	-	1	-
$\dfrac{? \mid C}{I_2I_1 \mid I_1I_2}$	-	-	-	1	-	1	-
$\dfrac{? \mid C}{CI_2I_1 \mid I_1I_2C}$	-	-	1	-	-	1	-
$\dfrac{? \mid ?}{\mid}$	1	-	-	-	-	1	-
$\dfrac{? \mid ?}{I_2I_1 \mid I_1I_2}$	1	1	-	1	1	2	-
$\dfrac{? \mid ?}{CI_2I_1 \mid I_1I_2C}$	1	-	-	1	-	2	-
$\dfrac{? \mid ?}{CI_2I_1 \mid ?C}$	-	-	-	1	-	1	-
$\dfrac{C \mid ?}{C? \mid ?}$	-	1	-	-	1	-	-
	5	20	5	4	10	19	5

2：吉胡貝塚

抜歯型式	若年	成年	熟年	成人	男性	女性	不明
$\dfrac{\mid}{\mid}$	2	2	2	-	5	1	-
$\dfrac{\mid}{\mid I_1}$	-	1	-	-	-	-	1
$\dfrac{?P_1 \mid I_1 \; P_1}{\mid}$	-	-	1	-	-	1	-
$\dfrac{\mid}{I_2I_1 \mid I_1I_2}$	1	2	2	-	5	-	-
$\dfrac{C \mid C}{C \mid C}$	1	7	5	-	7	5	1
$\dfrac{CI^2 \mid C}{CI_2 \mid C}$	1	1	-	-	-	2	-
$\dfrac{P^1C \mid CP^1}{P_2P_1C \mid CP_1}$	-	1	-	-	1	-	-
$\dfrac{P^1C \mid I^2C}{P_1C \mid I_2C}$	-	1	-	-	-	1	-
$\dfrac{C \mid C}{C \mid I_1 \; C}$	-	1	1	-	2	-	-
$\dfrac{C \mid C}{C \; I_1 \mid I_1 \; C}$	-	2	1	-	-	3	-
$\dfrac{C \mid C}{CI_2I_1 \mid I_1 \; C}$	-	-	1	-	1	-	-
$\dfrac{P^2C \mid C}{I_1 \mid I_1I_2}$	-	1	-	-	1	-	-
$\dfrac{C \mid C}{I_2I_1 \mid I_1I_2}$	2	4	3	-	6	3	-
$\dfrac{CI^2 \mid C}{I_2I_1 \mid I_1I_2}$	-	1	-	-	1	-	-

第Ⅲ章 縄文時代における抜歯風習

抜歯型式	若年	成年	熟年	成人	男性	女性	不明
$\frac{C \mid CP^1}{I_2I_1 \mid I_1I_2}$	-	1	1	-	1	1	-
$\frac{C 又 \mid CP^2}{I_2I_1 \mid I_1I_2}$	-	1	-	-	-	1	-
$\frac{P^1C \mid C}{I_2I_1 \mid I_1I_2}$	-	1	-	-	1	-	-
$\frac{P^1C \mid I^2C}{I_2I_1 \mid I_1I_2}$	-	1	-	-	1	-	-
$\frac{P^1C \mid CP^1}{I_2I_1 \mid I_1I_2}$	-	1	-	-	1	-	-
$\frac{CI^2 \mid C}{CI_2I_1 \mid I_1I_2C}$	-	1	-	-	1	-	-
$\frac{P^1C \mid P^1}{CI_2I_1 \mid I_1I_2C}$	-	1	-	-	1	-	-
$\frac{P^1C \mid CP^1}{CI_2I_1 \mid I_1I_2C}$	-	1	-	-	-	1	-
$\frac{P^1C \mid CP^1}{P_1CI_2I_1 \mid I_1I_2CP_1}$	-	-	1	-	1	-	-
$\frac{P^1C \mid CP^1P^2}{P_2P_1CI_2I_1 \mid I_1I_2CP_1}$							
$\frac{ \mid }{? \mid }$	-	-	1	-	1	-	-
$\frac{C \mid C}{? \mid ?}$	-	2	-	2	3	1	-
$\frac{(?)C \mid C}{? \mid C}$	-	1	1	-	2	-	-
$\frac{P^1C \mid CP^1}{? \mid ?}$	-	2	-	-	1	1	-
$\frac{C \mid ?}{C \mid C}$	-	-	1	1	2	-	-
$\frac{? \mid I^2C}{C \mid I_2C}$	-	1	-	1	-	-	-
$\frac{?C \mid CP^1}{C\ I_1 \mid I_1\ C}$	-	1	-	-	1	-	-
$\frac{C \mid ?}{I_2I_1 \mid I_1I_2}$	1	4	-	-	3	1	1
$\frac{?\ C \mid CP^1}{I_2I_1 \mid I_1I_2}$	-	1	-	-	-	1	-
$\frac{?C \mid C?}{I_2I_1 \mid I_1I_2}$	-	-	1	-	1	-	-

抜歯型式	若年	成年	熟年	成人	男性	女性	不明
$\frac{C \mid ?}{CI_2I_1 \mid I_1I_2C}$	-	-	-	1	1	-	-
$\frac{? \mid C}{CI_2I_1 \mid I_1I_2C}$	-	1	-	-	1	-	-
$\frac{?P^1C\ I^2 \mid I^2C}{CI_2I_1 \mid I_1I_2C}$	-	1	-	-	-	1	-
$\frac{? \mid ?}{ \mid }$	2	-	-	-	1	1	-
$\frac{? \mid ?}{C \mid C}$	1	4	-	1	4	2	-
$\frac{? \mid ?}{C \mid I_2C}$	-	1	-	-	1	-	-
$\frac{? \mid ?}{P_1C \mid CP_1}$	-	1	-	-	1	-	-
$\frac{? \mid ?}{C\ I_1 \mid I_1\ C}$	-	1	-	-	-	1	-
$\frac{? \mid ?}{C \mid I_1I_2C}$	-	1	-	-	1	-	-
$\frac{? \mid ?}{I_2I_1 \mid I_1I_2}$	-	6	4	-	6	4	-
$\frac{? \mid ?}{CI_2I_1 \mid I_1I_2C}$	1	1	1	-	1	2	-
$\frac{? \mid C}{? \mid CP_1}$	1	-	-	-	-	-	1
$\frac{? \mid CP^1}{P_1C? \mid CP_1}$ (小児)	1	-	-	-	-	-	-
$\frac{? \mid ?}{? \mid ?}$	-	1	-	-	1	-	-
$\frac{? \mid ?}{? \mid }$	-	1	-	1	1	1	-
$\frac{? \mid C}{? \mid ?}$	-	-	1	-	-	1	-
計	13	63	28	8	66	42	4

3：保美貝塚

抜歯型式	若年	成年	熟年	成人	男性	女性	不明
$\frac{ \mid }{ \mid }$	-	-	1	-	1	-	-
$\frac{ \mid }{I_2I_1 \mid I_1I_2}$	-	-	1	-	-	1	-

第2節　抜歯風習隆盛期における様相　151

抜歯型式	若年	成年	熟年	成人	男性	女性	不明
$\frac{C \mid C}{C \mid C}$	-	2	-	-	2	-	-
$\frac{C \mid I^2C}{C \mid C}$	-	1	-	-	1	-	-
$\frac{C \mid C}{?C \mid CP_1}$	-	1	-	-	1	-	-
$\frac{C \mid C}{I_2I_1 \mid I_1I_2}$	1	2	3	-	2	4	-
$\frac{CI^2 \mid CP^1}{P_1C \mid CP_1}$	-	-	1	-	1	-	-
$\frac{P^1C \mid CP^1}{P_1C \mid CP_1}$	-	-	1	-	1	-	-
$\frac{P^1C \mid CP^1}{I_2I_1 \mid I_1I_2}$	-	1	-	-	1	-	-
$\frac{C \mid C}{CI_2I_1 \mid I_1I_2C}$	-	-	1	-	1	-	-
$\frac{? \mid \ }{\ \mid \ }$	-	1	-	-	1	-	-
$\frac{? \mid \ }{I_2I_1 \mid I_1I_2}$	1	-	-	-	-	1	-
$\frac{CI^2 \mid ?}{\ \mid \ }$	-	1	-	-	1	-	-
$\frac{C \mid ?}{\ \mid \ }$	-	1	-	-	1	-	-
$\frac{? \mid C}{I_1 \mid I_1}$	-	1	-	-	1	-	-
$\frac{? \mid C}{C \mid C}$	-	2	-	-	2	-	-
$\frac{C \mid ?}{I_2I_1 \mid I_1I_2}$	1	-	-	-	-	1	-
$\frac{CI^2 \mid I^2C}{? \mid ?}$	-	1	-	-	1	-	-
$\frac{P^1C \mid CP^1}{? \mid ?}$	-	1	-	1	2	-	-
$\frac{P^2C \mid ?}{CI_2I_1 \mid I_1I_2C}$	-	1	-	-	1	-	-
$\frac{? \mid ?}{\ \mid \ }$	1	-	1	-	1	1	-
$\frac{? \mid ?}{C \mid C}$	-	1	1	1	2	1	-
$\frac{? \mid ?}{C \mid I_2C}$	-	1	-	-	1	-	-
$\frac{? \mid ?}{?C \mid CP_1}$	-	-	-	1	-	1	-
$\frac{? \mid ?}{P_1C \mid CP_1}$	-	3	1	1	3	1	1
$\frac{? \mid ?}{P_1CI_2 \mid CP_1}$	-	-	1	-	-	1	-
$\frac{? \mid ?}{P_1C \mid I_2CP_1}$	-	-	-	1	-	-	1
$\frac{? \mid ?}{P_1C\ I_1 \mid CP_1}$	-	1	-	-	1	-	-
$\frac{? \mid ?}{I_2I_1 \mid I_1I_2}$	-	1	1	-	1	1	-
$\frac{? \mid ?}{CI_2I_1 \mid I_1I_2C}$	-	3	-	-	1	2	-
$\frac{? \mid ?}{P_1CI_2I_1 \mid I_1I_2CP_1}$	-	1	-	-	1	-	-
$\frac{? \mid ?}{? \mid I_1I_2CP_1}$	-	1	-	-	-	-	1
	4	29	12	5	28	18	4

4：伊川津貝塚

抜歯型式	若年	成年	熟年	成人	男性	女性	不明
$\frac{\ \mid \ }{I_2 \mid \ }$	-	1	-	-	1	-	-
$\frac{C \mid \ }{\ \mid \ }$	-	-	1	-	1	-	-
$\frac{C \mid C}{C \mid C}$	-	4	-	-	2	2	-
$\frac{C \mid C}{C \mid I_2C}$	-	-	1	-	-	1	-
$\frac{C \mid C}{CI_2 \mid I_2C}$	-	1	-	-	1	-	-
$\frac{C \mid CP^1}{C \mid C}$	-	1	-	-	1	-	-
$\frac{P^1C \mid I^2C}{C \mid C}$	-	-	1	-	-	1	-

上顎	下顎	計					
$\frac{P^1C}{P_1C}$	$\frac{CP^1}{CP_1}$	-	1	1	-	2	-	-
$\frac{C}{I_2I_1}$	$\frac{C}{I_1I_2}$	2	4	-	1	2	4	1
$\frac{C}{I_2I_1}$	$\frac{CP^1}{I_1I_2}$	-	-	1	-	-	1	-
$\frac{P^1C}{I_2I_1}$	$\frac{CP^1}{I_1I_2}$	-	1	-	-	1	-	-
$\frac{C}{C\ ?}$	$\frac{C}{I_1\ C}$	-	1	-	-	-	1	-
$\frac{?\ C}{P_1C\ I_1}$	$\frac{C?}{I_1\ CP_1}$	-	-	1	-	-	1	-
$\frac{\ }{?}$		-	1	-	1	-	-
P^1	?	-	-	1	-	1	-	-
$\frac{C}{C}$	$\frac{?}{C}$	-	1	-	1	-	-	-
$\frac{P^1C}{?}$	$\frac{CP^1}{CP_1}$	-	1	-	1	-	-	-
$\frac{C}{C\ I_1}$	$\frac{?}{I_1\ C}$	-	-	1	-	1	-	-
$\frac{C}{?\ I_1}$	$\frac{C}{I_1I_2}$	-	1	-	-	-	1
$\frac{?}{I_2I_1}$	$\frac{ⅩⅩ\ C}{I_1I_2}$	-	1	-	1	-	-	-
$\frac{?}{CI_2I_1}$	$\frac{C}{C}$	-	1	-	1	-	-	-
$\frac{?}{C\ I_1}$	$\frac{C}{I_1I_2C}$	-	-	1	-	1	-	-
$\frac{C}{CI_2I_1}$	$\frac{?}{I_1I_2C}$	-	-	1	-	-	1	-
$\frac{\ }{?}$	$\frac{\ }{?}$	-	2	-	1	-	-	3
$\frac{C}{?}$	$\frac{C}{?}$	-	4	-	1	2	2	1
$\frac{CI^2}{?}$	$\frac{C}{?}$	1	-	1	-	-	1	1
$\frac{P^1C}{?}$	$\frac{C}{?}$	-	1	-	-	-	1	-

$\frac{P^1C}{?}$	$\frac{CP^1}{?}$	-	1	1	-	1	1	-
$\frac{P^1CI^2}{?}$	$\frac{CP^1}{?}$	-	1	-	-	-	-	1
$\frac{P^1C}{?}$	$\frac{CP^1}{?\ I_2}$	-	1	-	-	1	-	-
$\frac{P^2\ C}{?}$	$\frac{C?}{?}$	-	1	-	-	-	-	1
$\frac{P^1\ ?}{?}$	$\frac{CP^1}{?}$	-	1	-	-	1	-	-
$\frac{?C}{?}$	$\frac{CP^1}{?}$	-	-	-	1	-	1	-
$\frac{C\ ?}{C\ I_1}$	$\frac{?\ C}{I_1\ C}$	1	-	-	-	1	-	-
$\frac{?}{?}$	$\frac{?}{?}$	-	4	-	1	3	-	2
$\frac{?}{C}$	$\frac{?}{C}$	2	-	1	2	2	2	1
$\frac{?}{I_2I_1}$	$\frac{?}{I_1I_2}$	-	3	1	-	2	1	1
$\frac{?}{I_2I_1}$	$\frac{?}{I_1I_2}\ P_2$	-	1	-	-	-	-	-
$\frac{?}{P_1\ I_2I_1}$	$\frac{?}{I_1I_2}$	-	-	-	1	-	-	1
$\frac{?}{CI_2I_1}$	$\frac{?}{I_1I_2C}$	-	1	-	1	1	1	-
$\frac{?}{?}$		-	-	1	-	1	-	-
$\frac{?}{I_2I_1}$	$\frac{C}{?}$	-	-	1	-	1	-	-
$\frac{?\ ⅩⅩ\ C}{I_2?\ ?I_2}$		-	-	1	1	-	-	-
$\frac{?\ C}{C\ ?}$	$\frac{C?}{?\ C}$	-	-	1	-	1	-	-
$\frac{?\ C}{P_1C\ ?}$	$\frac{C?}{CP_1}$	-	-	-	1	-	1	-
$\frac{?}{C}$	$\frac{?}{?}$	-	-	-	2	-	-	2

第2節　抜歯風習隆盛期における様相　153

抜歯型式	若年	成年	熟年	成人	男性	女性	不明
?／? ?／C	-	1	-	-	1	-	-
C／? ?／?	-	-	1	2	-	1	2
?／? ?／I_1I_2	1	-	-	-	-	-	1
?／? ?／C	1	2	-	-	-	-	3
計	8	43	18	16	33	29	23

表30　若年時施行抜歯歯種組み合わせ一覧

1：稲荷山貝塚

抜歯型式	若年	成年	熟年	成人	男性	女性	不明
C／	1	-	-	-	-	-	1
C／C	-	1	-	-	-	-	1
C／C　C／C	1	8	1	-	4	5	1
C／C　I_2I_1／I_1I_2	-	1	1	-	2	-	-
C／C　CI_2I_1／I_1I_2C	1	3	2	1	2	5	-
計	3	13	4	1	8	10	3

2：吉胡貝塚

抜歯型式	若年	成年	熟年	成人	男性	女性	不明
／	2	2	2	-	5	1	-
／I_1	-	1	1	-	1	-	1
I_2I_1／I_1I_2	1	2	2	-	5	2	-
C／C　C／C	2	13	6	2	15	7	1
C／C　CI_2／C	1	4	-	-	2	3	-
C／C　C／I_1C	-	1	1	-	2	-	-
C／C　C／C　I_1／I_1C	-	3	2	-	1	4	-
C／C　C／I_1I_2	-	1	-	-	1	-	-
C／C　I_2I_1／I_1I_2	3	15	4	1	12	10	1
?／? C／I_1I_2C	-	1	-	-	1	-	-
C／C　CI_2I_1／C	-	-	-	1	-	1	-
C／C　CI_2I_1／I_1I_2C	1	6	3	1	5	6	-
計	10	49	21	5	49	33	3

3：保美貝塚

抜歯型式	若年	成年	熟年	成人	男性	女性	不明
／	-	1	-	-	1	-	-
I_2I_1／I_1I_2	1	-	1	-	-	1	1
C／I_1	-	1	-	-	1	-	-
C／C　C／C	-	10	4	3	12	4	1
C／C　C／I_2C	-	1	1	1	1	1	1
C／C　CI_1／C	-	1	-	-	1	-	-
C／C　I_2I_1／I_1I_2	2	3	3	-	3	5	-
C／C　CI_2I_1／I_1I_2C	-	5	1	-	2	4	-
C／C	-	2	-	-	2	-	-
計	3	24	10	4	23	15	3

4：伊川津貝塚

抜歯型式	若年	成年	熟年	成人	男性	女性	不明
／I_2	-	1	-	-	-	1	-

第Ⅲ章　縄文時代における抜歯風習

$\frac{C\ \mid\ }{\ \mid\ }$	–	1	–	1	–	–
$\frac{C\ \mid\ C}{C\ \mid\ C}$	2	7	3	2	7	6	1
$\frac{C\ \mid\ C}{CI_2\ \mid\ C}$	–	–	1	–	–	1
$\frac{C\ \mid\ C}{CI_2\ \mid\ I_2C}$	–	–	–	–	–	–
$\frac{C\ \mid\ C}{C\ I_1\ \mid\ I_1\ C}$	1	–	1	1	–
$\frac{C\ \mid\ C}{I_2I_1\ \mid\ I_1I_2}$	2	6	1	1	4	5	1
$\frac{C\ \mid\ C}{CI_2I_1\ \mid\ C}$	–	1	–	–	1	–
$\frac{C\ \mid\ C}{C\ I_1\ \mid\ I_1I_2C}$	–	–	–	–	–	–
$\frac{C\ \mid\ C}{CI_2I_1\ \mid\ I_1I_2C}$	–	1	1	1	1	2	–
	5	16	9	5	17	16	2

（2）抜歯型式

4遺跡ともに抜歯型式自体は非常に多様である（表29-1～4）。このうち、前出の施行年齢の検討の結果、施行年齢がほぼ同じであると推定される上下顎犬歯・下顎切歯により形成される抜歯歯種の組み合わせ（表30-1～4）に関して分類を行い、諸属性との相関を明らかにする。

ⅰ）分類　抜歯型式が何らかの表示機能を有しているならば、実際に抜歯がどのように見えるかという点は非常に重要である。したがって、まず抜歯の見た目により抜歯型式をまとめると抜歯後の空隙の目立たないタイプと目立つタイプに分けられる（図38）。これを狭型、広型とする。分類の基準は上顎犬歯抜歯の有無にかかわらず下顎前歯を隣接して3-6本抜歯している $2I_1 1I_2$・$2I_1 2I_2$・$2I_1 1I_2 2C$・$2I_1 2I_2 1C$・$2I_1 2I_2 2C$ 抜歯を広型とし、狭型はこれ以外とする。上顎犬歯抜歯に関しては抜歯の空隙はあまり目立たず、$2C／2I_1 2I_2$ と無抜歯／$2I_1 2I_2$ は注視しなければ区別は困難である。代表例を挙げた模式図は抜歯直後の様相を呈しており、実際には歯牙の移動によりこれらの抜歯後の空隙は若干狭くなっていたと考えられる。なお、広型の基準に相当するうち、$1I_1 1I_2 2C$ に関しては空隙が左もしくは右の歯列に偏り、正面から見た場合抜歯後の空隙が狭く見える事から大別分類困難である。

さらに、これらを抜歯歯種により分類すると多様であるが、いずれかの遺跡で5％以上の出現率の型式に細分すると、既存の研究において指摘されてきたO型（2C／無抜歯型）・2C型（2C／2C）・$2I_1 2I_2$型（2C／$2I_1 2I_2$ = 春成分類 4I型）・$2I_1 2C$型（2C／$2I_1 2C$ = 春成分類 2I2C型）・$2I_1 2I_2 2C$型（2C／$2I_1 2I_2 2C$ = 春成分類 4I2C型）（春成 1973）に加え無抜歯型とO／$2I_1 2I_2$型（無抜歯／$2I_1 2I_2$）

狭型

		C	C

C	C	C	C
C	C	C I₁	I₁ C

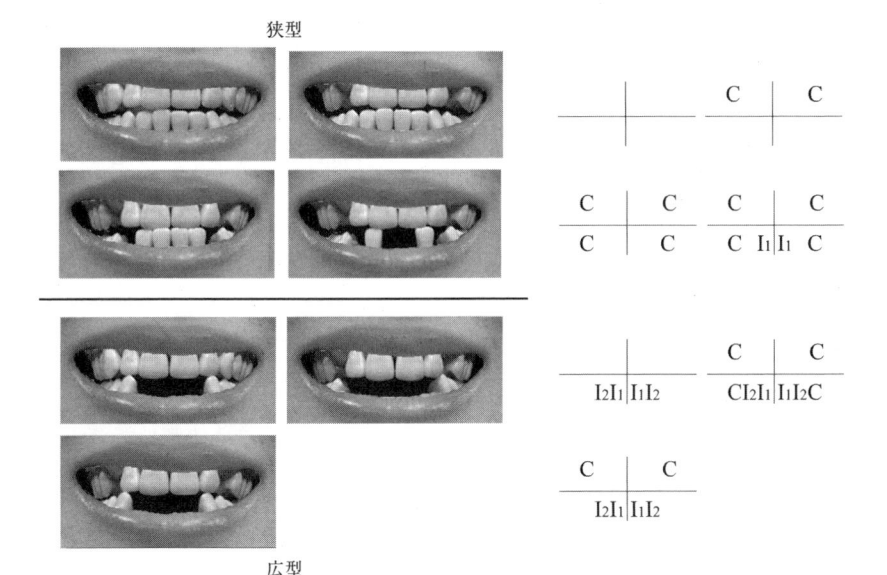

		C	C
I₂I₁	I₁I₂	CI₂I₁	I₁I₂C

C	C
I₂I₁	I₁I₂

広型

図 38 細別・大別抜歯型式外観図（4遺跡全体）（モデル図に挙げていない抜歯歯種の組み合わせや大別分類は可能で細別分類不可能な抜歯歯種の組み合わせ有り）

の7型式である。下顎 $2I_12I_2$ 抜歯以外の型式は下顎抜歯のみの事例が見られないことから、上顎不明の場合も上顎犬歯を抜歯しているものと考え各型式に分類している。なお、先史時代抜歯風習に関しては、研究史において確認したような様々な理由（技術的未熟さ、出血などの身体理由、抜歯後空隙の変化など）により本来意図した理念型と異なる類似した歯種の抜歯になる可能性が考えられる。したがって、いずれの遺跡においても出現率5％未満の抜歯の variation のうちこれらの細分型式に分類可能ものがあるか検討してみよう。まず、下顎 $2I_11I_22C$・$2I_12I_21C$ 抜歯に関しては、$2I_12I_22C$ 型抜歯の途中に最後の1本を抜歯していないまま儀礼を終えた事例と考えられるため、$2I_12I_22C$ 型に含める。下顎 $2I_11I_2$ 抜歯に関しては、$2I_12I_2$ 型抜歯の過程で最後に切歯1本を抜歯しないまま儀礼を終えた事例と考えられるため $2I_12I_2$ 型に含める。同様に下顎 $1I_12C$ 抜歯に関しては、$2I_12C$ 型の抜歯過程に含める。$1I_22C$ 型は 2C 型において誤って隣接歯である切歯を抜歯した、もしくは抜歯後の空隙が狭かったために追加で抜歯をした可能性が考えられることから、2C 型に含める。これ以外

表31 数量化Ⅲ類固有値・寄与率（4遺跡全体）

	固有値	寄与率	累積寄与率	相関係数
第1軸	0.4251	83.23%	83.23%	0.6520
第2軸	0.0346	6.76%	89.99%	0.1859

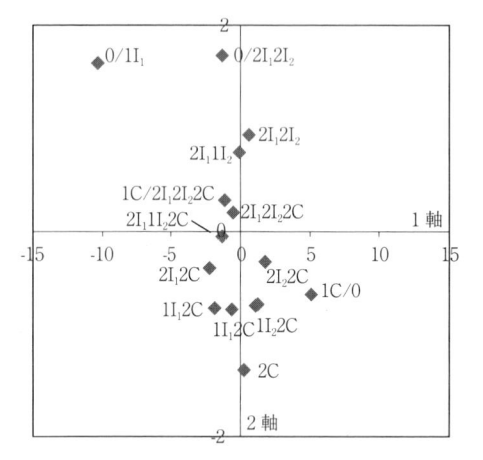

図39 数量化Ⅲ類散布図（4遺跡全体）

の抜歯歯種の組み合わせ（O／1I$_1$、1C／O、2C／2I$_2$2C、2C／1I$_1$1I$_2$2C）に関しては複数の可能性が考えられ、特定の抜歯型式に分類困難なため保留としておく。

次に4遺跡のうち上顎犬歯と下顎犬歯切歯の歯槽部が完存している個体を対象として、抜歯がある場合を1、無い場合を0として数量化Ⅲ類による分析を行った（表31・図39・appendix c）。但し、この分析に関しては、方法上の制約により、無抜歯個体を含めた分析は行えず、O型に関しては分析に耐えうる個体（上下顎犬歯間完存個体）が存在してないことから分析が行えていない。分析結果、寄与率が80％を超える1軸で見ると＋の下顎切歯を中心に抜歯するものと、−の下顎犬歯を中心に抜歯するものの2つに大別可能であり、おおよそ上述の広型／狭型に対応する。

以上の大別・細別分類結果をまとめると、以下の通りである。

①大別抜歯系統：狭型、広型

②細別抜歯型式：無抜歯型、O型、2C型、O／2I$_1$2I$_2$型、2I$_1$2I$_2$型、2I$_1$2C型、2I$_1$2I$_2$2C型

なお、上述のようにこれらの抜歯型式は春成氏により、抜歯型式間の移行が指摘されている（春成 1973）。細別型式である2C型・2I$_1$2I$_2$型が必ずしも抜歯施行の際の単位であった保証はないが、抜歯型式を見ると確かに氏の想定した2I$_1$2I$_2$型→2I$_1$2I$_2$2C型の変化を想定しうるような2I$_1$2I$_2$1C抜歯が存在する。一方で、2I$_1$1I$_2$2C抜歯のように2C型を抜歯した後2I$_1$2I$_2$型の抜歯を付加しようとし途中で抜歯を中止したとも考えうるような抜歯型式が存在しており、春成

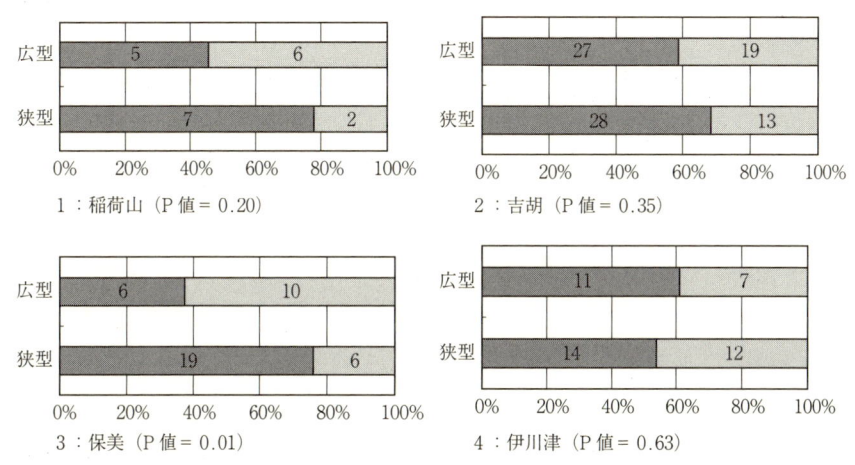

```
  広型  5       6
  狭型     7        2
     0%  20% 40% 60% 80% 100%
     1：稲荷山（P値 = 0.20）

  広型   27       19
  狭型   28      13
     0%  20% 40% 60% 80% 100%
     2：吉胡（P値 = 0.35）

  広型    6    10
  狭型      19     6
     0%  20% 40% 60% 80% 100%
     3：保美（P値 = 0.01）

  広型   11     7
  狭型   14    12
     0%  20% 40% 60% 80% 100%
     4：伊川津（P値 = 0.63）
```

図40 大別抜歯型式と性別（数値＝個体数、男性：濃い網掛、女性：薄い網掛）

氏が想定したような抜歯型式の変化に限定して考えることはできない。但し、春成氏が考慮したような抜歯型式の進行に関しては全く否定されるものではなく、抜歯本数を考えると $2I_12I_22C$ 型は一度に全歯を抜いたのではなく、若年においては儀礼の過程上一時的に本数の少ない型式（O型、2C型、O／$2I_12I_2$型、$2I_12I_2$型、$2I_12C$型）を呈していた可能性も考えられる。したがって、抜歯が進行している若年層は省き抜歯型式が固定している状態の成年以降の個体を用いて抜歯型式を用いた分析を行う。

a）抜歯型式と性別

カイ二乗検定を行い性別と型式の相関について検討を行う。大別2型式に分けて性別との相関をみると、保美貝塚のみ性別と型式の間に相関が見られる（図40）。一方で、細別型式ではいずれの遺跡においても性別との間に相関は認められない（表32・図41）。

b）抜歯歯種の相関

4遺跡ともに見られる上下顎第1小臼歯抜歯に関しては、基本的に上顎第1小臼歯は上顎犬歯、下顎第1小臼歯は下顎犬歯に伴う。ただし、吉胡貝塚の熟年男性個体1体（京大吉胡215-220号）のみ上顎抜歯については不明であるが、下顎は左中切歯と左右第1小臼歯抜歯をしており、例外的に下顎第1小臼歯抜歯が下顎犬歯に伴っていない。

上顎側切歯抜歯に関しては必ず上顎犬歯抜歯に付随して行われ、上下顎第2小臼歯抜歯は必ず上下顎犬歯抜歯に付随して行われる。

c）抜歯型式と叉状研歯

4遺跡ともに叉状研歯個体が見られる。そのうち、稲荷山貝塚以外の3遺跡に関しては、叉状研歯個体の下顎抜歯型式が明らかである。吉胡貝塚に関しては、$2I_1 2I_2 2C$型1体、$2I_1 2I_2$型4体、$2I_1 2C$型1体である。伊川津貝塚の抜歯個体も$2I_1 2I_2$型2体であり、保美貝塚に関しては下顎無抜歯個体1体のみ（1925年調査出土成年男性）である。したがって、吉胡貝塚に関しては既存の指摘（春成 1979）通り叉状研歯個体は広型個体に多く見られると言える。

d）抜歯型式と墓制

ⅰ）副葬品と抜歯型式　抜歯と副葬品の両方のデータが得られた稲荷山・吉胡貝塚について分析を行う。まず、稲荷山貝塚においては副葬品を持つ個体が3体と少ないが、3体ともに抜歯の観察が可能でありうち成人は1体である。この個体は2C型であり鹿角製腰飾を伴う。残りのアカガイ製貝輪を持つ2体はともに13-15歳の個体である。これらの個体は2C型と無抜歯／1C抜歯であるが、抜歯施行儀礼半ばの可能性があり型式を特定することは出来ない。

吉胡貝塚においては、多くの副葬品が出土している。副葬品の種類も、例数の多い腰飾をはじめ、貝輪（26例）・猪牙製腕飾（2例）・石製耳飾（1例）・鹿角製耳飾（1例）・猿橈骨製耳飾（1例）・骨製欠状耳飾（1例）・魚骨製耳飾（1例）・猪牙製頭飾（1例）と豊富である（清野 1949：1969；文化財保護委員会 1976）。カイ二乗検定の結果、大別抜歯型式と副葬品の相関はなく性別と副葬品に相関が見られる（図42）。副葬品を持つ個体の細別抜歯型式は、個体数の少ない$2I_1 2C$型以外の5型式とそれ以外下顎切歯を1本のみ抜歯した個体である（表33）。各型式における副葬品を持つ個体の割合は、無抜歯型で最も高くその他は大差がなく副葬品と細別型式の間に相関は見られない。

この吉胡貝塚に関する分析は既存の分析（春成 1979：2002）と若干データが異なる。まず、抜歯の認定であるが、既存の分析が$2I_1 2I_2$型としているもので、実際には下顎が存在しておらず観察できなかったものが1例ある（京大吉胡 159号）。また、京大吉胡 232号は、既存の分析では右上顎側切歯抜歯とされてい

第2節　抜歯風習隆盛期における様相　159

表32　細別抜歯型式と性別

抜歯型式	稲荷山 男性	稲荷山 女性	吉胡 男性	吉胡 女性	保美 男性	保美 女性	伊川津 男性	伊川津 女性
無抜歯	0	0	4	0	1	0	0	0
O 型	0	0	0	0	2	0	0	0
2C 型	4	5	17	7	13	5	6	7
2I$_1$2C 型	0	0	3	4	1	0	0	1
O/2I$_1$2I$_2$型	0	0	4	0	0	1	0	0
2I$_1$2I$_2$型	2	0	12	9	3	3	4	4
2I$_1$2I$_2$2C 型	2	4	5	6	2	4	2	2

数値＝個体数

1：稲荷山（P値＝0.26）

型式	女性	男性
2I12I22C	44.4	25
2I12I2	0	25
O/2I12I2	0	0
2I12C	0	0
2C	55.6	50
O型	0	0
無抜歯	0	0

2：吉胡（P値＝0.14）

型式	女性	男性
2I12I22C	23.1	11.1
2I12I2	34.6	26.7
O/2I12I2	0	8.9
2I12C	15.4	6.7
2C	26.9	37.8
O型	0	0
無抜歯	0	8.9

3：保美（P値＝0.00）

型式	女性	男性
2I12I22C	30.8	9.1
2I12I2	23.1	13.6
O/2I12I2	7.7	0
2I12C	0	4.5
2C	38.5	59.1
O型	0	9.1
無抜歯	0	4.5

4：伊川津（P値＝0.82）

型式	女性	男性
2I12I22C	14.3	16.7
2I12I2	28.6	33.3
O/2I12I2	0	0
2I12C	7.1	0
2C	50	50
O型	0	0
無抜歯	0	0

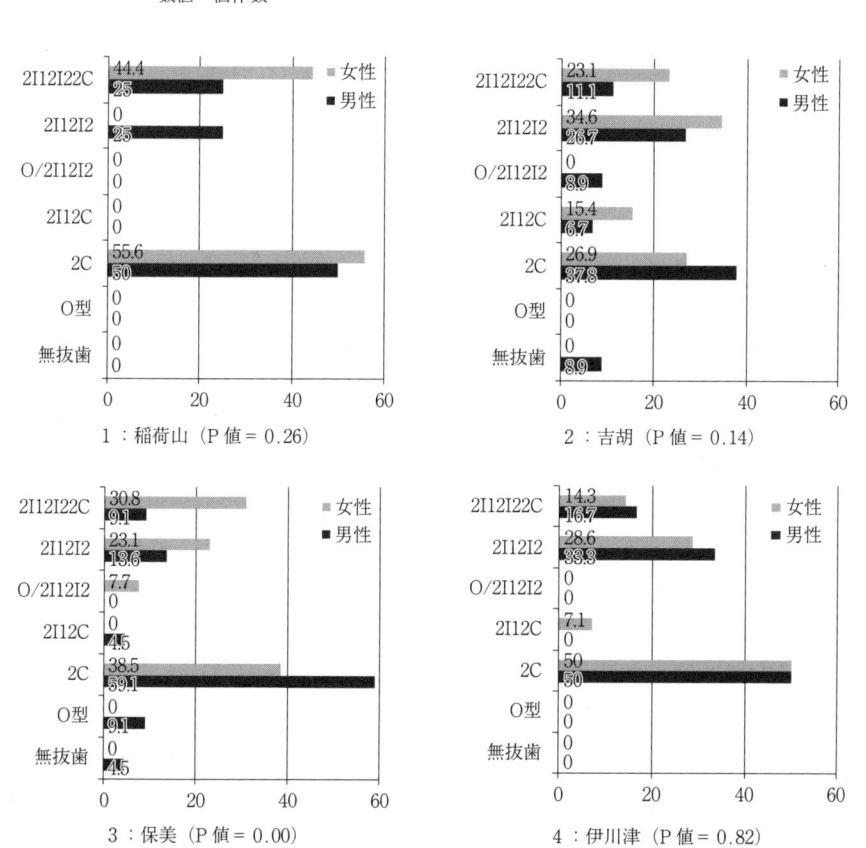

図41　細別抜歯型式と性別（表32を元に性別ごとに各抜歯型式の出現率を算出）

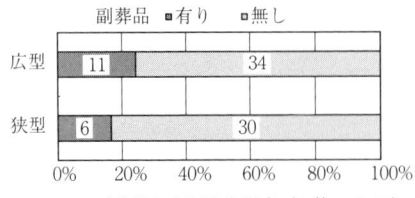

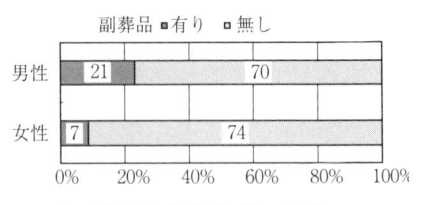

1：副葬品と大別抜歯型式（P値=0.39）　　2：副葬品と性別（P値=0.01）

図42 副葬品と諸属性の相関（吉胡貝塚）（数値=個体数）

表33 細別抜歯型式と副葬品（吉胡貝塚）

型式名	貝輪	骨製耳飾	鹿角製耳飾	鹿角製腰飾	副葬品保有率	
無抜歯	—	—	—	3	75.0%	(3/4)
O	—	—	—	—	—	(0/0)
2C	1	1	1	2	16.0%	(4/25)
$2I_1 2C$	—	—	—	—	0%	(0/7)
$O/2I_1 2I_2$	—	—	—	1	25.0%	(1/4)
$2I_1 2I_2$	1	—	—	4	19.0%	(4/21)
$2I_1 2I_2 2C$	—	—	—	2	18.2%	(2/11)
$?/2I_1 2I_2$	—	—	—	4	40.0%	(4/10)
その他	—	—	—	1	50.0%	(1/2)
総出土件数	2	1	1	23		

＊対象個体：成人（20歳以上）、数値=個体数

るが、右上顎側切歯は右犬歯の歯槽とともに歯槽の低下が見られ、吉胡貝塚で上顎側切歯抜歯の単独抜歯例も見られないことから、本論では抜歯とは認定していない。また、既存の分析において抜歯の型式不明とされていた個体（京大吉胡108・238号）であるが、108号に関しては、上顎の側切歯は隣接歯の捻転がほとんど見られず、空隙歯列の様相を呈していることから、先天性欠如の可能性が高く、上顎の小臼歯に関しては歯周疾患による生前歯牙喪失であり、この個体は無抜歯と判断している。238号に関しては、既存の成果では上顎抜歯の有無に関しては不明とされているが、上顎は歯槽骨が遺存していないものの歯牙が遺存している。上顎左右犬歯・左側切歯・右第1・2小臼歯が遺存しており、吉胡貝塚において上顎中切歯或いは第2小臼歯の単独抜歯が認められないことから、この個体は上顎無抜歯と考えられる。

また、上記の副葬品の中でも、縄文時代後晩期における成人の重要な副葬品として、鹿角製腰飾があげられる。腰飾が出土しており人骨との関係が明らか

第2節 抜歯風習隆盛期における様相　161

表34　細別抜歯型式と頭位方向（稲荷山貝塚）

型式名	北	東	南東	南	北西
無抜歯	—	—	—	—	—
O	—	—	—	—	—
2C	2	4	1	1	1
$2I_12C$	—	—	—	—	—
$O/2I_12I_2$	—	—	—	—	—
$2I_12I_2$	1	—	2	—	1
$2I_12I_22C$	1	1	3	1	1
$?/2I_12I_2$	—	—	—	1	—

数値＝個体数

表35　細別抜歯型式と頭位方向（吉胡貝塚）

型式名	北	北東	東	南東	南	南西	西	北西
無抜歯	—	3	—	—	—	1	—	—
O	—	—	—	—	—	—	—	—
2C	7	5	3	—	3	1	1	—
$2I_12C$	—	2	1	—	1	1	—	—
$O/2I_12I_2$	—	1	1	—	—	—	1	—
$2I_12I_2$	3	—	3	2	1	3	2	1
$2I_12I_22C$	2	—	3	—	1	2	—	—
$?/2I_12I_2$	2	3	1	1	—	—	1	—
その他	1	—	—	—	—	—	—	—

数値＝個体数

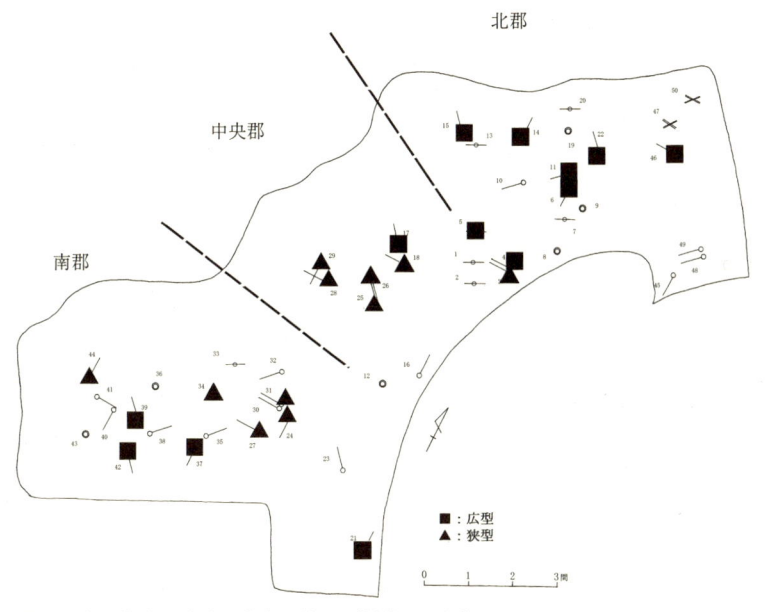

図43　大別抜歯型式遺跡内出土状況（稲荷山貝塚）

　な吉胡貝塚について（清野 1949：1969）、腰飾を持つ個体の抜歯の有無について検討すると、鹿角製腰飾を持つ成人個体23体中17体の抜歯型式が観察可能である。この17体中、上顎犬歯抜歯のない個体が5体であり、このうち下顎も無抜歯の個体は3体である。

　ⅱ）抜歯型式と頭位方向　　考古学的情報が明らかな稲荷山貝塚と吉胡貝塚において、副葬品と頭位方向について相関を見た。稲荷山貝塚で見られる頭位

方向は5方向であるが（表34）、頭位方向と特定の抜歯型式との相関は見られない。吉胡貝塚で見られる頭位方向は8方向であるが（表35）、頭位方向と特定の大別・細別抜歯型式との相関は見られない。

iii）抜歯型式と空間分布　　稲荷山貝塚においては、墓域内で、特定の年齢・性別の空間的偏りは見られず、墓の空白地帯の存在から、最低3群に分けられる。抜歯型式に関しては、北群では広型が、中央群からは狭型がまとまって出土している（図43）。吉胡貝塚においても墓域内では、特定の年齢・性別の空間的偏りは見られない（図44）。埋葬小群と認めうるような人骨群の明確なまとまりも見られず、墓群と抜歯の相関の検討は困難である。但し、吉胡貝塚は、稲荷山貝塚・伊川津貝塚に比べ埋葬人骨の密度が高く長期間にわたり繰り返し埋葬が行われたために、結果として稲荷山貝塚のような墓域内の埋葬小群が確認できなかった可能性も考え得る。

　伊川津貝塚は、1982年度の調査区内で出土している成人個体は、16体が2C型、1体が$2I_1 2I_2$型、1体が$2I_1 2C$型、1体が$2I_1 2C$型または2C型、2体が無抜歯の可能性が高い個体である。また、鈴木尚氏は氏が発掘した別地点より出土した人骨群（科博蔵）には$2I_1 2I_2$型の抜歯が多く見られると指摘している（鈴木1960）。したがって、既に春成氏により指摘されているように（春成1988）この調査区は墓域の一部ではあるが、墓域の他の部分でも、特定の抜歯型式の個体がまとまって出土する、という現象が見られる可能性が高い。

iv）抜歯型式と埋葬形態（表36・37）　　稲荷山貝塚においては2例ともに合葬個体間で細別抜歯型式が一致している。なお、3号・4号の合葬例に関しては、3号が13-15歳と若く、片側犬歯しか抜歯していない。したがって、下顎抜歯が未完のうちに死んだ可能性が高く、抜歯型式が確定できないため、合葬例からは除外する。また、38号に関しては、既存の研究において$2I_1 2I_2$型の合葬事例として挙げられているものの、下顎の抜歯型式が不明のためここでは除外する。吉胡貝塚においては、合葬例と集骨例が見られる。合葬例に関しては細別抜歯型式は異なるものの、大別抜歯型式は狭型で一致している。また、集骨に関しては細別抜歯型式が異なるものの、3例中2例において大別抜歯型式は一致する。

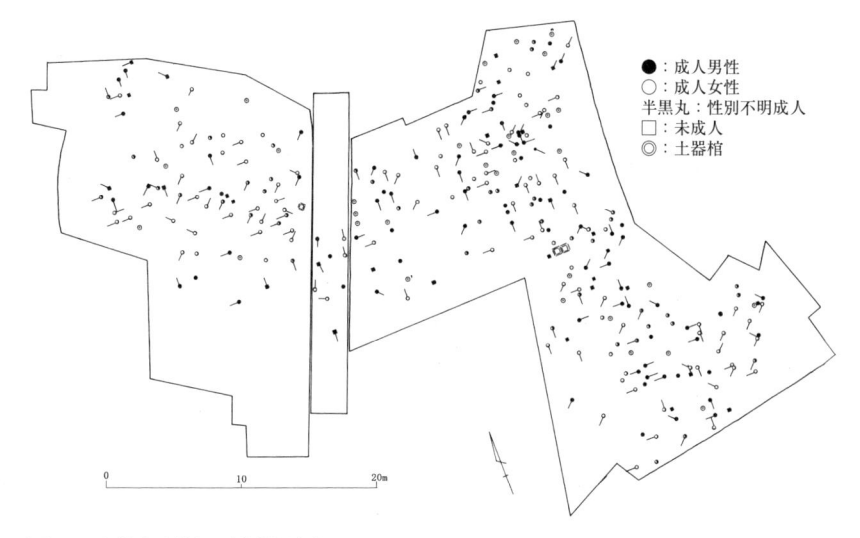

第2節 抜歯風習隆盛期における様相 163

●：成人男性
○：成人女性
半黒丸：性別不明成人
□：未成人
◎：土器棺

図44 人骨出土状況（吉胡貝塚）

表36 合葬個体の細別抜歯型式

遺跡名	号数	細別型式
稲荷山	25・26号	2Cと2C
	28・29号	2Cと2C
吉胡	50・51号	2Cと2I₁2C

表37 集骨個体の細別抜歯型式

遺跡名	号数	細別型式	集骨個体数	記載名称
吉胡	48、49号	2I₁2I₂2C 2I₁2C	2	集積
	164号	2C 2I₁2C	3	卓状集骨
	185、186号	2I₁2I₂ ?/2I₁2I₂	2(?)	集積
伊川津	6号	2C：7体 2I₁2C：1体	13	
保美	A集積	2C：8体 2I₁2I₂C：2体	12体以上	集積

　伊川津貝塚においては、多数個体の集骨墓において抜歯の観察が可能であり細別型式は異なるものの、大別型式は狭型で一致している。保美貝塚の集骨においては細別・大別抜歯型式ともに完全には一致していないが、8割の個体が狭型である。

e）歯冠計測値を用いた血縁者の推定（表38）
　稲荷山貝塚において、抜歯型式が判明している個体で歯冠計測可能な個体が一定度見られたので、ここに分析結果を示す。稲荷山貝塚では出土人骨の同時

表38 相関係数の平均値（稲荷山貝塚）

対象群 \ 歯種	上下 P1P2M1M2			上下 P1P2M1			上下 P1M1		
	pair	平均値	標準偏差	pair	平均値	標準偏差	pair	平均値	標準偏差
全体	21	0.131	0.325	21	0.255	0.343	21	0.324*	0.381
男性	21	0.344	0.283	10	0.422**	0.270	10	0.421*	0.345
女性	—	—	—	—	—	—	—	—	—
狭型	10	0.344	0.283	10	0.422**	0.270	10	0.421*	0.345
広型	—	—	—	—	—	—	—	—	—
南群	3	0.210	0.300	3	0.250	0.296	3	0.319	0.463
中央群	—	—	—	—	—	—	—	—	—
他人	200	0.114	0.348	200	0.114	0.348	200	0.112	0.392
親子	33	0.290**	0.318	33	0.290**	0.318	46	0.318**	0.451
兄弟・孫	31	0.318**	0.29	31	0.318**	0.29	43	0.295*	0.45
オジ・オイ	45	0.210	0.304	45	0.210	0.304	46	0.231*	0.307
イトコ	69	0.206*	0.262	69	0.206*	0.262	34	0.202	0.355

他人群の平均値との t 検定の結果＊：有意水準 0.05 未満，＊＊：有意水準 0.01 未満．他人群以下の

期性を示すような考古学的裏づけが得られておらず、1体1体の相関を検討することは出来ないため、個体群の相関係数の平均値を見ていきたい。

　稲荷山貝塚に見られる埋葬小群のうち発掘区中央・南の埋葬小群から出土した個体群で血縁者の推定が可能であり、相関係数の平均値は現代の他人個体群とは有意差がみられ、現代人の血縁者の個体群に近い値になっている。加えて、狭型系個体群・男性個体群に関しても平均値が血縁者に近い値になっている。また、伊川津貝塚に関しては成人10体を含む13体を集骨・再葬した6号墓に関しては、田中・土肥両氏により、頭骨小変異を用いた血縁関係の推定が行われている（田中・土肥 1988）。その結果、成人男女9体（男性2体・女性7体）から得られた累積類似度が 23.5％（29 項目）、17.4％（19 項目）と比較的高いものであり、6号墓に埋葬された 13 体が何らかの血縁関係を有していたという可能性が指摘されている。この集骨から出土した個体は全て広型系の抜歯個体である。上記の稲荷山貝塚の歯冠計測値を用いた分析結果は、伊川津貝塚出土人骨を用いて指摘されている抜歯の系統（広型系）と血縁者の対応（田中・土肥 1988）を追証するものである。

	上 P1P2M1M2			上 P1P2M1			下 P1P2M1M2	
pair	平均値	標準偏差	pair	平均値	標準偏差	pair	平均値	標準偏差
36	0.163	0.394	45	0.167	0.515	66	0.138	0.447
10	0.243	0.345	10	0.295	0.479	21	0.396*	0.256
—	—	—	3	-0.309	0.825	6	-0.139	0.390
10	0.243	0.345	10	0.295	0.479	21	0.396*	0.256
—	—	—	—	—	—	—	—	—
6	0.181	0.344	6	0.034	0.483	10	0.341	0.261
3	-0.019	0.365	3	0.027	0.417	3	0.475	0.136
200	0.019	0.443	200	0.019	0.443	200	0.167	0.410
52	0.219**	0.436	52	0.219**	0.436	23	0.190	0.460
45	0.315***	0.41	45	0.315***	0.412	28	0.402**	0.237
56	0.268***	0.401	56	0.268***	0.401	29	0.365*	0.404
73	0.222**	0.424	73	0.222**	0.424	61	0.300*	0.391

値は土肥他 1986 より引用

(3) 分析結果とその検討：愛知県諸遺跡

a) 抜歯施行年齢

ⅰ) 上顎犬歯・下顎切歯・犬歯抜歯　上顎犬歯・下顎切歯・犬歯抜歯の施行年齢に関して、分析結果は次のような傾向である。

　①上下顎犬歯・下顎切歯抜歯は施行率・平均抜歯本数でみると若年時に一定の値に達しており、例外的な吉胡貝塚でも成年期に一定の値に達しており、ほとんどの個体においては若年時に抜歯が終了していたと考えられる。

　②上顎犬歯・下顎切歯・犬歯抜歯は若年期の施行状況から見ると、平均的な抜歯を行う境界年齢は 13-16 歳からである。

　③側方咬耗から見ると上下顎犬歯・下顎側切歯の大半は 10 代で抜歯の施行が行われていた可能性が高い。

　④骨充填の不完全な歯槽窩の例から、10 代終わりで下顎切歯抜歯を行う個体も存在する。

　⑤若年時の抜歯施行状況から見ると、上下顎で抜歯施行開始年齢に差は見られない。

以上の分析結果から上顎犬歯・下顎切歯・犬歯抜歯に関しては、抜歯の施行年齢は 10-20 歳の範囲、平均年齢は 13-16 歳であった可能性が高い。

ⅱ）上顎側切歯・上下顎小臼歯抜歯　　上顎側切歯抜歯に関しては、若年期においても見られ、前サンプル個体における施行率が4遺跡合わせて6.2%（22本／355本中）と非常に低く、特定の抜歯型式との相関も見られない。また、施行率が非常に高い上顎犬歯の近心側に位置しており、歯根も上顎歯の中では、細く短い。したがって、上顎犬歯を抜去した際に、偶発的に抜歯された事例が皆無であると断定できず、施行年齢に関して言及することは困難である。

さらに、上下顎の第2小臼歯抜歯に関しても施行率がそれぞれ2.7%（8／289本中）、0.8%（3／392本中）と低く若年サンプル個体に見られない可能性が完全には否定できないことから、これらの歯種の抜歯施行年齢を推定することは困難である。

上下顎第1小臼歯抜歯の施行に関しては、以下のような傾向が見られる。

　①上顎第1小臼歯抜歯は各遺跡ともに男性・女性に見られ、下顎第1小臼歯は稲荷山貝塚の男性には見られないが、その他の3遺跡に関しては男性・女性両方に見られる。

　②施行率は4遺跡合わせて上顎第1小臼歯：19.9%（62本／312本中）、下顎第1小臼歯：11.8%（48本／406本中）である。

　③吉胡貝塚の下顎小臼歯抜歯個体1例を除くと、上顎小臼歯は上顎犬歯に、下顎小臼歯は下顎犬歯に付随して抜歯される。

加えて遺跡別に見ると若年個体のサンプル数が少ないため、若年個体においてこれらの歯種の抜歯が見られなかった可能性も考え得るが、4遺跡あわせると第1小臼歯は上顎34本下顎54本遺存しており、若年期に抜歯していれば十分に出現可能なサンプル数であり、施行年齢が成年以降と推定することは可能である。

したがって、愛知県南部の4遺跡全体の上下顎第1小臼歯抜歯の施行状況に関しては、

　①上下顎犬歯・下顎切歯抜歯の施行（平均13-16歳、遅くても20歳まで）よりも遅れ、大半の個体で成年期以降に行われた可能性が高い。

　②若年期に行われていたとしても、吉胡貝塚の小児個体のようにごく限られた個体であった可能性が高い。

と言える。

b）抜歯型式の区分原理

　まず、施行年齢がほぼ同じで同じ通過儀礼に伴い抜歯されたと考えられる上下顎犬歯・下顎切歯抜歯の組み合わせにより大別・細別抜歯型式の分類を行い、性別・年齢に関する偏りに関する分析結果を見ると、

　　①大別抜歯型式は保美のみ性別と相関する。

　　②細別抜歯型式は性別と相関しない。

　また、叉状研歯や考古学的事象との相関を見ると、

　　③叉状研歯に関しては、広型抜歯個体に多く見られる。

　　④狭型の合葬例（稲山・吉胡貝塚）・卓状集骨例（吉胡貝塚）、狭型個体群から成る多数再葬墓（保美・伊川津貝塚）が見られる。

　　⑤人骨の埋葬密度がそれほど高くない稲荷山貝塚・伊川津貝塚に関しては、埋葬小群（稲荷山貝塚）或いは調査区（伊川津貝塚）の違いで、大別抜歯型式の偏りが見られる。

　　⑥頭位方向は抜歯型式との相関は見られない。

　　⑦吉胡・稲荷山両貝塚ともに大別・細別抜歯型式と副葬品に相関は見られない。

　　⑧吉胡貝塚においては、性別と副葬品の有無との間に相関が見られ、男性で副葬品を有する個体が多い。

という結果になっている。

　合葬・集骨事例や、墓地の埋葬小群の見られる稲荷山貝塚や伊川津貝塚のように狭い調査区における抜歯系統の偏りは、墓域内で空間的に抜歯型式が偏るという春成氏の指摘（春成 1980）通りの現象が得られている。加えて、歯冠計測値を用いた分析結果においては埋葬小群が血縁者を多く含み込む集団であるという点が明らかになっている。但し、副葬品に関しては、各遺跡の細別・大別抜歯型式個体数の偏りを考慮して分析を行い、抜歯型式あたりの副葬品保有率で比較した結果、大別・細別抜歯型式間で副葬品の保有の有意差は見られず、「4I 系」（本論 $2I_1 2I_2$ 型・$2I_1 2I_2 2C$ 型）個体群に副葬品が偏るとした春成氏の指摘（春成 1973：2002）とは異なる分析結果になっている。

表 39 歯種別抜歯施行率（津雲貝塚）

年齢	性別	サンプル数	I^2		C		P^1		P^2
					上顎抜歯歯種				
若年	男性	1	0	(0/2)	100	(2/2)	0	(0/2)	0
	女性	3	0	(0/3)	100	(1/1)	0	(0/3)	0
成年	男性	31	9.4	(5/53)	72.7	(40/55)	21.8	(12/55)	3.7
	女性	28	9.5	(4/42)	95.1	(39/41)	47.6	(20/42)	0
	不明	3	0	(0/4)	100	(4/4)	0	(0/4)	0
熟年	男性	9	6.7	(1/15)	75.0	(12/16)	41.7	(5/12)	0
	女性	11	6.3	(1/16)	81.3	(13/16)	17.6	(3/17)	0
	不明	2	0	(0/4)	100	(4/4)	66.7	(2/3)	0
成人	男性	2	50.0	(1/2)	100	(2/2)	0	(0/2)	0
	女性	1	0	(0/2)	100	(2/2)	0	(0/2)	0

％＝抜歯本数／観察本数、( ) 内：抜歯本数／観察本数

3 岡山県津雲貝塚

　津雲貝塚は岡山県笠岡市に位置する貝塚遺跡である。1915 年に地元地主により人骨が採集されて以降、東京大学や京都大学を中心に 18 次に及ぶ調査が行われた結果、縄文時代晩期に属する 200 体近くに上る人骨が出土している（潮見 1985）。これらの出土人骨は大半が抜歯をしており、以下に津雲貝塚出土人骨に見られる抜歯風習について分析を行う。分析に用いたのは、抜歯個体の見られる年齢層、即ち若年以上である。

　なお、副葬品等の考古学的な情報の検討に関しては、情報が公表されている京都大学所蔵資料に限られる。

（1）抜歯の施行年齢
a）抜歯施行率と平均本数
　①抜歯施行率　　上顎の施行率を見ると、女性に関しては下顎第 1 小臼歯のみ成年-熟年層間で有意な増加が見られる（表 39・図 45）。男性に関しては、各歯種ともに、成年層と熟年層間で顕著な増加は見られない。下顎の抜歯歯種ごとに施行率を検討すると、女性の第 1 小臼歯のみ有意な増加が見られる。

　②抜歯平均本数　　抜歯個体の平均抜歯本数を各年齢層間で比較する（表 40）。合計本数に関しては、上顎・下顎ともに成年-熟年間で増加傾向は見られ

第 2 節　抜歯風習隆盛期における様相

	\multicolumn{8}{c	}{下顎抜歯歯種}
	I_1		I_2		C		P_1	
(0/2)	0	(0/2)	0	(0/2)	0	(0/2)	0	(0/2)
(0/3)	33.3	(2/6)	33.3	(2/6)	66.7	(4/6)	0	(0/6)
(2/54)	17.2	(10/58)	19.0	(11/58)	53.4	(31/58)	7.1	(4/56)
(0/42)	70.4	(38/54)	61.8	(34/55)	50.0	(28/56)	3.6	(2/55)
(0/4)	0	(0/4)	0	(0/3)	66.7	(2/3)	0	(0/4)
(0/14)	29.4	(5/17)	16.7	(3/18)	55.6	(10/18)	22.2	(4/18)
(0/16)	73.7	(14/19)	64.7	(11/17)	60.0	(12/20)	40.0	(8/20)
(0/3)	100	(4/4)	75.0	(3/4)	50.0	(2/4)	0	(0/4)
(0/2)	100	(4/4)	100	(4/4)	25.0	(1/4)	0	(0/3)
(0/2)	100	(2/2)	100	(2/2)	100	(2/2)	50.0	(1/2)

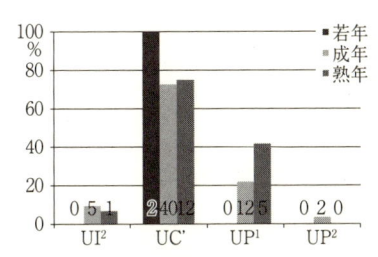

1：男性上顎（数値＝本数）

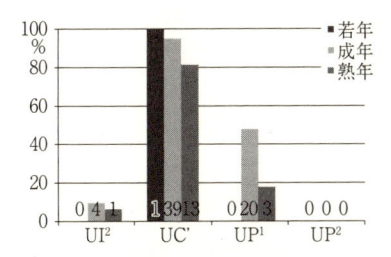

3：男性下顎（数値＝本数）

2：女性上顎（数値＝本数）

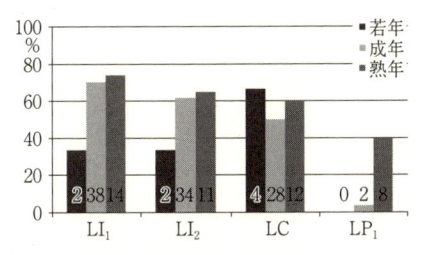

4：女性下顎（数値＝本数）

図 45　歯種別抜歯施行率（津雲貝塚）

表 40　抜歯平均本数（津雲貝塚）

1：上顎

年齢	性別	サンプル数	I^2	C'	P^1	P^2	計
成年	男性	11	0.27	1.73	0.55	0.18	2.73
	女性	11	0	2.00	0.82	0	2.82
熟年	男性	3	0	2.00	1.00	0	3.00
	女性	3	0	2.00	0	0	2.00

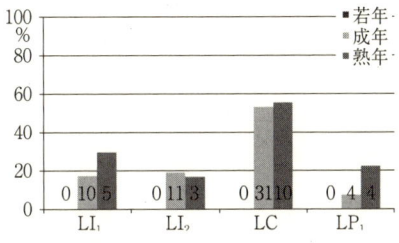

2：下顎

年齢	性別	サンプル数	I_1	I_2	C	P_1	計
成年	男性	15	0.73	0.60	1.60	0.53	3.46
	女性	6	2.00	2.00	1.00	0	5.00
熟年	男性	4	0.50	0.50	1.50	1.00	3.50
	女性	6	1.33	1.50	1.00	0.67	4.50

		年齢								
		10	11	12	13	14	15	16	17	18	19
上顎犬歯	津雲貝塚		○				●				

		年齢								
		10	11	12	13	14	15	16	17	18	19
下顎中切歯・側切歯・犬歯	津雲貝塚		○				○	●	●		

○：未抜歯／無抜歯個体　●：抜歯個体

図46　小児・若年抜歯施行状況（津雲貝塚）

ない。

b）若年期における抜歯の施行状況

　抜歯の施行期と考えられる若年期において、抜歯の有無を検討する（図46）。なお、乳歯がほぼ抜け永久歯列の完成間近である、10-12歳の個体に関しても観察が可能であったため、参考データとしてあげている。若年の抜歯施行状況をみると、およそ15-17歳の個体から抜歯が見られる。さらに、15-17歳の個体（性別不明、京大4次-2）の下顎に、抜歯後歯槽窩の骨充補塡が不完全な状態が見られる。若年という年齢上、性別不明の個体が多く含まれることから、抜歯を始める年齢に性差があるかどうかは不明である。

　以上のように個体数が少なく平均的な抜歯施行の境界年齢に関しては不明であるが、上下顎ともにおおよそ10代中頃の個体では抜歯をしており、これは先学の指摘（宮本 1925；清野・金高 1929；渡辺 1967）を追証する結果である。

　なお、既出の津雲貝塚若年の上・下顎抜歯の有無に関するデータ（舟橋 2003）のみを引用して上顎抜歯が下顎抜歯に先行するとの指摘が見られるが（山田 2008）、若年個体数が少なく平均的な抜歯施行の境界年齢に関しては不明であることからこのような指摘は困難である。

c）側方咬耗による抜歯年齢推定

　渥美半島の諸遺跡同様、縄文時代晩期人骨に見られる側方咬耗（図47）と抜歯隣接歯牙に見られる側方咬耗の比較を行う。上顎犬歯抜歯の隣接歯に関しては、8割の歯牙に側方咬耗が見られない。下顎犬歯抜歯の隣接歯に関しては、8割の隣接歯牙に側方咬耗が見られず、下顎側切歯抜歯に関しても8割の隣接歯牙に側方咬耗が見られない。

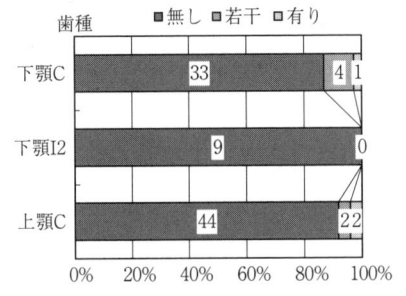

第 2 節　抜歯風習隆盛期における様相　171

図47 抜歯隣接歯の側方咬耗

表41　抜歯と妊娠・出産痕（津雲貝塚）

抜歯 妊娠痕	上顎 有り	上顎 無し	下顎 有り	下顎 無し
有り	13	0	20	0
無し	2	0	1	1
計	15	0	21	1

数値＝個体数

表42　上下顎抜歯の有無と年齢・性別（津雲貝塚）

年齢・性別 抜歯の有無	若年	成年	熟年	男性	女性	不明
無し 無し	—	3	2	5	—	—
無し 有り		2	—	2		
有り 無し	2	4	1	5	1	1
有り 有り	—	37	12	22	28	3

＊抜歯の有無：上段＝上顎　　下段＝下顎　　数値＝個体数

　したがって、側方咬耗から見る限り、これらの上顎犬歯・下顎側切歯・犬歯の大半は、未だ歯牙の側面に咬耗の見られない10代で、抜歯の施行が行われた可能性が高い。これ以外の歯種に関してはサンプル歯数が少ないため、具体的な傾向を指摘することはできない。

d）妊娠・出産痕と抜歯の有無

　上顎抜歯・下顎抜歯と妊娠・出産痕の有無の関係を見てみる（表41）。妊娠・出産痕の見られる個体は全て、上下顎の抜歯を有する個体である。また、妊娠・出産痕の見られない個体で、下顎抜歯を持つ個体が存在する。なお、妊娠・出産痕の見られる最年少個体は16-19歳の個体である。

e）上下顎抜歯の有無の加齢変化

　津雲貝塚に関しても愛知県の諸遺跡と同様に先行研究（春成 1973）において晩期の儀礼推定に用いられていることから、儀礼推定の際使用されている項目について検討を行う。

　上下顎抜歯の有無について見たところ、上顎抜歯と下顎抜歯の先後関係を示すような傾向は見られない（表42）。若年個体2体ともに上顎抜歯があって下

図 48 下顎抜歯歯種の加齢変化（津雲貝塚）（数値＝個体数）

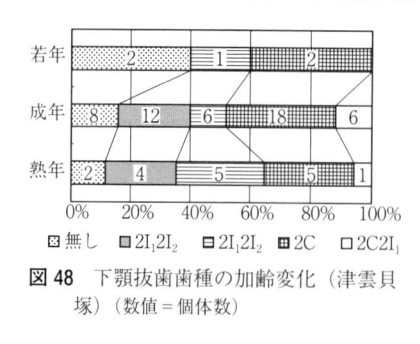

顎抜歯が見られない点から考えると、上顎の抜歯が先に行われた可能性も考えられる。しかし、成年・熟年個体にも上顎のみ抜歯し下顎を抜歯していない個体が存在することから、この若年個体に関しても、この後生存していても下顎抜歯を行わないままであった可能性も考え得る。したがって、上下顎の抜歯の有無から見ると、上顎と下顎の抜歯の施行順の明瞭な先後関係は不明である。

次に、愛知県の4遺跡同様、抜歯型式の年齢層間比較を行う。年齢別の抜歯型式の割合を算出した結果、春成氏の考えたような型式変化に合致するような傾向（加齢に伴い$2I_1 2I_2$型・$2C$型は減少し、$2I_1 2I_2 2C$型・$2I_1 2C$型は増加する）は認められない（図48）。したがって、抜歯型式の加齢変化から先学の抜歯型式の加齢変化という説は支持し得ない。

（2）抜 歯 型 式

津雲遺跡では抜歯歯種自体は非常に多様である（表43）。但し、愛知県の4遺跡同様に施行年齢がほぼ同じであると推定される上下顎犬歯・下顎切歯により形成される抜歯歯種の組み合わせに関して分類を行い（表44）、諸属性との相関を明らかにする。

ⅰ）分　　類　　抜歯型式が何らかの表示機能を有しているならば、実際に抜歯がどのように見えるかという点は非常に重要である。したがって、愛知県の諸遺跡同様の基準で前歯を隣接して3本以上抜歯していることを基準とし、抜歯の見た目により抜歯型式をまとめると抜歯後の空隙の目立たないタイプと目立つタイプに分けられる。これを狭型、広型とする（図49）。なお、津雲貝塚においても前出の愛知4遺跡同様分類困難な$2C／1I_1 1I_2 2C$抜歯が1例見られる。抜歯型式を歯種により細分すると非常に多様であるが、5％以上の出現率の型式は無抜歯型・O型（$2C／$無抜歯）・$2C$型（$2C／2C$）・$2I_1 2C$型（$2C／2I_1 2C$）・$2I_1 2I_2$型（$2C／2I_1 2I_2$）・$2I_1 2I_2 2C$型（$2C／2I_1 2I_2 2C$）の6型式である。

表 43 抜歯歯種組み合わせ一覧（津雲貝塚）

抜歯型式	若年	成年	熟年	成人	男性	女性	不明
—／—	-	2	2	1	5	-	-
I_1 （上）	-	1	-	-	1	-	-
I_2 （上）	-	1	-	-	1	-	-
$C \mid I^2$ ／ —	-	1	-	-	1	-	-
$C \mid C$ ／ —	1	1	-	-	2	-	-
$CI^2 \mid C?$ ／ —	-	-	1	-	1	-	-
$C \mid I^2C$ ／ —	-	1	-	-	1	-	-
$I^2 \mid$ ／ $C \mid I_2C$	-	1	-	-	1	-	-
$C \mid C$ ／ $I_1 \mid I_2$	-	1	-	-	1	-	-
$P^1CI^2 \mid C$ ／ $? \mid I_1 \mid I_2$	-	1	-	-	1	-	-
$C \mid C$ ／ $C \mid C$	-	5	1	-	4	1	1
$C \mid C$ ／ $C \mid I_2C$	-	1	-	-	1	-	-
$CI^2 \mid C$ ／ $C \mid C$	-	1	-	-	1	-	-
$C \mid CP^1$ ／ $C \mid C$	-	-	1	-	1	-	-
$P^1C \mid CP^1$ ／ $C \mid C$	-	4	-	-	1	3	-
$P^1C \mid CP^1$ ／ $C \mid I_2C$	-	1	-	-	1	-	-
$P^1C \mid CP^1$ ／ $CI_2 \mid C$	-	1	-	-	1	-	-
$P^1C \mid CP^1$ ／ $P_1C \mid CP_1$	-	-	1	-	-	1	-
$P^1C \mid CP^1$ ／ $P_1C \mid I_2CP_1$	-	-	1	-	1	-	-
$P^1C \mid I^2 P^1$ ／ $C \mid I_2 P_1$	-	1	-	-	1	-	-
$C \mid C$ ／ $C I_1 \mid C$	-	2	-	-	2	-	-
$C \mid C$ ／ $C I_1 \mid I_1 C$	-	1	-	-	1	-	-
$P^1C \mid CP^1$ ／ $C I_1 \mid I_1 C$	-	1	-	1	2	-	-
$P^2P^1C \mid CP^1$ ／ $P_1C \mid I_1I_2C$	-	1	-	-	1	-	-
$C \mid C$ ／ $I_2I_1 \mid I_1$	-	-	1	-	-	-	1
$C \mid C$ ／ $I_2I_1 \mid I_1I_2$	-	5	1	1	-	7	-
$C \mid I^2C$ ／ $I_2I_1 \mid I_1I_2$	-	1	-	-	1	-	-
$CI^2 \mid C$ ／ $I_2I_1 \mid I_1I_2$	-	-	1	-	-	1	-
$CI^2 \mid I^2C$ ／ $I_2I_1 \mid I_1I_2$	-	1	-	-	1	-	-
$P^1C \mid C$ ／ $I_2I_1 \mid I_1I_2$	-	1	-	-	1	-	-
$P^1C \mid CP^1$ ／ $I_2I_1 \mid I_1I_2$	-	2	-	-	2	-	-
$C \mid I^2C$ ／ $CI_2I_1 \mid I_1I_2$	-	-	-	1	1	-	-
$C \mid C$ ／ $CI_2I_1 \mid I_1I_2C$	-	1	1	-	2	-	-
$C \mid CP^1$ ／ $CI_2I_1 \mid I_1I_2C$	-	2	-	-	2	-	-
$P^1C \mid CP^1$ ／ $CI_2I_1 \mid I_1I_2C$	-	2	1	-	2	1	
$P^1C \mid CP^1$ ／ $P_1CI_2I_1 \mid I_1I_2CP_1$	-	1	-	-	1	-	-
$P^1C \mid I^2CP^1$ ／ $CI_2I_1 \mid I_1I_2C$	-	1	-	-	1	-	-
$? \mid CP^1$ ／ $P_1CI_2I_1 \mid I_1? C$	-	-	1	-	-	1	-

抜歯型式	若年	成年	熟年	成人	男性	女性	不明
C ｜ ? ／ 　 ｜	-	1	-	-	1	-	-
P₁C ｜ ? ／ 　 ｜ CP₁	-	1	-	-	1	-	-
C ｜ ? ／ 　 ｜	-	1	-	-	1	-	-
? ｜ C ／ 　 ｜	1	-	-	1	-	-	-
? ｜ ? ／ 　 ｜	-	1	-	-	1	-	-
C ｜ C ／ C ? ｜ I₁? CP₁	-	1	-	-	1	-	-
C ｜ C ／ ? ｜ ?	-	3	-	-	2	-	1
P¹ ｜ P¹ ／ ? ｜ ?	-	1	-	-	1	-	-
? ｜ ? ／ 　 ｜	-	2	-	-	2	-	-
? ｜ ? ／ I₁ ｜	-	1	-	-	1	-	-
? ｜ ? ／ 　 ｜ I₁	-	1	-	1	-	-	-
? ｜ ? ／ C ｜ C	1	1	-	-	-	2	-
? ｜ ? ／ C ｜ I₂C	-	1	-	-	-	1	-
? ｜ ? ／ P₁C ｜ CP₁	-	1	-	-	-	1	-
? ｜ ? ／ C I₁ ｜ C	-	1	-	-	-	1	-
? ｜ ? ／ C I₁ ｜ I₁ C	-	-	-	-	-	-	-
? ｜ ? ／ I₂I₁ ｜ I₁I₂	-	2	-	-	-	2	-
? ｜ ? ／ I₂I₁ ｜ I₁I₂ ?	-	-	-	1	1	-	-
? ｜ ? ／ CI₂I₁ ｜ I₁I₂C	1	-	-	-	-	1	-
? ｜ ? ／ P₁CI₂I₁ ｜ I₁I₂CP₁	-	1	1	-	1	1	-
C ｜ ? ／ I₂I₁ ｜ ?	-	1	-	-	-	1	-
? ｜ ? ／ ? ｜ ?	-	1	-	-	-	-	1
計	4	62	20	6	43	44	5

表44　若年時施行抜歯歯種の組み合わせ一覧（津雲貝塚）

抜歯型式	若年	成年	熟年	成人	男性	女性	不明
｜ 　 ／ 　 ｜	-	2	2	1	5	-	-
｜ 　 ／ I₁ ｜	-	1	-	-	1	-	-
｜ 　 ／ I₂ ｜	-	1	-	-	1	-	-
C ｜ 　 ／ 　 ｜	-	1	2	-	1	-	-
｜ 　 ／ C ｜ I₂C	-	1	-	-	1	-	-
C ｜ 　 ／ 　 ｜	-	1	-	-	1	-	-
C ｜ C ／ 　 ｜	1	2	1	-	4	-	-
C ｜ C ／ C ｜ C	0	10	3	-	7	5	1
C ｜ C ／ C ｜ I₂C	-	3	1	-	4	-	-
C ｜ 　 ／ C ｜ I₂	-	1	-	-	1	-	-
C ｜ C ／ C ｜ I₁ C	-	2	-	-	3	-	-
C ｜ C ／ C I₁ ｜ I₁ C	-	2	-	1	3	1	-
C ｜ C ／ I₁ ｜ I₂	-	2	-	-	2	-	-
C ｜ C ／ I₂I₁ ｜ I₁	-	-	1	-	-	-	1

C | C I₂I₁ | I₁I₂	–	10	2	1	1	15	–
C | C C | I₁I₂C	–	1	–	–	1	–	–
C | C CI₂I₁ | I₁I₂	–	–	–	1	1	–	–
C | C CI₂I₁ | I₁I₂C	–	5	3	1	2	10	1
	1	45	15	5	39	31	3

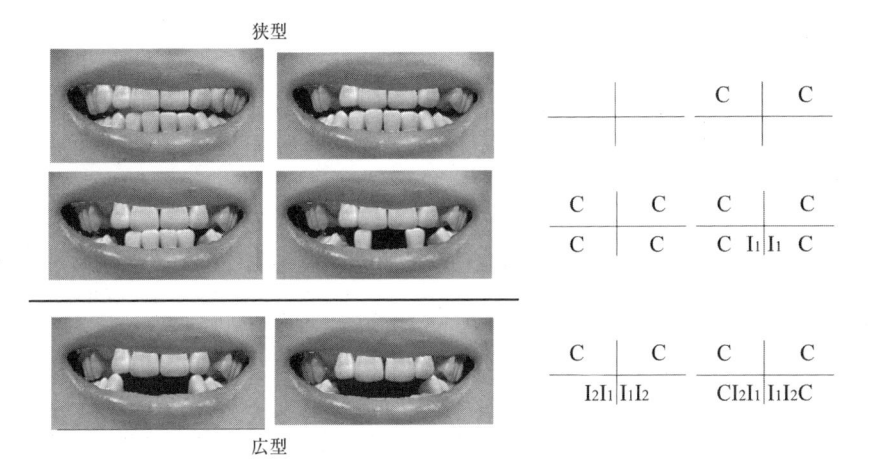

狭型

広型

図49 細別・大別抜歯型式外観図（4遺跡全体）（モデル図に挙げていない抜歯歯種の組み合わせや大別分類は可能で細別分類不可能な抜歯歯種の組み合わせ有り）

これ以外の抜歯歯種の組み合わせのうち、2C／1I₂2C と 2C／1I₁2C に関しては愛知の4遺跡同様の理由からそれぞれ 2C

表45 数量化Ⅲ類固有値・寄与率（津雲貝塚）

	固有値	寄与率	累積寄与率	相関係数
第1軸	0.3137	57.9%	57.9%	0.5601
第2軸	0.0741	13.7%	71.6%	0.2722

型と 2I₁2C 型に分類する。なお、2I₁2C 型・2I₁2I₂型・2I₁2I₂2C 型に関しては、O／2I₁2I₂型のような各抜歯型式と類似する下顎抜歯のみの抜歯が見られないことから、上顎抜歯不明個体もこれらの細別型式に含めることとする。一方で、上顎抜歯不明／2C 抜歯個体に関しては、上顎無抜歯／2C 抜歯が存在してお

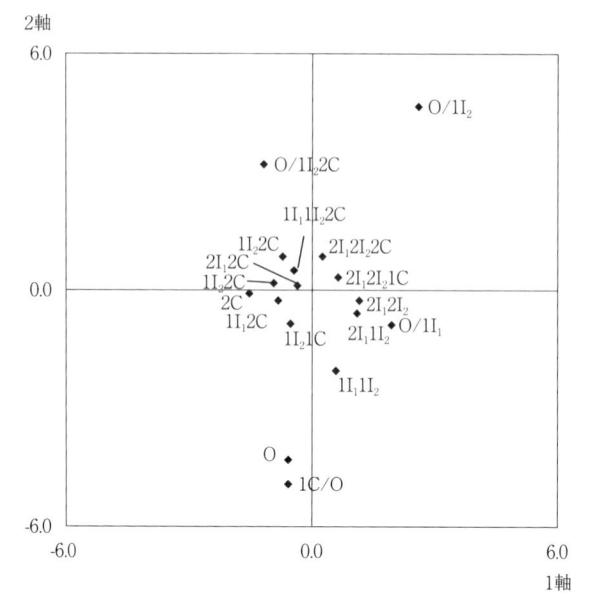

図50 数量化Ⅲ類散布図（津雲貝塚）

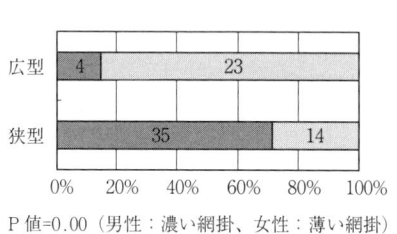

図51 大別抜歯型式と性別（数値は個体数）
P値=0.00（男性：濃い網掛、女性：薄い網掛）

次に、上顎犬歯と下顎犬歯切歯の歯槽部が完存している個体を対象として、愛知県同様数量化Ⅲ類による分析を行った（表45・図50・appendix c）。但し、この分析に関しては、方法上の制約により、無抜歯個体を含めた分析は行えない。その結果、寄与率・相関係数が高い1軸で見ると上下顎抜歯の有無でわかれ、2軸でみると＋の下顎切歯を中心に抜歯するものと、－の下顎犬歯を中心に抜歯するものの2つに大別可能である。これは、上述の広型／狭型に対応する。

り2C型との判別ができないことから細別型式分類からは除外する。

以上の大別・細別分類結果をまとめると、以下の通りである。

　①大別抜歯系統：狭型、広型

　②細別抜歯型式：無抜歯型、O型、2C型、$2I_1 2I_2$型、$2I_1 2C$型、$2I_1 2I_2 2C$型

なお、愛知県4遺跡同様、抜歯が進行している若年層は省き抜歯型式が固定している状態の成年以降の個体を用いて抜歯型式の分析を行う。

a）抜歯型式と性別

表43・44の抜歯型式のデータを基にカイ二乗検定を行った結果、大別・細

表46 細別抜歯型式と性別（津雲貝塚）

型式名	男性	女性
無抜歯	5	0
O	4	0
2C	11	5
2I$_1$2C	6	1
2I$_1$2I$_2$	2	15
2I$_1$2I$_2$2C	3	10
その他	8	0

数値＝個体数、P値＝0.00

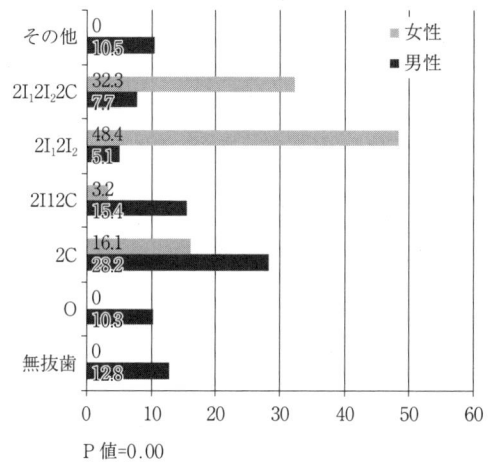

図52 細別抜歯型式と性別（表46を元に作成）

P値=0.00

表47 細別抜歯型式と副葬品（津雲貝塚）

型式名	アカガイ製貝輪	鹿角製耳飾	鹿角製腕飾	鹿角製腰飾	副葬品保有率	
無抜歯	—	—	—	1	100%	(1/1)
O	—	—	—	—	0%	(0/1)
2C	1	1	—	—	100%	(1/1)
2I$_1$2C	—	—	—	—	0%	(0/3)
O/2I$_1$2I$_2$	—	—	—	—	—	—
2I$_1$2I$_2$	4	—	—	1	50.0%	(4/8)
2I$_1$2I$_2$2C	2	1	—	—	50.0%	(2/4)
その他	—	—	—	1	14.3%	(1/7)
総出土件数	9	2	1	4		

数値＝個体数

別抜歯型式はともに性別と相関が認められる（図51・52・表46）。

b）各抜歯歯種間の相関

　上下顎第1小臼歯抜歯に関しては、基本的に上顎第1小臼歯は上顎犬歯、下顎第1小臼歯は下顎犬歯に伴う。ただし、1体のみ（阪大39号：20代女性）上顎左右第1小臼歯のみの抜歯が見られる。また、上顎側切歯抜歯に関しては上顎左右犬歯抜歯に付随して行われる個体が多いが、上顎の側切歯のみを抜歯している個体が1体（京大2号：成年男性）、上顎の右犬歯と左側切歯を抜歯している個体が1体（京大58号：成年男性）存在している。また、上下顎第2小臼歯抜歯は必ず上下顎犬歯抜歯に付随して行われる。

副葬品 ■有り □無し

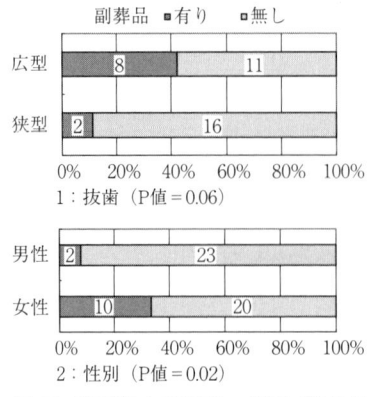

広型 8 | 11
狭型 2 | 16

0%　20%　40%　60%　80%　100%
1：抜歯（P値＝0.06）

男性 2 | 23
女性 10 | 20

0%　20%　40%　60%　80%　100%
2：性別（P値＝0.02）

図 53　副葬品と諸属性の相関（津雲貝塚）（数値＝個体数）

表 48　細別抜歯型式と頭位方向（津雲貝塚）

型式名	北	北東	東	南東	南	南西
無抜歯	—	—	—	—	—	—
O	1	—	—	—	—	—
2C	1	1	1	2	—	—
$2I_12C$	—	2	—	—	—	—
$O/2I_12I_2$	—	—	—	—	—	—
$2I_12I_2$	2	—	4	—	1	1
$2I_12I_22C$	—	—	3	—	—	—
その他	1	1	1	—	1	—

数値＝個体数

c）抜歯型式と墓制

　本分析に使用した個体中、副葬品等考古学的な情報が得られる個体は、京都大学所蔵資料のみである。

　ⅰ）副葬品と抜歯型式　津雲貝塚においては、貝輪・鹿角製腕飾・鹿角製腰飾・鹿角製耳飾・小玉が副葬品として出土しており、そのうち小玉のみが 7 － 8 歳の小児個体に伴い、それ以外の副葬品は全て成人以上の個体に伴う（清野 1949：1969）。副葬品のうち鹿角製腰飾のみが男性にも副葬されており、4 例中 2 例が男性に伴う。これらの副葬品と抜歯型式の関係についてみてみる。副葬品を持つ個体の抜歯型式は、個体数の少ない $2I_12C$ 型以外の 4 型式である（表 47）。各型式における副葬品を持つ個体の頻度は様々であるが、細分抜歯型式と副葬品の有無に相関は見られない。一方で大別抜歯型式は副葬品とやや相関が見られる（図 53-1）。但し、津雲貝塚全体で見ると副葬品は女性に偏り、副葬品と性別の相関が見られる（図 53-2）。上述のように、津雲貝塚においては大別・細別抜歯型式と性別に相関が見られる。したがって、特定型式における副葬品を持つ個体の偏りは、副葬品を持つ個体は大半が女性であるという、津雲貝塚全体の副葬品を持つ個体の性差を反映したものと考えられる。

　また、上記の副葬品のうち、縄文時代後晩期における成人の重要な副葬品として、鹿角製腰飾がある。津雲貝塚においては 3 例の鹿角製腰飾の出土が見ら

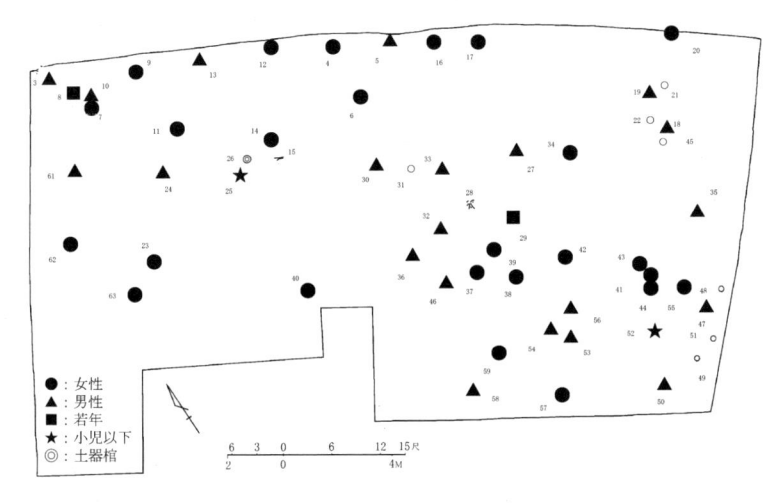

図54 津雲貝塚性別出土状況

表49 相関係数の平均値（津雲貝塚）

歯種 対象群	上下 P1P2M1 pair	平均値	標準偏差	上下 P1M1 pair	平均値	標準偏差	上 P1P2M1 pair	平均値	標準偏差
全体	3	0.462	0.131	21	-0.057	0.473	21	0.371**	0.324
男性	—	—	—	3	-0.154	0.235	—	—	—
女性	—	—	—	6	-0.220	0.481	10	0.511**	0.298
広型	3	0.462	0.131	6	0.060	0.655	6	0.495**	0.195
他人	200	0.114	0.348	200	0.112	0.392	200	0.019	0.443
親子	33	0.290**	0.318	46	0.318**	0.451	52	0.219**	0.436
兄弟・孫	31	0.318**	0.288	43	0.295*	0.451	45	0.315***	0.412
オジ・オイ	45	0.210	0.304	46	0.231*	0.307	56	0.268***	0.401
イトコ	69	0.206*	0.262	34	0.202	0.355	73	0.222**	0.424

他人群の平均値との t 検定の結果＊：有意水準 0.05 未満，＊＊：有意水準 0.01 未満，他人群以下の値は土肥他 1986 より引用

れ、このうち2体（3号・23号）は上下顎に抜歯を有する個体であるが、1体（53号）は上顎のみ抜歯しており下顎は無抜歯の個体である。

 ⅱ）抜歯型式と頭位方向　津雲貝塚出土人骨の頭位は7方向ある。大別・細別抜歯型式ともに頭位との相関は見られない（表48）。

 ⅲ）抜歯型式と空間分布　人骨の空間分布に関しては、京都大学発掘調査区出土人骨を用いて、小林達雄氏が性差による人骨の空間的偏りを指摘している（小林1988）。また、春成氏は、抜歯型式の調査区内で、抜歯系統・性差を

反映しない埋葬小群の存在を指摘している（春成 1979）。同一の発掘調査区を用いて性別・年齢・抜歯型式の空間的偏りを検討してみると、調査区内に春成氏の指摘するような明瞭な埋葬小群は見られない（図54）。ただし、小林氏が指摘しているように、調査区内での性別の空間的な偏りは不明瞭ながら見られ、墓地経営当初は性別を区分軸とした埋葬原理に基づいて墓地の経営が行われていた可能性も考え得る。

ⅳ）歯冠計測値を用いた血縁関係の推定（表49）　津雲貝塚に関しては、既に、$2I_12I_2$型・$2I_12I_22C$型個体群（春成氏の4I系）、$2C$型・$2I_12C$型個体群（春成氏の2C系）・男性個体群・女性個体群のそれぞれで、相関係数の平均値が現代他人同士の個体群と有意差があり、現代日本人の血縁者集団に近い値を示すことが明らかになっている（Tanaka 1993：2001）。したがって、本論においても、抜歯型式の明らかな個体群に関して歯冠計測値を用いて、同様な分析を行ってみる。分析の結果、広型系個体群・狭型系個体群・女性個体群で相関係数の平均値が現代他人同士の個体群と有意差が見られる。本論では対象個体が抜歯型式の判明している個体のみに絞ったため、田中氏が分析に用いた個体数には満たなかったものの、ほぼ同じ傾向を示す分析結果が得られている。したがって、田中氏の指摘通り、狭型個体群・広型個体群・女性個体群はともに血縁者を多く含み込む個体群であると言えよう。

（３）分析結果とその検討：津雲貝塚
a）抜歯施行年齢
　ⅰ）上顎犬歯・下顎切歯・犬歯抜歯　　施行年齢に関して、分析結果は次のような傾向である。
　　①上下顎犬歯・下顎切歯は施行率・平均抜歯本数ともに若年で一定の値に達しており、ほとんどの個体においては若年時に抜歯が終了していたと考えられる。
　　②上下顎犬歯・下顎切歯は若年期の施行状況から見ると、少なくとも10代半ばには抜歯を行う個体が見られる。
　　③側方咬耗から見ると上下顎犬歯・下顎側切歯の大半は10代で抜歯の施

行が行われていた可能性が高い。

　④骨充填の不完全な歯槽窩の例から、10代終わりでの下顎切歯抜歯も確認された。

　以上の分析結果から上顎犬歯・下顎切歯・犬歯抜歯に関しては、抜歯は少なくとも10代半ばには行われており、遅い個体でも20歳までに施行されていた可能性が高い。

　次に、これらの分析結果から既存の仮説について検討しよう。既存の仮説では上顎犬歯のみの個体が比較的若い個体に多いことから、上顎犬歯は成人抜歯、下顎切歯・犬歯は婚姻抜歯とされている（春成1973）。しかし、分析の結果上下顎の抜歯の有無と年齢の関係から上下顎の抜歯施行順序について言及することは困難であるということが明らかになった。加えて、若年時の抜歯の施行状況を見ると上下顎犬歯と下顎切歯は施行年齢に差が無く、成人儀礼、婚姻儀礼という2段階の通過儀礼で行われた可能性は低い。したがって、既存の成人・婚姻仮説は棄却される。

　ⅱ）上下顎小臼歯・上顎側切歯抜歯　　成人以降に見られる抜歯歯種の施行年齢について検討すると以下の通りである。

　まず、上顎側切歯・上顎第2小臼歯に関しては、上顎側切歯8.7%（12本／138本中）、上顎第2小臼歯1.5%（2本／137本中）と施行率が低いため、その施行年齢への言及は不可能である。

　上下顎第1小臼歯抜歯に関しては、

　①下顎第1小臼歯抜歯のみ女性の成年-熟年層間で有意な増加傾向が見られる。

　②施行率は上顎30.7%（42本／137本中）下顎11.7%（19本／162本中）である。

　若年に関しては上顎2体・下顎4体とサンプル数が少ないため、若年層で、上下顎第1小臼歯抜歯が見られなかった可能性も考え得る。但し、下顎の第1小臼歯に関しては、成年から熟年層で増加傾向が見られ、成年の施行率が女性3.6%、男性7.1%と低いことから、若年で抜歯を行っていても限られた少数の個体であった可能性が高い。

したがって、施行年齢は、下顎第1小臼歯に関しては、上・下顎犬歯・下顎切歯抜歯の施行よりも遅れ、大半の個体で成年期以降に行われた可能性が高い。上顎第1小臼歯に関しては、施行率が上下顎犬歯・切歯よりも低く、下顎第1小臼歯に近いものの、施行年齢そのものについては言及が困難である。

他の抜歯歯種との相関についてみると、基本的に上顎小臼歯は上顎犬歯に、下顎小臼歯は下顎犬歯に付随して抜歯されるが、上顎第1小臼歯のみを単独で抜歯している個体も存在する。

b）抜歯型式の区分原理

まず、同じ通過儀礼に伴い抜歯されたと考えられる、上下顎犬歯・下顎切歯を用いて抜歯型式の性別・年齢に関する偏りに関する分析結果および考古学的事象との相関を見ると、

　①大別・細別抜歯型式は性別と相関する。
　②頭位方向は大別・細別抜歯型式との相関は見られない。
　③広型個体群での副葬品の保有率は高いが、これは性別と副葬品の相関に起因する。

京大資料出土調査区内で先行研究において指摘されているような明瞭な埋葬小群（春成1980）は確認し得なかったため本論においては埋葬小群と抜歯の相関に関する分析は行っていない。また、副葬品に関しては、抜歯型式と副葬品の相関のみでなく性別と副葬品の相関を見た結果、先学の指摘通り、広型系（春成氏の4I系を含む）の抜歯個体群の副葬品保有率は狭型系（春成氏の2C系を含む）に比べ高いものの、大別抜歯型式間の副葬品保有率の差は副葬品と性別の相関に起因すると考えられる。

歯冠計測値を用いた血縁関係に関しては、広型個体群・狭型個体群・女性個体群の相関係数の平均値が、現代人の血縁者の個体群に近い値になっている。これらの分析は、田中氏（Tanaka 1993：2002）が分析に用いた個体数には満たなかったものの、ほぼ同じ傾向を示す結果が得られている。

4　その他の遺跡

前項までの1遺跡における出土個体数が多い遺跡の他にも、抜歯個体が少数

出土している遺跡が存在する。これまでの研究において、縄文晩期には抜歯型式に東西差が見られるという指摘がなされている（渡辺 1966；春成 1979）。本項ではこの点について検討してみよう。1遺跡における出土個体数が少ないことから、各遺跡単位での抜歯の施行年齢の推定は困難である。また、既出の6遺跡の分析から、抜歯型式は墓域内で空間的な偏りを見せることから、出土個体数が少なく発掘面積自体も狭い遺跡は、墓域の一部を発掘していると考えられるため、遺跡ごとに抜歯型式に関する分析を行っても、遺跡全体の様相を明らかにすることは出来ない。したがって、先行研究で地域差の指摘されている愛知以西と静岡以東にわけて抜歯型式を概観する。なお、先行研究の指摘通り、北海道（共春、高砂、有珠、栄磯遺跡）と南西諸島（長崎鼻、クマヤー洞穴遺跡）に関しては、それぞれ上顎下顎の切歯を1～2本抜歯する地域的特徴を有しており、本州・九州における抜歯風習とは異なる様相を呈している（百々他 1996；峰 1992）。東北から九州地方に関しては、渡辺氏が、静岡以東の遺跡で2C型・O型が主流であり愛知以西では小臼歯抜歯を伴う$2I_2 2I_2$型・$2I_2 2I_2 2C$型・2C型の個体が多く見られることを指摘し（渡辺1966）、前者を東日本型、後者を西日本型としている。さらに、春成氏は、静岡以東の2C型・O型は愛知以西の春成分類の4I系・2C系に相当すると指摘し（春成 1979）、2C型の多く出土する中部高地において唯一出土している$2I_2$

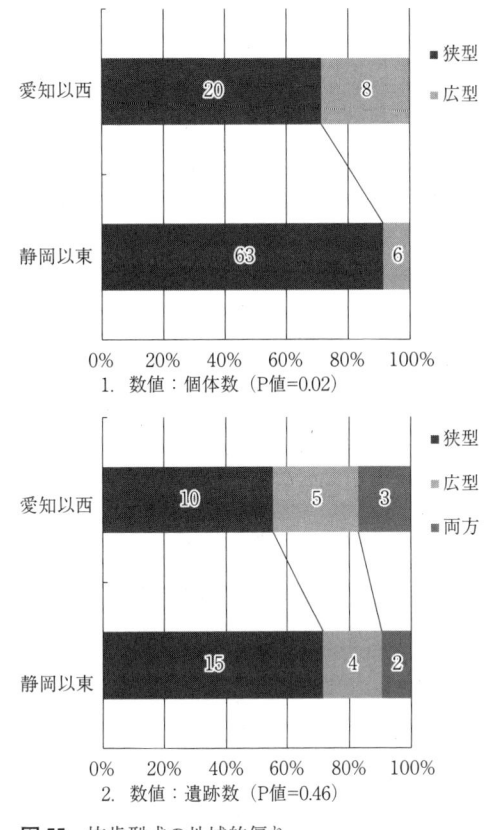

図55　抜歯型式の地域的偏り

$2I_2 2C$ 型（春成 4I2C 型）の個体に関しては「おそらく東海西部-近畿地方出身者であろう」という指摘を行っている。

　縄文時代晩期の個体を概観すると、それぞれの地域の抜歯個体における広型個体の割合は渡辺氏・春成氏の指摘通り静岡以東の遺跡では少ない（図 55-1）。但し、愛知以西でも狭型個体の割合が多く、広型個体は少ない。一方、遺跡数で見ると、狭型のみ広型のみ出土する遺跡と両方が出土する遺跡数は愛知以西と静岡以東で大差は無い（図 55-2）。人骨の帰属時期の絞り込みが困難でこの分析に含めていない国府遺跡も両方の型式が 3 - 4 体ずつみられる。

　さらに、渡辺氏が地域差を示す属性として着目した西日本型特有の小臼歯抜歯に関しては、枯木宮遺跡と国府遺跡でのみ 1 体ずつ見られ、愛知県以西の地域においても抜歯している遺跡数は少ない。また、既出の三貫地貝塚・愛知県南部の 4 遺跡・津雲貝塚ともに小臼歯抜歯が 1 - 3 割程度見られ、本項の分析に使用している遺跡は各遺跡出土個体数が少ないことから、枯木宮遺跡と国府遺跡に限られたと考えられる。したがって、小臼歯抜歯個体の出土が愛知以西に多いというよりも、多数の抜歯個体が出土するような大規模発掘の行われた遺跡が愛知県以西に多い為に、小臼歯抜歯の出土個体数が愛知県以西で多いという指摘が出来よう。

　以上の分析結果を総合すると、静岡以東では広型個体の割合が低く、地域間で狭型と広型の出現に有意差が見られるものの愛知以西でも広型個体の割合は少なく、遺跡単位で見ると静岡以東と愛知以西に有意な差は見られない。但し、三貫地貝塚と愛知県諸遺跡・津雲貝塚の抜歯型式組成比の違いは先行研究において指摘されている抜歯型式の東西差を裏づけるものである。これらの結果を総合すると今回個別に取り上げた遺跡の中では比較的発掘調査面積が狭く、このような場合伊川津貝塚・三貫地貝塚においてみたように調査区によって抜歯型式の偏りが見られる可能性があり、稲荷山貝塚のようにより広い調査面積を面的に発掘した場合墓域内で抜歯型式の空間的な偏りが見られる。したがって、晩期の列島東西における抜歯型式組成比の東西差に関しては、先学の指摘通り本来の東西差を反映している可能性とともに墓域内における抜歯型式の偏りを反映している可能性も残しておく必要があろう。

第Ⅳ章　弥生時代における抜歯風習

　本章においては、抜歯風習の衰退期とされる弥生時代以降の時期（渡辺 1966）の抜歯風習の諸様相を明らかにする。第Ⅰ章において整理したとおり、抜歯の系統付けにおいてこれまで行われていたような抜歯歯種のみに基づく議論は危うく、また弥生時代抜歯風習の系統論を行う際にこれまで着目されていた上顎側切歯以外の抜歯歯種に関しても、日本列島外の抜歯風習の影響を受けている可能性が考えられる（田中 1999 など）。さらに、第Ⅰ章において整理したように弥生時代抜歯風習の儀礼的側面や抜歯型式の社会的意味を議論する際に基盤となっていた縄文時代晩期の抜歯風習に関する先行研究（春成 1973）には問題があり（舟橋 2000：2003）、前章の第2節第5項においてもこれらの議論の根幹をなす施行年齢の点で既存の施行儀礼説とは異なる結果が得られている。弥生時代は抜歯風習の衰退期という指摘がなされているが（春成 1987）、一方で儀礼的意味の変容の可能性も指摘されている（土肥・田中 1988）。弥生時代に後続する古墳時代抜歯風習の儀礼的側面についての研究は進んでおり、縄文時代と弥生時代の抜歯風習のつながりのみでなく、弥生時代と古墳時代の抜歯風習の関係についても考慮し弥生時代抜歯風習を検討する必要がある。したがって、本章においては、弥生時代抜歯風習の変容の時期や地域性および変容の要因を明らかにするために、日本海沿岸・九州・東日本という地域ごとにその様相を明らかにしていきたい。遺跡数または各遺跡の個体数が揃っており、小地域単位或いは遺跡単位で分析が可能な場合には、地域または遺跡ごとに分析結果を提示する。本来ならば、縄文時代の分析同様北の地域から分析結果を呈示すべきであるが、東日本は分析対象遺跡数も少なく、東日本の分析データのみからその特徴を抽出することは困難であり、他地域の様相と比較が必要である。したがって、東日本に関しては最後に分析結果を提示する。

第1節　日本海沿岸

1　遺跡概要

（1）古浦遺跡

　古浦遺跡は、現在の島根県松江市鹿島町の佐陀川南岸に近い砂丘上に位置し、1948年に島根大学、1956年に鳥取大学医学部により調査が行われ、その後1961年から64年までに鳥取大学医学部の金関丈夫氏により4回の調査が行われた（藤田 1987；古浦遺跡調査団・鹿島町教委 2005）。これらの調査で出土した土器により、本遺跡は弥生時代の墓域の上に古墳時代の包含層が堆積しており、出土した人骨は弥生時代前期後半を中心とし、弥生時代中期・古墳時代人骨を数体含むことが判っている。調査範囲の面積は 20m × 25m であり、これは土井ヶ浜遺跡や中ノ浜遺跡において認められた複数の墓域のほぼ1つ分の面積に相当する（藤田 1987）。

（2）土井ヶ浜遺跡

　土井ヶ浜遺跡は現在の山口県下関市の砂丘上に位置する墓地遺跡である。1953年-57年に九州大学医学部解剖学教室を中心として、1次-5次にわたる調査が行われ207体に上る人骨が出土し、発掘当初から抜歯風習に関する報告が行われている（金関・佐野 1958：1962；金関他 1954など）。その後1980年には山口県教育委員会により6次調査、1982-85年には豊北町教育委員会によって7次-10次にわたる調査が行われ、37体の弥生時代人骨が出土している。更に1988年の山口県教育委員会主体の11次調査においては50体に上る人骨が出土しており、その後も発掘は行われている（豊北町教委 1982・1983・1984・1985・1989・1995・1996；土井ヶ浜遺跡・人類学ミュージアム 1995等）。これまでの調査において土井ヶ浜遺跡は弥生時代前期末・中期中葉-末を主体とした墓地遺跡であり、同時期に少なくとも3つの異なる墓域が併存していたことが判っている（乗安 1983）。

(3) 中ノ浜遺跡

　中ノ浜遺跡は現在の山口県下関市の海岸砂丘上に位置する墓地遺跡である。1960年に無田地方総合研究調査団により最初の発掘が行われ、以後1965-67年には広島大学文学部考古学研究室によって発掘調査が実施され、1968-71年には東京教育大学文学部考古学研究室によって発掘調査が実施された。その後1985年に豊浦町教育委員会によって発掘調査が行われ、併せて103体に上る弥生時代人骨が出土している。これらの調査の結果中の浜遺跡は弥生時代前期前半から中期前半にかけて営まれ、少なくとも3つの墓域が存在したことが明らかになっている（豊浦町教委 1984・1986）。

(4) 吉母浜遺跡

　吉母浜遺跡は現在の山口県下関市の海岸砂丘上にある墓地遺跡である。1961年の下関教育委員会の調査に始まり、1970年の第1次発掘調査迄に計9体の弥生時代人骨が出土しており、その後の1979-81年までの3次-8次の発掘調査で107体の中世人骨が出土している（下関市教委 1985）。弥生時代に属する人骨は伴出した土器から弥生時代中期に位置付けられる。部分的な発掘であるために弥生時代の墓域の全容については不明である。

2　抜歯施行年齢

(1) 古浦遺跡

a) 抜歯施行率と平均本数

　古浦遺跡の抜歯施行率は上顎の犬歯で施行率が高く、下顎のみの抜歯は見られない。このことから、上顎が基本的な抜歯であり、下顎が付加的な抜歯であったことが考えられる。

　これらの抜歯が行われた年齢に関して、まず各年齢層における歯種別施行率を検討するといずれの歯種も加齢に伴う施行率の増加は認められない（表50・図56）。これは男女別にみても同様なことがいえる。次に、上下顎の平均抜歯本数をみると、やはり加齢に伴う抜歯本数の増加は見られない（表51-1・2）。したがって、上顎とくに犬歯抜歯に関しては男女ともに成年期までには抜歯の

表50 歯種別抜歯施行率（古浦遺跡）

年齢	性別	個体数	上顎抜歯歯種 I^2		C		下顎抜歯歯種 I_1		I_2		C	
成年	男性	2	0	(0/4)	100	(4/4)	0	(0/4)	0	(0/4)	0	(0/4)
	女性	3	16.7	(1/6)	100	(6/6)	0	(0/6)	0	(0/6)	66.7	(4/6)
熟年	男性	3	0	(0/6)	83.3	(5/6)	33.3	(2/6)	0	(0/6)	0	(0/6)
	女性	3	16.7	(1/6)	83.3	(5/6)	33.3	(2/6)	33.3	(2/6)	33.3	(2/6)

※％＝抜歯本数／観察本数×100、（　）内：抜歯本数／観察本数（表53、55、57も同様）

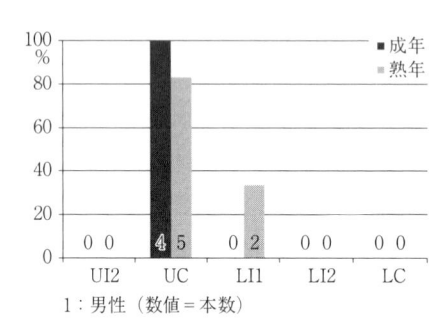

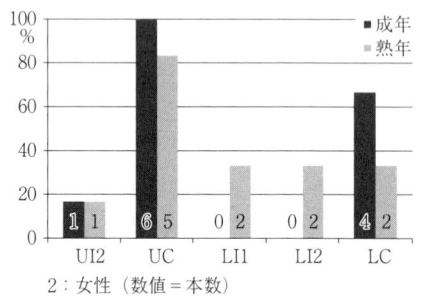

図56 歯種別抜歯施行率（古浦遺跡）

1：男性（数値＝本数）　　2：女性（数値＝本数）

表51 抜歯平均本数（古浦遺跡）

1：上顎

年齢	性別	サンプル数	I^2	C	計
成年	男性	3	0.33	2.00	2.33
	女性	2	0	2.00	2.00
熟年	男性	3	0	1.67	1.67
	女性	3	0	1.67	1.67

2：下顎

年齢	性別	サンプル数	I_1	I_2	C	計
成年	男性	3	0	0	0	0
	女性	2	0	0	1.33	1.33
熟年	男性	3	0.67	0	0	0.67
	女性	3	0.67	0.67	0.67	2.01

対象：上下顎左右 P^1 間完存個体
数値：抜歯本数／抜歯個体数（表54、56、58も同様）

施行が終了していると推定される。

b）抜歯隣接歯の側方咬耗（表52）

　全体として上顎歯には咬耗が見られず、下顎歯には見られる。上顎左右犬歯を抜歯しており、側方咬耗の有無に左右差がある個体はない。上顎左右犬歯と左側切歯を抜歯した個体1体は、3本とも隣接歯に若干の側方咬耗がみられる。下顎に関しては、左右で同じ歯種の側方咬耗が観察できた個体は3体である。

表52 抜歯隣接歯の側方咬耗（古浦遺跡・土井ヶ浜遺跡・中ノ浜遺跡）

歯種	古浦 咬耗あり	古浦 観察本数	土井ヶ浜 咬耗あり	土井ヶ浜 観察本数	中ノ浜 咬耗あり	中ノ浜 観察本数
I^2	0	1	1	28	1	4
C'	0	19	5	29	1	11
P^1	—	—	3	3	—	—
I_1	1	4	—	—	—	—
I_2	—	—	—	—	0	2
C	2	3	—	—	2	6

　左右ともに側方咬耗が認められない個体が1体（左右中切歯）、左右ともに側方咬耗が認められる個体が1体（左右犬歯）、左右の側方咬耗に差がある個体が1体（左右中切歯）である。この左右差のある個体は右側切歯に側方咬耗が無く、左側切歯には若干の側方咬耗が認められる。さらに上下顎ともに抜歯を施行しており、側方咬耗の観察できた個体4体中、上顎と下顎で差のある個体は1体である。この個体は上顎左右犬歯と下顎左右中切歯の4本を抜歯しているが、下顎左中切歯の隣接歯にのみ若干の側方咬耗が認められる。

　したがって、広田遺跡（大多和1983）の側方咬耗の開始年齢（14歳）を参考にすると、上顎抜歯は全て側方咬耗の見られない或いは若干みられるような若年期に抜歯が施され、複数本抜歯している場合はそれぞれの抜歯施行時期に大きな開きはないと考えられる。下顎抜歯は施行時期については上顎抜歯よりも隣接歯の側方咬耗が認められる割合が高く、1個体のみではあるが上下顎で差があり、下顎抜歯が上顎抜歯よりも遅く施行されたと考えられる個体があることから、上顎抜歯と同時期もしくは上顎抜歯に若干遅れて施されていた個体が存在していた可能性も考えられる。

（2）土井ヶ浜遺跡

a）抜歯施行率と平均本数

　まず、年齢別の施行率を検討すると、上顎切歯・犬歯においては男性の成年から熟年と女性の若年から熟年まで一貫してほぼ同じ値である（表53・図57）。下顎抜歯の施行率は上顎抜歯と比較して低く若年層では見られない。加えて、女性の下顎犬歯抜歯のみ成年から熟年で施行率の有意な増加傾向が見られる。

表53 歯種別抜歯施行率（土井ヶ浜遺跡）

年齢	性別	個体数	I^2%		C%		P^1%		I_1%		I_2%	
若年	女性	2	100	(4/4)	75.0	(3/4)	0	(0/4)	0	(0/4)	0	(0/4)
	不明	5	40.0	(4/10)	40.0	(4/10)	0	(0/10)	0	(0/4)	0	(0/4)
成年	男性	20	25.0	(9/36)	25.7	(9/35)	2.9	(1/35)	2.6	(1/39)	2.6	(1/39)
	女性	22	32.5	(13/40)	40.0	(16/40)	5.0	(2/40)	0	(0/42)	2.4	(1/41)
熟年	男性	33	19.3	(11/57)	22.8	(13/57)	1.8	(1/57)	7.7	(4/52)	3.8	(2/52)
	女性	15	37.0	(10/27)	51.9	(14/27)	11.1	(3/27)	3.6	(1/28)	7.1	(2/28)

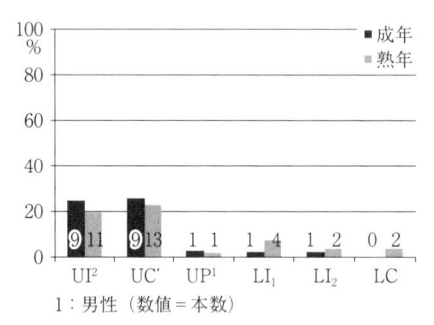

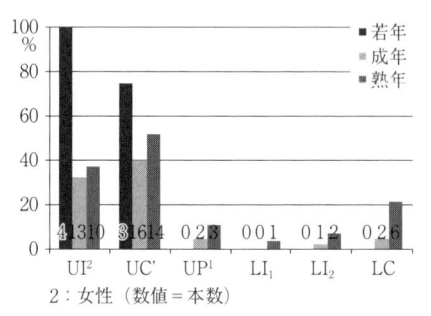

図57 歯種別抜歯施行率（土井ヶ浜遺跡）

表54 抜歯平均本数（土井ヶ浜遺跡）

1：上顎

年齢	性別	サンプル数	I^2	C	P^1	計
若年	女性		2.00	1.50	0	3.50
	不明		0.80	0.80	0	1.60
成年	男性		0.90	0.80	0.10	1.80
	女性		1.20	1.40	0.20	2.80
熟年	男性		0.70	0.80	0.10	1.60
	女性		0.80	1.20	0	2.00

2：下顎

年齢	性別	サンプル数	I	C	P_1	計
若年	女性		0.00	0.00	0	0.00
	不明		0.00	0.00	0	0.00
成年	男性		1.00	0.00	0	1.00
	女性		0.70	1.33	0.7	2.73
熟年	男性		1.30	0.50	0	1.80
	女性		0.50	1.00	0	1.50

平均抜歯本数に関しては、上顎全体では加齢に伴う抜歯本数の増加はみられず、若年期において既に成年以降と同じ本数を抜歯している（表54）。下顎の平均抜歯本数をみてみると、若年期には見られず男性の成年-熟年層間で増加がみられる。歯種別に見るとこの増加は切歯と犬歯が寄与していると考えられる。

以上の傾向から、小臼歯以外の上顎抜歯に関しては若年期に大半の抜歯は終了し、小臼歯抜歯は成年期以降に行われたと考えられる。下顎抜歯に関しても

下顎抜歯歯種					
C%		P₁%		P₂%	
0	(0/4)	0	(0/4)	0	(0/4)
0	(0/4)	0	(0/4)	0	(0/4)
0	(0/39)	0	(0/39)	0	(0/39)
4.8	(2/42)	2.4	(1/42)	2.4	(1/42)
3.8	(2/52)	0	(0/52)	0	(0/52)
21.4	(6/28)	0	(0/28)	0	(0/28)

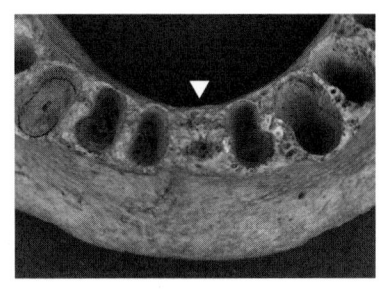

図58 下顎抜歯後歯槽窩埋没途中例（土井ヶ浜遺跡222号）（矢印：抜歯）

上顎小臼歯抜歯と同様に成年期以降に行われたと考えられる。

b）抜歯隣接歯の側方咬耗（表52）

　上顎抜歯のみ観察が可能であり、側切歯・犬歯ともに大半の歯牙で側方咬耗が認められない。さらに、上顎を複数本抜歯しており全ての歯の隣接歯の側方咬耗が判っている個体は17体である。このうち側方咬耗に差のあるものは3体あり、うち2体は犬歯もしくは切歯と小臼歯を抜歯しており、小臼歯の隣接歯においてのみ側方咬耗が認められる。さらに、右犬歯と左側切歯を抜歯している個体で、犬歯の隣接歯にのみ側方咬耗が認められるものが1体ある。したがって、大半の個体で側方咬耗が殆どみられない上顎の切歯および犬歯の抜歯は、広田の事例（大多和1987）を参考にすると10代中頃に行われたと考えられる。また、上顎側切歯・犬歯の複数歯を抜歯している個体の内、左右対称に抜歯している個体、或いは左右のどちらかを偏側的に抜歯している個体はそれぞれの歯の側方咬耗に差は認められないことから、抜歯施行時期に大きな開きは無いと推定される。

c）若年の抜歯施行状況と下顎抜歯施行状況

　若年個体の抜歯施行状況をみてみると、14-15歳で左右犬歯・側切歯の4本を抜歯している個体が1体、左右切歯と片側犬歯の3歯を抜歯している個体が1体みられる。さらに12-13歳の個体3体中2体が無抜歯で、1体に上顎両側切歯の抜歯が認められる。したがって、無抜歯個体の存在を考えても、抜歯の

開始期は 12-13 歳であり、中橋氏ら（中橋他 1989）および中橋氏（中橋 1990）の指摘を追認できた。また、成人にみられる上顎の複数歯抜歯（特に左右対称抜歯）も、10 代前半において既に完成していた個体が見られる。一方で、下顎抜歯の見られる最年少個体の年齢は 30 歳前後である。

また、下顎抜歯は上顎抜歯を施した個体のみに見られることから、上顎抜歯に次いで行われる付加的な抜歯であると推定される。さらに、熟年の男性（222 号）の下顎に抜歯後埋没途中の歯槽がみられることから（図 58）、熟年において下顎抜歯の施行が行われていたことが判る。

（3）中ノ浜遺跡
a）抜歯施行率と平均本数

抜歯の施行率は上顎では非常に高く殆どの個体でみられるが、下顎抜歯は女性のみに見られる（表 55・図 59）。下顎抜歯が女性のみにみられる点、抜歯の型式に関しては後に検討する。上顎抜歯はいずれの歯種においても加齢に伴う施行率の増加は見られない。下顎抜歯は女性のみであり、比較する年齢層の個体が少ないため年齢と施行率の関係は不明である。しかしながら 20 代中頃の女性で既に下顎両犬歯の抜歯を施していることから、少なくともこの時期には下顎抜歯の施行を開始しているといえる。平均抜歯本数は加齢に伴う抜歯本数の増加は認められない（表 56）。

b）抜歯隣接歯の側方咬耗

下顎で側方咬耗の認められた歯牙は同一個体の左右犬歯である（表 52）。下顎を複数本抜歯している個体で側方咬耗の差があるものはみられない。上顎・下顎両方の側方咬耗を観察できた個体は 2 体あり、この内 1 体は上下顎ともに側方咬耗は認められず 1 体は側方咬耗が見られる。したがって、上顎抜歯は広田遺跡事例（大多和 1983）を参考にすると側方咬耗の見られない若年期に行われた可能性が高い。さらに下顎抜歯も多くの場合側方咬耗がみられない若年期に行われ、下顎抜歯間では大きな時期的な隔たりはないと推定される。

表55 歯種別抜歯施行率（中ノ浜遺跡）

年齢	性別	個体数	上顎抜歯歯種 I²		C'		下顎抜歯歯種 I₁		I₂		C	
若年	男性	1	100	(2/2)	100	(2/2)	0	(0/2)	0	(0/2)	0	(0/2)
成年	男性	3	25.0	(2/8)	50.0	(4/8)	0	(0/6)	0	(0/6)	0	(0/6)
	女性	2	62.5	(5/8)	100	(8/8)	25.0	(2/8)	0	(0/8)	75.0	(6/8)
熟年	男性	3	0	(0/1)	100	(1/1)	0	(0/10)	0	(0/10)	0	(0/10)
	女性	3	0	(0/2)	100	(2/2)	0	(0/2)	0	(0/2)	0	(0/2)

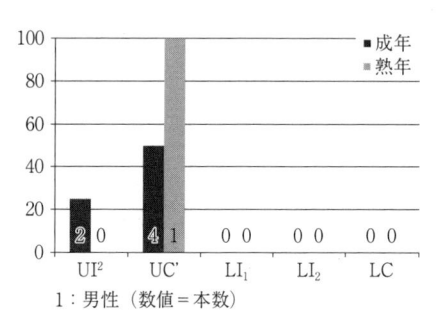

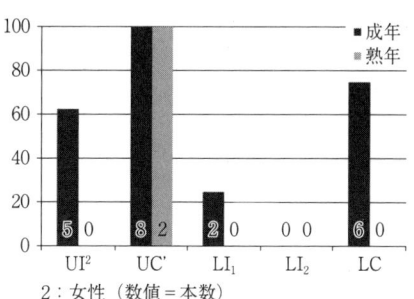

図59 歯種別抜歯施行率（中ノ浜遺跡）　（数値＝本数）

表56 抜歯平均本数（中ノ浜遺跡）

1：上顎

年齢	性別	サンプル数	I²	C'	計
若年	男性	1	2.00	2.00	4.00
成年	男性	4	0.25	1.00	1.25
	女性	4	1.25	2.00	3.25
熟年	女性	1	0	2.00	2.00

2：下顎

年齢	性別	サンプル数	I₁	I₂	C	計
若年	男性	1	0.00	0	0.00	0
成年	男性	3	0	0	0	0
	女性	4	0.50	0	1.50	2.00
熟年	男性	5	0	0	0	0
	女性	1	0	0	2.00	2.00

c）その他

　下顎抜歯をしている最年少個体の年齢は20代中頃である。下顎抜歯は上述の通り女性のみに施行されている。下顎抜歯自体は古浦遺跡、土井ヶ浜遺跡と同様に上顎抜歯の施行されている個体に施行されており、下顎抜歯のみの個体は存在しない。また、上顎の左右犬歯と左切歯を抜歯している20代中頃の女性（G-3-6号）において、側切歯部分に抜歯後の歯根が残存している状態が見られる。

表57 歯種別抜歯施行率（吉母遺跡）

年齢	性別	サンプル数	I²		C'	
成年	男性	3	0	(0/2)	0	(0/2)
	女性	2	50.0	(2/4)	0	(0/4)
熟年	男性	3	50.0	(2/4)	25.0	(1/4)
	女性	3	66.7	(2/3)	0	(0/3)

表58 抜歯平均本数（吉母遺跡）

年齢	性別	サンプル数	I²	C'	計
成年	男性	1	0	0	0.00
	女性	2	1.00	0	1.00
熟年	男性	2	1.00	0.50	1.50
	女性	1	0	2.00	2.00

（4）吉母浜遺跡

　吉母浜遺跡においては下顎抜歯は見られず、上顎の抜歯施行率は約50.0%である（表57）。抜歯の施行個体数が4体と少ないため詳細な分析はできないが、成年期において既に抜歯は見られており施行率も増加しない。成年から熟年で平均抜歯本数が増加しており切歯と犬歯の両方が寄与していると考えられる（表58）。このような平均本数の増加と施行率が増加していないという矛盾した傾向はサンプル数の少なさに起因すると考えられる。側方咬耗は左右側切歯を抜歯している個体1体のみ観察できたが、隣接歯に側方咬耗はみられず、若年期から成年期に上顎抜歯が行われていたと考えられる。

3　妊娠・出産痕と抜歯の有無

（1）古浦遺跡（表59-1）

　上顎と妊娠・出産痕との関係について検討すると、上顎抜歯の有無と出産経験の有無は相関しない。次に下顎抜歯と妊娠・出産痕との関係についても、妊娠・出産痕のある個体に下顎抜歯・無抜歯個体の両方がみられることから、妊娠・出産経験と下顎抜歯は相関しないといえる。

（2）土井ヶ浜遺跡（表59-2）

　土井ヶ浜遺跡において若い個体では14-16歳の個体に妊娠・出産痕が認められる。上顎抜歯の有無と妊娠・出産痕の有無は相関がない。次に下顎抜歯と妊娠・出産痕の関係については全体的に見ると下顎に抜歯が無く、妊娠・出産痕を持つ個体が最も多く、下顎に抜歯があり、妊娠・出産痕がある個体、両方ともみられない個体が数体ずつ存在する。しかし、下顎抜歯があり、妊娠・出産痕の無い個体はみられない。例えば、妊娠・出産痕があり下顎抜歯のない個体

の数は、全体の3-4割は存在する無抜歯個体群の数を差し引いても多く、抜歯個体群においても出産とは関係なく下顎抜歯を行っているかのように見える。しかし、下顎抜歯があり、妊娠・出産痕の無い個体がみられないことから、出産と下顎抜歯の間に相関があったという可能性を棄却することはできない。

（3）中ノ浜遺跡（表59-3）

中の浜遺跡においては妊娠・出産痕と抜歯の両方が観察できた個体は3体であり、全て上顎下顎ともに抜歯を施しており、尚かつ妊娠・出産痕が認められる。妊娠・出産痕の認められない個体がないため比較することは困難であるが、妊娠・出産痕の認められた個体は上顎・下顎ともに抜歯を施した個体である。

表59 抜歯と妊娠・出産痕

1：古浦遺跡

妊娠痕＼抜歯	上顎 有り	上顎 無し	下顎 有り	下顎 無し
有り	3	0	2	1
無し	1	0	0	1
計	4	0	2	2

2：土井ヶ浜遺跡

妊娠痕＼抜歯	上顎 有り	上顎 無し	下顎 有り	下顎 無し
有り	12	4	3	14
無し	2	3	0	5
計	14	7	3	19

3：中ノ浜遺跡

妊娠痕＼抜歯	上顎 有り	上顎 無し	下顎 有り	下顎 無し
有り	3	0	3	0
無し	0	0	0	0
計	3	0	3	0

4：吉母浜遺跡

妊娠痕＼抜歯	上顎 有り	上顎 無し
有り	1	1
無し	1	0
計	2	1

数値＝個体数

（4）吉母浜遺跡（表59-4）

上顎抜歯を施している個体には妊娠・出産痕が認められた個体と認められない個体があり、無抜歯の個体1体にも妊娠・出産痕が認められる。したがって、上顎抜歯の施行と妊娠・出産経験の有無は相関がないと考えられる。

4 抜歯型式

ここでこれまでの分析により若年時に抜歯が行われていると推定される上顎切歯・犬歯から成る上顎抜歯と他の属性に関する分析における煩雑さを避ける

表60-1 抜歯歯種組み合わせ一覧（Ⅰ）

1：古浦遺跡

抜歯歯種	成年	熟年	男性	女性
C ｜ C	2	2	3	1
C ｜ I²C	1	1	–	2
C ｜ C C ｜ C	2	–	–	2
C ｜ C I₁I₁	1	1	1	–
C ｜ C CI₂I₁I₁I₂C	–	1	–	1
C ｜ ? ｜ ?	–	1	–	1
	5	6	4	7

2：土井ヶ浜遺跡上顎

抜歯歯種		若年	成年	熟年	男性	女性	不明
無抜歯		2	13	13	17	9	2
C		–	1	8	8	1	–
	C	–	1	–	–	1	–
C	P¹	0	–	2	1	1	–
C	C	1	3	5	2	6	1
P¹C	CP¹	–	1	–	–	1	–
C	I²C	–	1	–	–	1	–
CI²	C	–	2	1	1	2	–
I²		–	–	1	1	–	–
I²	I²	1	5	5	6	4	1
I²	I² P¹	–	–	1	–	1	–
I²	I²C	–	1	–	–	1	–
CI²	I²	1	–	1	–	2	–
CI²		–	2	2	4	–	–
CI²	I²C	2	2	1	–	4	1
C	I²	–	1	–	1	–	–
I²	C	–	1	–	1	–	–
P¹		–	1	–	1	–	–
?	C	–	1	–	1	–	–
C	?	–	1	–	–	1	–
?	CP¹	–	1	–	–	1	–
		7	38	40	44	36	5

3：土井ヶ浜遺跡下顎

抜歯歯種		若年	成年	熟年	男性	女性	不明	上顎抜歯歯種
I₁		–	1	1	2	–	–	1I², 2C
	I₂	–	1	–	1	–	–	1C
I₁	I₁	–	–	1	1	–	–	2I²
I₂		–	–	1	–	1	–	2I²RC
?	I₂	–	1	–	1	–	–	不明
I₂	I₂	–	–	1	1	–	–	2I²
C	I₁	–	–	1	–	1	–	2C
C		–	–	1	–	1	–	2C
C	C	–	–	2	1	1	–	2I², ?
C	I₂C	–	1	–	–	1	–	RI²C
CI₂	C	–	1	–	–	1	–	2I²2C
	P₁P₂	–	1	–	–	1	–	LI²2C
		0	6	8	7	7	0	

表60-2 抜歯歯種組み合わせ一覧（Ⅱ）

4：中ノ浜遺跡

抜歯歯種	若年	成年	熟年	男性	女性
C |	-	1	-	1	-
C | C	-	-	1	-	1
C | I^2C / C | C	-	2	-	-	2
CI^2 | C / I_1 | I_1	-	1	-	-	1
CI^2 | I^2C	1	1	-	2	-
CI^2 | I^2C / C | C	-	1	-	-	1
? | ?	-	1	-	1	-
C | / ? | ?	-	1	-	1	-
? | ?	-	1	4	5	-
	1	9	5	10	5

5：吉母浜遺跡

抜歯歯種	成年	熟年	男性	女性	不明
|	-	2	1	2	1	-
I^2 | I^2	-	1	1	-	2	-
CI^2 | I^2	-	1	1	-	-	-
? |	-	1	-	1	-
? | ?	-	1	-	-	1
	0	4	3	4	1

ために、上顎抜歯に関して若干のまとめを行う。

　4遺跡の上顎抜歯は表60-1から5の通りである。個体数の多い土井ヶ浜遺跡を元に型式分類を行う。抜歯歯種・左右により抜歯型式をまとめると一定程度の個体数の存在するものは無抜歯型、1C型、2C型、2I^2型、RI^2RC型、2$I^2$2C型の6型式である（図60）。これらをそれぞれ抜歯型式とする。古浦・中ノ浜遺跡ともに1Cは右側であり、土井ヶ浜遺跡においては12体中11体が右側である。土井ヶ浜遺跡では2$I^2$1Cと1$I^2$2Cという抜歯が見られるが、近隣の中ノ浜遺跡・吉母浜遺跡・古浦遺跡において、この2型式の有無はそれぞれ上顎

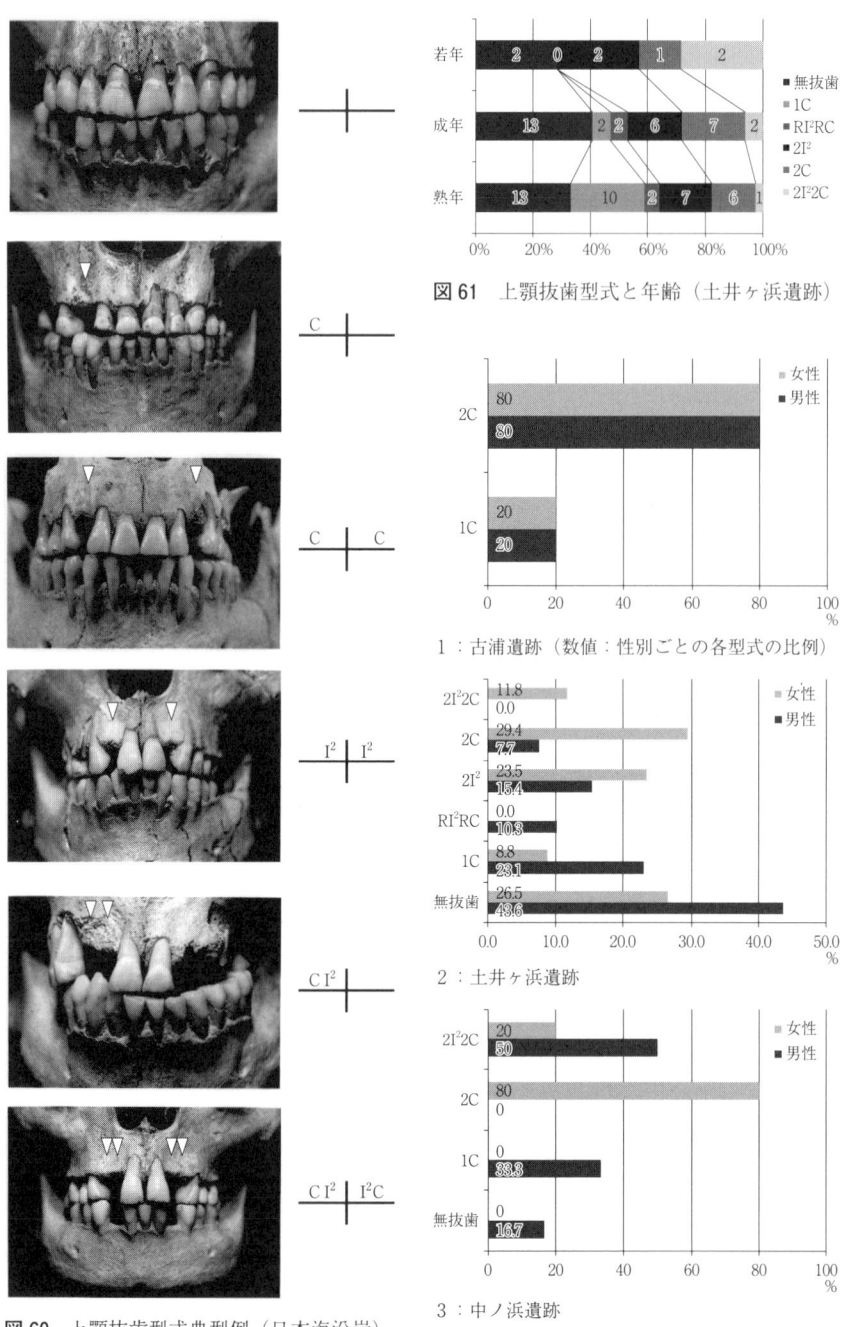

198　第Ⅳ章　弥生時代における抜歯風習

図60　上顎抜歯型式典型例（日本海沿岸）

図61　上顎抜歯型式と年齢（土井ヶ浜遺跡）

1：古浦遺跡（数値：性別ごとの各型式の比例）

2：土井ヶ浜遺跡

3：中ノ浜遺跡

図62　上顎抜歯型式と性別

の単一歯種抜歯型式（2I^2・2C）の存否により左右されるようである。

即ち、上顎の単一歯種抜歯が2Cである古浦遺跡・中ノ浜遺跡では2I^{2}1C抜歯が見られ、上顎の単一歯種抜歯が2I^{2}である吉母浜遺跡では2I^{2}1C抜歯が見られる。したがって、以下の葬送行為に関する情報と抜歯型式の分析において、2I^{2}と2I^{2}1C抜歯を併せて2I^{2}型とし、2Cと1I^{2}2Cを併せて2C型と表記する。これらの大別6型式に含まれない個体はサンプル個体中土井ヶ浜遺跡の3体である。

上顎の各抜歯型式についてみると、1C型個体は古浦では2体とも熟年、土井ヶ浜では12体中10体が熟年である。加えて個体数の多い土井ヶ浜遺跡でみると、加齢にしたがって本数の多い型式が増加するという傾向は見られない（図61）。逆に抜歯本数の最も多い2I^{2}2C型が土井ヶ浜遺跡・中ノ浜遺跡の若年においてみられる。このうちの1体は15歳前後（土井ヶ浜1112号）である。したがって、これらの歯種の抜歯施行が終了している成年以降の個体に限っては、抜歯本数の少ない型式は多い型式への過渡期的型式ではなく各型式が1つの完成した抜歯型式であったと考えられる。

（1）古浦遺跡

上顎の抜歯型式は、基本的には2C型であり、これに加えて1C型が見られる（表61-1）。男女ともに両方の抜歯型式がみられる（図62-1）。

下顎抜歯に関しては、犬歯を抜歯する個体と切歯を抜歯する個体がほぼ同数であり、両側とも同じ歯種を抜歯している（表60-1）。上顎と同様の基準で分類すると2C、2I$_1$、2I$_1$2I$_2$2C抜歯の3種類に分けられる。下顎抜歯個体4体中3体が女性であり、男女ごとの下顎抜歯施行率も女性の方が高い。

上顎抜歯と下顎抜歯の抜歯型式の組み合わせに関しては、上下顎ともに抜歯の有無が判明している個体中、下顎抜歯を有する個体4体の上顎は全て2C型である。上顎抜歯の判明している個体中、2C型の個体は1C型よりもかなり高率であり、1C型は出現頻度が低いために、下顎抜歯を有する個体がみられないという可能性も否定できない。したがって、下顎抜歯は2C型にのみ伴うとは言えない。さらに、上顎抜歯型式が同じ2C型でも、下顎抜歯は2C、2I$_1$、

$2I_1 2I_2 2C$ と異なる。このうち、下顎抜歯 2C の個体は 2 体とも女性で、$2I_1$ 個体は男性 1 体であるが、サンプルに含めていない時期比定困難な女性 1 体（近藤 1 号）の下顎にも $2I_1$ 抜歯が見られる。加えて、下顎抜歯個体数自体も少ないことから下顎抜歯と性別の関係は不明である。

　以上の古浦遺跡の抜歯型式に関する分析結果をまとめると、以下のようになる。

　　①上顎抜歯型式は 2C 型、1C 型が見られる。
　　②性別による上顎抜歯型式の偏りはない。
　　③下顎抜歯型式は 2C、$2I_1$、$2I_1 2I_2 2C$ の 3 タイプであり、上顎抜歯が左右犬歯の個体に見られる。
　　④性別と下顎抜歯の相関は不明である。
　　⑤上顎抜歯型式が同一な個体間でも下顎抜歯歯種は異なる。

（2）土井ヶ浜遺跡

　上顎抜歯は上述の施行年齢においてふれたように、側切歯・犬歯と小臼歯の間で抜歯時期に差があることから小臼歯は別途に分析を行う。上顎抜歯は日本海沿岸に見られる全型式が揃っている（表61-2）。上顎抜歯型式と性別に関しては、性別に偏りの見られる抜歯型式と見られない抜歯型式が存在する（図62-2）。抜歯型式全体と性別間には有意な相関が見られるが、無抜歯や $2I^2$ 型は男女ともにみられ特に後者は性差が大きくない。したがって、各型式で一貫して性別との相関が高いというわけではない。下顎抜歯の抜歯歯種は中切歯・側切歯・犬歯が主で、性別に偏りは見られない（表60-3）。下顎抜歯は個体数が少なく抜歯型式も一定でないため、確実な傾向を指摘することはできないが、単一歯種の抜歯と複数歯種に及ぶ抜歯がみられる。このうち単一歯種の抜歯が主であり、複数歯種を抜歯した個体は 3 体とも女性である。小臼歯抜歯は上顎第 1 小臼歯が大半であり、例外的に下顎小臼歯を抜歯している個体も 1 体存在するが、個体数が少ないため下顎抜歯に含めて分析を行う。上顎小臼歯抜歯個体 6 体中 1 体に左右第 1 小臼歯抜歯が見られ、抜歯と性別に相関は見られない。

　上顎抜歯と下顎抜歯の関係を見ると、下顎抜歯を有する個体の上顎抜歯型式

は様々である。上顎が同じ抜歯型式であっても下顎抜歯歯種は様々であり、また、上顎抜歯が両側性であるか否かと、下顎抜歯が両側性であるか否かは一致せず、上下顎の抜歯歯種も必ずしも一致しない。上顎抜歯と小臼歯抜歯の関係は、個体数が少ないため、細かい分析は困難であるが、小臼歯抜歯は6体中4体が犬歯抜歯に伴う。上顎抜歯が両側性であるか否かと小臼歯抜歯が両側性であるか否かは一致しない。さらに、下顎抜歯と上顎小臼歯の両方を抜歯している個体はみられない。

以上の結果をまとめると以下のようになる。

表61 上顎抜歯型式と年齢・性別

1：古浦遺跡

型式＼性別	成年	熟年	男性	女性
1C	—	1	1	1
2C	5	4	4	4
計	5	5	5	5

数値＝個体数

2：土井ヶ浜遺跡

型式＼性別	若年	成年	熟年	男性	女性	不明
無抜歯	2	13	13	17	9	2
1C	—	2	10	9	3	—
RI^{2}RC	—	2	2	4	—	—
2I^2	2	6	7	6	8	1
2C	1	7	6	3	10	1
2I^{2}2C	2	2	1	—	4	1
計	7	32	39	39	34	5

3：中ノ浜遺跡

型式＼性別	若年	成年	熟年	男性	女性
無抜歯	—	1	—	1	—
1C	—	2	—	2	—
2C	—	3	1	—	4
2I^{2}2C	1	1	2	3	1
計	1	7	3	6	5

①上顎・下顎ともに抜歯型式は多様であり、上顎は性別に偏りのある抜歯型式と無い抜歯型式が見られる。

②下顎抜歯と小臼歯抜歯の有無や抜歯型式に性別の偏りは見られない。

③上顎と下顎の抜歯歯種は相関が無く、上顎抜歯型式が同一な個体間でも下顎抜歯型式は異なり、下顎抜歯型式が同一な個体間でも上顎抜歯型式は異なる。

④上顎抜歯型式と小臼歯抜歯の有無の相関は不明である。

⑤下顎抜歯の見られる個体と小臼歯抜歯の見られる個体は重複しない。

（3）中ノ浜遺跡

上顎抜歯は4型式が見られ（表61-3）、1C型は土井ヶ浜遺跡同様男性のみで

あり、2C型4体はいずれも女性である。2I²2C型は男性女性ともに見られる（図62-3）。

下顎抜歯は犬歯と中切歯を抜歯している（表60-4）。下顎抜歯を上顎同様抜歯歯種、左右にしたがって分類すると、2I₁、2C抜歯の2種類に分けられる。これらの下顎抜歯は全て女性に施されている。

上顎抜歯と下顎抜歯の関係をみてみると、上顎抜歯型式が同じ2C型の3個体でも、下顎抜歯は2体が2C抜歯で、1体が2I₁抜歯と異なっている。逆に、同じ下顎抜歯を持つ個体の上顎抜歯型式をみてみると、下顎抜歯が2Cである3体中、2体の上顎抜歯は2C型であるが、1体は2I²2C型である。

以上の中ノ浜遺跡の抜歯型式に関する結果をまとめると、以下のことが言える。

①上顎抜歯型式は1C型、2C型、2I²2C型の3通りであり、
②性別に偏りのない抜歯型式と偏りのある抜歯型式がある。
③下顎抜歯は2I₁・2Cの2通りであり、女性のみに見られる。
④上顎抜歯型式と下顎抜歯の有無・抜歯歯種は相関しない。

（4）吉母浜遺跡

上顎抜歯は2I²型のみであり男女ともに見られ、下顎抜歯は見られない（表60-5）。

5 葬送行為と抜歯

（1）古浦遺跡

a）空間分布　古浦遺跡に関しては、年齢による埋葬場所の偏り以外に発掘された墓域の中に明瞭な埋葬小群は認められず、同一墓域の中に複数の上顎抜歯型式・下顎抜歯歯種が併存する。さらに、墓域内において上顎抜歯型式や下顎抜歯の有無のの空間的な偏りは見られない。

b）頭位方向　頭位方向は大別すると7方向であり、上顎抜歯型式との関係を見てみると、頭位方向が同じ東或いは北でも、上顎抜歯は1C型と2C型の両方が見られる（表62）。逆にそれぞれの抜歯型式を軸に見てみると、1C

表62 抜歯歯種と頭位方向・副葬品（古浦遺跡）

抜歯歯種 \ 頭位・副葬品	東	北	南	無し	管玉	壺	勾玉
1C'／	―	1	―	―	―	1	―
1C'／?	1	―	―	1	―	―	―
2C'／	2	3	―	2	2	1	―
2C'／?	1	―	―	1	―	―	―
2C'／2C	1	―	1	2	―	―	―
2C'／2I$_1$	1	―	―	―	1	―	―
1I^{2}2C'／	2	―	―	1	―	1	―
?／2I$_1$2I$_2$	1	―	―	1	―	―	―
合計	9	4	1	8	3	3	1

副葬品、頭位の判明している個体11体
数値：個体数
副葬品は複数種持つ個体有り

表63 副葬品にみられる年齢区分（古浦遺跡）

副葬品 \ 年齢	小児以下	若年以上
貝輪	○	―
貝小玉	○	―
石鏃	○	―
管玉	○	○
勾玉	―	○
壺	―	○

型と2C型ともに複数の頭位方向が見られる。下顎抜歯に関しては、下顎抜歯の見られる個体の頭位は東と南であり、頭位方向が同じ東でも、2I$_1$、2C、2I$_1$2I$_2$2C古浦遺跡で見られる全ての下顎抜歯型式が見られる。逆に同一下顎抜歯型式（2C）の2個体でも頭位方向は東と南で異なる。この2体は上顎抜歯型式も同じ左右犬歯であり、上下顎併せた抜歯型式が全く同じである個体で頭位方向が異なるといえる。

　c）埋葬施設　古浦遺跡では基本的に土壙墓であるが、置石を有していた個体が6体、石囲い墓に埋葬されていた個体が1体存在する。これらの上顎抜歯型式は置石をもつ墓が6体とも2C型抜歯であり、石囲い墓は1C型である。このうち下顎抜歯の見られる個体は置石をもつ墓の個体2体のみで、2C抜歯である。

　d）副葬品　古浦遺跡においては副葬品を有する個体15体中9体は小児、幼児であり、この年齢層は副葬品を有する個体が多いのみでなく副葬品の量も多量である。加えて、貝輪、貝小玉、管玉、石鏃と種類も多く、このうち若年以上にも見られるのは管玉のみであり残りはこの年齢層特有の副葬品である（表63）。

　古浦遺跡の成人に伴う副葬品は管玉、勾玉、壺の3種類である。副葬品の有無と上顎抜歯型式は相関が無く、下顎抜歯の有無と副葬品も相関しない（表

62)。

(2) 土井ヶ浜遺跡
a) 空間配置

　遺跡の概要でふれたように、土井ヶ浜遺跡では同時期に複数の墓域が存在するが、墓域全体が発掘されており最も多くの人骨が出土している墓域を対象として、抜歯型式の空間配置を検討する。この墓域は9次調査以降に関しては時期が判明しており（豊北町教委 1984：1985：1989）、9・10次調査において検出された前期の墓は東西に列状を呈しており、集骨が見られず、空閑地に中期の墓が営まれている（図63-1）。前期・中期の墓をあわせてもなお整然とした感があり、中期の埋葬からなる11次調査区の埋葬が近接した状況とは一線を画す。このような墓の状況から見ると、時期の判明していない4・5次調査区部分に関しても、集骨が全く見られず比較的整然とした列状を呈していることから、前期の墓が一定度存在すると考えられる。さらに、中央の大きな石棺周辺に関しては、各個体が非常に近接して埋葬されており、集骨も多く見られることから、中期に属する墓が多いと考えられる（田中良之氏よりご教示頂いた）。また、墓域内の区分に関しては、墓壙が検出されている9次調査以降の人骨と同様に、5次調査以前の人骨にも墓壙があったことを考慮するならば、場所によって埋葬の疎密は見られても、墓域内を区分するような埋葬の空白地帯は存在しない。さらに同時期の北部九州で見られる土饅頭（吉留 1989）のような上部構造の存在をも考慮するならば地表における埋葬間隔はより狭くなり、この墓域内で「埋葬小群」を画する空閑地は見られない。

　墓域と上顎抜歯の関係を見てみると（図63-1）、この墓域には観察された全ての抜歯型式が見られる。また、この墓域の西側の墓域から出土した人骨の抜歯型式に関しては、今回観察した個体は4体ともこの墓域と共通の抜歯型式であり、山田氏の研究（山田 1997）に見られる7次・14次調査出土の人骨3体に関しても同様である。

　上顎抜歯に関しては、殆ど空間的な偏りが見られず、中期以降に属する墓が多いと考えられる墓域の東半分に関しては、特に様々な抜歯型式が混在してい

第1節　日本海沿岸　205

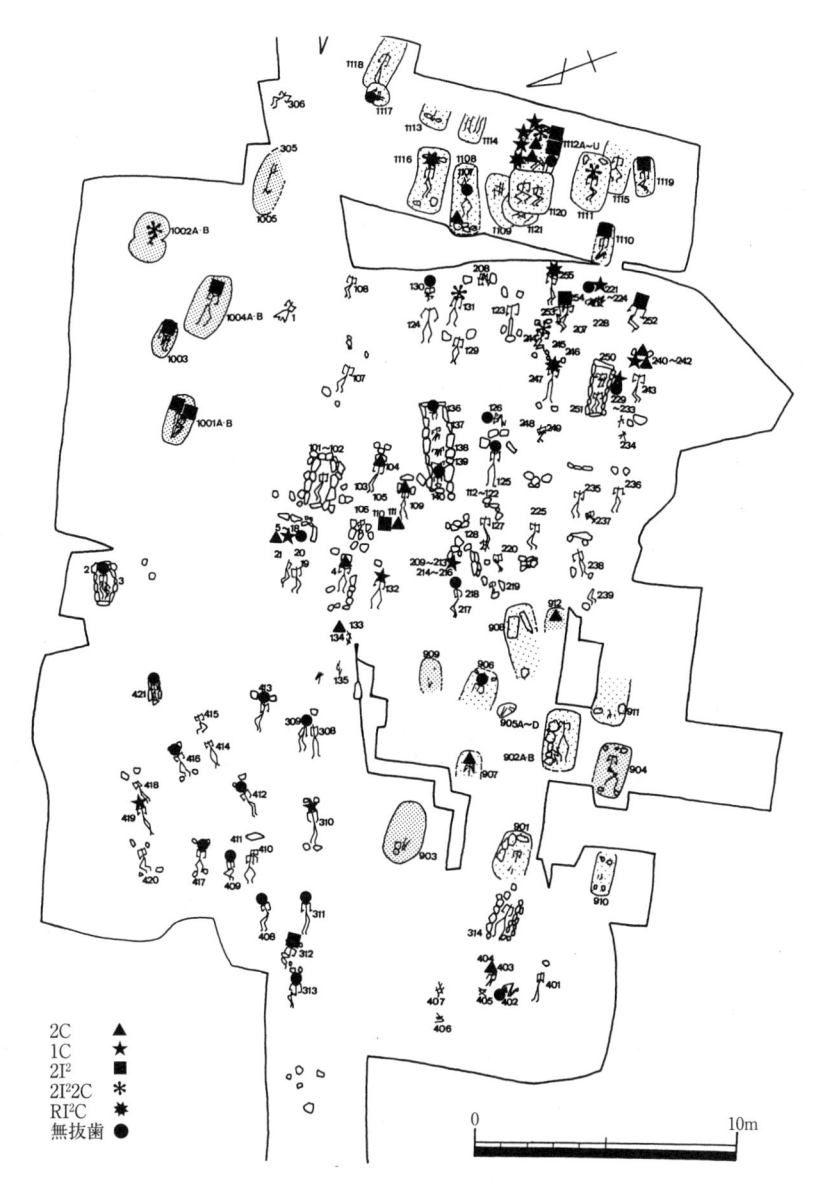

2C　▲
1C　★
2I²　■
2I²2C　✳
RI²C　❋
無抜歯　●

図 63-1　土井ヶ浜遺跡抜歯出土図
　　　　　上顎抜歯型式出土状況（濃い網掛け：前期末、薄い網掛け：中期中葉）

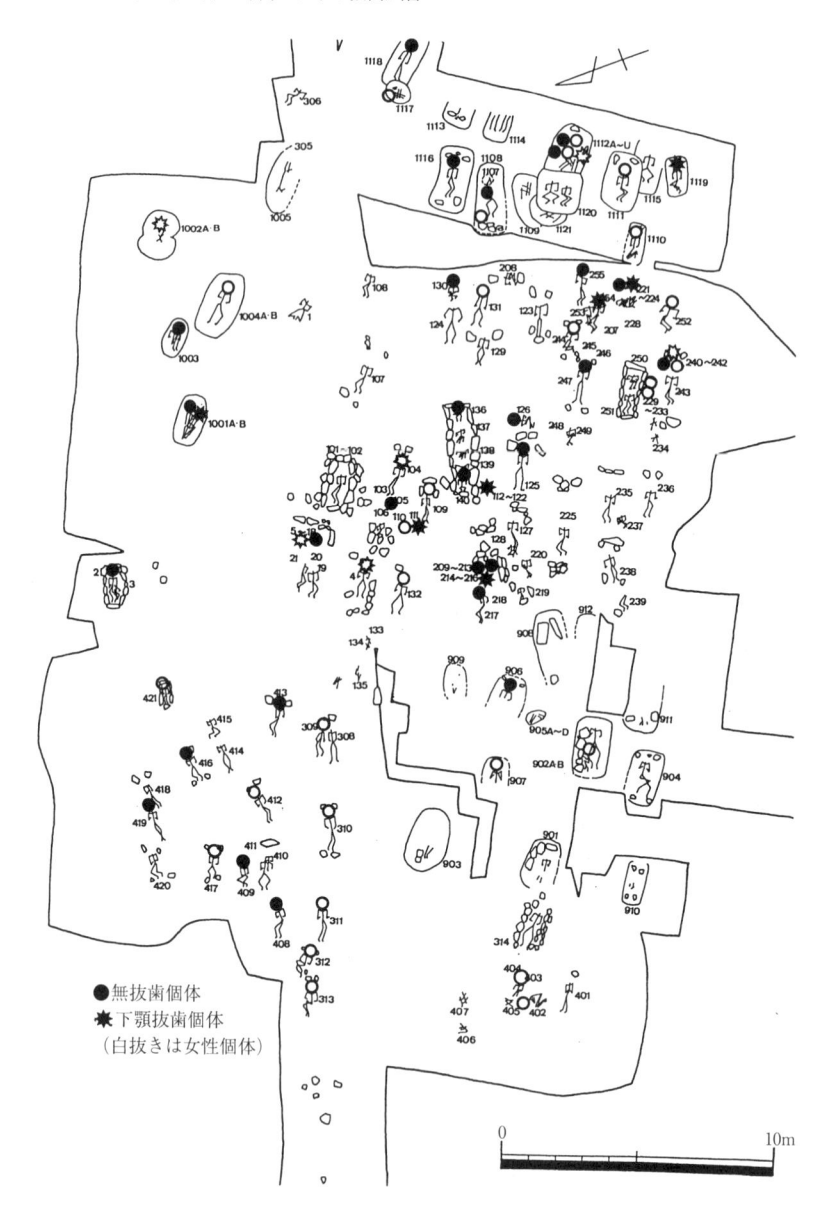

206　第Ⅳ章　弥生時代における抜歯風習

図63-2　下顎抜歯出土状況

第1節　日本海沿岸　207

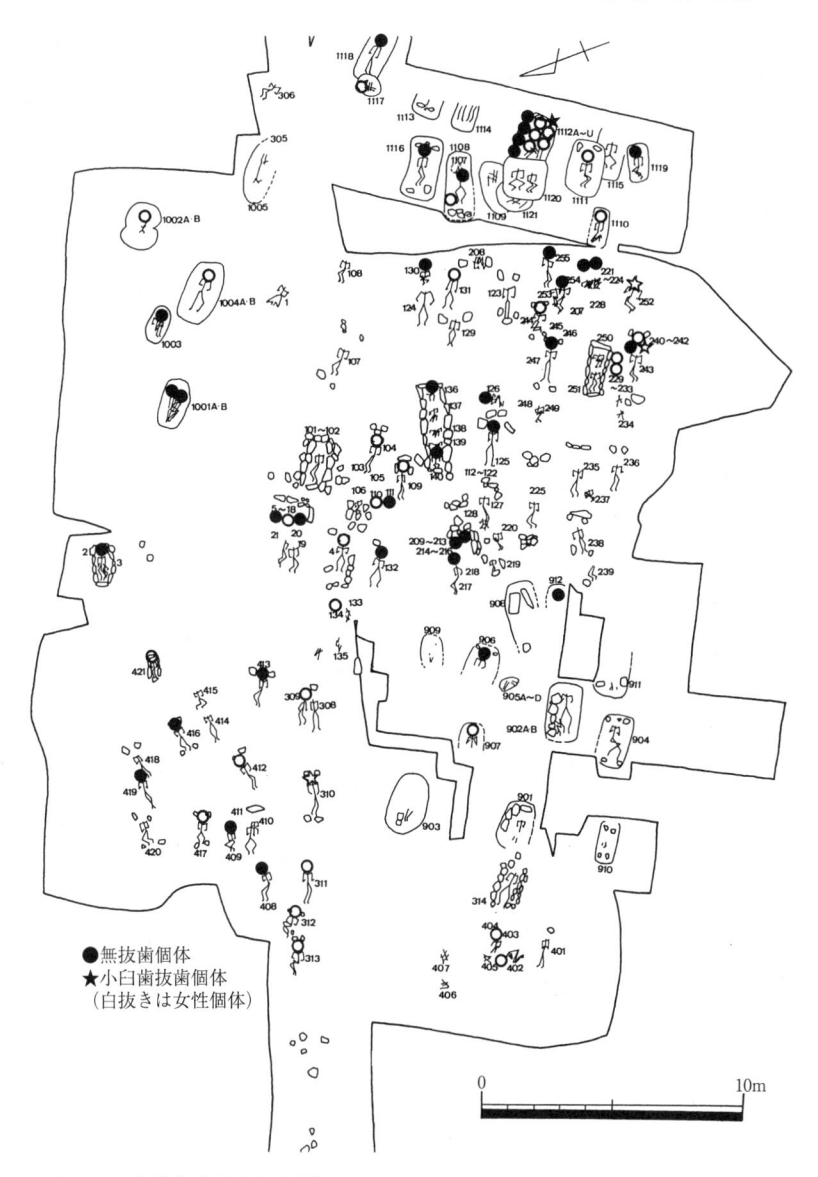

図63-3　小臼歯抜歯個体出土状況

る。しかし、墓域東北隅の10次調査により発掘された個体群（人骨番号1000番台）は、5体中4体が2I^{2}型歯であり、この一角にはこの抜歯型式が集中しているように見える。さらに、墓域北西隅の4・5次調査区（人骨番号300・400番台）では無抜歯個体が多く見られ、墓域西部分の9次調査区（人骨番号900番台）に関してはその西側の4次調査区の一部も含めると、無抜歯と左右犬歯抜歯のみが見られる。墓域内の全個体の抜歯型式が判明しているわけではないが、墓域の内で比較的列状を呈する部分において、隣接する2〜3の列を共有して、特定の上顎抜歯型式主要抜歯型式を含む2〜3抜歯型式の個体群が埋葬されているという傾向を指摘することは可能であろう。

また、下顎抜歯と小臼歯抜歯に関しては、墓域中央部とその東側の中期中葉以降の可能性が高い部分に集中している（図63-2・3）。

b）頭位方向と抜歯型式

土井ヶ浜遺跡においては、埋葬された時期の砂丘の状態により頭位方向が若干異なる（岩橋 1993）が、ほぼ全ての個体の頭位方向は東であり、この空間分析に使用した墓域のみでなく、西側に隣接する墓域においても同様である。したがって、頭位方向は、墓域内のみでなく複数墓域にまたがって一貫性が見られ、全ての抜歯型式を包含している。

c）時間変化と抜歯型式

土井ヶ浜遺跡において所属時期が確定している個体は7次から11次調査までの人骨であり、今回分析に使用した成人個体の中での割合は前期、中期併せても4割に満たない。前期に属する個体の上顎抜歯型式は、土井ヶ浜遺跡における大別抜歯型式6型式の内3型式が存在しており、中期には6型式とも存在する（表64）。しかし、前期に見られなかった無抜歯を含む3つの抜歯型式は時期の確定していない個体が多いことから、これら3型式が前期から存在していた可能性も否定できない。さらに、墓域北西部分の列群（4・5次調査区）は10次調査区同様前期の埋葬が多いと考えられるが、無抜歯個体が多数見られ、無抜歯個体が前期にもある程度存在していたと推定できる。

表64 抜歯型式の時間的変化（土井ヶ浜遺跡）

性別 型式	前期	中期
無抜歯	1	4
1C	—	3
1I²1C	—	2
2I²	6	3
2C	1	3
2I²2C	—	—
その他	—	1
計	8	16

数値＝個体数

表65 抜歯施行率の時間的変化（土井ヶ浜遺跡）

時期 抜歯	前期		中期	
上顎	100	(8/8)	77.8	(14/18)
下顎	28.6	(2/7)	11.8	(2/17)

　時期の判明している成人個体から、抜歯の施行率を算出すると、上顎抜歯・下顎抜歯ともに前期から中期にかけて抜歯の施行率が低くなるという結果になる（表65）。しかし、実際には無抜歯個体の8割は時期の確定ができず、上述のように前期末にもある程度無抜歯個体が存在していたと考えられ、下顎抜歯施行個体に関しても8割以上が時期の確定ができない点から、これらの数値が実際の変化を示しているかどうかは不明である。

d）埋葬形態と抜歯型式

　土井ヶ浜遺跡においては、単体の一次埋葬墓・再葬墓の他に、①一次葬個体の追葬、②一次葬個体の足元もしくは頭部付近に他の個体を集骨して再埋葬する一次埋葬＋再葬、③複数の再葬個体から成る再葬が認められる。これら3種類の複数個体埋葬事例において抜歯型式について検討を行っている（表66）。その結果をまとめると、2例の追葬のうち136-140号（石棺墓）に関しては、上顎抜歯型式は無抜歯で一致している。但し、ほかにも3体埋葬されており、これらの個体の抜歯型式は不明である。1001号に関しては、上顎抜歯は同じであるが、下顎抜歯の有無が異なる。一次埋葬個体とそれに伴う再葬個体間でも殆ど上顎抜歯型式の一致は見られず、下顎抜歯を含めると同一抜歯型式の個体は見られない。さらに、再葬個体間で上顎抜歯型式の統一は殆ど見られず、下顎抜歯をあわせると1112号墓以外は同一抜歯型式の個体は皆無である。また、追葬された個体間や再葬された個体間、頭や足下に再葬骨を伴う個体間で見ても特定の抜歯型式への偏りは見られない。

表66 上顎抜歯型式と埋葬形態（土井ヶ浜遺跡）

人骨号数	埋葬形態	出土個体数	観察可能個体	上顎抜歯型式							下顎抜歯		小臼歯抜歯	
				無抜歯	1C	RI²RC	2I²	2C	2I²2C	その他	あり	無し	あり	無し
136-140	追葬	5	2	2	—	—	—	—	—	—	—	2	—	2
1001A・B	追葬	2	2	—	—	—	2	—	—	—	1	1	—	2
5-18	再葬	14	3	1	1	—	—	1	—	—	1	2	—	3
109-111	一次葬+再葬	3	3	—	—	—	1	2	—	—	1	2	—	3
209-216	再葬	8	3	—	1	—	—	—	—	1	1	2	—	3
221-223	一次葬+再葬	3	3	1	1	—	—	—	—	—	1	1	—	2
229-233	再葬	5	2	1	1	—	—	—	—	—	—	2	—	2
240-242	一次葬+再葬	4	3	—	—	—	—	2	—	—	1	2	1	2
1108A-C	一次葬+再葬	3	2	1	—	—	—	—	—	—	—	2	—	2
1112	再葬	10数体	10	—	3	1	2	2	1	—	1	4	1	8
1117・1118	一次葬+再葬	2	2	—	—	—	—	—	—	1	—	2	—	2

数値＝個体数

e）埋葬施設と抜歯型式

　土井ヶ浜遺跡においては、土壙墓を中心とし、その他に箱式石棺墓・列石墓・配石墓等の石を用いた埋葬施設が見られる。これらの埋葬施設と抜歯の関係を一次埋葬の個体で見てみる（表67-1・2）。土壙墓に埋葬されている個体にはほぼ全ての上顎抜歯型式が見られる。石製の埋葬施設に関しては箱式石棺・列石墓は無抜歯個体・2C型抜歯個体が見られ、配石墓には無抜歯の個体が多いものの全ての大別抜歯型式が見られる。しかし、上顎が同一抜歯型式であっても埋葬施設は異なる。さらに、下顎抜歯との関係は、石を用いた埋葬施設に抜歯をしている個体としていない個体が見られ、土壙墓にも抜歯をしている個体としていない個体が見られる。また、上顎小臼歯抜歯と埋葬施設の関係も下顎抜歯と同様である。

f）副葬品と抜歯型式

　土井ヶ浜遺跡において、副葬品を持つ個体は28体であり、内7体が幼・小児である（金関他1961；豊北町教委1984・1985・1989；九大医学部1988；木下1994；山田1997）。その特徴は、量は少ないが種類が豊富であり、貝輪、貝小玉以外は小児以下と若年以上で副葬品の種類が異なる（表68）。さらに、貝輪は小児以下と若年以上では使用される貝の種類が異なり、着装個数も幼・小児は8〜9個（2体）、若年以上は1〜2個（5体）と異なる。さらに、複数の埋葬に

表67 抜歯と埋葬施設・副葬品（土井ヶ浜遺跡）

1：上顎抜歯型式

型式＼属性	箱式石棺	石囲い墓	配石墓	副葬品	サンプル数
無抜歯	4	2	6	1	19
1C	─	─	1	1	3
RI^{2}RC	─	─	─	1	3
2I^2	─	─	1	─	11
2C	─	3	1	2	6
2I^{2}2C	─	─	1	─	2
その他	─	─	─	1	1
計	4	5	10	6	45

数値＝個体数

2：下顎抜歯歯種

歯種＼属性	箱式石棺	石囲い墓	配石墓	副葬品	サンプル数
無抜歯	4	4	5	5	40
1C	─	─	1	1	1
1I$_2$2C	─	1	─	─	1
2I$_1$	─	─	─	─	1
2I$_2$	─	─	─	─	1
2C	─	─	─	─	1
計	4	5	6	6	45

数値＝個体数

伴って出土している副葬品に関しては、性別による副葬品の偏りは見られない。

これらの副葬品を伴う成年以上の個体中、一次埋葬個体で抜歯を確認できた個体は6体である（表67-1・2）。これらの副葬品を伴う個体の上顎抜歯型式を見てみると、2I^{2}型以外のほぼ全ての型式が見られる。このうち下顎抜歯を有する個体は1体である。さらに、副葬品を伴う個体に上顎小臼歯抜歯を施している個体は見られない。また、複数の埋葬に伴って出土している管玉・貝小玉・指輪はどれも特定の上顎抜歯型式への偏りは見られず、下顎抜歯個体に共通する副葬品も見られない。

表68 副葬品にみられる年齢区分（土井ヶ浜遺跡）

副葬品＼年齢	小児以下	若年以上
マツバガイ製貝輪	○	─
ハイガイ製貝輪	○	─
硬玉製勾玉	○	─
土器	○	─
貝小玉	○	○
タマキガイ製貝輪	─	○
ゴホウラ製貝輪	─	○
指輪	─	○
ガラス小玉	─	○
ヒスイ製小玉	─	○
管玉	─	○
石鏃	─	○
鉄製品	─	○

(3) 中ノ浜遺跡

a) 空間分布

　中の浜遺跡に関しては報告書が刊行されているものの、初期の頃の発掘に関しては遺構番号が不明であるため、報告文に記載されている遺構のサイズ、形態、およびグリッド番号からその位置関係を推定した。その結果石棺の同定が不可能な場合もあったが、墓域内でのおおよその位置、石棺軸の方向に関しての情報は得ることができた。抜歯を調べることの可能であった個体は東京教育大学と広島大学が発掘したそれぞれの調査区から出土しており、2つの墓域にまたがる。したがって、便宜上これらの墓域を東墓域（東京教育大学発掘調査区G・Hグリッド出土）、西墓域（広島大学発掘調査区）と表記する。サンプル個体には東墓域の個体が多く含まれる。

　まずそれぞれの墓域と抜歯型式との関係を見てみると、東墓域では1C型、2C型、2I^{2}2C型の3型式の上顎抜歯が見られ、西墓域では無抜歯、1C型、2C型、2I^{2}2C型の4型式が見られる（表69-1）。このように双方の墓域で複数の上顎抜歯型式が見られ、また双方の墓域に共通した上顎抜歯型式も見られる。下顎抜歯を有する個体は全て東墓域であり、上顎抜歯型式と同様に歯種・左右で分けると2Cと1I$_1$という異なる2通りの抜歯が見られる（表69-2）。女性のうち下顎無抜歯個体が1体見られるが、西墓域出土個体である。

　次に、墓域内における抜歯型式の空間的分布をサンプル数が比較的多い東墓域で見てみると、墓域の北側と南側で上顎抜歯型式の判明している個体が見られる。墓域内の南側のまとまりでは2I^{2}2C型が2体（女性）見られ、北側のまとまりでは2C型が2体（女性）1C型が1体（男性）見られる。しかし、中ノ浜遺跡では人骨の遺存状況があまり良好でなく、抜歯の有無の判定が不可能であった個体が多く存在するため、これだけの個体で空間的に偏りがあるかどうかについて言及することは不可能である。

b) 石棺軸

　中の浜遺跡の石棺は東西／南北と2つの異なる軸が見られ、甲元氏の研究（甲元 1975）においてはこれらの軸が自出自、他出自であると結論付けられて

いる。これらの石棺の軸と抜歯型式を見てみる（表69-1・2）。東墓域において東西軸の石棺に埋葬された個体の抜歯型式を見てみると、上顎抜歯型式は東墓域で見られる全ての抜歯型式（1C型、2C型、2I²2C型）が見られる。女性の下顎抜歯を見ても、2CとlI₁の両方抜歯が見られる。南北軸の石棺に埋葬されていて抜歯の判明している個体は2体のみであり、このうち上顎抜歯型式の明らかな個体は2I²2C型である。これは、同じ東墓域の東西軸石棺に埋葬された個

表69　抜歯と墓域・石棺軸（中ノ浜遺跡）
1：上顎抜歯型式

型式 \ 墓域軸	東墓域 東西軸	東墓域 南北軸	西墓域 東西軸
無抜歯	—	—	1
1C	1	—	1
2C	3	—	1
2I²2C	1*	1	1
計	5	1	4

（数値＝個体数、＊＝若年）

2：下顎抜歯歯種

歯種 \ 墓域軸	東墓域 東西軸	東墓域 南北軸	西墓域 東西軸
無抜歯	4	1	3
2I₁	1	—	—
2C	2	1	—
計	7	2	3

（数値＝個体数）

体にも見られる上顎抜歯型式である。さらに南北軸の石棺に埋葬された個体の下顎抜歯は2C（女性）と無抜歯（男性）であり、それぞれ同じ東墓域の軸の異なる石棺（東西軸）に埋葬された個体にも見られる下顎抜歯型式である。

次に、西墓域において抜歯の有無・抜歯型式の判明している個体は全て東西軸の石棺に埋葬された個体である。出土個体の上顎抜歯型式は本遺跡で見られる全上顎抜歯型式（無抜歯、1C型、2C型、2I²2C型）が1体ずつ存在する。下顎抜歯は中ノ浜遺跡においては女性のみに見られるが西墓域東西軸石棺から出土した女性の下顎は無抜歯である。

さらに、中ノ浜遺跡においては、追葬の際に片づけを行いながら、1つの石棺に複数の個体を埋葬しているが、これらの同一石棺に埋葬された個体の抜歯型式を見てみると、上顎抜歯の判明している個体で、同一石棺に埋葬されている個体は無い。下顎抜歯型式の判明している個体で、同一石棺に埋葬されていた個体は2体ずつ2組存在するが、4体とも男性で下顎は無抜歯である。

c）埋葬施設

中ノ浜遺跡の埋葬施設は大半が石棺墓であり、サンプルは全て石棺墓に埋葬

されていた個体である。

d）副　葬　品

　中ノ浜遺跡においても若干の副葬品は出土しているが、1つの石棺に複数体埋葬されているため、副葬品がどの個体に伴うものであるかの判断が曖昧で、副葬品と抜歯型式の相関を見ることは難しい。敢えて言うならば、中ノ浜遺跡において見られる全ての上顎抜歯型式に、1体ないしは2体ずつ副葬品を有する個体が存在する。

（4）吉母浜遺跡
a）空　間　配　置

　吉母浜遺跡においては、墓域の内の一定の空間を発掘したのではなく、溝状に発掘した際、人骨が出土したのであり、出土したこれらの人骨が、本来の墓域のどのような位置に埋葬されていたものか全くわからないため、吉母浜遺跡において抜歯人骨の空間的な位置関係を知ることは現時点では不可能である。

b）頭　位　方　向

　頭位方向の判明している個体は4体のみであるが、このうち頭位方向が西向きの個体が2体、北東が2体である。頭位が西向きの2体中1体は抜歯が施してあり、1体は無抜歯である。北東向きの2体は1体が上顎右半分のみであるものの、抜歯歯種は側切歯であり、2体とも同じ側切歯の抜歯である。逆に、上顎抜歯型式を軸にして考えると、同じ$2I^2$の抜歯個体3体中2体は頭位北東、1体は西で頭位が異なる。

c）埋　葬　施　設

　報告によると、吉母浜遺跡においては土壙墓が多くその他は石棺墓1基・石囲い墓1基・配石墓1基が見られる。土壙墓に埋葬されている個体には抜歯のある個体、無い個体ともに見られる（表70）。石棺墓に関しては2体中1体のみ抜歯の有無が判明しており、この個体は無抜歯である。石囲い墓・配石墓に

関してはともに抜歯を有する個体である。逆に、上顎抜歯型式が同一（2I²型）であっても、埋葬施設は土壙墓・配石墓・石囲い墓と異なる。

表70　上顎抜歯型式と埋葬施設（吉母浜遺跡）

型式＼属性	箱式石棺	石囲い墓	配石墓	サンプル数
無抜歯	1	—	—	3
2I²	—	—	1	3
計	1	0	1	6

数値＝個体数

d）副　葬　品

吉母浜遺跡においては箱式石棺から出土した人骨にのみ副葬品が伴う。この箱式石棺から出土した2体の人骨の内、上顎抜歯の観察が可能であったのは1体のみであり、無抜歯であった。

6　歯冠計測

4遺跡において、同時期性が認められる個体間、或いは時期が不明であっても近接して埋葬されており、考古学的に血縁者であるという推測が可能な個体群を用いて分析を行った。

（1）古浦遺跡（表71-1）

42号（女性）と61号（女性）、61号と68号（男性）間でそれぞれ強い相関が見られる。これら3体は隣接して埋葬されており、頭位は42号が東、68号が西で、61号は南である。上顎抜歯型式は全て2C型である。下顎抜歯に関しては、42号、68号は下顎抜歯を施しておらず、61号は2Cを抜歯している。

以上の結果をまとめると、次のようになる。

　①血縁関係があると考えられる個体間でも頭位方向は異なる。
　②血縁関係が推定される3体の上顎抜歯は同じ2C型であるが、下顎抜歯
　　の有無は異なる。

（2）土井ヶ浜遺跡（表71-2）

土井ヶ浜遺跡における歯冠計測を用いた分析の結果、複数の抜歯型式間で強

い相関が見られたが、これらのうち考古学的情報により同時期性が確認されている個体、あるいは同時期である蓋然性が高い個体間に関して言及する。なお10次調査では、1001A・1002A・1003・1004A号間で既に親族関係が推定されており（田中他 1985）、11次調査出土個体に関しても多数再葬墓の1111土壙墓出土個体間で血縁関係が推定されている（田中 2008）。

事例1）1001A号・1002A号・1003号・1004A号　第10次調査で発掘され、前期末に属すと考えられる1000番台の個体のうち、4体（男性2体、女性2体）で複数の有効な歯種の組み合わせが得られた。この内1001A号（男性）・1003号（男性）・1004A号（女性）の3体は上顎抜歯は$2I^2$型であり下顎抜歯・小臼歯抜歯は施されておらず、3体相互に強い相関が見られる。残りの1002A号（女性）は$2I^2C$型抜歯であり下顎にも抜歯が見られ、1003号とだけ高い相関が見られ、1001A号・1004A号とは高い相関が見られない。しかし、この方法は、分析方法において見てきたとおり似ている血縁者同士を抽出する方法であり、この事例のみを以て高い相関が得られなかった個体が血縁的に他人であったと判断することはできない。

以上の結果から、上顎抜歯型式が同一な個体間でも異なる個体間においても血縁関係が推定され、下顎抜歯のある個体と無い個体間でも血縁関係が推定される。

事例2）1117号・1118号　この2体は第11次調査で発掘され、中期に属すと考えられ、単体で埋葬された1118号（男性）の足元付近に1118号の墓壙を切って1117号（女性）が再埋葬されている。1118号（男性）と1117号（女性）は複数の有効な歯種の組み合わせで高い値を示しており、血縁者であることが推定される。上顎抜歯は1118号が$2I^2$型であり、1117号が無抜歯で異なり下顎はともに無抜歯である。埋葬間隔等が不明であることから、この2体の関係に関しては血縁者であるということ以上言及は不可能であるが、上顎抜歯型式の異なる男女間に血縁関係が推定されるということは言える。

事例3）1112号墓　第11次調査で発掘された多数個体の集骨の内1112L号・1112M号・1112T号の3体が計測可能であり、このうち1112L号・1112T号間に強い相関が見られ、血縁関係が想定された。1112L号は熟年男性

表 71-1　個体間相関係数
1：古浦遺跡

歯種	ペア	42 61	42 68	61 68	
$\overline{P^1P^2M^1}$ $P_1P_2M_1$	(13.8) (8.0)	0.62	—	—	
$\overline{P^1M^1}$ P_1M_1	(18.9) (11.3)	0.65	0.54	0.50	（）内の数値
$\overline{P^1P^2M^1}$	(17.0) (10.1)	-0.36	-0.81	0.62	上段：相関係数 0.5 以上の場合の他人のそら似度(%)
$\overline{P_1P_2M_1M_2}$	(20.5) (13.1)	0.85	—	—	下段：相関係数 0.6 以上の場合の他人のそら似度(%)

表 71-2　土井ヶ浜遺跡

歯種	ペア	1001A 1002A	1001A 1003	1001A 1004A	1002A 1003	1002A 1004A	1003 1004A	1112L 1112M	1112L 1112T	1112M 1112T	1117 1118
$\overline{P^1P^2M^1M^2}$ $P_1P_2M_1M_2$	(13.3) (5.3)	—	0.20	0.27	—	—	0.15	—	—	—	0.53
$\overline{CP^1P^2M^1}$ $CP_1P_2M_1$	(8.7) (4.4)	—	0.36	0.57	—	—	0.32	—	—	—	0.44
$\overline{P^1P^2M^1}$ $P_1P_2M_1$	(13.8) (8.0)	0.33	0.17	0.52	0.60	0.14	0.23	—	—	—	0.57
$\overline{P^1M^1}$ P_1M_1	(18.9) (11.3)	-0.01	-0.22	0.44	0.62	-0.09	-0.25	—	—	—	0.66
$\overline{CP^1P^2M^1}$	(13.1) (8.0)	—	0.69	0.63	—	—	0.54	—	—	—	0.43
$\overline{P^1P^2M^1}$	(17.0) (10.1)	0.43	0.71	0.56	0.86	0.12	0.46	0.42	0.74	-0.01	0.54
$\overline{I_1I_2CP_1P_2M_1M_2}$	(19.1) (11.7)	—	0.14	0.67	—	—	0.14	—	—	—	—
$\overline{P_1P_2M_1M_2}$	(20.5) (13.1)	—	0.10	0.70	—	—	0.09	—	—	—	0.62

で上顎抜歯型式は 1C 型であり、1112T 号は 12-13 歳で性別不明であり、上顎抜歯型式は $2I^2$ 型である。1112T 号の年齢を考慮するとその後に抜歯を追加して最終的に $2I^22C$ 型に成る可能性も考えられるが、いずれにしても 1112L 号とは異なる型式である。これらは集骨であり、初葬時の埋葬間隔が不明であることから、この 2 体の関係に関しては血縁者であるということ以上言及は困難であるが、上顎抜歯型式の異なる個体間で血縁関係が推定されるということは言える。他の個体間では強い相関は認められなかったが、有効な歯種の組み合わせが 1 項目ずつしか得られなかったことから、これらの個体が他人であると

はいえない。

以上の結果をまとめると次のようになる。

①前期末の段階に、血縁関係のある個体が近接して埋葬されており、抜歯型式は上顎 $2I^2$ 型＋下顎無抜歯の個体群と $2I^22C$ 型＋下顎抜歯の個体が見られる。

②中期中葉と考えられる個体で、上顎抜歯型式の異なる個体間で血縁関係が推定される。歯冠計測で抽出しうる血縁者間で型式の異なる上顎抜歯が施されており、下顎抜歯の有無も異なる。

（3）中ノ浜遺跡（表71-3）

中の浜遺跡における歯冠計測を用いた分析結果は表71-3の通りである。個体数が少なかったことから、未抜歯年齢であるE-2-1号（11-12歳）を分析に加えた。E-2-1号とE-2-2号間に強い相関が見られた。E-2-1号、E-2-2号は同一石棺に埋葬されている。したがって、同一石棺から出土した個体間には血縁関係があると推定される。これは9次調査報告における分析結果（田中他 1986）を追認するものである。

以上の結果をまとめると以下のようになる。

①血縁関係があると推定される個体が隣接して、頭位方向・副葬品の有無を等しくして埋葬されている。

②但し、血縁関係があると推定される個体間で上顎抜歯は異なる。

7　抜歯施行率の遺跡間差

以上の分析においては、抜歯の施行年齢など、遺跡個別に抜歯の様相を見てきた。以下にこれらの諸遺跡に見られる抜歯風習の施行率について、遺跡間の比較を行いたい。本分析では、これまでの分析で扱ってきた4遺跡に加え、近年報告された、弥生時代後期に属する鳥取県青谷上寺地遺跡出土人骨に見られる抜歯風習についても、報告データを用いて若干の比較を行う。これらの日本海沿岸に位置する5遺跡の施行率を比較すると、時期が下るにつれ抜歯の施行率は低くなる（図64）。

8 分析結果のまとめとその検討

(1) 施行年齢

4遺跡の分析結果をまとめると以下のようになる。

①上顎側切歯・犬歯抜歯の最年少個体は土井ヶ浜遺跡：12-13歳、中ノ浜遺跡：10代後半である。

②上顎側切歯・犬歯抜歯の隣接歯の大半は側方咬耗が見られない。

③下顎抜歯は成年・熟年の上顎抜歯を施している個体に見られる。

④下顎抜歯が施されている個体全てに妊娠・出産痕が見られる。

まず、上顎側切歯・犬歯抜歯について見てみよう。土井ヶ浜遺跡に関しては若年の抜歯開始年齢及び側方咬耗の分析結果から、上顎犬歯・切歯抜歯は12-20歳の範囲平均13歳前後で施行されていたと推定される。この抜歯開始年齢に関しては中橋氏の指摘（中橋1990）を追認するものである。10代後半で抜歯が見られる中ノ浜遺跡や若年サンプル個体の見られない古浦遺跡に関しても上顎抜歯の隣接歯に殆ど側方咬耗が見られないことから若年期に抜歯が完了していたと推定される。また、サンプル数の多い土井ヶ浜遺跡をみると、妊

表71-3 中ノ浜遺跡

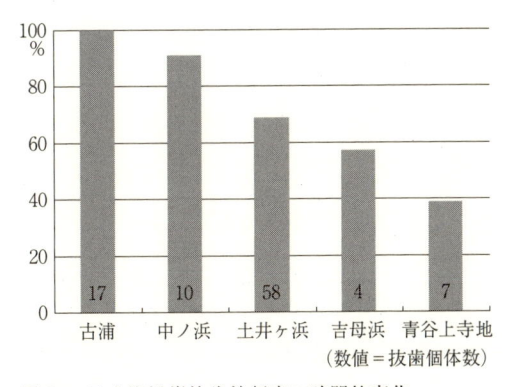

歯種	ペア	E-2-1 E-2-2
$I^1I^2CP^1P^2M^1M^2$	(11.9)	0.32
$I_1I_2CP_1P_2M_1M_2$	(3.7)	
$I^1I^2CP^1P^2M^1$	(11.7)	0.42
$I_1I_2P_1P_1M_1$	(5.3)	
$P^1P^2M^1M^2$	(13.3)	0.32
$P_1P_2M_1M_2$	(5.3)	
$I^1I^2CP^1P^2$	(18.2)	0.32
$I_1I_2CP_1P_2$	(9.9)	
$CP^1P^2M^1$	(8.7)	0.54
$CP_1P_2M_1$	(4.4)	
$P^1P^2M^1$	(13.8)	0.76
$P_1P_2M_1$	(8.0)	
$I^1I^2C^2M^1$	(10.3)	−0.06
$I_1I_2C_2M_1$	(4.1)	
P^1M^1	(18.9)	0.86
P_1M_1	(11.3)	
$I^1I^2CP^1P^2M^1M^2$	(19.8)	0.31
	(11.3)	
$I^1I^2CP^1P^2M^1$	(15.6)	0.71
	(9.4)	
$CP^1P^2M^1$	(13.1)	0.75
	(8.0)	
$P^1P^2M^1$	(17.0)	0.74
	(10.1)	
	(19.1)	0.32
$I_1I_2CP_1P_2M_1M_2$	(11.7)	
	(20.5)	0.76
$P_1P_2M_1M_2$	(13.1)	

図64 日本海沿岸抜歯施行率の時間的変化

（古浦17、中ノ浜10、土井ヶ浜58、吉母浜4、青谷上寺地7）
（数値＝抜歯個体数）

娠・出産痕が見られ最も早い妊娠・出産経験者と考えられる個体の年齢は 10 代半ばすぎであり、上顎抜歯開始年齢（12-13 歳）を上回る。したがって、現代の臨床データに見られる通常の結婚から妊娠・出産までの期間（2 年）を考慮しても、婚姻年齢は上顎抜歯開始年齢を上回り、婚姻は上顎抜歯の契機ではないと考えられる。上顎歯を 3 ～ 4 本抜歯している複数歯種抜歯に関しても 14-15 歳の個体ですでに抜歯しており、上述の妊娠・出産痕との関係から見ても、上顎複数歯種抜歯が春成氏のいうところの成人抜歯と婚姻抜歯が複合したもの（春成 1974）である可能性は低い。また、土井ヶ浜遺跡で見られる 12-13 歳の個体に伴う貝輪の個数が幼・小児とは異なり、成年以上の個数との一致が見られる点や、古浦・土井ヶ浜遺跡で小児以下と若年以上で副葬品の種類が異なることからも、当該地域においてこの年齢前後が何らかの社会区分の境界である可能性が高い。土井ヶ浜以外に関しては上顎抜歯の施行年齢を絞り込むことは困難であったが、若年時に抜歯が完了していたの可能性が高く抜歯型式を共有しているという点から判断すると、古浦・中ノ浜・吉母浜の 3 遺跡の上顎側切歯・犬歯抜歯に関しても土井ヶ浜と同じ年齢（12-20 歳の範囲、平均 12-13 歳）で抜歯が行われていたと考えられる。

　下顎抜歯に関して、古浦・中ノ浜・土井ヶ浜の 3 遺跡に共通してみられる分析結果は、下顎抜歯は上顎抜歯を施している個体のみに施行される、という点である。下顎抜歯の見られる個体で詳細な年齢推定が可能であった最年少個体の年齢は、古浦遺跡：20 代後半、土井ヶ浜遺跡：30 歳前後、中ノ浜遺跡：20 代中頃である。古浦・中ノ浜遺跡に関しては、若年サンプルがほとんど無いものの、下顎抜歯個体の側方咬耗から、若年期に抜歯が行われた可能性も考えられる。一方で、土井ヶ浜遺跡に関しては、若年個体のサンプルが一定度確保できているにもかかわらず若年に下顎抜歯が見られず、最年少下顎抜歯個体の年齢が上記の通りであり、女性において加齢に伴う抜歯施行率の有意な増加傾向が見られることから、成年以降に抜歯が行われた可能性が考えられる。さらに、歯槽窩の骨充填が不十分な個体が存在することからも、土井ヶ浜遺跡においては熟年でも抜歯が行われたことは確実である。したがって、下顎抜歯に関しては土井ヶ浜遺跡に関しては成年以降に行われた可能性が高いが、中ノ浜・古浦

遺跡に関しては若年期に行われた可能性も残されると言えよう。
　また、妊娠・出産経験と抜歯の関係については、いずれの遺跡においても下顎抜歯を有する個体は妊娠出産経験者である。但し、土井ヶ浜遺跡・古浦遺跡においては下顎無抜歯で妊娠・出産経験のある個体も見られる。したがって、出産経験は下顎抜歯施行の十分条件ではないが必要条件であると考えられる。

（2）抜歯型式の区分原理について
a）抜歯と性別
　上顎抜歯型式については、古浦遺跡・土井ヶ浜遺跡・中ノ浜遺跡においては複数の上顎抜歯型式が見られ、男性または女性のどちらか一方のみに見られる抜歯型式と男性・女性ともに見られる抜歯型式が存在するが、その傾向を大まかに見ると以下のようになる。
　　①古浦遺跡では抜歯型式に性別の偏りが見られない。
　　②土井ヶ浜遺跡と中ノ浜遺跡においては性別の偏りが見られる型式と見られない型式が存在する。
このような傾向を見ると、いずれの遺跡においても抜歯型式が一貫して性別と相関しているという指摘は困難である。
　また、3遺跡の下顎抜歯型式に関しては以下のことが言える。
　　①3遺跡ともに男性よりも女性の施行率が高い。
　　②古浦遺跡では左右対称に抜歯をしており、施行率は女性がやや高いが、抜歯歯種と性別の相関はない。
　　③土井ヶ浜遺跡においては、抜歯個体は少数であるが様々な抜歯歯種が見られ、施行率はやや女性が高い。
　　④中ノ浜遺跡においては左右対称に抜歯をしており、女性の施行率が高い。
　偏側性の抜歯型式は土井ヶ浜遺跡においてのみ見られる。これらの下顎抜歯型式が、過渡期の様相を呈すのか、完結した型式を示すのかについては不明であるが、下顎抜歯は先述のように、成年-熟年層間で加齢に伴って頻度が増加し、平均抜歯本数の増加は見られないことから、加齢に伴い抜歯本数が増加するのではない可能性が指摘できよう。

b）各抜歯間の関係

　古浦遺跡・土井ヶ浜遺跡・中ノ浜遺跡の上顎抜歯型式と下顎抜歯の関係に関しては以下のことがいえる。

　　①上顎抜歯歯種と下顎抜歯歯種は相関が無い。
　　②上顎抜歯型式が同一な個体間でも下顎抜歯は異なる。
　　③下顎抜歯型式が同一な個体間でも上顎抜歯は異なる。

　土井ヶ浜遺跡にのみ見られる、上顎小臼歯抜歯と、上顎抜歯型式・下顎抜歯型式の関係に関しては以下のことがいえる。

　　①上顎抜歯型式と小臼歯抜歯の有無は相関が無い。
　　②下顎抜歯を持つ個体と小臼歯抜歯を持つ個体は重複しない。

さらに、吉母浜遺跡以外の３遺跡に関しては、同一墓域において複数の下顎抜歯歯種が見られる。複数の墓域の存在が明らかである土井ヶ浜遺跡、中ノ浜遺跡に関しては、墓域による抜歯型式の偏りは見られず、異なる墓域間で複数の上顎抜歯型式を共有している。その他の副葬品、頭位方向等各遺跡で得られるそれぞれの要素に関しては以下に遺跡ごとにまとめる。

　ⅰ）古浦遺跡
　　①上顎抜歯型式・下顎抜歯型式・下顎抜歯の有無ともに墓域の中での空間的偏り、特定の頭位方向、副葬品との結びつきは見られない。

　ⅱ）土井ヶ浜遺跡
　　①墓域経営当初の墓の列状配置の様相が見られる場合は、隣接する２〜３の列に主となる型式を含む２〜３の上顎抜歯型式が混在しており、埋葬密度が高い場合は全ての上顎抜歯型式が混在している。
　　③上顎小臼歯抜歯及び下顎抜歯に関しては中期の埋葬が多いと考えられる埋葬の密度の高い場所に埋葬された個体に見られる。
　　④頭位方向は全ての上顎抜歯型式で同一方向である。
　　⑤上顎抜歯型式は追葬個体間での一致は見られるが、複数再葬個体間での統一は見られず、上下顎をあわせると抜歯型式の完全な一致は皆無である。
　　⑥石を用いた埋葬施設のうち、箱式石棺は無抜歯の個体のみであり列石墓

は2C型と無抜歯の個体のみであるが、配石墓は全ての上顎抜歯型式個体に伴う。
⑦副葬品に関しては2I^{2}型抜歯を除く全ての抜歯型式に伴い、複数の墓から出土している副葬品に関しては、その種類と上顎抜歯型式との間に特定の結びつきは見られない。
⑧下顎抜歯の有無・抜歯型式と埋葬施設及び副葬品の間には相関はなく、集骨・追葬といった埋葬形態との相関も見られない。

先行研究において土井ヶ浜遺跡では上顎抜歯型式が空間的偏りを見せるという現象と埋葬施設・副葬品が特定の抜歯型式に偏るという現象が指摘されていた（山田 1997）。本分析の結果、前期に比定される埋葬と上顎抜歯型式に関しては類似した現象が得られているが、副葬品・埋葬施設に関しては上顎抜歯型式との間に相関は認められなかった。

　ⅲ）中ノ浜遺跡
　　①石棺の軸による上顎抜歯型式、下顎抜歯型式の偏りはなく、それぞれの石棺軸で複数の抜歯型式が存在する。
　　②逆に、異なる軸の石棺に埋葬された個体でも同一の上顎抜歯型式、下顎抜歯型式が見られる。
　ⅳ）吉母浜遺跡
　吉母浜遺跡では石を用いた埋葬施設が見られるが、被葬者の上顎抜歯の有無による偏りは見られない。

d）抜歯型式と血縁関係
　土井ヶ浜遺跡・吉母浜遺跡ともに歯冠計測の結果推定される血縁関係と、上顎抜歯の有無・上顎抜歯型式は必ずしも一致しない。土井ヶ浜遺跡・古浦遺跡に関しては、下顎抜歯の有無や歯種が血縁関係のある個体間で一致しない。但し、土井ヶ浜遺跡に関しては時期により若干様相が異なる。
　　①前期末に属すと考えられる個体群では血縁者の上顎抜歯型式は個体数の多い主となる型式と、少数の個体からなる別の抜歯型式が見られ、下顎抜歯に関してはある個体と無い個体が存在する。

②中期中葉に属すると考えられる個体群では上顎抜歯の有無や、上顎抜歯型式の異なる個体間で血縁関係が推定される。

第2節　北部九州

　九州北部に関しては、便宜的に、北部九州・西北九州に分けて記述を行う。なお、北部九州に関しては、人骨の形質の地域差が指摘されている（中橋・永井 1989）。高顔傾向の福岡平野の中でも、太宰府から筑紫野地域では著しい高顔傾向が見られ、遠賀川や筑後川中・上流域に関しては相対的に顔高が低く鼻根部の湾曲が低いという指摘がなされている。したがって、これらの形質の偏りが当時の人の動き・文化的地域単位に起因している可能性を考慮し、抜歯人骨の出土している遺跡のまとまりから、必要に応じて、直方平野、福岡平野・糸島地域、筑紫平野東部、筑紫平野中部に分けて分析を行う。

　これらの抜歯人骨の年齢、性別、妊娠出産痕、各遺跡・地域・時期ごとの施行率といった形質人類学的情報に加え、墓域における空間配置・副葬品といった考古学的事象についても言及を試みる。

　時期決定に関しては、多数の報告書等で用いられており、墓地における甕棺の切り合いとも矛盾が見られないことから、橋口氏の甕棺編年を用いる（橋口 1979）。氏の甕棺編年に基づき、KⅡa-KⅡc式を中期前葉とし、KⅢa式を中期中葉、KⅢb式・KⅢc式を中期後葉とする。報告がなされておらず、詳細な時期決定が不明な西島遺跡・吉ヶ浦遺跡に関しては『日本民族・文化の生成2　九州大学医学部解剖学第2講座所蔵古人骨集成』（九州大学医学部解剖学第2講座 1988）の記載時期を使用する。

　今回分析に用いたのは第Ⅱ章の表に挙げた抜歯個体のみであるが、分析に先立ち、北部九州域の甕棺墓地遺跡出土人骨を可能な限り観察している。出土人骨の観察を行った遺跡には抜歯個体の見られない遺跡も多く見られる（表72）。但し、以下の分析で見るように、1遺跡あたりの抜歯個体数が少ないことから、抜歯個体の遺存状態が悪く、抜歯の観察が困難であった可能性も考えうる。したがって、以下に扱う遺跡のみに抜歯個体が限られるというわけではない。

表72 北部九州観察個体一覧

遺跡名	墓地種類	調査個体所属時期	完全個体	上顎のみ	下顎のみ	抜歯個体数	情報源
新町遺跡	木棺、甕棺、支石墓	早期～前期前半	2	0	2	4	実見
西新町遺跡	甕棺	中期中葉	2	0	0	0	実見
藤崎遺跡	甕棺墓、箱式石棺	中期中葉～後葉	5	3	2	0	実見
有田遺跡	甕棺	中期前葉	2	0	0	1	実見
伯玄社遺跡	甕棺	中期前葉	4	1	1	0	実見
豆塚山遺跡	甕棺	中期	9	1	1	0	実見
一の谷遺跡	甕棺	中期中葉～後期初頭	10	3	0	0	実見
門田遺跡	甕棺	中期前葉	3	1	0	2	実見
原遺跡	甕棺	中期前葉～中葉	9	1	0	1	実見
大土居遺跡	甕棺	中期	0	1	0	0	実見
春日昇町遺跡	甕棺	中期	1	0	0	0	実見
春日・原田遺跡	甕棺	中期	1	0	0	0	実見
向谷南遺跡	甕棺	中期末	1	0	0	0	実見
春日遺跡	甕棺	中期	0	1	0	0	実見
若葉台遺跡	甕棺	中期	1	0	0	0	実見
西平塚遺跡	甕棺	中期前葉	5	2	0	2	実見
観音堂遺跡	甕棺	中期	5	1	0	0	実見
宮の後遺跡	甕棺	中期後半	1	0	0	0	実見
青木（蓆田）遺跡	甕棺	中期	1	0	0	0	実見
金隈遺跡	甕棺、石棺(2)	前期末～後期	50	0	0	11	実見
大野城遺跡	箱式石棺	後期	1	0	0	0	実見
吉ヶ浦遺跡	甕棺	中期後半～後期初頭	7	2	1	3	実見
永岡遺跡	甕棺、土壙墓(1)	中期前葉～中葉	12	2	3	0	実見
道場山遺跡	甕棺墓	中期後半～後期初頭	4	1	0	0	実見
隈第5遺跡	甕棺	中期末～後期初頭	2	2	0	0	実見
津古遺跡	甕棺	中期	1	1	0	0	実見
ハサコの宮遺跡	甕棺	中期初頭～前半	6	1	0	1	実見
正原遺跡	甕棺	中期初頭～前半	3	0	0	1	実見
西島遺跡	甕棺、箱式石棺(1)	中期前葉、中～後期	2	0	0	1	実見
津古牟田遺跡	甕棺	中期前葉	0	1	0	0	実見
三沢遺跡	甕棺	中期前葉	2	0	0	0	実見
干潟遺跡	甕棺	中期前葉	0	0	2	0	実見
栗山遺跡	甕棺、箱式石棺(1)	中期中葉～後期初頭	4	0	2	0	実見
小隈遺跡	甕棺	弥生時代	3	0	0	0	実見
石垣遺跡	甕棺	中期中葉	1	0	0	0	実見
大野原遺跡	甕棺	中期	1	0	0	0	実見
太郎丸遺跡	甕棺、石蓋土壙	終末期	1	0	0	0	実見
スダレ遺跡	甕棺	中期中葉	1	0	0	0	実見
桂川・土師遺跡	甕棺	中期	0	3	0	0	実見
山村遺跡	甕棺	中期	0	1	0	1	実見
立岩遺跡	甕棺	中期中葉、後葉	1	2	0	1	実見
下三緒遺跡	甕棺	中期	1	0	0	0	実見
大隈峠遺跡	甕棺	中期	0	1	1	0	実見
元松原遺跡	土壙墓	中期	1	0	0	0	実見
大熊遺跡	箱式石棺	後期	1	1	0	0	実見
雀居遺跡	土壙墓・甕棺墓	前期中葉～後半	3	1	0	4	実見
狐塚遺跡	甕棺墓・土壙墓	中期中頃～後期前半	(56)	?	?	5	報告書
		合計	226	34	15	38	

数値＝個体数

1　事例検討

(1) 福岡平野・糸島地域の諸遺跡

a) 新町遺跡

ⅰ) 遺跡概要　新町遺跡は現在の福岡県糸島市志摩町に位置し、1986年-1987年にかけて福岡県教育委員会を中心として調査が行われており、この調査で支石墓を含む57基の弥生時代前期初頭の墓が検出され、内33基の調査が行われている（志摩町教委1987）。この結果、幼児1体を含む計14体の人骨が出土しており、抜歯に関しても報告がなされている（中橋・永井1987）。

ⅱ) 抜歯観察所見　実見の結果、新町遺跡で抜歯の観察が可能な個体は4体であり、4体全てに抜歯が見られる。このうち上顎抜歯の観察は男性個体（19-1・24-1号）のみ可能であり、抜歯歯種は犬歯である。犬歯部分の歯槽骨が若干破損している女性2体（15・16号）中1体に関しても、小臼歯より近心側の歯牙は左右犬歯を除いて全て遺存しており、やはり犬歯抜歯の可能性が高いと考えられる。下顎抜歯の抜歯歯種は、女性は中切歯・側切歯・犬歯であり、2体中1体は左側切歯・犬歯部分の歯槽骨が欠損しているが、もう1体の女性同様左右の中切歯から犬歯までの全ての歯を抜歯していたと考えられる。男性は下顎抜歯の本数が少なく1体は左中切歯のみで、1体は下顎無抜歯である。側方咬耗は、上顎右犬歯抜歯をしている個体（24-1号）のみ観察が可能であり、抜歯隣接歯の右小臼歯には側方咬耗が見られず、右側切歯には若干咬耗が見られる。対咬歯牙の咬耗に関しては、16号人骨（女性）のみ観察が可能であり、下顎抜歯部位の対咬歯牙である上顎の切歯部は咬耗度がやや低く、歯牙の挺出が見られる。

ⅲ) 葬送行為と抜歯　サンプル個体は4体とも木棺墓であり、調査区の中心付近に埋葬されており、他の墓との相違は見られない。埋葬施設は4体とも木棺墓であり、副葬品は3体が壺を伴う（図65）。

b) 雀居遺跡

ⅰ) 遺跡概要　雀居遺跡は、現在の福岡市の福岡平野南東部に位置する。

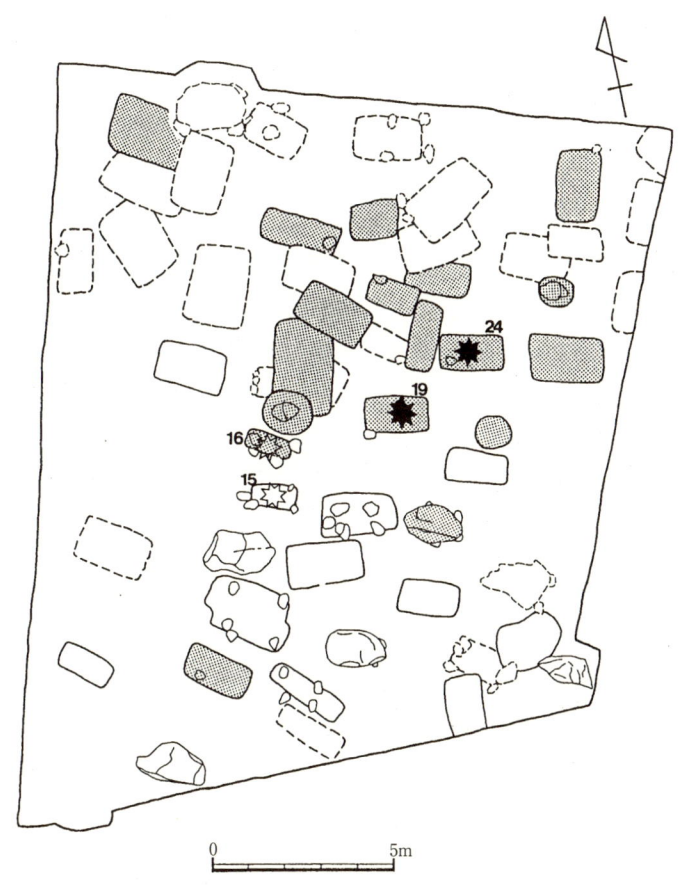

●：無抜歯個体　　✶：抜歯個体（ともに白抜きは女性）
編み掛け：早期　　実線：前期初頭　　破線：時期不明
図65　抜歯個体出土状況（新町遺跡）（志摩町1987をトレース・改変）

第7次調査（1994年）及び第8次調査（1995年）において前期中頃の土壙墓9基、前期後半の甕棺墓4基から計13体の人骨資料が出土している（福岡市教委2000：2003）。さらに、第10・12・13次調査でも前期の木棺墓1基、前期中頃の土壙墓3基、前期中頃の乳幼児棺・前期後半の甕棺墓各1基から計6体の人骨が出土している。これらの人骨に関しては抜歯風習の存在が報告されている（中橋 2000：2003）。

ⅱ）抜歯観察所見　　実見の結果、雀居遺跡においては観察可能な個体は5

体であり、その全ての個体に抜歯が認められる（中橋 2000：2003）。抜歯の見られた5体中、1体が男性であり残りは全て女性である。上顎に関しては5体中4体が犬歯抜歯であり、1体（女性）のみ抜歯歯種が不明である。この歯種不明個体に関しては、左右側切歯抜歯と報告されているものの、歯槽骨の保存状態が悪く、歯牙相互の位置関係から判断すると、左右第1小臼歯と左右中切歯間に犬歯・側切歯の2本が植立する空間はない。したがって、犬歯、側切歯いずれかを抜歯していた可能性が高いものの、抜歯歯種の同定は困難である。下顎に関しては観察可能な3体中1体が切歯1本を抜歯しており、1体は左右中切歯を抜歯している。残りの1体に関しては下顎の切歯4本のみ歯槽窩の確認ができないものの上顎の切歯に挺出が見られることから、切歯を4本抜歯していたと考えられる。

c) 金 隈 遺 跡

i) 遺 跡 概 要　　金隈遺跡は、現在の福岡市の福岡平野南東の月隈丘陵に位置し、1968年-1970年、1980年-1982年に調査が行われ、甕棺墓348基、土壙墓（木棺墓）119基、石棺墓2基が検出されている。遺跡は丘陵の高い稜線上にあり、殆どの土壙墓（木棺墓）が甕棺墓により切られていることから、墓域の経営当初は土壙墓（木棺墓）が主体であり、その後甕棺墓が作られるようになったと考えられる（福岡市教委 1970：1971：1985）。甕棺墓は前期末から後期にかけて営まれており、前期末から中期前葉にかけては丘陵全体に墓壙長軸を同じくして、列状に埋葬が行われている。その中に、墓壙長軸を等しくし、近接して埋設された甕棺のペアも見られる。中期中葉も墓域は丘陵全体に及び、甕棺が密に埋設され、「系列墓」（溝口 1995）が見られる。さらに、中期後葉になると墓域北側の丘陵基部に埋葬が集中し、若干の切り合い関係は見られるが、殆どの甕棺が切り合わず、長軸方向も揃っておらず、ランダムに埋葬されている。墓域の終焉期である後期には墓域中央と南側に数基の甕棺および2基の石棺墓が設置されており、石棺は2基とも既存の甕棺墓に切り合って設置されている。以上の甕棺から幼・小児33体不明16体を含む計136体の人骨が出土しており（中橋他 1985）、うち3体に抜歯の存在が指摘されている。

ⅱ）抜歯観察所見　　実見の結果、金隈遺跡において抜歯の観察が可能な個体は前期末から後期に属する個体 50 体であり、このうち抜歯を施している個体は 11 体である。抜歯歯種は上顎側切歯 2 体、犬歯 6 体、第 1 小臼歯 1 体であり、下顎の中切歯抜歯も 2 体見られる。抜歯を施されている個体は男女ともに存在し、性別による極端な偏りは存在しない。さらに、抜歯歯種、抜歯型式にも性別の偏りは見られない。

　抜歯を施した年齢に関しては、詳細な年齢判定が可能であった個体中、最も若い個体で 30 代であることから、この年齢には抜歯をしていると考えられる。隣接歯の側方咬耗は観察が可能な個体が少ないことから、側方咬耗による抜歯施行年齢の推定は不可能である。抜歯部位の対咬歯牙の咬耗に関しては、上顎左右側切歯抜歯個体 1 体（K352）、上顎左右犬歯抜歯個体 2 体（K89・K102）、上顎左犬歯抜歯個体 1 体（K169）、上顎右小臼歯抜歯個体 1 体（K139）、下顎左中切歯抜歯個体 1 体（K277）の観察が可能であり、いずれも抜歯部の対咬歯牙は、抜歯部以外の対咬歯牙と同程度咬耗している。

　なお、抜歯人骨で妊娠・出産痕の観察が可能な個体は 3 体であり、内 1 体は妊娠・出産痕が認められ、2 体には認められない。

ⅲ）時間的変化　　本遺跡における時期ごとの抜歯施行率、抜歯型式を、甕棺編年（福岡市教委 1985）の時期区分に基づき比較を行う（表 73・図 66）。サンプル個体は全て甕棺から出土した人骨である。時期ごとに埋葬された個体数も観察可能個体数も異なることから、前期末から時間の経過に従って抜歯施行率が低くなり、後期になって一時的に増加するかのように見えるが、抜歯個体数に大きな変動は見られない。また、このほかに、詳細な時期は不明であるが、中期に属すとされる抜歯個体が 1 体存在する。

　抜歯歯種に関しては前期末の段階は犬歯のみで、中期に入って切歯、小臼歯の抜歯が見られるが、個体数が少ないため確実な傾向であるとは言えない。

ⅳ）葬送行為と抜歯　　墓域内での抜歯観察可能個体の出土位置に関しては図の通りである（図 67）。墓地経営の時間的変化に従って、墓域における抜歯人骨の埋葬状況を見ていくと、前期末の段階では抜歯を施した 2 体（男性）のみであることから、無抜歯個体との位置関係は不明である。中期前葉の段階に

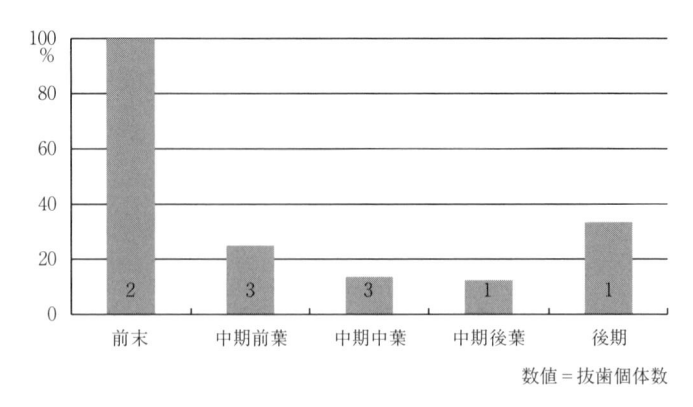

230　第Ⅳ章　弥生時代における抜歯風習

図66　抜歯施行率時間変化（金隈遺跡）

表73　時期別抜歯個体数（金隈遺跡）

年齢・性別 時期	成年男性	成年女性	熟年男性	熟年女性	合計
前期末	1/1	—	1/1	—	2/2
中期前葉	0/4	—	1/3	2/5	3/12
中期中葉	1/4	0/4	0/6	2/8	3/22
中期後葉	0/1	0/2	1/2	0/3	1/8
後期	—	—	0/1	1/2	1/3
時期不明	1/1	—	0/1	0/1	1/3
合計	3/11	0/6	3/14	5/19	11/50

＊数値：個体数（抜歯個体数／観察個体数）

は埋葬は丘陵全体に及び、墓域南側に抜歯個体が見られる。この時期には列状墓の中に土饅頭が切り合っていたと考えられるような、平行に隣接する甕棺のペアが見られるが、これらのペア中2体ともに抜歯の観察をできたのは2例であり、1例は男性同士のペア、もう1例は女性同士のペアである。これらの2例のペアはともに1体が抜歯個体で1体が無抜歯個体である。この2例は2体の埋葬の先後関係を図面から読みとることは不可能であり、甕棺編年に関しても、同じ時期に編年されており、埋葬時期差は不明である。次の中期中葉になると、「系列墓」が見られるようになるが、特定の甕棺群への抜歯個体の集中は見られない。また、中期前葉の抜歯個体355号（男性）と無抜歯個体69号（男性）のペアに切り合う数基の甕棺のうち、観察可能な2体は無抜歯個体である。さらに、他の抜歯個体76号（男性）、350号（女性）、352号（女性）に後出

して切り合う甕棺は見られず、一方で、系列化の開始甕棺である 61 号あるいは 13 号はともに無抜歯である。中期後葉になると墓域の南側、中心部に数基の甕棺が見られるが、埋葬の中心は墓域の北側である丘陵北部に移る。抜歯個体 277 号（男性）もこの墓域北側に埋葬されており、他の甕棺との切り合い関係はない。一方で、墓壙が切り合って、並列に埋葬されている 2 基の甕棺 287 号（女性）、288 号（男性）が見られるが、ともに無抜歯である。図面はあげていないが、後期になると埋葬される個体数が非常に少なくなり、墓域中央の 139 号 1 体のみ抜歯人骨が見られ、この個体と切り合って埋葬されている個体は無抜歯である。

　また、金隈遺跡の成人個体で副葬品を伴う個体は 1 体のみであり、この個体は中期前葉に属する熟年女性の片側犬歯抜歯個体で、石製丸玉を伴う。小児に関しては磨製石鏃を伴う個体、ゴホウラ製の貝輪を伴う個体がそれぞれ 1 体ずつ存在するが、成人棺に切り合って埋葬されているのは前者であり、切り合っている成人は無抜歯個体である。

d）有田遺跡 126 次調査
　ⅰ）遺跡概要　　有田遺跡は現在の福岡市早良区有田小田部の八つ手状にのびる小田部地区台地の中央台地北端に位置する遺跡であり、1987 年に福岡市教育委員会によって調査が行われている（福岡市教委 1991）。本調査は有田小田部地区の第 126 次調査に当たり、隣接する第 27 次調査区において中期後半の円形住居が 1 基検出されている。この調査区においては甕棺 4 基、木棺墓 1 基、土壙 4 基が見つかっているが、調査区の西、南東、南西には墓域の広がりは見られず、墓域が広がる可能性は調査区北側のみである。遺構の時期は甕棺が前期末 1 基、中期前半 2 基、中期後半 1 基、木棺墓が前期後半とされており、これらの墓から 3 体の人骨が出土している。これらの人骨の報告の中で、抜歯風習の存在についても言及されている（中橋 1991）。
　ⅱ）抜歯観察所見　　実見の結果、有田遺跡の第 126 次の調査出土の人骨の内 2 体（中期前半）が観察可能であり、内 1 体の熟年男性に上顎左右犬歯抜歯が報告されており（中橋 1991）、実見の結果同様な所見が得られている。抜歯

232　第Ⅳ章　弥生時代における抜歯風習

前期末

中期前葉

中期中葉

中期後葉

網がけ：先行時期の甕棺　　●無抜歯個体　　★抜歯個体（ともに白抜きは女性）
図 67　抜歯個体出土状況（金隈遺跡）（福岡市教委 1985 をトレース・改変）

隣接歯牙の側方咬耗の観察は不可能である。対咬歯牙の咬耗に関しては、抜歯歯牙に相当する部分が周囲よりも1.5mm高くなっているが、咬耗は隣接する歯牙同様象牙質にまで及んでいる。この2体はいずれも中期前半に属する。

　ⅲ）葬送行為と抜歯　　抜歯観察可能個体の空間配置については図の通りである（図65）。これらの2体の人骨が埋葬されていた甕棺は抜歯個体であるST-02（男性）を埋葬した後に、無抜歯個体ST-01（女性）が墓壙の軸をほぼ同じにして、ST-02へ向けて甕棺が挿入されている。調査者によると、ST-02、ST-01は墓壙軸を同じくして切り合って埋葬されているにもかかわらず、ST-01の甕棺がST-02の甕棺を破壊することなく埋葬されており、これらの2基の埋葬は前埋葬の記憶が鮮明なきわめて近い時期に行われたとされている（福岡市教委1991）。なお、本遺跡から出土する墓はどれも副葬品を持たない。

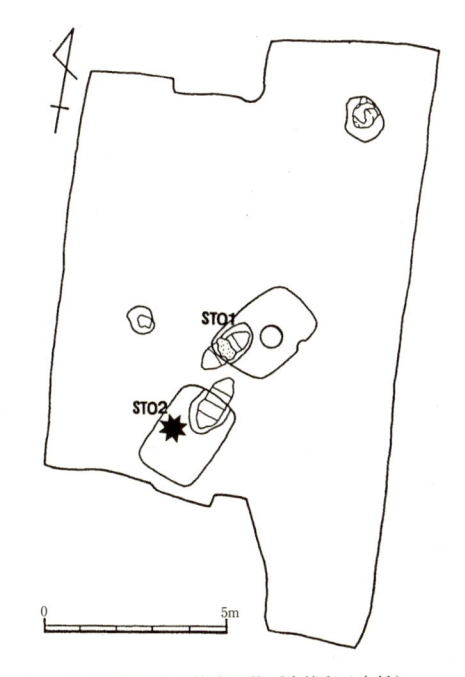

●：抜歯個体　★：抜歯個体（白抜きは女性）
図68　抜歯個体出土状況（有田126次遺跡）
（福岡市教委1991の一部をトレース・改変）

e）西平塚遺跡
　ⅰ）遺跡概要　　西平塚遺跡は現在の福岡県春日市大字小倉字平塚の小丘陵上の先端に位置し、1978・79年に春日市教育委員会が中心となって調査が行われ、溝状遺構、石蓋土壙墓2基、甕棺墓50基、土壙墓32基、木棺墓43基、祭祀遺構5基、古墳（周溝墓）3基が検出されている（春日市教委1981）。古墳以外の遺構は全て弥生時代に属すと考えられ、土壙墓、木棺墓は3例以外は全て甕棺に切られており、これらの墓制は甕棺に先行すると考えられる。甕

棺は前期末から見られるが、大半が中期前葉に属する。甕棺の埋設方向には一定の傾向性は見られないが、他の甕棺と切り合うことなく単一で埋葬されている甕棺と、複数の甕棺が切り合って埋葬が行われている甕棺がある。弥生時代の人骨は小児 1 体を含む計 10 体が甕棺墓から出土している。

　この他に異なる調査区（B 区）で検出された甕棺 1 基からも人骨が 1 体出土しており、抜歯風習の存在が指摘されている（永井 1981）。

　ⅱ）抜歯観察所見　　実験の結果、西平塚遺跡において抜歯の観察が可能な個体は中期前葉に属する 6 体であり、このうち 2 体に抜歯の施行が見られる。K5 号人骨は熟年男性で上顎左犬歯を抜歯しており、中期前葉に属する。この個体は隣接歯の左第 1 小臼歯歯根先端部付近に膿瘍を患っており、膿瘍の空洞が犬歯部分にも若干及んでいる。しかし、犬歯部分の歯槽骨は完全に閉鎖し、健康な歯槽表面の様相を呈しており、膿瘍が及んでいる部分も歯槽上端から約 1cm 内部に離れた場所であることから、抜歯をし、歯槽窩が完全に閉鎖した後に第 1 小臼歯が罹患したと考えられる。他に異なる調査区、B 区で出土した個体 1 体にも抜歯が見られ、この個体は熟年女性で上顎左右側切歯抜歯である。側方咬耗は 2 体とも観察不可能である。抜歯歯牙の対咬歯牙咬耗度に関しては、K5 号人骨で観察が可能である。抜歯歯牙に対応する部位の咬耗は、隣接部位と変わらず、象牙質にまで咬耗が及んでいる。

　ⅲ）葬送行為と抜歯　　抜歯観察可能個体の出土位置に関しては図の通りである（図 69）。サンプル個体 6 体は全て甕棺から出土した人骨であり、抜歯個体は他の無抜歯個体と空間的隔たり無く、同一墓域内に埋葬されている。西平塚遺跡においては、基本的に個々の甕棺が切り合うことなく埋葬されているが、一部に既存の甕棺に近接して新たな甕棺を埋葬するという動きが見られる。サンプル個体中、抜歯個体は単独であり他の甕棺と切り合っていない。

f）門 田 遺 跡

　ⅰ）遺 跡 概 要　　門田遺跡は、現在の福岡県春日市大字上白水字門田の台地上に位置し、1972・78 年に福岡県教育委員会を中心として調査が行われており、これらの調査で甕棺墓 89 基、土壙墓数基、箱式石棺墓 1 基、石蓋土壙

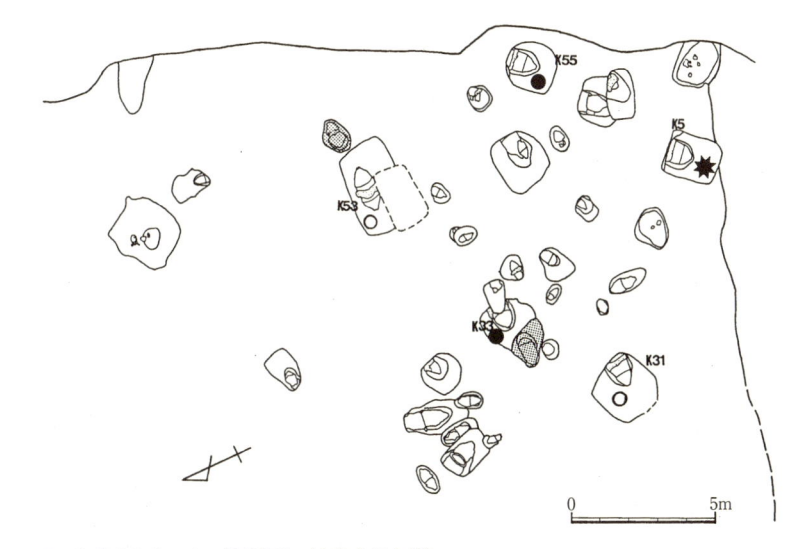

●:無抜歯個体 ★:抜歯個体(白抜きは女性)
網掛け:先行する甕棺、破線・後出する甕棺
図69 抜歯個体出土状況(西平塚遺跡中期前葉段階)(春日市1981の一部をトレース・改変)

墓1基が確認されている(福岡県教委1978)。このうち甕棺墓は弥生時代前期から後期にわたるが、主体は中期に営まれた甕棺墓であり、後期になると箱式石棺墓、石蓋土壙墓、土壙墓が営まれる。中期の埋葬は2列の列状を呈し、墓域の経営状況の復元によると、墓域の西側から東側に埋葬が行われている(佐々木1978)。1978年の調査において出土した人骨は幼・小児5体を含む計22体である。このうちの1体(K7)に関して風習的抜歯の可能性が指摘されている(土肥・田中1988)。

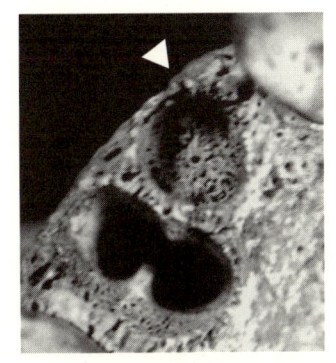

図70 抜歯後歯槽窩埋没途中例(門田遺跡K7号)(矢印:抜歯)

ⅱ)歯観察所見　門田遺跡において抜歯の観察が可能な個体は中期前葉に属する4体であり、このうち男性(K7)・女性(K69)各1体の計2体に抜歯が見られる。抜歯型式は2体とも上顎片側犬歯抜歯である。このうち男性は歯槽

窩が閉鎖途中で（図70）、歯槽窩の2分の1程度の骨充填であることから抜歯後30から40日程度であると考えられる（下川 1953）。また、この個体は年齢が20代であることから、20代で抜歯を行ったと考えられる。抜歯部位の対咬歯牙の咬耗度に関しては、2体ともに咬耗度が若干低く、挺出が見られる。

ⅲ）葬送行為と抜歯　抜歯観察可能個体の出土位置に関しては図の通りである（図71）。サンプル個体は4体とも甕棺から出土した人骨であり、中期前葉の列状を呈する埋葬形態に含まれる。抜歯個体2体はともに列の開始期と考えられる墓域の西側に位置し、異なる列上に埋葬されている。また、南側の列においては抜歯個体より東側の同一列上に無抜歯個体が1体見られる。

なお、サンプル個体4体中に副葬品を伴う個体は存在しないが、門田遺跡においては副葬品としてゴホウラ製貝輪を伴う個体が2体あり（図71中無印で遺構番号のみの2基）、内1体は幼児、1体は成人男性である。

g）原　遺　跡

ⅰ）遺跡概要　原遺跡は現在の福岡県春日市大字上白水字原の舌状台地上の端部に位置し、1974・75年に福岡県教育委員会により調査が行われており、この調査で200基以上に及ぶ甕棺墓、土壙墓が検出されているが、そのうち甕棺52基、土壙墓10基、祭祀遺構4基、溝状遺構のみが完掘されている（福岡県教委 1979）。これらの遺構は全て中期中葉から後葉に属し、調査区南側の甕棺が埋葬されていない空間に南北5m、幅2mの溝状遺構が存在し、更に調査区北側の溝状遺構の延長線上においても甕棺の埋葬されていない空間が存在し、一連の墓道であると考えられている。一方、発掘された遺構が少なく、時期の判る遺構が少ないことから、時間的変遷に伴う墓域の経営状況は不明である。部分的な埋葬間の関係を見ると、墓域経営当初の中期中葉から墓道の南側・北側ともに墓域として使用されており、また特定の成人棺への成人棺・小児棺の切り合いが見られる。これらの遺構の内、発掘された甕棺から幼児1体を含む計11体の人骨が出土している。

ⅱ）抜歯観察所見　原遺跡において抜歯の観察が可能な個体は中期中葉から中期後葉に属する10体であり、このうち熟年男性1体（K5号・中期中葉）

に上顎左犬歯抜歯が見られるが、下顎は破損しており抜歯の有無は不明である。隣接歯である側切歯には側方咬耗は見られない。対咬歯牙の咬耗度は観察不可能である。

ⅲ）葬送行為と抜歯　抜歯観察可能個体の出土位置に関しては図72の通りである。原遺跡においては、検出された全ての遺構が発掘されているわけではないが、発掘された遺構のみから墓地の状況を見てみる。サンプル個体10体は全て甕棺から出土した人骨であり、抜歯個体と無抜歯個体は墓域内で空間的隔たり無く埋葬されている。

この遺跡においては墓地経営当初から特定の甕棺に切り合って複数の甕棺を埋葬するといった現象が見られる。K10（男性）はこの墓地でも経営開始当初の古い時期のものであり、墓壙も広く、周囲に溝を持ち、さらには複数の成人棺がK10に切り込む形で埋葬されている。またK99、K100のように同一な墓壙を持ち、その上から多数の小児甕が埋葬されているような墓も存在する。他の発掘されていない墓壙でも、1つの墓壙に幾つかの墓壙が切り合うという

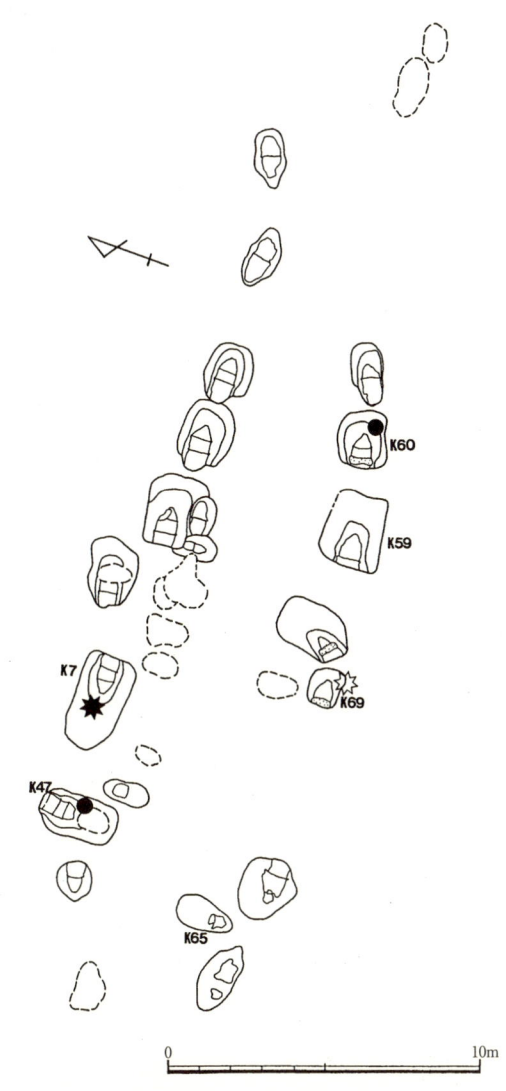

●：無抜歯個体　★：抜歯個体（白抜きは女性）
破線：後出する甕棺

図71　抜歯個体出土状況（門田遺跡中期前葉段階）
（福岡県教委1978の一部をトレース・改変）

現象が見られる。このうち抜歯の観察が可能であった個体間の切り合い関係を見てみると、抜歯個体 K5（男性）は無抜歯個体 K10（男性）に伴う環溝を切って、K10 の方向に甕棺が挿入されており、K10 を意識して埋葬されたと考えられる。また、先に挙げた K99、K100 はともに女性であり、無抜歯個体である。

　副葬品・埋葬施設に関しては、サンプル個体 10 中副葬品を伴う個体は皆無であり、他の甕棺墓からも副葬品は出土していない。一方で、調査者によると、墓壙に関しては K10 がもっとも広く、周囲に溝を伴っているが、副葬品は伴っておらず、完掘されていない残りの遺構に関しても、これを凌駕する規模の墓壙が見られないことから、副葬品は残りの墓からも出土しない可能性が高いとの報告がなされている。

h）吉ヶ浦遺跡

　ⅰ）遺跡概要　　吉ヶ浦遺跡は、現在の福岡県太宰府市大字太宰府字吉ヶ浦の丘陵上に位置し、1969 年に発掘調査が行われ、弥生時代中期の住居址、木棺、甕棺、古墳時代の住居址、3 基の円墳が見つかっている。詳細な発掘報告はされていないが、木棺は 10 基検出され、甕棺と同時期かやや古い時期とされ、甕棺 74 基は弥生時代中期後半に属するとの報告がなされている。出土人骨は幼児・小児 9 体を含む計 30 体である。

　ⅱ）抜歯観察所見　　吉ヶ浦遺跡においては抜歯の観察が可能な個体は中期後半に属する 11 体であり、このうち抜歯人骨は 3 体であり、上顎片側犬歯抜歯 2 体（K67 号、72 号）、上顎片側側切歯抜歯 1 体（K1 号）が見られる。犬歯抜歯個体はともに男性であり、側切歯抜歯個体は女性である。側方咬耗は側切歯抜歯個体のみ観察可能であるが、側切歯の隣接歯は中切歯、犬歯ともに側方咬耗は見られない。対咬歯牙の咬耗度はいずれも観察不可能である。

　ⅲ）時　　期　　犬歯抜歯の 2 体はともに中期後半に属し、側切歯抜歯個体は後期初頭に属する。

　ⅳ）葬送行為と抜歯　　詳細な報告がなされていないため、出土位置関係に関しては不明であるが、サンプル個体は 11 体全て甕棺から出土した人骨であ

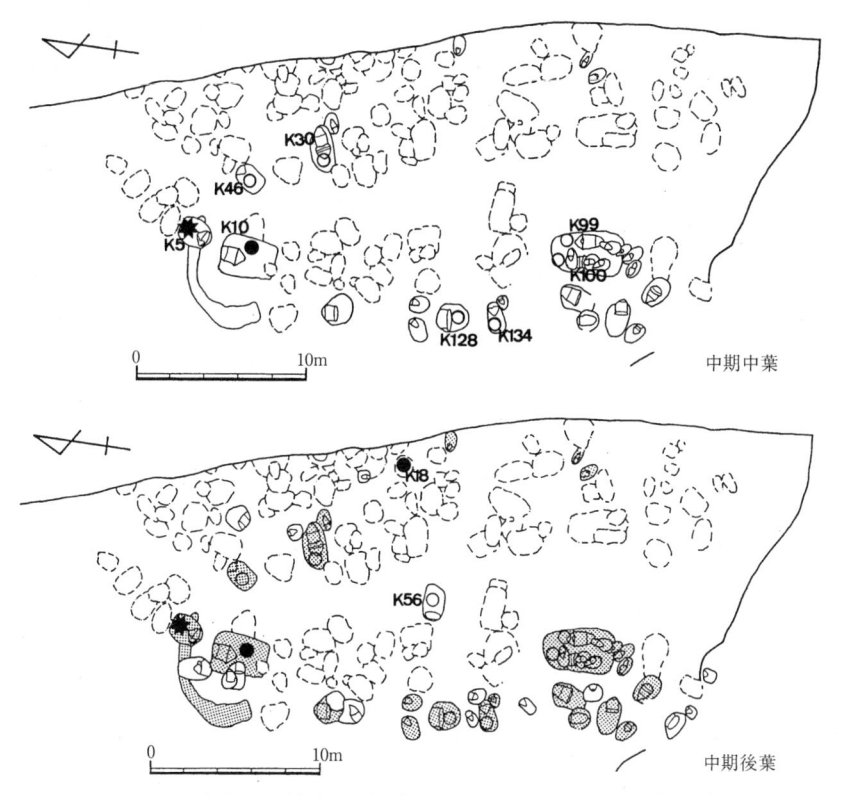

●：無抜歯個体　★：抜歯個体（白抜きは女性）　網掛け：先行する甕棺、破線：時期不明
図 72　抜歯個体出土状況（原遺跡）（福岡県教委1979の一部をトレース・改変）

る。また、副葬品を伴う個体は1体報告されているが、抜歯の観察が不可能な個体である。

（2）直方平野

a）山村遺跡

ⅰ）遺跡概要　　山村遺跡は現在の福岡県飯塚市川島の丘陵上に位置し、1975年に福岡県教育委員会を中心として調査が行われ、弥生時代中期前葉の甕棺墓が1基見つかっており、甕棺内から人骨が出土している（穂波町教委1976）。この人骨に関して抜歯風習の存在が指摘されている（藤田・永井 1976）。

ⅱ）抜歯観察所見　　サンプル個体1体に抜歯が見られ、この個体は成年男

性であり、抜歯は上顎左右側切歯抜歯である。抜歯後の空間は中切歯の遠心側への移動により若干狭くなっており、一見すると先天性欠如特有の空隙歯列のように見えるが、中切歯間の空間よりも側切歯部の空間が広く、上顎第３大臼歯も存在していることから、先天性欠如ではなく抜歯であると考えられる。側方咬耗の観察は不可能である。

　ⅲ）葬送行為と抜歯　　本埋葬は特殊であり、この甕棺は墓壙底に口縁部上面が密着し、倒立した状態で埋置してあり、また、甕棺自体も胴部に２次的加熱による煤の付着が見られ、日常容器を転用したものであるという報告がなされている。

　さらに甕棺内から出土した人骨は成年男性の頭蓋骨、下顎骨のみであり、再葬の可能性が指摘されている。副葬品かどうかは不明であるが、伴出遺物として磨製石鏃片、磨製石剣片が棺内から出土している。

b）立 岩 遺 跡

　ⅰ）遺 跡 概 要　　立岩遺跡は現在の福岡県飯塚市立岩の台地上に位置し、1963年から65年に調査が行われ、複数の発掘地点から中期後半を中心とする甕棺墓が40数基見つかっている。更にこれらの甕棺から13体の人骨が出土している。

　ⅱ）抜歯観察所見　　立岩遺跡において観察が可能な個体は３体であり、このうち１体に抜歯が見られる。この個体は熟年男性であり、上顎左中切歯を抜歯している。抜歯隣接歯牙の側方咬耗・抜歯対咬歯牙の咬耗はいずれも観察不可能である。

　ⅲ）葬送行為と抜歯　　立岩遺跡・堀田遺跡からは多くの副葬品を伴う甕棺墓が出土しているが、サンプル個体３体はいずれもこれらの甕棺墓群から100〜200m離れた発掘地点から出土しており、３基ともそれぞれ異なる発掘地点から出土している。又、これら３体は全て副葬品を伴わない。

●：無抜歯個体　★：抜歯個体（白抜きは女性）
図73　抜歯個体出土状況（ハサコの宮遺跡）（福岡県教委1979の一部をトレース・改変）

（3）筑紫平野東部

a）ハサコの宮遺跡

ⅰ）遺跡概要　　ハサコの宮遺跡は現在の福岡県小郡市三沢に位置し、ハサコの宮遺跡第2次・3次調査で発掘された遺構は木棺墓・土壙墓19基、甕棺墓23基である（福岡県教委1979）。これらの遺構の時期は木棺墓・土壙墓はその切り合い関係から基本的には甕棺墓に先行するが、1基のみ甕棺墓に切られている木棺墓が存在する。甕棺墓は中期前葉を主体とし、前期末の甕棺が1基含まれ、甕棺相互にも切り合い関係が見られる。これらの甕棺墓から小児1体を含む計14体の人骨が出土している。

ⅱ）抜歯観察所見　　ハサコの宮遺跡において抜歯の観察が可能な個体は中期前葉に属する6体であり、このうち1体（K2号）に抜歯の施行が見られる。この抜歯個体は成年男性で上顎右中切歯を抜歯しており、隣接歯に側方咬耗は見られない。対咬歯牙は、抜歯部位と比較すると1mm高いものの、象牙質にまで咬耗が及んでいる。

ⅲ）葬送行為と抜歯　　抜歯観察可能個体の出土位置は図の通りである（図73）。サンプル個体は6体とも甕棺から出土した人骨であり、抜歯個体と無抜歯個体で墓域内での空間的隔たりは見られない。ハサコの宮遺跡においては木棺墓・土壙墓に甕棺が切りあうことは間々あるものの、甕棺同士の切り合いはあまり見られないが、切り合い関係にある甕棺が2例見られる。内1例に抜歯

個体 K12（男性）が含まれており、このペアは中期前葉で、同一型式（KⅡc式）の甕棺に埋葬されており、先に埋葬された個体は抜歯の確認が不可能であるが、後に埋葬された個体が抜歯個体である。なお、ハサコの宮遺跡においては副葬品は見られない。

b) 正原遺跡

 ⅰ) 遺跡概要　　正原遺跡は現在の福岡県小郡市三沢正原に位置し、1971年に調査が行われた (福岡県教委 1979)。この調査により中期前葉を主体とする甕棺6基が発掘されており、正原遺跡においては6基の甕棺が切り合うことなく埋葬されており、同時期に見られる列状埋葬の一部分を発掘した感がある。これらの甕棺から6体の人骨が出土している。

 ⅱ) 抜歯観察所見　　正原遺跡において抜歯の観察が可能な個体は中期前葉に属する4体であり、このうち1体（K1号）に抜歯の施行が見られる。この個体は成年男性であり、上顎右中切歯を抜歯しており、側方咬耗・対咬歯牙の咬耗度は観察不可能である。

 ⅲ) 葬送行為と抜歯　　抜歯観察可能個体の出土位置は図の通りである（図74）。サンプル個体4体は墓域内で空間的隔たり無く埋葬されており、4体とも甕棺出土の人骨であり、4体とも副葬品は伴わない。

c) 西島遺跡

 ⅰ) 遺跡概要　　西島遺跡は現在の福岡県小郡市三沢の丘陵上に位置し、1972年-74年に、A区、B区の2地点で発掘調査が行われており、これらの調査により、A区では土壙墓4基、甕棺墓15基が検出され、B区では竪穴住居7基、土壙4基、貯蔵穴2基、土壙墓8基、箱式石棺墓1基が検出されている。A区の甕棺墓は中期前半に属し、その切り合い関係から土壙墓は甕棺墓に先行すると考えられる。B区の土壙墓、箱式石棺墓は竪穴住居等の中期の生活遺構に後出する事から、中期末から後期に属すると考えられる。これらの遺構のうち甕棺から3体と箱式石棺から1体の計4体の人骨が出土している。

 ⅱ) 抜歯観察所見　　実見の結果、西島遺跡において抜歯の観察が可能な個

体は中期前半に属する個体1体、後期に属する個体1体の計2体であり、このうち後期に属する個体（Y1D3）に抜歯の施行が見られる。この抜歯個体は成年女性であり、上顎右側切歯を抜歯している。側方咬耗・対咬歯牙の咬耗の観察は不可能である。

ⅲ）葬送行為と抜歯　サンプルは2体中1体が甕棺墓から、1体が箱式石棺から出土しており、抜歯人骨は箱式石棺から出土した人骨であり、無抜歯個体1体は甕棺から出土している。しかし詳細な発掘報告がされていないことから、副葬品・空間配置に関しての情報は得られていない。

図74　抜歯個体出土状況（正原遺跡）（福岡県教委1979の一部をトレース・改変）

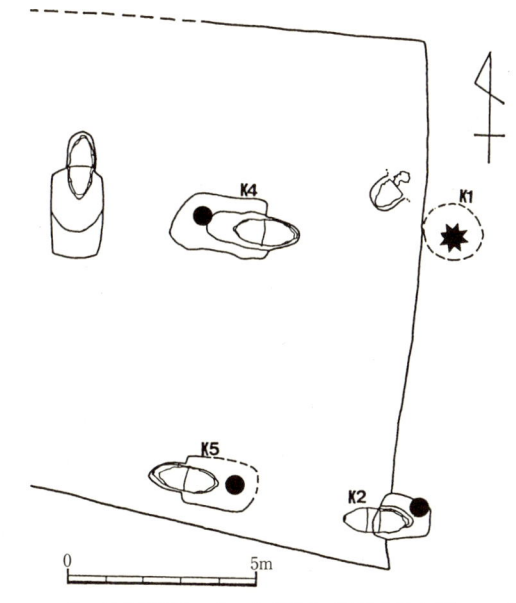

●：無抜歯個体　★：抜歯個体（白抜きは女性）

（4）筑紫平野中部の諸遺跡

a）切通遺跡

　佐賀県三養基郡に位置する墓地遺跡であり、1956・1959年に調査が行われている（金関他 1961）。この遺跡の中期に比定される甕棺から、多数の人骨が出土している。抜歯の観察が可能であったのは、上顎10体下顎9体である。このうち抜歯個体は1体（14号）のみであり、成年女性の上顎左犬歯抜歯が見られる。この個体は抜歯後の歯槽窩の骨充塡が不完全であり、成年期に抜歯を行ったことが推定できる。副葬品は観察可能であった全ての個体で見られない。

b）塚崎東畑遺跡

　福岡県久留米市三潴町に位置する中期に比定される土壙墓から人骨が出土しており、抜歯の報告もなされている（中橋 1997）。このうち抜歯の観察が可能であったのは2体（1号・2号）であり、ともに上顎犬歯のみを抜歯しており、成年男性である。

c）三津永田

　佐賀県神埼郡吉野ヶ里町に位置する甕棺墓地遺跡であり、1953年に調査が行われている。中期から後期に比定される甕棺から多数の人骨が出土しており、抜歯の存在も報告されている（金関他 1961）。著者による実見の結果、抜歯の観察が可能であったのは、上顎：12体、下顎：15体である。このうち抜歯個体は1体のみ（10号）であり、熟年男性の上顎右中切歯抜歯が見られる。抜歯隣接歯の側方咬耗・対咬歯牙の咬耗度ともに観察は不可能である。副葬品は観察可能であった全ての個体で見られない。

2　分　　　析

（1）時期区分

　弥生時代に関しては、抜歯風習の変容期である可能性が指摘されている（土肥・田中 1988）。一方で、抜歯の施行率は抜歯儀礼と相関があることから、抜歯の施行率を算出し時期区分が可能であるか検討を行う。

　まず、前出のとおり金隈遺跡においては前期末から中期前葉で抜歯施行率の減少が見られる。加えて、北部九州の各遺跡で5体以上観察が可能であった遺跡を時期ごとに比較すると、やはり前期の遺跡では施行率が高く、中期以降に属する各遺跡：ハサコの宮（中期初頭-前半）・西平塚（中期前半）・原（中期中頃）・吉ヶ浦（中期後半）の個体群では抜歯の施行率が低い（図75）。加えて、正確な時期比定は困難であるものの中期以降に比定される切通遺跡・三津永田遺跡の施行率は、それぞれ9.1％（1／11体中）と6.7％（1／15体中）でありともに1割弱と低い値になっている。これまで、弥生時代中期-後期のいずれかの段階で抜歯風習が変化しているという指摘がなされており（土肥・田中 1988）、

施行頻度から推定すると前期末から中期初頭の可能性が高いといえる。

　以上のように、北部九州に関しては、既存の指摘（春成 1974・1986；永井 1970・1977）通り中期以降抜歯個体が激減する傾向が見られた。したがって、北部九州では前期と中期以降で施行率が異なり、前期までは高施行率なのに対し中期以降になると抜歯の施行率は低下する。したがって、以下前期までと中期以降に分けて分析を行う。

　（2）施 行 年 齢
a）前　　　期
　サンプル個体には若年が含まれていないため、側方咬耗・対咬歯牙の咬耗から抜歯施行年齢について推定を行う。抜歯個体で隣接歯の側方咬耗が観察可能な個体は、新町遺跡の上顎右犬歯抜歯個体のみであり、上顎右第1小臼歯には側方咬耗が見られず、右側切歯には若干側方咬耗が見られる。また、抜歯対咬歯牙の咬耗を見ると、抜歯に対応する部分の咬耗が周囲の歯牙より軽く、2〜3mm程度挺出している事例が新町遺跡16号に見られる。抜歯個体は男女ともに見られる。また、1遺跡内の抜歯施行率は高く、全ての観察個体で認められる。

b）中 期 以 降
　サンプル個体中、抜歯が施行されている個体の年齢は成年・熟年である。但し、サンプル個体中、若年個体は原遺跡1体（10代末・女性）、吉ヶ浦遺跡1体（男性）の計2体のみであり、若年期の抜歯の施行に関しては不明である。抜歯個体の見られなかった遺跡の若年個体について参考までに挙げておくと、道場山遺跡の12-13歳の個体2体のうち、1体は上下顎ともに無抜歯であり、1体は下顎のみ遺存しており、無抜歯である。また、永岡遺跡の20代前半の個体に抜歯は見られない。施行率自体が前期に比べ低くなる事は先に指摘したが、各年齢間の施行率を比較すると成年から熟年で施行率の増加は見られない（図76）。
　抜歯隣接歯の側方咬耗が観察可能な個体のうち咬耗が見られる個体は皆無で

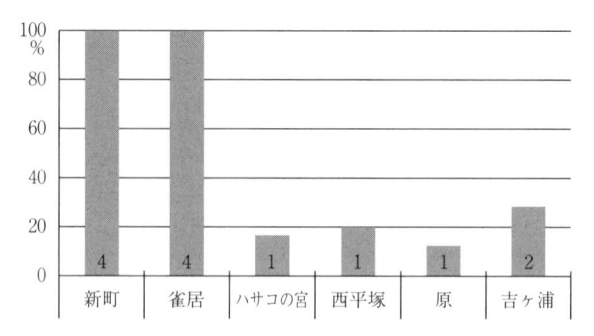

図75　北部九州抜歯施行率の時間的変化（前期〜中期の各遺跡）（数値＝抜歯個体数）

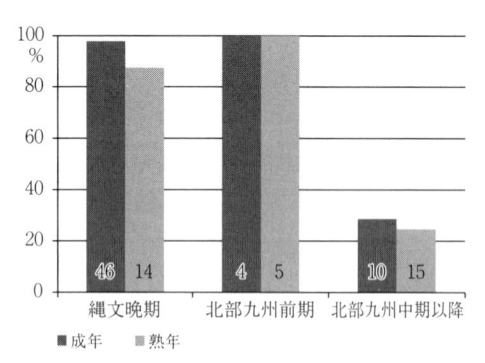

図76　年齢別抜歯施行率の時間的変化（北部九州全体）（数値＝抜歯個体数、いずれの個体群も上下顎の抜歯の有無が確認可能な個体のみ使用）

ある。但し、サンプル個体が少なく、歯種により咬耗の度合いが異なる事から抜歯歯種の多様な中期以降に側方咬耗により施行年齢推定を行うことは困難である。一方で、抜歯対咬歯牙の咬耗を見ると、抜歯対咬歯牙の咬耗は有田遺跡1例・門田2例・ハサコの宮1例で周囲の歯牙より若干軽く1-1.5mm挺出する程度である。その他の金隈遺跡6例・西平塚遺跡1例に関しては周囲の歯牙と同程度咬耗している。さらに抜歯後、短期間（数ヶ月）で死亡した個体の例として、門田遺跡の20代の男性および切通遺跡の成年女性があげられる。側方咬耗に関してはしたがって、これらの抜歯は成年期に行われていた可能性が高いことが指摘できよう。

　抜歯個体の個体数は性別で分けると男性にやや偏るが、男女ともに見られる。

（3）抜歯歯種

a）抜歯歯種と性別

　前期の下顎抜歯型式に関しては、下顎無抜歯が男性に多く見られ、女性は全

表74 地域・時期別抜歯歯種一覧（北部九州）

時期	地域 性別	福岡平野 男性	福岡平野 女性	筑紫平野東部 男性	筑紫平野東部 女性	直方平野 男性	筑紫平野中部 男性	筑紫平野中部 女性
前期		1C:2 2C:1 2C'/1I$_1$:2	?/2I$_1$2I$_2$2C:2 2C/2I$_1$2I$_2$:1 2C/2I$_1$:1 1C?/?:1					
中期 前半		1I^2:1 1C':2 2C':1	1C:2 2C:1	1I^1:2		2I^2:1		
中期 中葉		1I$_1$:1 1C:1	2I^2:1 1C:1					
中期 後半		1C':2 1I$_1$:1		1I^2:1 2I$_1$:1	1I^2:1	1I^1:1		
中期 後期		2C:1	2I^2:1 1P^1:1 1I^2:1	2I^2:1 /2I$_1$2I$_2$:1	2C:1		2C':2 1I^1:1	1C':1
合計		15／42	13／48	6／43	2／22	2／4	3／19	1／6

表記方法：抜歯歯種：個体数（歯種の前の数値は本数、／の後ろは下顎歯）
合計；抜歯個体数／抜歯個体の存在する遺跡の観察個体数

て切歯を4本または切歯プラス犬歯を抜歯する縄文晩期の広型の抜歯である（表74）。中期以降は抜歯歯種と性別の相関は見られない。

b）抜歯歯種の時間的・空間的変化

　抜歯歯種は、縄文時代晩期の諸遺跡を比較資料として用いる。前期までは上顎犬歯を中心として下顎犬歯・切歯が抜歯されており、縄文時代晩期の歯種構成とほぼ同じである（図77）。しかし、弥生時代中期以降になると抜歯歯種は縄文時代晩期までの歯種構成と大きく異なり、土井ヶ浜遺跡と類似する。さらに、中期においても福岡平野とそれ例外で抜歯歯種は異なる。縄文晩期と弥生九州各地域の抜歯歯種ごとの本数データ（表75）をもとに数量化Ⅳ類を使って地域的特徴を抽出すると（表76・図78）、福岡平野では上顎犬歯を中心として抜歯され縄文時代晩期や北部九州前期に近く、それ以外の地域では上顎側切歯・下顎切歯を中心に抜歯が行われている。

　したがって、抜歯の歯種に関しては前期までと中期以降で大きく異なり、中期以降に関しても福岡平野とそれ以外の地域では主要な抜歯歯種が異なる傾向

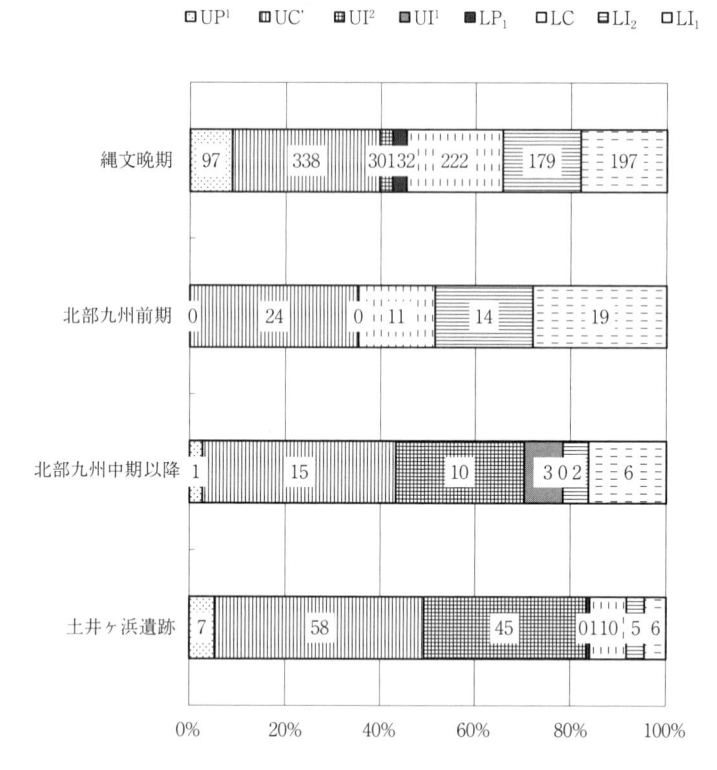

248　第Ⅳ章　弥生時代における抜歯風習

□UP¹　■UC'　■UI²　■UI¹　■LP₁　□LC　■LI₂　□LI₁

縄文晩期	97	338	301 32 222	179	197
北部九州前期	0	24	0 11	14	19
北部九州中期以降	1	15	10	3 0 2	6
土井ヶ浜遺跡	7	58	45	0 110 5 6

図77　北部九州抜歯歯種の時間的変化（数値＝抜歯本数）

表75　数量化Ⅳ類サンプルデータ

個体群	個体数	RP¹	RC	RI²	RI¹	LI¹	LI²	LC	LP¹	RP₁	RC	RI₂	RI₁	LI₁	LI₂	LC	LP₁	total
三貫地	22体	2	19	0	0	0	0	19	4	2	10	0	0	2	2	10	2	72
愛知 total	125体	26	111	10	1	0	8	112	27	12	75	60	66	67	59	75	11	720
津雲	67体	22	58	6	0	0	6	57	22	5	37	28	34	30	32	35	4	376
古浦	15体	0	16	1	0	0	1	14	0	0	2	1	3	3	1	2	0	44
山口（total）	91体	2	46	34	0	0	26	29	5	0	9	3	5	3	2	7	1	172
北部九州前期まで	10体	0	5	0	0	0	0	6	0	0	2	3	4	6	2	1	0	29
北部九州中期以降（福岡平野）	18体	1	6	3	0	0	3	8	0	0	0	0	0	2	0	0	0	23
北部九州中期以降（福岡平野周辺部）	14体	0	2	3	3	1	3	4	0	0	0	1	2	2	1	0	0	22
西北九州前期	10体	0	6	0	0	0	0	5	0	0	4	4	4	4	4	0	0	35
西北九州中期以降	17体	0	12	0	0	0	1	14	0	0	1	4	4	4	6	1	0	47
南九州（島＋広）	41体	0	10	14	0	0	19	13	0	0	0	0	0	0	0	0	0	56
total	430体	53	291	71	4	1	67	281	58	19	140	104	122	123	109	135	18	1596

数値＝本数、愛知＝稲荷山・吉胡・保美・伊川津（渥美町資料）、山口：土井ヶ浜・中ノ浜・吉母浜、南九州：島ノ峯・広田

表76 抜歯歯種時期・地域間相関係数

	愛知 total	津雲	三貫地	古浦	山口 total	南九州	西北九州前期	西北九州中期以降	北部九州前期まで	北部九州中期以降（福岡平野）	北部九州中期以降（福岡平野周辺部）
愛知 total	1	0.982	0.800	0.790	0.412	0.091	0.957	0.830	0.856	0.533	0.158
津雲	0.982	1	0.809	0.794	0.435	0.110	0.909	0.829	0.810	0.551	0.132
三貫地	0.800	0.809	1	0.877	0.599	0.292	0.653	0.753	0.558	0.705	0.158
古浦	0.790	0.794	0.877	1	0.741	0.463	0.690	0.921	0.744	0.869	0.474
山口 total	0.412	0.435	0.599	0.741	1	0.855	0.319	0.577	0.338	0.843	0.583
南九州	0.091	0.110	0.292	0.463	0.855	1	0.011	0.366	0.119	0.766	0.710
西北九州前期	0.957	0.909	0.653	0.690	0.319	0.011	1	0.781	0.863	0.396	0.166
西北九州中期以降	0.830	0.829	0.753	0.921	0.577	0.366	0.781	1	0.835	0.790	0.495
北部九州前期まで	0.856	0.810	0.558	0.744	0.338	0.119	0.863	0.835	1	0.575	0.409
北部九州中期以降（福岡平野）	0.533	0.551	0.705	0.869	0.843	0.766	0.396	0.790	0.575	1	0.688
北部九州中期以降（福岡平野周辺部）	0.158	0.132	0.158	0.474	0.583	0.710	0.166	0.495	0.409	0.688	1

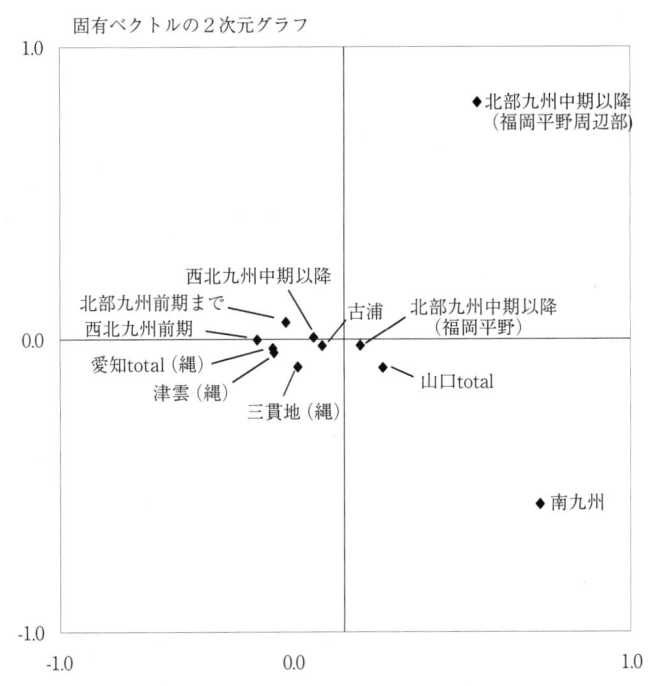

図78 各時期・地域間抜歯歯種の類似度

が見られる。加えて、既存の研究において、上顎側切歯抜歯の出現範囲と渡来系形質の分布範囲の一致から、上顎側切歯抜歯が中国から伝播した抜歯であるという指摘が見られるが（春成 1974）、福岡平野における上顎側切歯抜歯は抜歯歯種が変容して以降の中期においてもごく僅かであり、従来の指摘とは異なった分析結果が得られている。

c）抜歯本数の時間的・空間的変化

　抜歯本数に関しても、縄文晩期の貝塚遺跡を比較対象とする。第Ⅱ章で見てきたように、縄文時代晩期に見られる抜歯は、4本以上が7割～8割を占める（図79）。一方で、弥生時代について見ると、前期までは、縄文時代に見られるような抜歯本数が4本以上の個体が半数を占めるが、中期以降になると抜歯本数が1～2本の個体が大半である。

　（4）妊娠・出産痕

　抜歯個体中、前耳状溝の観察が可能な個体は、金隈遺跡3体、西平塚遺跡1体の計4体であるが、このうち金隈遺跡の1体と西平塚遺跡の1体に妊娠・出産痕が認められ、金隈遺跡の2体には妊娠・出産痕が認められない。また、資料数の多い金隈遺跡を見ると、無抜歯個体に関しても妊娠・出産痕が認められる。したがって、妊娠・出産経験の有無と抜歯の施行は相関がないと考えられる。

　（5）葬送行為と抜歯の関連

　遺跡内で抜歯個体と無抜歯個体の両方が見られる中期以降の遺跡に関して、墓地の経営状態と抜歯個体の埋葬された位置についてまとめたい。

　サンプル遺跡の中で出土状況が判明している遺跡の甕棺配列形態は、列状墓（金隈・門田・正原遺跡）と系列墓（西平塚・原遺跡）とその中間形態（ハサコの宮遺跡）が見られる。金隈遺跡の中期前葉の列状墓の中に見られるような、並列して近接して埋葬された甕棺や差し違いで埋葬された甕棺が金隈遺跡・有田遺跡で見られる。男性・男性、女性・女性、男性・女性全ての組み合わせが存

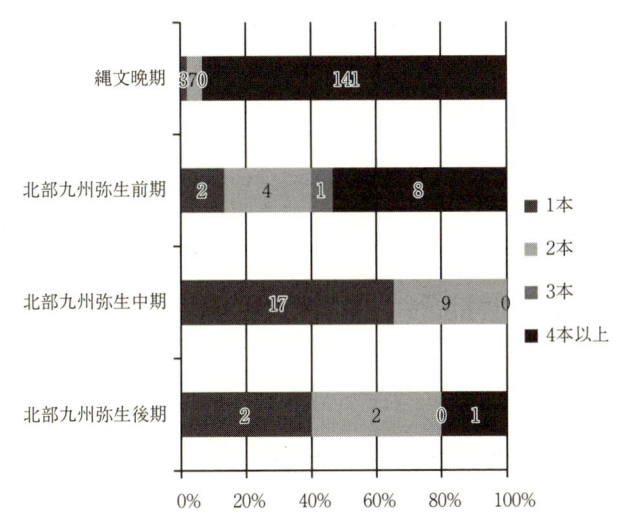

図79 北部九州抜歯本数の時間的変化（数値＝抜歯個体数）

在するが、ともに抜歯個体であるという例はなく、どちらか1体、或いは2体ともに無抜歯個体という組み合わせが見られる。埋葬順に関しては、有田遺跡で見られる差し違いで埋葬されたペアでは、最初に埋葬された個体が抜歯個体であるが、甕棺の並列埋葬ペアが複数見られる金隈遺跡では、その埋葬順序は不明である。

さらに、中期中葉以降に甕棺の「系列」が複数存在する金隈遺跡では1つの系列に抜歯人骨が集中する傾向は見られない。また、「系列化」の初源期の墓地である西平塚遺跡では、少数の甕棺が切り合った状態が見られる。このような場合、抜歯個体が、系列化の元になる甕棺から出土するという事例はない。さらに、金隈遺跡・原遺跡に見られる「系列」をなす甕棺出土個体群のうち、系列の始まりとなる甕棺出土個体は、抜歯個体・無抜歯個体両方の事例がある。

副葬品に関しては、墓域内に副葬品を伴う個体の見られる、門田遺跡・金隈遺跡である。金隈遺跡においては、副葬品を伴う個体は、抜歯個体である。一方で、門田遺跡では、副葬品を伴う個体の抜歯の有無は不明であり、抜歯個体2体には副葬品は見られない。以上、副葬品を伴う個体の抜歯が不明であることから、副葬品と抜歯個体の関係は不明瞭であるが、抜歯個体でも副葬品を伴

3　分析結果とその検討

抜歯施行儀礼の目安となる全体的な抜歯施行率が前期と中期以降で異なるため、各項目について前期と中期以降に分けて分析を行っている。以下に各項目の分析結果を提示しその検討を行う。

（1）施行年齢

a）前　　期

　側方咬耗・対咬歯牙ともにサンプル数が少ない。観察可能な個体（新町16号）は上顎犬歯抜歯の側方咬耗は見られないか若干見られる程度であり、その抜歯対咬歯牙は若干挺出している。この個体に関しては比較的若い段階で抜歯が行われたと推定されるが前期全体に関しては不明である。

b）中 期 以 降

　①抜歯が施行されている個体の年齢は成年・熟年である。

　②但し、参考個体も含め観察可能な若年個体は4体である。

　③抜歯対咬歯牙の咬耗を見ると、抜歯対咬歯牙の咬耗は周囲の歯牙より若干軽く1-1.5mm挺出する程度か周囲の歯牙とほとんど変わらない。

　④さらに抜歯後、短期間（数ヶ月）で死亡した成年個体が2例見られる。

以上の点から中期以降に関しては成年期もしくはそれ以降に抜歯が行われていた可能性が考えられる。なお、抜歯個体の個体数は性別で分けると男性にやや偏るが、男女ともに見られる。

（2）抜歯歯種

a）前　　期

　①上顎犬歯を中心として下顎犬歯・切歯が抜歯されており、縄文時代晩期の歯種構成とほぼ同じである。

　②縄文晩期の狭型・広型系に分類可能であり、縄文晩期西日本同様性別と相関する。

③縄文晩期同様に抜歯本数が4本以上の個体が半数を占める。
b) 中　　　期
　①抜歯歯種と性別の相関は見られない。
　②抜歯歯種に地域性が見られる（福岡平野・筑紫平野中部：上顎犬歯・切歯中心。筑紫平野東部・直方平野：上顎側切歯・下顎切歯）
　③抜歯本数が1～2本の個体が大半を占める。
以上のように抜歯本数・抜歯歯種・型式に関しても前期と中期以降で様相が異なっており、中期初頭における抜歯風習の変容の可能性が考えられる。抜歯本数・歯種・型式に加え、型式と性別の相関・抜歯施行年齢に関する様相も加味すると前期までの抜歯風習は縄文時代晩期の抜歯風習と酷似している。加えて、既存の研究において、上顎側切歯抜歯の出現範囲と渡来系形質の分布範囲の一致から、上顎側切歯抜歯が中国から伝播した抜歯であるという指摘が見られるが（春成 1974）、上記のように福岡平野における上顎側切歯抜歯は中期にはごく僅かであるという従来の指摘とは異なった分析結果が得られている。

妊娠・出産痕と抜歯に相関は見られず、妊娠・出産経験の有無と抜歯の施行は関連がないと考えられる。

（3）葬送行為と抜歯
　墓地の形成形態の相違により分けて様相を見ると以下の通りである。
　　①列状墓（金隈・門田・正原遺跡）：異なる列に抜歯個体が見られる。
　　②系列墓（金隈・西平塚・原遺跡）：抜歯人骨が特定の系列に偏らない。系列の開始個体には無抜歯・抜歯個体両方が見られる。
以上の結果から、列状墓の場合も系列墓の場合も抜歯のある個体が特定の列或いは系列といった考古学的に確認される埋葬単位と相関していないと言える。なお、抜歯個体でも副葬品を伴う個体と伴わない個体が存在する。

第3節　西北九州

　西北九州に関しては、人骨の形質の地域差（中橋・永井 1981）、墓制に見られ

る地域差（端野 2000：2003）および抜歯人骨の出土している遺跡のまとまりから、必要に応じて、西北九州に関しても同様に、必要に応じて、西九州・東松浦半島に分けて分析を行う。

　これらの抜歯人骨の年齢・性別・前耳状溝といった人類学的情報、副葬品の有無についての分析を行い、サンプル個体が複数存在する遺跡に関しては墓地における抜歯人骨の空間的な位置づけに関しても言及を試みる。

1　事例検討

（1）東松浦の遺跡

a）小川島貝塚

　小川島貝塚は佐賀県唐津市呼子町に位置する。弥生時代前期の土壙墓から人骨が1体のみ出土しており、抜歯風習の存在が指摘されている（内藤 1982）。実見の結果、この個体は成年男性であり、右上顎犬歯に抜歯が見られる。なお、左側に関しては遺存していなかったため、観察不可能である。隣接歯の側方咬耗は観察が不可能である。対咬歯牙の咬耗に関しては、抜歯歯牙に対応する部分が、隣接歯に比較して1.5mm高くなっているが、隣接歯同様象牙質まで咬耗が及んでいる。

b）大友遺跡

　i）遺跡の概要　　大友遺跡は佐賀県唐津市呼子町に位置する。1968-2000年にかけて6次にわたる調査が行われており、弥生時代前期から古墳時代にかけての支石墓・甕棺墓・石棺墓・土壙墓から多くの人骨が出土している（呼子町郷土史研究会 1981；九州大学 2002：2003）。第1次調査（1968・1969）においては幼・小児骨を含む計16体が出土している。第2次（1970）においては83体が出土しており、そのうち考古学的所見から弥生時代人骨と断定されているものは74体である。第3次（1979）・第4次（1980）調査においては59体の人骨が出土しており、そのうち考古学的所見から弥生時代人骨と断定されているものは55体である。第5次（1999）・第6次（2000）調査においては50体の人骨が出土しており、そのうち考古学的所見から弥生時代人骨と断定されているもの

は30体である。これらの出土人骨に関して抜歯風習の存在が指摘されている（松下 1981；磯谷他 1981；中橋 2002：2003）。

　以下報告データを元に抜歯および抜歯と葬送行為との関係を検討するが、2－4次調査出土無抜歯個体については個体別情報が得られていないため、葬送行為に関する分析は行えない。したがって、抜歯個体のみ考古学的情報との比較検討を行う。

　ⅱ）抜歯所見　第1次調査出土弥生人骨中抜歯の観察が可能な個体は2体である（表77）。このうち10代末の若年女性1体に上顎左右犬歯抜歯が見られる。

　次に、報告によると第2・3・4次調査出土弥生人骨は133体であり、そのうち抜歯の観察が可能な個体は78体である（松下 1981）。抜歯個体は22体であり、男性・女性ともに抜歯が見られる。また、抜歯は若年から熟年まで各年齢層の個体に見られ、抜歯の見られる最年少個体は13歳である。上下顎ともに抜歯している個体は1体のみであり、それ以外の個体は全て上顎或いは下顎のみの抜歯個体である。性別の抜歯歯種の特徴を見ると、上顎犬歯のみの抜歯は男性に見られ、女性に関しては下顎のみの抜歯個体が多い。抜歯型式に関しては、10型式、抜歯本数1-8本と様々である。これらの抜歯型式と加齢の関係についてみてみよう。上顎或いは下顎を1～2本抜歯している個体は7体見られるが、このうち6体は熟年である。一方で、下顎を6本抜歯している個体は13歳の若年個体という年齢が推定されている。したがって、加齢に伴い抜歯本数が増加し、抜歯本数の多い型式になるという抜歯型式の変化は見られない。

　第5・6次調査出土弥生人骨は30体であり、そのうち抜歯観察が可能な個体は10体（全て成人）である。このうち、弥生時代早期に比定される4体（男性2体、女性2体）には抜歯が見られ、前期に属する個体5体（男性4体、不明1体）のうち2体に抜歯が見られる。また、抜歯型式は上顎に関しては3種類あり、このうち6体は上顎左右犬歯抜歯である。下顎に関しては3体が下顎無抜歯であり、3体ともに男性である。下顎抜歯を有する個体は4体中3体が女性であり、2種類が見られる。

iii）葬送行為と抜歯　　第1次調査出土抜歯観察個体の埋葬施設は土壙墓と石棺墓であり、抜歯個体は土壙墓、無抜歯個体は石棺墓出土である。

第2-第4次調査出土人骨抜歯個体の埋葬施設は土壙墓・配石墓・石囲い・支石墓と様々であり、この調査で見られる埋葬施設のバリエーションのうち、石棺墓には抜歯個体が見られない。副葬品の有無と抜歯の有無の相関は見られない。

第5次調査出土抜歯個体の埋葬施設は全て支石墓＋土壙墓であり、無抜歯個体2体は、支石墓＋甕棺墓であるが、これは、下部構造の時期的変化によるものである（宮本2001）。また、抜歯個体への貝輪・小壺の副葬が見られる。

第6次調査出土抜歯観察個体の埋葬施設は土壙墓と甕棺墓であり、上下顎無抜歯個体（1体）・下顎無抜歯個体（1体）が甕棺墓、下顎抜歯個体（2体）が土壙墓である。土壙墓出土個体のうち1体にイモ貝製貝輪が伴う。

以上の1次から6次調査の副葬品・埋葬施設と抜歯の関係をまとめると、抜歯個体は大友遺跡で確認されている埋葬施設のうち、石棺墓以外の全ての埋葬施設から出土している。また、抜歯の有無と副葬品の有無は相関しない。

iv）抜歯歯種の時間的変化　　抜歯個体中、帰属時期の明らかな個体が若干存在する。したがって、抜歯の時間的変化について若干見てみたい。

2・3・4次調査出土人骨の抜歯個体中、詳細な年代の確定が可能な個体は4体である。弥生時代開始期に比定される支石墓出土人骨は上顎犬歯のみの抜歯であり、性別は男性（57-A号）である。前期末に比定される個体は下顎のみの抜歯であり、下顎の左右切歯・犬歯を全て抜歯しておりこの個体は女性（大友4号）である。その他の2体はともに中期後半以降に比定され、下顎の犬歯を1歯のみ抜歯している個体と下顎の側切歯を1歯のみ抜歯している個体であり、ともに男性である。

5次調査出土人骨に関しては、抜歯の観察が可能な6体ともに詳細な年代の確定が可能である。弥生時代開始期に比定される4体は全て抜歯個体であり、前期末・前期後半に比定される2体はともに無抜歯個体である。また、参考までに、古墳時代初頭に比定されている箱式石棺から出土している個体5体は全て無抜歯である。

表77 抜歯歯種と年齢・性別（大友遺跡）

抜歯歯種	小児	若年	成年	熟年	成人	男性	女性	不明	計	時期
1次調査										
2C／	-	-	1	-	-	-	1	-	1	中期
無抜歯	-	-	-	-	1	1	-	-	1	前期～中期
第2・3・4次調査										
2C'／	-	-	3	3	-	4	-	2	6	前期1体
2C'?／	-	-	-	1	1	2	-	-	2	
1I¹2C'／	-	-	-	1	-	-	1	-	1	
1I²／	-	-	-	1	-	1	-	-	1	
／1C	-	-	1	-	-	1	-	-	1	中期後半以降1体
／1I₁	-	-	-	2	-	1	1	-	2	
／1I₂	-	-	1	-	-	1	-	-	1	中期後半以降1体
／2I₁	-	-	-	2	-	1	1	-	2	
／2I₁2I₂	-	-	-	2	-	1	1	-	2	
／2I₁2I₂2C	-	1	1	1	-	-	2	1	3	前末1体
2C'／2I₁2I₂2C	-	-	1	-	-	-	1	-	1	
無抜歯	-	-	-	-	-	-	-	-	80	
5次調査										
2C'／	-	-	-	2	-	2	-	-	2	早期2体
2C'／2I₁2I₂2C	-	-	1	1	-	-	2	-	2	早期2体
無抜歯	-	-	1	1	-	2	-	-	2	前期後半2体
6次調査										
1I²2C'／	-	-	1	-	-	1	-	-	1	前期
2C'／2I₁2I₂	-	-	1	-	1	1	1	-	2	前期1体、前期～中期1体
無抜歯	-	-	-	-	1	-	-	1	1	前期

数値＝個体数

　6次調査出土人骨に関しては、抜歯の観察が可能な4体中3体が弥生時代前期に時期が比定されており、上述のように2体に抜歯が見られる。

　以上の1次から6次調査の結果を総合すると、抜歯個体の頻度・抜歯本数ともに時期が下るに従って、多い方から少ない方へ変化するという傾向が窺える。

（2）西九州の遺跡

a）根獅子遺跡

　ⅰ）遺跡概要　長崎県平戸市に位置する墓地遺跡である。1954年から数度にわたり調査が行われており、過去3度の発掘において、前期末から中期中葉の17体（未成人3体を含む）が出土している（京大平戸学術調査団 1951；平戸市 1996）。加えて、抜歯風習の存在も指摘されている（金関 1951；金関他 1954；

松下 1996)。

ⅱ）抜歯報告　金関氏、金関氏ら、松下氏の報告によると、抜歯の観察が可能な7体中6体（男性2体；女性4体）に抜歯が見られる。抜歯個体は全て、上顎左右犬歯を抜歯している。下顎は、切歯4本を抜歯している個体が4体であり、全て女性である。その他に下顎無抜歯個体、下顎右犬歯＋左側切歯抜歯の個体が各1体ずつ見られ、ともに男性個体である。この他にも、1954年度調査において下顎のみ遺存しており抜歯が見られない個体が1体出土している。なお、この個体も男性である。

ⅲ）葬送行為と抜歯　1972年以降の調査個体13体に関しては出土状況に関する情報が得られている。このうち抜歯観察可能個体は4体であり、4体ともに土壙墓から出土している。副葬品を持つ個体は3体であるが、この中に抜歯個体は含まれない。

b）宇久松原遺跡

ⅰ）遺跡概要　長崎県佐世保市宇久町に位置する墓地遺跡である。1968・1977年に調査が行われ、甕棺墓・石棺墓・支石墓・土壙墓から前期から中期に属する、34体（未成人17体を含む）の人骨が出土しており（長崎県教委 1983）、抜歯風習の存在が指摘されている（松下・伊丹 1983）。

ⅱ）抜歯報告　報告によると、出土人骨中、3体（男性1体；女性2体）の観察が可能であり、3体ともに抜歯が認められる。男性は上顎左右犬歯のみの抜歯である。女性は1体に関しては下顎のみが遺存しており、下顎には犬歯＋切歯の計6本抜歯が見られる。もう1体に関しては、上顎左犬歯の抜歯が見られる。但し、抜歯対象歯種のうち、上顎右切歯・右犬歯・下顎右第2側切歯が遺存していない。

ⅲ）葬送行為と抜歯　抜歯の見られる個体は男女各1体ずつが支石墓出土であり、女性に関しては下顎抜歯個体である。上顎犬歯抜歯の見られる女性個体は、石棺出土人骨である。支石墓出土人骨のうち、男性個体に関しては貝製臼玉16点を伴い、女性個体に関しては貝輪2点・貝製垂飾1点を伴う。

ⅳ）抜歯歯種の時間的変化　歯個体は、帰属時期が明らかである。した

がって、抜歯の時間的変化について若干見てみたい。上顎左右犬歯抜歯個体（男性）、下顎犬歯＋切歯抜歯個体（女性）は、ともに前期に属する。上顎左犬歯抜歯の見られる女性個体は中期に属する。

c）宮の本遺跡

ⅰ）遺跡概要　　長崎県佐世保市に位置する、前期末から中期前半に比定される墓地遺跡である（佐世保市教委 1981）。石棺および小児土器棺・土壙墓から 40 体の人骨が出土しており、抜歯風習の存在が指摘されている（松下 1981）。

ⅱ）抜歯報告　　報告書によると、出土した 40 体中、成人個体は 31 体であり、石棺墓から出土した 2 体および土壙墓から出土した 1 体に抜歯が見られる。2 体は上顎左右犬歯のみの抜歯であり、残りの 1 体も上顎右側の観察ができていないものの、上顎左右犬歯抜歯の可能性が高い個体である。これらの個体は女性 2 体、男性 1 体である。

ⅲ）葬送行為と抜歯　　抜歯個体 3 体は石棺から出土している個体と土壙墓から出土している個体である。石棺墓に関しては、調査されたものは 16 基であり、成人人骨は計 14 体が出土している（松下 1981）。副葬品を伴う成人個体は 5 体（幼児との合葬例を除く）であり、抜歯が見られる個体は 2 体ともに副葬品を伴う。抜歯個体の副葬品は女性が二枚貝製貝輪、男性がアワビ製貝符である。これらの副葬品は、他の抜歯をしていない個体の副葬品と異なる点はない。また頭位方向に関しては、石棺出土人骨中 11 体は東頭位であり、異なる頭位方向の個体は 3 体のみである。抜歯個体はほかの多くの無抜歯個体同様、東頭位である。

　土壙墓に関しては調査されたものは 18 基であり、成人人骨は 15 体が出土している。副葬品を伴う成人個体は 4 体（磨製石剣の切っ先を除く）であり、抜歯が見られる 1 体もこの中に含まれる。抜歯個体の副葬品は二枚貝製貝輪であり、他の抜歯をしていない個体の副葬品と異なる点はない。頭位に関しては石棺と同様に大半の個体が東頭位である。しかし、抜歯個体の頭位は不明である。

d）有喜貝塚

　有喜貝塚は、長崎県諫早市有喜町に位置する。貝塚から2体、貝塚内に作られた石棺から1体、計3体の人骨が出土しており、抜歯風習の存在が指摘されている（宮本 1926）。このうち抜歯の観察が可能であったのは2体（男性1体；女性1体）であり、うち1体に上顎左側切歯抜歯が見られる。抜歯個体は老年男性である。第3大臼歯の先天性欠如は見られない。

e）深堀貝塚

　長崎市深堀に位置する中期の貝塚遺跡であり、出土人骨に抜歯風習の存在が指摘されている（内藤・栄田 1967）。報告によると4個体に上顎左右犬歯のみの抜歯が見られる。抜歯個体は若年女性1体、成年前半の男性・女性各1体、熟年女性1体である。

f）浜郷遺跡

　長崎県南松浦郡上五島に位置する前期から中期の遺跡である。男性1体、女性3体の計4個体に上顎左右犬歯のみの抜歯が見られるという報告がなされている（内藤・長崎 1973）。

2　分　　析

　この地域の人骨は発掘の行われた時期が古く、詳細な時期の比定が困難な個体が多く、データに関しても資料の制約上報告書によるものが多い。しかし、各遺跡から抽出しうる情報について、以下にまとめた。なお、実見可能な個体が少なく、大半の抜歯個体が報告書を用いたデータであるため、妊娠・出産痕の有無に関するデータは得られていない。

（1）性別・施行年齢

　若年個体に関しては、大友遺跡の3次調査出土2号人骨は13歳の個体で縄文晩期に見られる $2I_1 2I_2 2C$ 型抜歯が見られる。その他の遺跡ではサンプル自体に若年が含まれていない。以上の抜歯個体から、西北九州においては10代

初めから抜歯を行っているように見える。しかし、大友遺跡の2号人骨は時期が不明であり、前項で見られるように弥生時代には抜歯の施行年齢が変わっている可能性も考えられる。したがって、抜歯の施行年齢が一貫して13歳前後であったと考えることは困難であるが、時期によっては13歳前後で抜歯風習を行っていたということは言えよう。

(2) 抜 歯 歯 種 (表78)

上下顎の抜歯の有無に関しては、遺跡別に見ると大半が上顎のみの抜歯であるが、大友遺跡においては下顎のみの抜歯も見られる。また、大友遺跡・根獅子・宇久松原遺跡においては上・下顎ともに抜歯している個体が見られる。

抜歯本数に関しては大半の遺跡で1-2本であるが、大友遺跡・根獅子・宇久松原遺跡に関しては、下顎歯を4-6本抜歯している個体が複数見られる。

抜歯歯種は、上顎は犬歯抜歯が大半である。1遺跡の抜歯個体数が少ない、小川島・宇久松原・宮の本・浜郷・深堀遺跡の抜歯個体に関しては、全て上顎犬歯抜歯である。一方で、大友遺跡・六本松貝塚においては、上顎切歯抜歯が見られる。下顎に関しては、大友遺跡・根獅子・宇久松原遺跡で抜歯個体が見られ、中切歯・側切歯・犬歯が抜歯対象歯種である。3遺跡ともに見られる上顎犬歯をともに抜歯している個体の下顎抜歯歯種は中・側切歯を4本抜歯した型式かそれに犬歯抜歯を加えた6本を抜歯した型式である。

これらの抜歯歯種の特徴について、以下若干まとめてみたい。

a) 抜歯歯種と性別

抜歯本数の多い個体が見られる遺跡に関しては、抜歯歯種と性別に相関が見られる。根獅子遺跡と大友遺跡に関しては、どちらの遺跡も下顎歯を4-6本抜歯しているのは女性が多く、上顎犬歯のみの抜歯は男性に多く見られる。また、宇久松原遺跡出土の下顎6本を抜歯している個体も女性である。この抜歯歯種と性別の相関は、前節で分析を行った北部九州の弥生時代前期においても同様な傾向が得られている。この抜歯歯種と性別の相関は前章で分析を行った縄文時代晩期津雲貝塚における抜歯系統と性別の相関と似た現象である。した

表78 地域・時期別抜歯歯種一覧(西北九州)

時期 \ 地域・性別	東松浦半島 男性		東松浦半島 女性		長崎 男性	長崎 女性
早期	2C':2		2C'/2I$_1$2I$_2$2C:2			
前期	2C':1 2C'?:1 1I^{2}2C':1 2C'/2I$_1$2I$_2$:1	2C':5 1I^2:1 1I$_1$:1 2I$_1$:1	2I$_1$2I$_2$2C:1	1I^{1}2C':1 /1I$_1$:1 /2I$_1$:1 /2I$_1$2I$_2$:1	2C':1	?/2I$_1$2I$_2$2C:1
前末〜中期		2I$_1$2I$_2$:1	2C':1	/2I$_1$2I$_2$2C:1 2C/1I$_1$2C?:1	2C':4 2C'/1C1I$_2$:1	2C'/2I$_1$2I$_2$:4 2C':9
中期〜後期	/1I$_2$:1 /1C:1			2C'/2I$_1$2I$_2$2C:1	1I^2:1	
合計	8	9	4	7	7	14

数値:個体数
(この他に大友遺跡の時期の特定困難な性別不明個体2C':2体と2I$_1$2I$_2$2C:1体あり)

表79 遺跡別抜歯個体数(西北九州)

遺跡名 \ 性別	男性	女性	不明
大友遺跡	16	11	3
宇久松原遺跡	1/1	2/2	—
小川島遺跡	1/1	—	—
深堀遺跡	1/1	3/3	—
有喜遺跡	1/1	—	—
浜郷遺跡	1	3	—
宮の本遺跡	1/13	2/17	—
根獅子遺跡	2/2	4/4	—

数値:個体数(抜歯個体数/観察個体数)

がって、ここで縄文時代晩期津雲貝塚と弥生時代前期北部九州・西北九州の抜歯歯種と性別の相関について比較を行う。比較においては、縄文時代晩期の下顎抜歯歯種を用いた大別抜歯型式(広型:2I$_1$2I$_2$・2I$_1$2I$_2$2Cと狭型:無抜歯・2C・2I$_1$2C)が弥生時代前期の抜歯型式の分類にも適用可能なため、便宜的にこれを用いる(図80)。前章の分析結果で縄文時代晩期津雲貝塚では抜歯系統と性別の相関が見られたが、弥生時代前期の九州北部でも縄文時代晩期西日本と同様に大別抜歯型式と性別に相関が見られる。

b) 抜歯施行率・歯種の時期的変化

　詳細な時期比定が可能な個体は少ないが、それらの時期の判明している個体抜歯種・施行率の時期的変化についてみてみる(表78・79)。

　抜歯施行率に関しては、全体としては前期までの遺跡・前期末にかかる宇久松原・小川島・深堀・有喜・根獅子遺跡では抜歯個体の比率が高くほぼ全ての

個体で抜歯をしている。一方で、中期以降に関しては、宮の本遺跡（10.0%）のように抜歯個体の比率が低い遺跡も見られるようになる。大友遺跡においても前期までに比定される5・6次調査出土個体内での抜歯施行率は高く66.7%（4体／6体中）であるが、中期以降の個体が多く含まれると考えられる2次-4次調査出土人骨における抜歯施行率は28.2%（22体／78体中）でそれほど高くない。

　また、1体当たりの抜歯本数に関しても、時期が下るに従って、少なくなる傾向が見られる。大友遺跡においては、下顎を4-6本抜歯している個体で、時期が判明している個体は全て前期以前に比定されており（表78）、宇久松原遺跡の下顎を4-6本抜歯している個体も前期に比定される。確実に中期以降まで下る遺跡においては、上顎のみ或いは下顎のみ1-2本抜歯している。

　抜歯歯種に関しては、前期までの遺跡においては上顎犬歯、下顎は切歯4本、あるいはこれに左右犬歯を加え6本抜歯する（表78）。これらの抜歯型式は、縄文時代晩期西日本においてみられたO型・4I型・4I2C型である。前末-中初の根獅子遺跡で見られる抜歯型式もこの3種である。一方で、確実に中期以降まで下る遺跡においては、上顎のみ或いは下顎のみ抜歯しており、上顎犬歯のみを抜歯するO型個体が大半である。但し、上顎犬歯以外の歯種が単独で抜歯される例（六本松貝塚）や下顎切歯のみを1-2本抜歯する例（大友遺跡）が見られるようになる。

c）抜歯施行率・歯種の地域差（表78・79）

　施行率に関しては、上述のように前期までの遺跡・前期末にかかる遺跡では抜歯個体の比率が高く、中期以降に関しては抜歯個体の比率が下がる傾向が見られる。このような、抜歯施行率の低い遺跡が宮の本遺跡や大友遺跡（2次-4次調査出土個体群）など西北九州各地の遺跡において見られる。

　抜歯歯種の地域差を見てみると、前期までに関しては上述のように東松浦・長崎ともに縄文時代晩期西日本においてみられたO型・$2I_1 2I_2$型・$2I_1 2I_2 2C$型抜歯が見られ、地域差は見られない。しかし、中期以降に関しては、若干地域により様相が異なってくる。五島列島を含めた現在の長崎県に分布する遺跡に

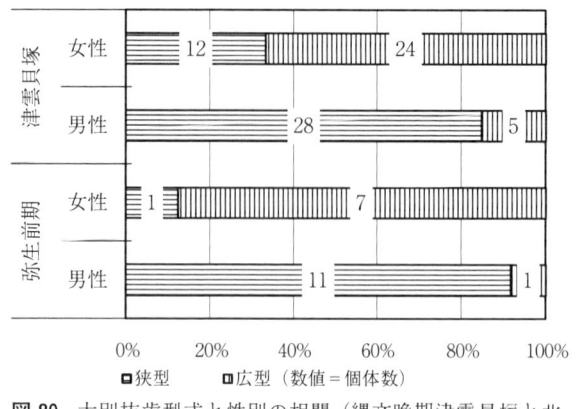

図80 大別抜歯型式と性別の相関（縄文晩期津雲貝塚と北部九州・西北九州前期個体群）

関しては有喜貝塚を除くと全て上顎左右犬歯を抜歯するO型である。これに対し、玄界灘沿岸に位置する大友遺跡では下顎歯のみを1本抜歯するようになる。また大友遺跡の詳細な時期比定が困難な個体に関しては、西北九州の他の遺跡に見られるO型抜歯（9体）とともに、下顎切歯のみを1～2本抜歯する抜歯個体が5体存在する。

3　分析結果のまとめとその検討

（1）性別・施行年齢
　①抜歯最年少個体は13歳の個体である（大友遺跡の3次調査出土2号人骨）。
　②その他の遺跡ではサンプル自体に若年が含まれていない。
したがって、北部九州の例を考慮すると抜歯の施行年齢が一貫して13歳前後であったと考えることは困難であるが、時期によってはこの年齢で抜歯を行っていたということは言えよう。

（2）抜 歯 歯 種
全体的に見ると、以下のような分析結果が得られている。
　①上顎のみの抜歯が多いが、下顎のみの抜歯や上・下顎ともに抜歯している個体も見られる。
　②抜歯本数に関しては大半の遺跡で1-2本であるが、下顎歯を4-6本抜歯している個体も複数見られる。
　③抜歯歯種は、上顎は犬歯抜歯が大半であり、一部側切歯抜歯も見られる。

④下顎に関しては中切歯・側切歯・犬歯が抜歯対象歯種である。
⑤抜歯本数の多い個体が見られる遺跡に関しては、抜歯歯種と性別に相関が見られる。
⑥前期北部九州・西北九州においては抜歯を縄文晩期と同じ広型系・狭型系に分類可能であり、抜歯系統と性別に相関が見られる。

　明瞭な時期区分は困難なものの時期的な変化を見ると、前期までの遺跡・前期末にかかる遺跡では高く中期以降には低い遺跡も見られるようになり、1個体あたりの抜歯本数も時期が下るにつれ少なくなる。中期以降の低施行率遺跡は西北九州各地の遺跡において見られることから、西北九州全域において施行率低下が起こっていた可能性が考えられる。時期区分が可能な個体を用いた時期別の様相については以下の通りである。

a）前期まで
　①抜歯型式は縄文晩期に見られるO型・$2I_1 2I_2$型・$2I_1 2I_2 2C$型である。
　②抜歯歯種に地域差は見られない。

b）中期以降
　③抜歯型式・歯種：上顎または下顎のみ抜歯（O型や$1I_1$・$2I_2$抜歯）する。
　④抜歯歯種に地域差が見られる。（西九州：1例以外全てO型。東松浦：O型、$1I_1$、$2I_2$抜歯）

　以上の抜歯本数・施行率・抜歯型式で見てきたとおり、西北九州においてもやはり中期を境として縄文時代晩期以来の抜歯風習が変化していた可能性が考えられる。同様に、分析が行えていない施行年齢に関しても変化が起きていた可能性が考えられよう。加えて、その変容後の様相は西九州と東松浦地域で異なる。

第4節 南　九　州

1　遺跡の概要

　南九州のサンプルは、島嶼部に限られる。広田遺跡・鳥ノ峯遺跡に関しては実際に観察を行い、その他の資料に関しては、報告書の記載を用いている。広田遺跡・鳥の峯遺跡ともに種子島に位置し、弥生時代後期を中心とする墓地遺跡である（中種子町教委 1996；南種子町教委 2007）。両遺跡ともに抜歯風習の存在が指摘されている（永井 1961a；中橋 1996：2007 など）。

2　分　　　析

（1）広田遺跡
a）施行率・平均本数
　抜歯は、下顎には見られず、上顎は 33 体中 27 体が抜歯している。サンプルに若年個体は含まれず、各年齢・性別ごとで抜歯の施行率に大きな差はない（表80・図81）。歯種別にみると、切歯・犬歯は加齢に伴う施行率の増加は見られない。したがって、上顎抜歯は若年もしくは成年初期には完了していた可能性が高いと考えられる。ただし、若年個体の抜歯施行状況が不明であることから、施行率からはより明確な施行年齢は推定できない。

b）側方咬耗と対向歯牙の咬耗
　広田遺跡に関しては、側方咬耗の観察から大多和氏が 10 代前半での抜歯施行の可能性を指摘している（大多和 1983）。本分析サンプルでも、9 体中 1 体に若干側方咬耗が見られるのみで、残りの個体には側方咬耗は見られなかった。対咬歯牙に関しては、22 体中 16 体の咬耗がエナメル質に留まるまたは象牙質が点状に露出する程度である。これは、弥生時代人骨においては 10 代後半〜20 代程度の咬耗である。また、その他の 6 体中 4 体の抜歯対咬歯牙には挺出状態が見られる。したがって、対咬歯牙の咬耗度から見ると、少なくとも若

表80 歯種別抜歯施行率（広田遺跡）

年齢	性別	I²		C'	
成年	男性	37.5	(9/24)	33.33	(8/24)
	女性	41.18	(7/17)	17.65	(3/17)
熟年	男性	40	(8/20)	25	(5/20)
	女性	25	(2/8)	28.57	(2/7)

施行率＝抜歯本数／観察本数（表86も同様）

表81 抜歯歯種と年齢・性別（広田遺跡）

抜歯歯種	成年	熟年	男性	女性
無抜歯	3	3	4	2
I²	2	1	1	2
I²C'	8	3	7	4
I²	3	2	3	2
CI²	3	4	5	2
C'	1	0	1	0
計	20	13	21	12

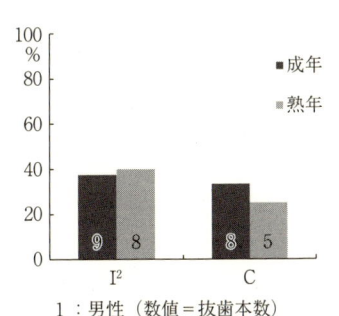

数値＝個体数

図81 歯種別抜歯施行率（広田遺跡）
1：男性（数値＝抜歯本数）
2：女性（数値＝抜歯本数）

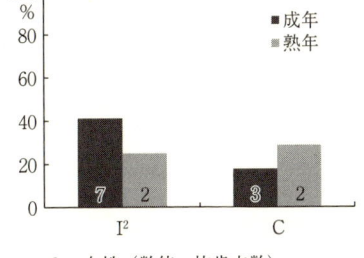

年期に抜歯が行われた可能性が高いと言えよう。

c）抜歯型式と年齢・性別

　上顎の側切歯・犬歯抜歯は、歯種・左右の組合せにより6種類に分けられる（表81・図82）。加齢に伴う複数歯種抜歯個体の増加は見られないことから、複数個体見られる5型式はそれぞれ別型式とする。抜歯型式と性別との相関は見られない。

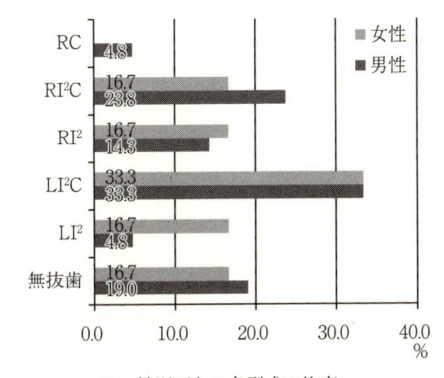

％＝性別ごとの各型式の比率
図82 性別と抜歯歯種（広田遺跡）

表82 抜歯と妊娠・出産痕（広田遺跡）

妊娠痕\抜歯	上顎有り	上顎無し
有り	2	1
無し	2	—
計	4	1

数値＝個体数

表83 上顎抜歯歯種と副葬品（広田遺跡）

属性\型式	副葬品	保有率	
無抜歯	2	50.0	(2/4)
LI^2	1	100	(1/1)
LI^2C	5	71.4	(5/7)
RI^2	2	66.7	(2/3)
RI^2C	5	83.3	(5/6)

数値＝個体数

表84 上顎抜歯歯種と頭位方向（広田遺跡）

頭位\型式	北	北東	南東	南	南西	西	北西
無抜歯	1	2	1	—	3	—	3
LI^2, LI^2C	1	—	1	1	—	1	5
RI^2, RI^2C	—	2	1	—	2	—	1

数値＝個体数

d）妊娠・出産痕と抜歯の有無

　抜歯の観察が可能な個体中、妊娠・出産痕の観察が可能な個体は4体である（表82）。上顎抜歯との関係を見ると、上顎抜歯の有無と妊娠・出産痕の有無は相関がなく、無抜歯個体1体にも妊娠・出産痕が見られる。したがって、妊娠・出産経験は上顎抜歯施行の必要条件ではないと考えられる。

e）副葬品・頭位方向と抜歯の有無

　1次埋葬個体（集骨ではない個体）を対象として、副葬品・頭位と抜歯型式の相関の有無を検討する（表83・84）。サンプル個体21体中副葬品を持たない個体は6体のみである。副葬品を持つ個体はすべての抜歯型式に一定度見られ、特定の抜歯型式への偏りや、抜歯の左右差による偏りは見られない。また、頭位方向も特定の型式・左右差との相関は見られない。

f）歯冠計測値を用いた血縁者の推定

　北部九州弥生時代人と広田遺跡個体群を用いて、計測値の基準化を行い、相関計数値の平均値を算出した結果、表のような数値が得られている（表85）。

表85　相関係数平均値（広田遺跡）

歯種 対象群	上下 P1P2M1M2 pair	平均値	標準偏差	上下 P1P2M1 pair	平均値	標準偏差	上下 P1M1 pair	平均値	標準偏差	上 P1P2M1M2 pair	平均値	標準偏差	上 P1P2M1 pair	平均値	標準偏差
全体	78	0.339	0.268	171	0.356	0.284	190	0.285	0.374	190	0.382	0.327	300	0.394	0.371
男性	28	0.440	0.210	55	0.358	0.266	55	0.332	0.319	66	0.508	0.255	91	0.47	0.327
女性	10	0.243	0.307	28	0.356	0.363	36	0.208	0.390	28	0.238	0.352	55	0.308	0.419
右側抜歯	6	0.378	0.177	10	0.348	0.239	10	0.449	0.209	15	0.510	0.313	21	0.455	0.361
左側抜歯	10	0.344	0.279	21	0.298	0.290	21	0.222	0.338	28	0.342	0.328	45	0.293	0.397
無抜歯	—	—	—	15	0.333	0.237	15	0.278	0.291	6	0.269	0.277	15	0.395	0.340
異系統抜歯	47	0.365	0.265	95	0.392	0.281	95	0.389	0.320	90	0.396	0.321	155	0.427	0.360
他人	200	0.114	0.348	200	0.114	0.348	200	0.112	0.392	200	0.019	0.443	200	0.019	0.443
親子	33	0.290**	0.318	33	0.290**	0.318	46	0.318**	0.451	52	0.219**	0.436	52	0.219**	0.436
兄弟・孫	31	0.318**	0.288	31	0.318**	0.288	43	0.295*	0.451	45	0.315***	0.412	45	0.315***	0.412
オジ・オイ	45	0.21	0.304	45	0.21	0.304	46	0.231*	0.307	56	0.268***	0.401	56	0.268***	0.401
イトコ	69	0.206*	0.262	69	0.206*	0.262	34	0.202	0.355	73	0.222**	0.424	73	0.222**	0.424

他人群の平均値とのt検定の結果＊：有意水準0.05未満，＊＊：有意水準0.01未満，他人群以下の値は土肥他1986より引用

表86　歯種別抜歯施行率（鳥ノ峯遺跡）

年齢	性別	上顎抜歯歯種 I²		C'	
成年	男性	66.7	(2/3)	66.7	(2/3)
	女性	50.0	(2/4)	50.0	(2/4)
熟年	男性	100	(1/1)	0	(0/1)
	女性	100	(2/2)	50.0	(1/2)

表87　抜歯歯種と年齢・性別（鳥ノ峯遺跡）

抜歯歯種	成年	熟年	男性	女性
無抜歯	2	0	0	2
I²	1	2	2	1
I²C'	1	1	1	1
CI²	2	0	0	2
C'	1	0	1	0
計	7	3	4	6

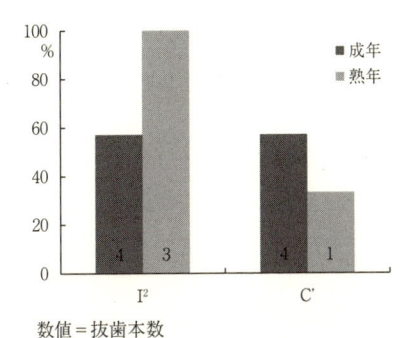

数値＝個体数

図83　歯種別抜歯施行率（鳥ノ峯遺跡）
数値＝抜歯本数

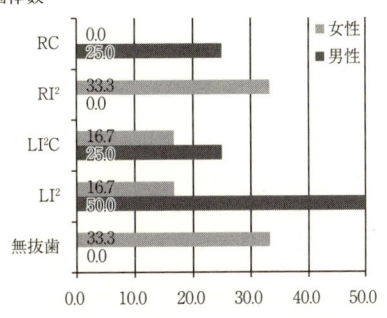

図84　性別と抜歯歯種（鳥ノ峯遺跡）

一見すると、左右の抜歯型式がそれぞれ血縁者を多く含む集団のように見えるが、広田遺跡全体の相関係数の平均値が高い値を示しており、異型式個体間の平均値においても高い値が得られている。したがって、このデータを以て抜歯型式が血縁者を多く含む個体群であるという指摘はできない。

(2) 鳥ノ峯遺跡
a) 施行率・平均本数
　抜歯は、下顎には見られず、上顎は10体中8体が抜歯している。個体数が少ないことから、性別で分けずに施行率を検討する(表86・図83)。サンプルに若年個体は含まれず、成年が71%（5体／7体中）熟年が100%（3体／3体中）であり加齢に伴う施行率の有意な増加傾向は見られない。歯種別にみると、切歯・犬歯は加齢に伴う施行率の増加は見られない。したがって、上顎抜歯は若年もしくは成年初期には完了していた可能性が高いと考えられる。ただし、若年個体の抜歯施行状況が不明であることから、施行率からはより明確な施行年齢は推定できない。

b) 抜歯型式と年齢・性別
　上顎の側切歯・犬歯抜歯は、歯種・左右の組合せにより5型式に分けられる(表87・図84)。年齢と抜歯型式の相関は見られず、抜歯型式と性別との相関は見られない。

c) 妊娠・出産痕と抜歯の有無
　上顎抜歯と妊娠・出産痕の関係を見ると、上顎抜歯の有無と妊娠・出産痕の有無は相関がなく、無抜歯個体2体にも妊娠・出産痕が見られる(表88)。したがって、妊娠・出産経験つまり婚姻において上顎抜歯施行は必ずしも必要条件ではないと言える。

d) 葬送行為と抜歯
　1次埋葬個体を対象として、副葬品と抜歯型式の相関の有無を検討する(表

第4節　南　九　州　271

表88 抜歯と妊娠・出産痕（鳥ノ峯遺跡）

妊娠痕＼抜歯	上顎有り	上顎無し
有り	2	2
無し	—	—
計	2	2

数値＝個体数

表89 上顎抜歯歯種と副葬品（鳥ノ峯遺跡）

属性／型式	副葬品	保有率	
無抜歯	2	100	(2/2)
LI^2	1	33.3	(1/3)
LI^{2}C	2	100	(2/2)
RI^{2}C	2	100	(2/2)
RC	1	100	(1/1)

表90 上顎抜歯歯種と頭位方向（鳥ノ峯遺跡）

頭位／型式	北	南	西	北西
無抜歯	—	1	1	—
LI^2, LI^{2}C	2	1	—	1
RC, RI^{2}C	—	—	3	—

数値＝個体数

表91 抜歯歯種一覧（弥生南西諸島）

遺跡名	時期	個体数	抜歯の有無 上顎のみ	下顎のみ	上下顎	上顎抜歯歯種 1I^1	1I^2	2I^1	2C	無抜歯	下顎抜歯歯種 1I$_1$	2I$_1$	2I$_1$2I$_2$	2I$_1$2I$_2$2C	無抜歯
安座真原第一	前期	4			1	1					4				
木綿原	中期	4									3	1			
喜念原始墓	中期	3									1	1		1?	
大池B地点	前-後期	1	1				1								1
西ミヤド	弥生時代	1		1						1	1				
西原海岸	弥生時代	1						1							
大原貝塚	弥生時代	1							1						
古座間味貝塚	弥生時代	3											3		
大当原貝塚	弥生時代	2											2		

数値＝個体数

89・90）。サンプル個体10体中副葬品を持たない個体は2体のみである。副葬品を持つ個体は無抜歯個体を含むすべての抜歯型式に見られ、特定の抜歯型式や左右差への偏りは見られない。頭位方向に関しては、抜歯型式と頭位方向に明瞭な相関は見られない。

（3）その他の遺跡

　分析に用いた遺跡は表91の通りである。これらの遺跡出土人骨は、性別・年齢等の不明な個体が多いため、施行率などを用いた施行年齢に関する分析を行うのは困難である。したがって、抜歯歯種についてのみ言及したい。
　まず、上顎抜歯歯種であるが、上顎が遺存している個体は安座真原第一遺跡・大池遺跡B地点・西原海岸遺跡・大原貝塚・西ミヤド遺跡の各1体、計5体のみである。これら5体の抜歯型式はそれぞれ異なる。また、下顎抜歯歯種に関しては、基本的に切歯を中心に1-4本抜歯されており、喜念原始墓遺跡

に関しては１体のみ切歯とともに犬歯を抜歯している個体が見られる。上下顎の抜歯歯種の組合せに関しては、上下顎ともに観察可能な個体は安座真原第一遺跡西ミヤド遺跡の各１体、計３体のみである。このうち、安座真原第一遺跡・西ミヤド遺跡出土人骨は、２体ともに下顎切歯抜歯をしているが、上顎に関しては中切歯抜歯と無抜歯で異なる。また、大池Ｂ地点遺跡出土人骨は上顎の側切歯１本のみを抜歯している。

　これらの抜歯歯種は基本的に下顎切歯抜歯を中心としていることから、その本数について空間的な分布を見てみると、抜歯の本数と空間的な分布に相関は見られない。ただし、これらの遺跡中最北に位置し、最も種子島に近いトカラ列島の宝島に位置する大池Ｂ地点遺跡出土人骨は上顎の側切歯１本のみを抜歯しており、前出の広田遺跡・鳥の峯遺跡に見られる抜歯型式である。

3　分析結果のまとめとその検討

　施行年齢に関しての分析結果は以下の通りである。
　　①施行率は成年から熟年で有意な増加傾向は見られない。
　　②対咬歯牙の咬耗はエナメル質止まりか象牙質が点状に露出する程度の個体が多い。
　　③抜歯隣接歯にはほとんど側方咬耗も見られない。
サンプルに若年個体は含まれていないものの、抜歯対咬歯牙の咬耗および側方咬耗から推定すると若年期の抜歯の可能性が高いと考えられる。

　抜歯歯種と年齢・性別に関する分析結果、年齢・性別と抜歯歯種・抜歯型式の相関は見られない。また、妊娠・出産経験と抜歯に関しては、無抜歯個体にも妊娠・出産痕が見られる。したがって、抜歯をしていない個体でも婚姻可能であると言える。

　葬送行為と抜歯の関連について、広田遺跡・鳥ノ峯遺跡の１次埋葬個体（集骨ではない個体）を対象として、副葬品・頭位方向と抜歯型式に明瞭な相関は見られない。

　一方で、抜歯風習の地域差を南九州全体で観察可能であった抜歯歯種を用いて検討を行った結果以下の通りである。

①南西諸島の北側の3遺跡に関しては上顎の切歯、切歯と犬歯を偏側的に抜歯する型式が見られる。
②徳之島以南出土人骨に関しては、上顎抜歯は無抜歯・中切歯抜歯・犬歯抜歯が見られる。
③下顎に関しては切歯を中心とした抜歯である。
④上下顎抜歯型式の組み合わせに関しては言及が困難である。

先行研究において南西諸島に関しては、その系統について様々議論が為されているが（金関 1956；池畑 1980；峰 1992；木下 1997；春成 2000）、出土している部位が下顎に偏っていることから本来の抜歯歯種に関する情報が得られていない可能性が考えられる。

第5節　東日本：東海から東北地方南部

東日本においては、人骨の出土例自体が西日本に比して少ないため、地域別に分けず、一括して分析を行う。なお、上下顎の歯槽部の破片資料が多いことから、性別分けての分析は困難である。また、上下顎の揃っている個体が少ないため、上顎と下顎の抜歯歯種をそれぞれ別個に分析していく。

1　抜歯施行年齢

東日本出土抜歯人骨に関しては、上述の通り保存状態があまり良くなく、性別の判定可能な資料はごく僅かであり、年齢に関しても同様である。したがって、抜歯の施行年齢を推定するための施行率の加齢変化や若年の抜歯施行状況の観察は困難である。但し、1体のみ若年サンプル個体が含まれている。この個体は三笠山岩陰出土個体であり、左上顎のみ遺存しており、左側切歯と犬歯が抜歯されている。この個体の年齢に関しては、報告者により、「頭蓋片の縫合線の状態から、15歳をあまり超えた年齢ではない」（飯島他 1986）とされている。この個体は、供伴した土器が樽武土器であることから、後期に比定されている。

一方で、朝日遺跡に関しては、13-15歳の個体2体の上顎犬歯の歯槽窩が各

1本分遺存しているが、ともに抜歯は見られない。

2 抜歯施行率

東日本の弥生時代抜歯の施行率に関しては、東海地方の遺跡を対象とした先行研究において、報告書に記載されている人骨データに基づいた分析により、抜歯施行率の低さが指摘されている（瀧川 2004）。但し、この論の根拠になっているのは、抜歯観察個体に対する抜歯個体の割合ではなく、出土人骨全体に対する抜歯個体の割合であり、実際の抜歯施行率を反映していない可能性が高

表92 抜歯歯種一覧（弥生東日本）

1：上顎

遺跡名	時期	抜歯個体数	観察個体数	無抜歯	2C'	$1I^2 2C'$	$1I^2 C'?/$	$I^1 C'?/$	$I^2 C'?/$	$C'?/$
熱田貝塚	前期	1				1				
根古屋	前期-中期初頭	U6/L3					3		3	
緒立	前期-中期初頭	?		?						
牡丹平	中期初頭	1		1						
岩津保洞窟	中期初頭	2	2							
月明沢岩陰	中期初頭	1				1				
八束脛洞窟	中期前半	U2/L14							2	
幕岩岩陰	中期前半	1						1		
大浦山洞穴	中期中葉	1			1					
朝日遺跡	中期後葉-後期	U2	U3/L4							1
新御堂遺跡	中期末-後期	4	4(or5)	4						
三笠山岩陰	後期	1(15歳)							1	
生仁遺跡	後期	1	1	1						
白山神社洞穴	弥生	U3/L2	U3/L9	1					2	

2：下顎

遺跡名	時期	抜歯個体数	観察個体数	無抜歯	$/2I_1$	$/2I_2$	$/2C$	$/2I_1 2I_2$	$/2I_1 1C$	$/2I_2 2C$	$2I_1 2I_2 2C$
熱田貝塚	前期	1		1							
根古屋	前期-中期初頭	U6/L3									1
緒立	前期-中期初頭	?									?
牡丹平	中期初頭	1									1
岩津保洞窟	中期初頭	2	2		1						
月明沢岩陰	中期初頭	1									
八束脛洞窟	中期前半	U2/L14			1	1		1	1	1	
朝日遺跡	中期後葉-後期	U2	U3/L4	1							
新御堂遺跡	中期末-後期	4	4 (or5)	3							
生仁遺跡	後期	1									1
白山神社洞穴	弥生時代	U3/L2	U3/L9	7			2				

数値：個体数

第 5 節　東日本：東海から東北地方南部　　275

い。使用されている遺跡の報告書を用いて抜歯の観察可能な成人個体を見ると、半数以上が抜歯観察の不可能な個体である。したがって、本分析では、先行研究の分析に含まれている抜歯個体の出土した遺跡も含め、抜歯の観察可能個体数と抜歯個体数の両方が明らかな岩津保遺跡・生仁遺跡・白山神社洞穴遺跡・朝日遺跡・新御堂遺跡の 4 遺跡について、施行率を検討する。まず、岩津保遺跡・生仁遺跡にかんしては、観察可能個体数・抜歯個体数ともに少なく 2 体と 1 体であり、全ての個体が抜歯している。残りの白山神社洞穴遺跡・新御堂遺跡に関してもそれぞれ観察可能な全個体が抜歯をしている。一方で、朝日遺跡に関しては、上顎の完全に残っている個体を見ると上顎は 3 体中 2 体に抜歯が見られるが、残存している歯槽で見ると、成人の上顎犬歯歯槽 11 本中抜歯をしているのは 3 本である。また、抜歯の分析サンプルデータには含めていない愛知県法海寺遺跡では抜歯の観察可能な個体が上顎 3 体分と下顎 2 体分出土しているが、いずれも抜歯は見られない（池田 1993）。

3　上顎抜歯歯種と型式

東日本弥生時代出土抜歯個体に見られる抜歯歯種は、前期から後期を通じて左右犬歯抜歯が主流である（表 92-1）。ただし、根古屋洞窟遺跡・八束脛洞窟遺跡・三笠山洞窟遺跡・月明沢洞窟遺跡・熱田貝塚等では上顎左右犬歯に付随して側切歯も 1 本抜歯する例が見られる。月明沢洞窟遺跡・熱田貝塚に関しては、観察可能個体が 1 体のみであり、それ以外の 3 遺跡に関しては、上顎が片側のみしか遺存していないため、反対側の側切歯については抜歯していたかどうかは不明である。上顎側切歯に関しては、犬歯の頬側に位置し、歯根も犬歯に比して短く、抜去しやすいことから、左右両側抜歯されておらず、同一の抜歯型式個体が多数みられない場合は、企画的に抜歯された可能性以外に、2C 抜歯の際に誤って抜歯された可能性も考え得る。したがって、複数個体出土している根古屋遺跡と八束脛洞窟

/I₂?	/I₁I₂?	/C?	/I₁C?	/I₂C?
			1	
	1			
2		3		1

遺跡以外に関しては、上顎側切歯が抜歯対象歯牙であったかどうかは不明である。

以上の点から、弥生時代東日本においては、上顎に関しては、縄文時代後期以来引き続き上顎左右犬歯を中心とした抜歯が行われており、一部側切歯も抜歯されていたと言えよう。

4　下顎抜歯歯種と型式

下顎抜歯は犬歯・切歯を対象として行われている（表92-2）。抜歯歯種に関しては中期を中心とする東北南部・北関東地域では犬歯・切歯を対象とした抜歯が見られるものの、東海地域では無抜歯個体が多い。但し、東日本はサンプル遺跡数が少なく、遺跡数の時期・地域的な偏りが見られ、東北南部から北関東は前期から中期の個体が大半であり、東海は中期後葉から後期に比定される個体が多い。したがって、これらの地域間での抜歯歯種の差が地域差を反映しているのか時期差を反映しているのかは不明である。

また、下顎抜歯歯種のうち縄文時代晩期にほとんど見られない組み合わせとして、中切歯または側切歯をそれぞれ単独で両側抜歯する組み合わせ（$2I_1$、$2I_2$）や、犬歯と側切歯を両側抜歯する組み合わせ（$2I_2 2C$）が見られる。下顎の切歯1～2本単独抜歯は北部九州や東松浦地域でも見られる。一方で、東日本においては下顎の切歯を1～2本抜歯している個体は八束脛洞窟と岩津保洞窟遺跡に見られ、前者に関しては同一遺跡出土上顎骨に犬歯抜歯が見られ、後者は上顎が遺存していない。但し、群馬県においては、三笠山岩陰遺跡に見られるように後期まで若年の上顎犬歯抜歯が遺存することから、岩津保洞窟遺跡に関しても上顎犬歯抜歯をしていた可能性が高い。したがって、九州で見られるような下顎切歯のみを単独で抜歯する型式とは異なる。抜歯型式としては縄文時代晩期に見られた主要抜歯型式5型式、無抜歯型、2C型、$2I_2 C$型、$2I_1 2I_2$型、$2I_1 2I_2 2C$型が全て見られる。なお、切歯と犬歯を全て抜歯する型式（$2I_1 2I_2 2C$型）の抜歯をしている個体で、時期の明らかな個体は、後期まで時期が下る。

5 分析結果のまとめとその検討

（1）抜歯施行年齢
①後期に比定される15歳前後の上顎個体に抜歯が見られる。

但し、九州地方の分析結果に見られるとおり弥生時代は抜歯風習に変容が起きている可能性が考えられることから、この一例を以て東日本の抜歯施行年齢を代表させることは困難である。但し、後期関東においては若年時に抜歯が行われていたということは言える。

（2）抜歯施行率
①抜歯施行率の高い遺跡と低い遺跡が存在する。

（3）上顎抜歯歯種と型式
①上顎左右犬歯を中心とした抜歯が行われており一部側切歯も抜歯されている。

（4）下顎抜歯歯種と型式
①中期を中心とする東北南部・北関東地域では犬歯・切歯を対象とした抜歯が見られる。中期中葉−後期を中心とする東海地域では無抜歯個体が多い。
②下顎に関しては中切歯または側切歯をそれぞれ単独で両側抜歯する組み合わせ（$2I_1$、$2I_2$）や、犬歯と側切歯を両側抜歯する組み合わせ（$2I_2 2C$）が見られる。
③下顎切歯抜歯は単独ではなく、上顎犬歯抜歯と複合して行われていた可能性が高い。
④縄文時代晩期に見られた主要抜歯型式6型式のうち無抜歯型・2C型・$2I_1 2C$型・$2I_1 2I_2$型・$2I_1 2I_2 2C$型が見られる。
⑤$2I_1 2I_2 2C$型の抜歯をしている個体で、時期の明らかな個体は、後期まで時期が下る。

なお、①に関しては、これらの地域間での抜歯歯種の差が地域差を反映しているのか時期差を反映しているのかは不明である。東日本に関しては抜歯施行率の低さが指摘されているが（瀧川 2004）、抜歯観察可能個体に対する抜歯個体の割合で見た場合、後期に至るまで高施行率の遺跡が見られる。また、本章では抜歯施行年齢の推定が困難であり、先行研究で指摘されている抜歯型式の移行パターン（飯島他 1986）は確認できていない。

第Ⅴ章　隣接地域における抜歯風習

第1節　韓半島の先史時代における抜歯風習

　弥生時代の開始にあたっては、韓半島からの渡来人が重要な役割を果たしたことは様々な先行研究でも明らかであるが、抜歯風習についてはどうであろうか。

　弥生人の抜歯を縄文時代からの連続だけでなく、外来の要素も持つという立場の研究者は、これまで中国新石器時代にその起源を求めてきた（渡辺 1966；春成 1974；中橋 1990）。しかし、中国が起源地だとすると、中国新石器時代と列島弥生時代ではあまりにも年代差がありすぎる。したがって、いかに抜歯型式が類似していても、中継する地域に同様な抜歯型式が保存され、それが日本列島へと伝わらなければ成立しない論なのである。

　このような論が出された背景には、韓半島における人骨の出土そのものが少なく、抜歯風習の存否も不明であったことがあげられる。そのような資料の状況のため、中国新石器時代に起源を求めざるをえなかったのである。しかし、近年人骨資料の増加とともに、韓半島における抜歯風習の事例も増加してきつつある。また、第Ⅰ章で触れたように、韓半島における下顎の服喪抜歯が日本の弥生時代抜歯風習に影響を与えた可能性が示唆されている（田中 1996 など）。そこで、本章では、韓半島およびその周辺における抜歯風習の事例を列挙するとともに、その様相についてまとめたい。

1 抜歯事例

(1) 慶尚南道勒島遺跡
a) 遺跡概要

　韓半島南岸慶尚南道三千浦市の沖合に位置する勒島は直径1km足らずの小島であり、今日までに釜山大学・東亜大学などいくつかの研究機関により発掘調査が行われている。なかでも、1985・86年に釜山大学校博物館による調査では無文土器時代後期の貝塚・住居址等の発掘が行われており、B.C.1世紀代(弥生時代中期併行)に比定される73基の墓(土坑墓と甕棺墓が主)が検出されている(金他 1988)。これらの墓からは約60体にのぼる人骨が出土しており(小片他 1997)、この少数出土している成人個体のうち、2体に上顎左右犬歯の企画的抜歯の可能性が指摘されている(金他 1988；小片他 1997)。これに加え近年刊行の本報告においては21号(男性)個体の上顎中切歯の抜歯の可能性も指摘されている(金他 2006)。

b) 観察所見

　実見の結果、金氏らの結果と同様に21号(男性)・31号(女性)・35号(女性)の3体に抜歯が確認された。21号は右上顎中切歯抜歯、31・35号は上顎左右犬歯抜歯である。観察可能な個体は20歳以上の成人13体、若年1体、幼・小児11体である。抜歯個体の割合は成人男女それぞれの約2割にあたる(男性1／5体中、女性2／8体中)。

　次に、抜歯対咬歯牙の咬耗を検討する。サンプル個体が少ないことから、抜歯対咬歯牙の咬耗により抜歯施行年齢を推定する。施行率との関係で抜歯施行年齢が推定できた弥生時代北部九州の前期の若年期抜歯および中期の成人期抜歯の抜歯対咬歯牙の咬耗を参考にすると(図85)、対咬歯牙が峯状を呈している場合は若年に抜歯が行われた可能性が高く、平坦な場合成年期以降の抜歯の可能性が高いと考えられる。21号に関しては、対咬歯牙が全体的に咬耗はしているものの若干峯状を呈しており、比較的早い段階に抜歯が行われたと推定される(図86-1)。31号に関しては、右犬歯の対咬歯牙は膿瘍により脱落しているため対咬歯牙の観察は困難である(図86-2)。左犬歯の対咬歯牙は峯状を

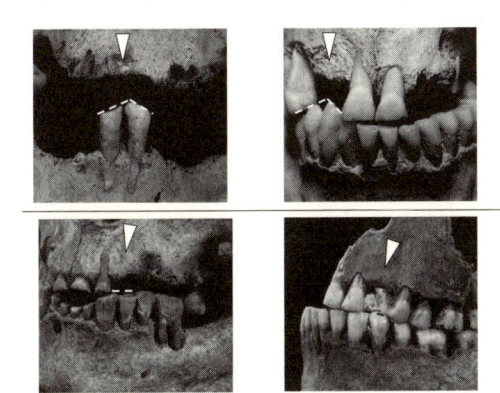

第1節　韓半島の先史時代における抜歯風習　　281

図85　抜歯年齢と抜歯対咬歯牙咬耗状況（△抜歯、点線：対咬歯牙ライン図90まで同様）

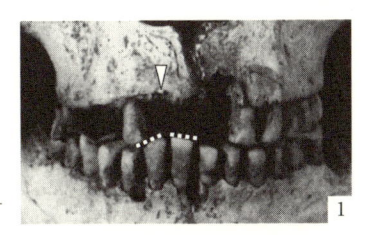

図86-1　勒島遺跡21号（正面観）

図86-2　勒島遺跡31号（右側面観）

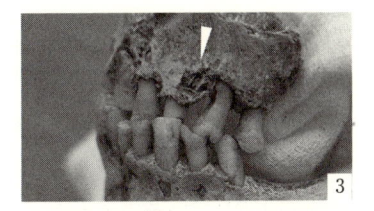

図86-3　勒島遺跡31号（左側面観）

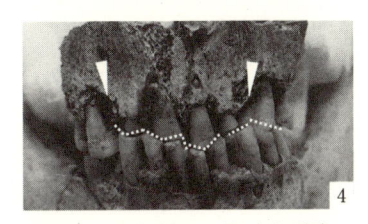

図86-4　勒島遺跡31号（正面観）

図86-5　勒島遺跡35号（右側面観）

呈していない（図86-3）。但し、前歯の歯列全体を見ると咬耗はでこぼこであり、抜歯部の対咬歯牙の状態が果たして抜歯によるものか否か判別困難である（図86-4）。35号に関しては、左上顎犬歯の抜歯後の空隙が完全に塞がっており、左犬歯対咬歯牙の咬耗度を用いた抜歯の施行年齢の推定は困難である。右犬歯部に関しては、抜歯対咬歯牙は周辺の歯牙と同程度咬耗しており峯状の様相は見られず、成人以降の抜歯の可能性が考えられる（図86-5）。

　以上の観察から、比較的早い段階に抜歯された抜歯と成人以降の段階で抜歯された2通りの抜歯の可能性が考えられる。

（2）貞柏里第127号墳
a）遺跡概要
　本古墳は、現在の平壌近くの大同江左岸前貞柏里に位置する、A.D.1世紀（弥生時

代中期併行）に比定される木槨墳であり、1932年に朝鮮古蹟研究会により発掘が行われている（野守他 1935）。本古墳からは2個の木棺が出土している。そのうち1基から男性特有の副葬品とともに「楽浪太守掾王光之印」等の刻印のある木印が出土している。また、もう1基からは女性に特有の副葬品が出土しており、これらの木棺は、王光とその妻の墓と考えられる。この2基の木棺のうち、女性の持ち物が出土している木棺から人骨が出土しており、企画的抜歯の可能性が指摘されている（今村 1935a：1935b）。

b）抜歯所見

　報告者は、出土した成年女性の上顎左中切歯・下顎左右中切歯の計3本に関して、抜歯の可能性を指摘している（今村 1935b）。報告者は、上顎左中切歯・下顎左右中切歯の隣接歯が全て正中線方向に偏ってきておりその歯槽部が低下していることから、これらの歯牙の脱落は「相当古いものに違ひなく人工抜歯の疑ひさへ湧く」としている。報告写真で判断する限り、上顎左中切歯・下顎左右中切歯部分の歯槽縁は周囲の歯槽骨の高さと比較してそれ程低下しておらず、歯周疾患・歯科疾患による生前歯牙喪失の可能性は低い（図87-1）。但し、この前歯付近は外傷によって歯が失われる可能性もある。加えて3本という複数歯が脱落していることから、外傷性の歯の脱落の可能性も考え得る。一方で、前出の勒島遺跡や後出の礼安里古墳の事例に見られるように上顎中切歯の抜歯がこの時期にも見られる。したがって、総合的に考えるとこの事例に関しても報告通り抜歯の可能性が高いと考えられる。

　抜歯の施行時期に関しては、抜歯対咬歯牙のうち遺存しているのは上顎右中切歯のみである。この歯牙は頬側面から見ると若干峯状を呈しているものの（図87-1）、咬合面は象牙質が四角く帯状に露出しており（図87-2）、咬耗が他の歯牙に比して極端に軽いという様相ではない。したがって、本抜歯は咬耗がある程度進んだ成年以降に行われた抜歯であると推定される。

（3）南山裡尹家屯漢代磚墓

a）遺跡概要

　本遺跡は韓半島と近接する遼東半島旅順の尹家屯に位置する漢代磚墓であり、

1929年に東方考古学会が発掘を行っている。五銖銭・瓦器・漆器等を伴い、十数体の人骨が出土している。これらの人骨中、A.D. 2-3世紀（弥生時代後期併行）に比定される2号墓前室出土の第2号人骨に企画的抜歯の可能性が指摘されている（三宅 1931）。韓半島の隣接地域出土の抜歯人骨例として、取り上げておく。

b）抜歯所見

本遺跡から出土した熟年女性の下顎第2小臼歯に抜歯の可能性が指摘されている（三宅 1931）。報告者は、下顎左右第2小臼歯について、①埋伏歯の可能性が無い、②隣接歯牙の捻転が見られないことから先天性欠如の可能性も低い、③歯槽縁の高さが周囲の歯槽骨と同じであり歯周疾患・歯科疾患による生前歯牙喪失の可能性は低い、という点から、抜歯であると判断している。これらの判断基準は抜歯と認定するのに十分であり、さらに写真により②③の知見が確認できたことから、抜歯の可能性が高いと考えられる。

これらの所見に若干付け加えるならば、咬合面の写真を見ると、抜歯歯牙の隣接歯の移動はまったく見られず、抜歯後の空隙はほぼ完全に歯牙1本分ずつ保持されている（図88-1）。このようにほぼ完全に空隙が保持されている場合、仮に、これらの抜歯が咬耗のあまり進んでいない若年期に行われたのであれば、抜歯歯牙の対向部位はほとんど咬耗せず峯状を呈す。しかし、抜歯歯牙の対咬歯牙である上顎第2小臼歯は、隣接する第1小臼歯と同程度咬耗しており、顕著な峯状を呈してはいない（図88-2）。さらに、咬合面から見ると、上顎の第2小臼歯の咬耗度は2°b（栃原 1957）である。したがって、本抜歯は、象牙質が面状に露出する程度咬耗の進んだ、成年期以降に行われた可能性が高いと推定される。

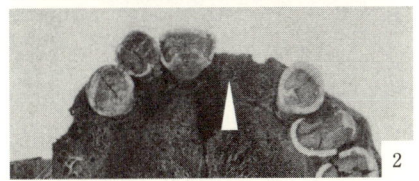

図87 抜歯と対咬歯牙咬耗状況（貞柏里127号墳）（今村 1935 より引用・加筆）

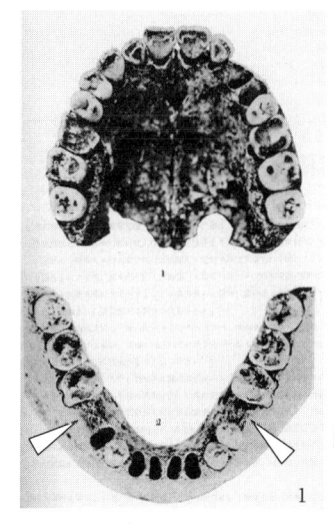

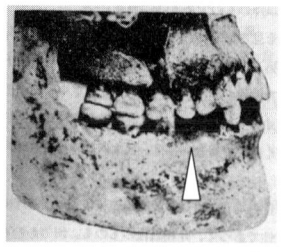

284　第Ⅴ章　隣接地域における抜歯風習

図 88　抜歯と対咬歯牙咬耗状況（尹家屯 127 号墳）(三宅 1931 より引用・加筆)

（4）慶尚南道礼安里古墳群

a）遺跡概要

　本古墳群は釜山市の近郊に位置する、A.D. 4–7 世紀（古墳時代併行）に比定される墓地遺跡である。釜山大学校博物館が 1980 年までに 4 次にわたる発掘調査を行っている（釜山大学校博物館：1993）。墓地の研究により、この古墳群は 13 の系列から成り立っており、「農民層」（武末 1992）の双系的血縁親族組織の中で、相対的に有力な人物がその世代から選択されて、埋葬されているという指摘がなされている。さらに、埋葬された人々、特に系列の始めとなっている人は、階層的に上位であるばかりでなく、頭蓋変形・抜歯を持つといったように、呪的・儀礼的側面において能力・実績を持つ人物であった可能性が指摘されている（田中 1996：2000）。

　まず、87 号（男性 4 世紀後葉）の上顎側切歯 1 本の抜歯が報告され、三国時代（古墳時代）にも風習的抜歯が存在した可能性が指摘されるに至った（金他 1993）。また、この 87 号とともに 136 号（男性、4 世紀前葉）と 150 号（男性、4 世紀後葉）にも抜歯の可能性が指摘されている（田中 1996）。これらの抜歯の施行年齢は、対咬歯牙の咬耗度からみて、若年期の抜歯ではなく、成人後に行

第1節　韓半島の先史時代における抜歯風習　285

表93　時期・地域別成年抜歯施行率（韓半島・日本列島）

	抜歯個体	観察個体
縄文晩期（津雲）	46	47
北部九州前期	4	4
北部九州中期以降	10	35
勒島	2	11
礼安里	2	24

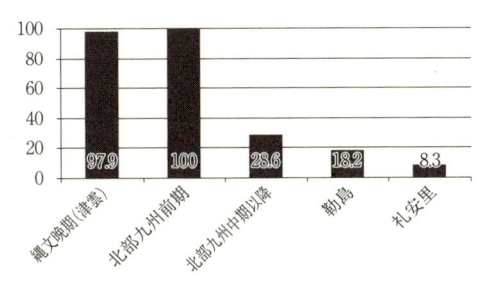

図89　成年抜歯施行率比較（表93を元に作成）

われた可能性が高く、成人儀礼としての抜歯ではなく、服喪抜歯である可能性が高いと指摘されている（田中 1996）。

b）抜歯所見

　実見の結果、これらの他にも抜歯の可能性が考えられる事例が観察された。4世紀5体（87-2号：男性・99号：女性・100号：女性・133号：女性・150号：男性）、6世紀1体（46号：女性）、7世紀1体（5A-東枝群：女性）の計7体である。抜歯の施行率は上顎の抜歯が7例中6例と多いことから上顎歯列が完存している個体で算出したところ、男女ともに15％程度（男性2／13体中、女性4／25体中）であり、サンプル個体数が一定度確保できた成年期の抜歯施行率を半島・列島個体群で比較すると、抜歯施行率は勒島遺跡とともに弥生時代中期と同程度である（図89・表93）。

　抜歯事例7例中5例の対咬歯牙の観察が可能であった。5A-東号は、上顎左第1小臼歯が抜歯されており、抜歯対咬歯牙は峯状を呈する（図90-1）。87-2号は上顎右側切歯が抜歯されており、対咬歯牙は周囲の歯牙と同程度咬耗しており峯状を呈さない（図90-2）。99号は上顎左第1小臼歯が抜歯されており、対咬歯牙は周囲の歯牙と同程度咬耗しており峯状を呈さない（図90-3）。133号は上顎右第1小臼歯が抜歯されており、対咬歯牙は周囲の歯牙と同程度咬耗しており峯状を呈さない（図90-4）。150号は左上顎側切歯が抜歯されており、対咬歯牙は周囲の歯牙と同程度咬耗しており峯状を呈さない（図90-5）。

（5）小　　結

　以上の抜歯施行時期及び施行率をまとめると、勒島遺跡に関しては抜歯事例3例中1例の抜歯対咬歯牙にやや峯状隆起が認められ、1例には認められなかった。貞柏里127号墓出土人骨に関しては、抜歯対咬歯牙にやや峯状隆起が認められるものの、咬耗はかなり進んだ状態であった。礼安里古墳に関しては抜歯事例7例中1例に峯状の隆起が認められ、4例に峯状の隆起が認められなかった。これらの勒島遺跡・貞柏里古墳・礼安里古墳の抜歯対咬歯牙の咬耗例を総合すると、これらの抜歯の多くは成人以降に抜歯が行われた可能性が高く、一部比較的若い段階で抜歯が行われた可能性も考えられる。

　一方で、施行率に関しては勒島遺跡・礼安里古墳ともに20％前後という低い値になっている。

2　抜歯歯牙供献事例

（1）本村里遺跡：南江ダム水没地区遺跡群

a）遺跡概要

　弥生時代開始期に近い青銅器時代の集落・畑地・墓地が出土した本村里遺跡で、2基の箱式石棺から人骨が出土している。正式の報告書が未完であるが、南江ダム水没地区遺跡群全体の概要は公開されており（慶尚南道・東亜大 1999；東亜大 1999）、このうち1体に抜歯した歯牙の供献事例が見られる（田中 1999）。

b）抜歯所見

　報告によると（田中 1999）、この人骨は、保存状態はそれほど良くないが、前歯の一部が人骨発見の際に動かされた他は、上下とも大部分の歯列が保存されており、現地において樹脂により固定され、慶尚大学校博物館へと持ち帰った後に観察が行われている。観察によると、発掘の際にはずれた上顎前歯の奥に、下顎の小臼歯が位置していた。しかし、①この個体の下顎小臼歯は4本とも下顎歯列弓に並んでおり、この個体の下顎小臼歯ではない、②過剰歯にしてはサイズが大きすぎ、通常の過剰歯にはない咬耗が認められた、③歯列の他の歯が栃原の1°c-2°a（栃原 1957）であるのに対して、この歯は3°という顕著な咬耗をしていた、という所見を提示している。さらに、これらの所見から、

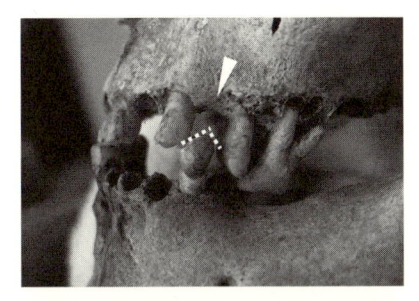

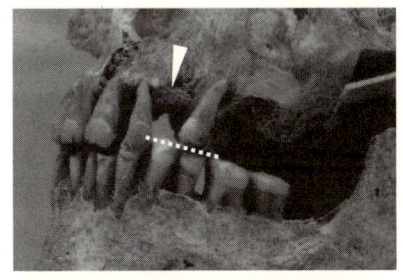

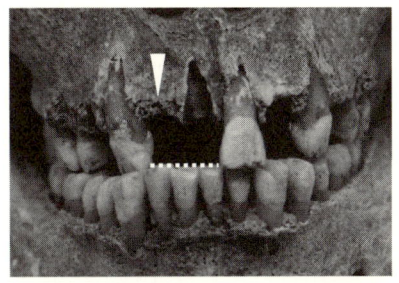

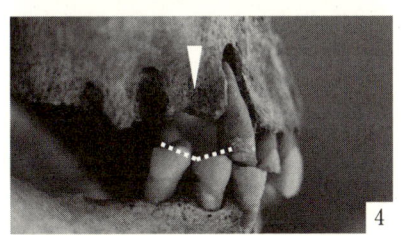

第1節　韓半島の先史時代における抜歯風習　　287

1	抜歯と対咬歯牙咬耗状況（5-A 号左側面観）
2	抜歯と対咬歯牙咬耗状況（87-2 号正面観）
3	抜歯と対咬歯牙咬耗状況（99 号左側面観）
4	抜歯と対咬歯牙咬耗状況（133 号左側面観）
5	抜歯と対咬歯牙咬耗状況（150 号左側面観）

図90　抜歯と対咬歯牙咬耗状況（礼安里古墳）

　上顎前歯奥より出土した小臼歯を別個体の歯、形態からみて下顎第2小臼歯と同定できる。また、発掘の際に動かされた前歯の中にも、下顎切歯4本の他にさらに下顎右側切歯と考えられる切歯が含まれており、この歯も、上記下顎小臼歯ほどではないが咬耗が認められ、同様に別個体の歯であると考えられている。さらに、この歯牙の性格に関しては、葬送の際に口腔内に供えられた服喪抜歯の可能性が指摘されている。

（2）勒島遺跡
　上記の通り、勒島遺跡においては成人の抜歯人骨が出土している。また、こ

のほかにも初期鉄器時代（弥生時代中期後半併行）に属する 12 号人骨もこれに類する事例である可能性がある（舟橋・田中 2001）。これは、10 歳程度の小児であるが、上顎右乳犬歯が第 3 頚椎前部骨体上に付着していたもので、歯根はほとんどが吸収されていた。これは、右乳犬歯の重複という点から別個体の歯であり、検出された部位から見て、口腔内にあったものが軟部組織の腐朽過程で軸椎と第 3 頚椎の間、すなわち上咽頭の高さにある頚椎位置に停止し固定されたと考えられる。ただ、この人骨の上顎右乳犬歯と対比した場合左右対称の観もあり、あるいはこの個体の左乳犬歯であった可能性も否定できない。ところが、左上顎は、中切歯が萌出済みで、犬歯・第一小臼歯が萌出過程（ほぼ歯列弓に到達）であり、側切歯の歯槽窩も完成していて側切歯も萌出していたことがわかる。したがって、仮にこの個体の左乳犬歯であったとしても、歯槽・歯肉ともにこの乳犬歯が収まる場所がない。これらから考えて、本村里遺跡のような別個体の服喪抜歯であるか、すでに脱落していた乳犬歯を埋葬に際して口腔内に入れた、ということになろう。今後さらなる歯の精査が必要ではあるが、関連する事例の可能性が高いと考えられよう。

（3）梧野里第 20 号古墳第 1 号木槨

a）遺 跡 概 要

　平安南道の大同江面に位置し、1930 年-31 年に発見・発掘された古墳 3 基のうちの 1 基である（野守他 1935）。この古墳は B.C 1 世紀-A.D 1 世紀未盗掘であり、内部構造は 3 基の木槨のみを有し、それぞれの槨内に木棺が位置する。さらに、それぞれの木槨・木棺内からは土器・漆器・玉類・指輪等が副葬品として出土している。このうち第 1・第 3 槨に関しては、木槨・木棺の保存状態が比較的良好で、木棺の北壁付近からは歯牙も数点出土しており、木棺内の指輪・玉類も被葬者の埋葬時に身体に着装したと考えられる位置関係を保っている。このうち第 1 槨内の木棺で出土した歯牙に関しては、抜歯歯牙の供献事例の可能性が指摘されており（高久氏私信；田中 1999）、以下歯牙の出土状況について、報告書と照らし合わせ、若干の検討を行いたい。なお便宜的に第 1 号木槨内出土木棺を第 1 号木棺、第 3 号木槨内出土木棺を第 3 号木棺とする。

b）歯牙および出土状況（図91）

　第1号木棺内の歯牙の出土位置に関しては、「棺内発見の漆器残片の下より四個分の歯牙を発見」「又棺内の頭部と思われる処よりは臼歯三個を発見」の2ヶ所が報告されている（野守他1935）。まず、被葬者のものと考えられる、頭部推定位置から出土した臼歯3点に関しては、木棺北壁付近から出土との記載があるものの、棺内遺物出土図に、正確な出土状況が記載されていない（図94右）。したがって、以下、第3号木棺を参考に、被葬者の歯牙が出土した位置を確認しよう。上述の通り、第1号木棺に関しては、装飾品が装着当時の位置関係を保っている可能性が高いと考えられる。特に、指輪は10点出土しているが、木棺内の東西に4点6点と分かれて出土しており、それぞれが左右の手に装着されていた可能性が指摘されている。これに加え、頭部と考えられる位置から出土している水晶切小玉・銀製筒型金具は、木棺中央よりやや東西に分かれた位置からそれぞれ各1点ずつ出土している。また、同じく副葬品が装着当時のまま出土している第3号木棺を見ると、水晶切小玉2点が第1号木棺と同様な位置関係で出土している。さらに、3号木棺では、これらの玉に接して、木棺中央よりの位置から、歯牙がほぼ歯列弓を保持した状態で出土している（図94左）。したがって、頭部推定位置の木棺中央よりやや東西に分かれて出土しているこれらの玉は、頭部の左右に装着されていた可能性が高く、第1号木棺の被葬者の歯牙と水晶切小玉・銀製筒型金具の位置関係も同様であったと推定できる。

　次に、漆器の下から出土した歯牙について見てみよう。漆器（漆匣）は、幾重にも重ねられた状態で、木棺内北東隅から出土している。漆器は20×15cmであり、木部は既に腐朽してわずかに痕跡が残るのみで、漆面のみ4枚重なった状態で出土している。漆器の当初の形状は不明であるが、2枚目と3枚目の間から瑠璃小玉数十点と六角状の琥珀製品が出土している。さらに、4枚目の下から、瓜の種・粟の種子多数が出土し、それとともに歯牙4点が出土している。

　したがって、出土状況から見ると頭部推定位置から出土した3本の歯牙と漆器直下から出土した歯牙4本は別個体のものであり、漆器下に置かれていた4

第Ⅰ号木棺　　　　　　　　第3号木棺

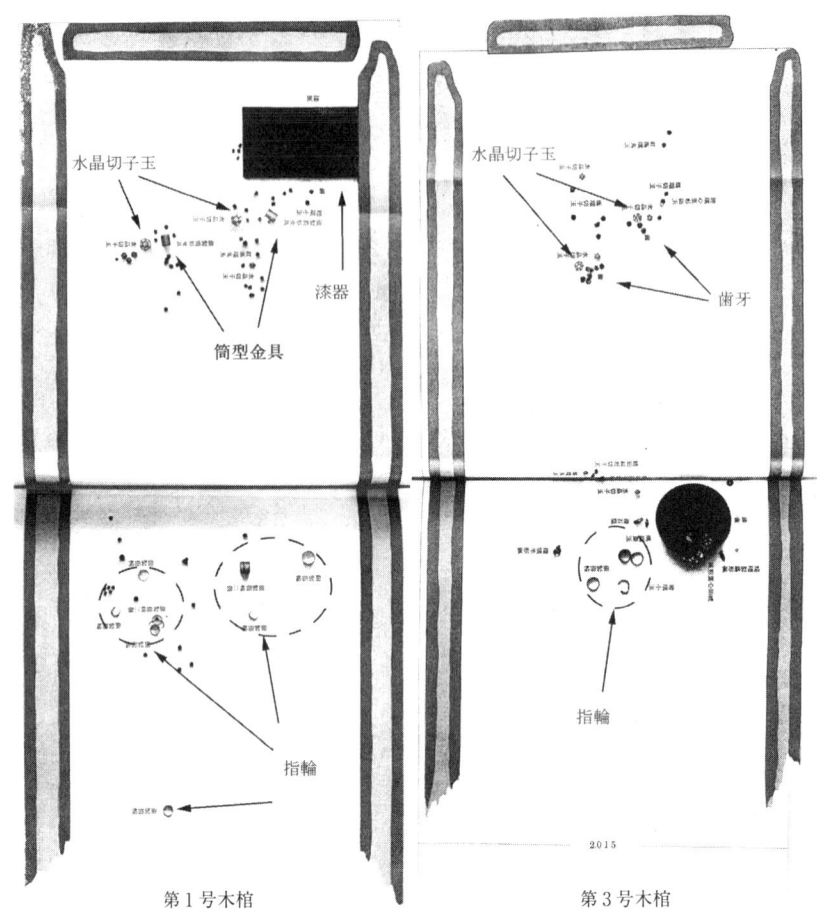

図91　梧野里第20号墳出土木棺内遺物出土状況（野守他1935より引用・加筆）

　本の歯牙は、同じく漆器とともに出土した玉類・瓜の種・粟の種子等と同様に、棺内に供献されていた可能性が高い。

　なお、漆器下より出土した歯牙の歯種に関しては、写真図版で判断する限り、上顎中切歯1点、上顎側切歯（或いは上顎犬歯か？）1点、上顎小臼歯1点、上下顎不明小臼歯1点である（図92-1から4）。また咬耗に関しては、写真より、上顎切歯の咬耗度の観察が可能であり、これらの歯牙は下縁の隅角が方形を呈している。一方で、通常上顎中切歯・側切歯は咬耗があまり進んでいない場合、切歯下縁の角が隅丸方形を呈している。したがって、上顎中切歯・側切歯（或

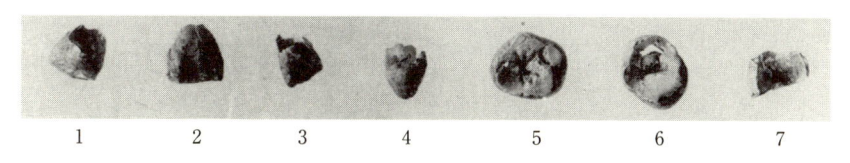

図92 梧野里第20号墳第1号木棺内出土歯牙 (野守他1935より引用・加筆)

いは犬歯) に関しては、咬耗がある程度進んでおり、少なくとも象牙質が一部露出していたと考えられる。以上の点から、これらの歯牙の持ち主が1人の場合、少なくとも10代末〜成年以上であったと考えられる。また、被葬者の年齢に関しては、出土した臼歯には上下顎の第3大臼歯が各1本ずつ含まれており (図92-5から7)、咬合面のエナメル質全体に咬耗が及んでいるものの、未だ象牙質は露出していない状態であり、成人の可能性が高い。

(4) 城山里古墳2号墓・3号墓
a) 遺跡概要
　本古墳は、大邱市花園に位置し、1999年に慶北大学校博物館により調査が行われており、A.D. 5世紀後半から6世紀中頃 (古墳時代併行) と考えられる6基の墓から人骨が出土している (慶北大博 2003)。このうち、西2号墓と西3号墓から出土した人骨に伴い、別個体の歯牙が出土しており、服喪抜歯の供献である可能性が指摘されている (金 2003)。
b) 歯牙および出土状況
　報告によると (金 2003)、西2号墓・西3号墓ともに単体埋葬であり、2体ともに女性である。まず、西2号墓出土人骨 (以下西2号人骨) は、歯牙は上顎右第1大臼歯・下顎左中切歯・右第2大臼歯がAMTLにより失われているが、残りは全て遺存している。この個体の咬耗度は3° (栃原 1957) であり、年齢は老年と推定されている (図93)。この人骨の整理作業中に、頭部付近に (金氏私信)、この個体とは別の右上顎側切歯が確認されており、この歯牙の咬耗度は3°である。さらに、西3号墓出土人骨 (以下西3号墓) は、上顎左右側切歯・上顎左第2小臼歯が遺存しておらず、上顎左第3大臼歯・下顎右第3大臼歯はAMTLにより失われているが、残りの歯牙は全て遺存している。この個体の

2号人骨	M³	M²	×	P²	P¹	C	I²	I¹	I¹	I²	C	P¹	P²	M¹	M²	M³
	M₃	×	M₁	P₂	P₁	C	I₂	I₁	×	I₂	C	P₁	P₂	M₁	M₂	M₃

3号人骨	M³	M²	M¹	P²	P¹	C	／	I¹	I¹	／	C	P¹	／	M¹	M²	×
	×	M₂	M₁	P₂	P₁	m₁	I₂	I₁	I₁	I₂	C	P₁	P₂	M₁	M₂	

図93 城山里古墳2号・3号墳出土人骨歯式

咬耗度は2°bであり、年齢は熟年後半と推定されている。西2号人骨と同様に、西3号人骨の頭部付近にも別個体と考えられる上顎中切歯が確認されている。これらの供献された歯牙のうち西2号人骨に供献された歯牙の咬耗度は3°であり、歯牙咬耗度から推定すると、成人個体から抜去された歯牙である可能性が高いと考えられる。

3　歯牙様副葬品出土事例

(1) 林堂遺跡

a) 遺跡概要

　慶山市に位置する林堂遺跡から、歯牙に類似した形態を持つ副葬品が出土している。林堂遺跡は1995年から1997年にかけて韓国文化財保護財団・嶺南文化財研究院により発掘調査が行われており、初期鉄器時代から高麗時代にかけての墳墓が出土している（韓国土地公社・韓国文化財保護財団 1998）。

b) 事例検討

　林堂遺跡で検出された墓のうち、A－Ⅰ地区から出土した124号墳から、歯牙に類似した形態を持つ副葬品が出土している（図94）。124号墓は原三国時代（古墳時代併行）の甕棺墓であり、2つの甕を合わせたタイプの甕棺であり、人骨は出土していない。副葬品は壺・青銅鐶1点・剣把頭飾1点・小玉約150点・水晶玉2点・青銅製の装飾3点が出土している。この青銅製の装飾のうちの1点に関して、「歯根形で」「上端には非常に小さい輪を作り出し、その下部に2条の線が廻らされている。その下には1対の根があり、一部が欠損している」という報告がなされている。図面を見ると、上顎の小臼歯と非常に類似しており、1996年の人骨整理において実見した際にも同様の印象を得ている。

　この時期は当該地域においては仏教流入以前であり、歯舎利など仏教に関連

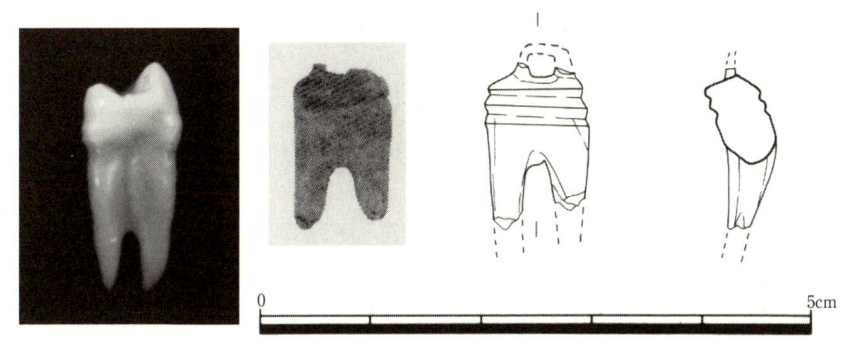

図 94 慶山林堂遺跡 A-1 地区 124 号墓出土歯牙様青銅製品（左側は上顎小臼歯模型）

した習俗である可能性は低く、このような歯牙の形状を模した青銅製品の副葬は、上述の抜歯歯牙の供献と類似した風習であった可能性が考えられよう。

4 小　　結

　以上のことから、韓半島においてはB.C. 1世紀頃から、A.D. 4世紀後葉まで抜歯個体が存在したという先行研究（金他 1988；金他 1993）が追認できた。また、韓半島北部に隣接する遼東半島でも、A.D. 2-3世紀に比定される尹家屯漢代磚墓で抜歯人骨が出土している。そして、これらの抜歯事例は、既に服喪抜歯である可能性が指摘されている礼安里古墳群以外の、貞柏里127号墳・尹家屯漢代磚墓出土人骨に関しても抜歯の施行年齢は対咬歯牙の咬耗度からみて、若年期の抜歯ではなく、成人後のものと推定される。勒島出土の抜歯人骨に関しては、比較的若い頃抜歯が行われた可能性も考えられる。

　また、抜歯した歯牙の遺体への歯牙供献事例が、弥生時代開始期に近い無文土器時代の本村里遺跡から、古墳時代に併行するA.D. 5世紀後半-6世紀中頃に比定される城山里古墳まで見られる。勒島の例を除くと、供献された歯牙で咬耗の観察が可能なものは、いずれも咬耗が象牙質まで及んでおり、成人以降の個体から抜歯された歯牙である可能性が高い。

　このように、韓半島全域にわたり、少なくとも無文土器時代（弥生時代開始期併行）から三国時代（列島古墳時代併行）までは抜歯風習が存在した可能性が高い。これらの事例から、韓国においては青銅器時代には服喪抜歯や抜歯した歯

表94 中国大陸・台湾島抜歯歯種一覧

遺跡名	時期(B.C.)	文化	最年少個体	施行率	I^1	$2I^1$	I^2	$I^2(?)$	$2I^2$	1C'	2C'	I^1I^2	I^12I^2
北辛	B.C.5440-4310	北辛											
大汶口I	B.C.4520-3830	大汶口早期	17-25	73.1				2	17				
野店	B.C.4220-2690	大汶口	16-18	58.3					7				
王因	B.C.4060-3210	大汶口早期	15	76.8			4		275				1
六里井	B.C.4050前後	大汶口早期	35	25.0				1					
呆子	B.C.3770-337-	大汶口中期	25	93.8			1		14				
五村	B.C.3500-2700	大汶口中期	30-35	6.3					1				
尚庄		大汶口中期	14	71.4					3				
大汶口II	B.C.2500-2100	大汶口中～晩期	12-13	74.2					23				
三里河I	B.C.2870-2690	大汶口晩期	30-35	10.0		1			1				
橘溝前寨	B.C.2030-1780	大汶口晩期	14-18	15.4			1		1				
陵陽河	B.C.1880-1560	大汶口晩期	20-22	60.0			1	1	6				1
西夏候		大汶口晩期	若年	50.0					10				
三里河II	B.C.2410-1810	竜山	30-35	21.2									
前埠下		大汶口	13-14	?			8	1	16				
尉遅寺	B.C.2850-2550		20-40	13.3									
大墩子	B.C.4510前後	大汶口早期	15-20	63.6	1		4	11	23				
雕竜碑	B.C.4250-2850		15-16	16.7			1						
下王崗	B.C.4970-2170	屈家嶺							?				
七里河	B.C.3150-2660	屈家嶺	30	66.7					10				
姜寨	B.C.5050-4050	仰韶			1?								
神木新化	B.C.2150-1900	龍山～夏代	36-55	13.3			2						
朱鮒	B.C.1500-1000		20-50	29.7			6		1	2	1		
唐史道洛墓	A.D.658												
圩墩	B.C.4170-3270	馬家浜	14-16	69.2								27	
崧沢	B.C.3900-3300	馬家浜・崧沢							4				
曇石山	B.C.1830-1250	曇石山	成年	11.1					1				
金蘭寺	B.C.2500		25	50.0					1				
河宕	B.C.3660-2520		22-25	86.4			1	4	10			1	2
仔北	B.C.1050前後		40	14.3			1		1				
富庄		大汶口	16-18	92.9					2				
洛表	A.D.1368-1644	明代	21-23	60.0					6				
芝山岩		圓山	若年	100.0									
圓山	B.C.2200-1500	圓山	100.0										
墾丁	B.C.2000前後	牛稠子	94.1										
鵝鑾鼻		牛稠子	90.2										
鎮港	B.C.2000前後	牛稠子	33.3				1						
卑南	B.C.2700-770	卑南	100.0				3						

データの引用元は appendixA を参照。記載は抜歯型式のわかるもののみ。数値＝個体数

牙の供献が行われていたと考えられよう。

そして、無文土器時代の服喪抜歯が下顎歯を対象としている点は、日本の弥生時代の抜歯を考えるうえで、重要かもしれない。すなわち、弥生時代の開始期にも近い本村里2号石棺の事例は、下顎抜歯自体が韓国から日本に伝わった可能性を示すものである。

$2I^1 2I^2$	$I^2 C'$	$2I^2 C'$	$2I^2 2C'$	$2I^2 P^1$	$2I^1 2I^2 2C'$	I_1	$2I_1$	$2I_1 2I_2$	$2I^2/2I_1$	$I^1 I^2/2I_1 2I_2$	$2I^1 2I^2/2I_1 2I_2$	$2I^1 2I^2 2C'/2I_2$
		1										
	1		1									
					1							
						1	2	2	1		1	
	1		3									
	1			1								
			2									
1												
					2						4	1
	1											
	3											
	16											
	2											
	43											

第2節　中国・台湾における抜歯風習の変遷

　中国に関しては、縄文時代併行期に抜歯風習の終焉を迎え、弥生時代併行期以降には、文献中に内陸南部の一部の部族の抜歯風習に関する記述が見られる

のみとなる。また、台湾における抜歯風習に関しては、清朝の影響を受けていない先住民の間で、近代まで抜歯風習が遺存している。これら両国の先史時代以来見られる抜歯風習に関しては、それぞれ遺跡出土人骨や文献記録をまとめる形で研究が進んでおり、体系的な抜歯人骨のデータが集積されている（韓・潘 1981；蓮 1987；Han and Nakahashi 1996；Nakahashi 2002）。したがって、本節では先行研究のデータを参考にしながらその後の出土資料を加味し、日本先史時代抜歯風習との関連に注目し論を進めたい。

1　出土人骨に見られる抜歯風習

中国大陸・台湾島に見られる抜歯人骨の出土例は表 94 の通りである。基本的にデータは韓・潘（韓・潘 1981）、蓮氏（蓮 1987）Han and Nakahashi（Han and Nakahashi 1996）、Nakahashi（Nakahashi 2002）および 2006 年までに刊行された報告書による。

出土人骨に見られる抜歯風習の時期的変遷に関しては、古くは B.C.5500-1500 年頃の山東半島付近を中心とする華中地域に多く見られる（韓・潘 1981；Han and Nakahashi 1997）。この大汶口文化早期（B.C.4000 年紀）以来、抜歯風習が盛んであった華中地域では、B.C.2000 年紀頃の龍山文化期を境に衰退し、春秋・戦国時代に事例が散見されるのみとなる。但し、華中でも黄河上・中流域になると唐代にも抜歯の可能性が疑われる人骨が出土している（韓 1999）。華南地域では、B.C.4000 年頃から抜歯風習が見られ、明代まで抜歯人骨が見られる。一方で、台湾においては、円山文化期（B.C.2000 年紀）から卑南文化期（B.C.2000 年紀-B.C.700 年紀）の遺跡において抜歯人骨が見られる（蓮 1987）。

抜歯の施行年齢に関しては、両地域ともに、抜歯の見られる最低年齢は 10 代前半-中頃であり、施行率も高率な遺跡が多く、施行儀礼に関しては成人儀礼であったと推定されている。しかし、諸城橘溝前寨遺跡・三里河遺跡・五村遺跡・曇石山遺跡に関しては、施行率が低く、諸城遺跡以外は抜歯の見られる最年少個体の年齢が成年である。特に，三里河遺跡は抜歯歯種も下顎切歯や上下顎切歯抜歯など、それ以外の遺跡とは明らかに異なっている。韓・潘両氏はこれらの抜歯を衰退期の抜歯風習の様相として位置づけているが、施行率の低

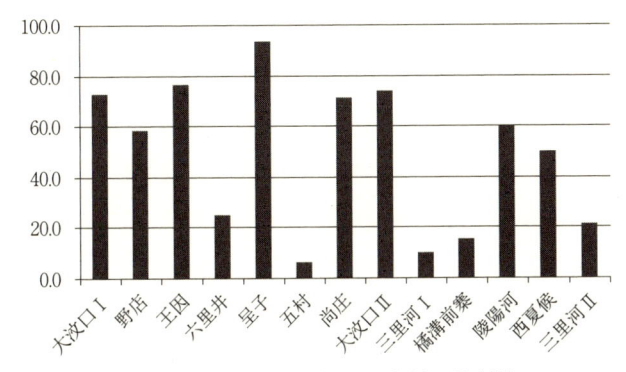

図95 抜歯施行率の時間的変化（山東地方新石器時代）

さや抜歯の見られる最年少個体の年齢から考えると春成氏が推測したように（春成 2000）、異なる儀礼に伴う抜歯の可能性も考え得る。これに関しては、実見に基づく詳細な施行年齢の検討が必要であろう。抜歯施行率の低下時期に関しては、衰退の早い山東地方を見てみると、抜歯施行率が低くなおかつ抜歯をしている個体の最低年齢が成人以上の遺跡は古くても大汶口中期の五村遺跡であるが、そのような特徴を持った遺跡の頻度が高くなるのは大汶口晩期以降である（図95）。したがって、既存の研究（春成 2000）で大陸から列島への抜歯風習の影響が指摘されている縄文前期段階（B.C.6000-5000年頃）に併行する時期に、轟貝塚や太田貝塚に見られるような低施行率で高施行年齢の抜歯をするような遺跡は大陸においては見られない。

次に、抜歯歯種について検討を行う。中国大陸においては、抜歯対象歯牙は上顎左右側切歯を抜歯する型式が主流である（韓・潘 1981；Han and Nakahashi 1997）。それ以外の型式に関しては、1遺跡1～2体或いは圩墩や三里河・富庄といった特定の遺跡でのみ見られる。台湾においては上顎左右側切歯＋左右犬歯を抜歯する型式が主流である。圩墩遺跡を除くと、中国大陸・台湾ともに、これらの抜歯型式が主流であり、日本先史時代、特に縄文時代後・晩期に見られるような、一定度の個体数ずつに見られる安定した複数の抜歯型式は見られない。

2 文献記録に見られる抜歯風習

　文献記録に関しても先行研究において体系的にまとめられている（江上 1940；戸出 1977；韓・潘 1981；甲元 1995）。以下先行研究に沿って、中国大陸・台湾島における文献資料に見られる抜歯風習について見ていきたい。

　中国大陸に関しては、古くは『博物誌』に、新しいものでは清朝の『黔書苗蕃族図説』に抜歯風習に関する記載が見られるが、いずれも僚族や仡佬族といった南部の民族のみである。人骨資料同様に文献資料においても、大汶口文化早期（B.C.4000年紀）以来、抜歯風習が盛んであった華中地域に関しては、抜歯風習に関する記載は見られない。僚・仡佬族の抜歯施行年齢に関しては、男性14-15歳（『雲南志略』『蜀中広記』）、女性は15-16歳（『渓蛮叢笑』）との記載が見られる。施行儀礼に関しては、「成人」の表示として行われており、明代（『炎徼紀聞』）・清代（『黔書』）になると同じ部族に関する文章中に服喪抜歯・婚姻抜歯の記載が見られる。これは、古人骨を用いた考古学的な抜歯風習に関する研究との比較から、当初「成人」抜歯であったのが、時代が下るにつれ婚姻抜歯・服喪抜歯と変容した結果であるとの指摘がなされている（韓・潘 1981、甲元 1995）。

　台湾においては、古くは『太平御覧』巻368の『臨海水土異物志』（3世紀）に既婚女性のみが抜歯の対象となるような婚姻抜歯の記述がある（福本 1978）。以降、『蕃俗』『裨海紀遊』（1697年）、『台海使槎録』（1712年）、『番俗采風図考』（18世紀中頃）等の文献に婚姻を契機とした抜歯風習の存在が見られる（伊能 1907；甲元 1995；春成 2002）。しかし、清朝以降（17世紀以降）の台湾においては、中国化した先住民族も多く、中国化した先住民の事例を挙げて抜歯の契機を婚姻とするのは疑問であるという指摘も見られる（伊能 1907）。また、日本における婚姻抜歯説の先駆者である春成氏も台湾の事例を紹介し「しかし、これが婚姻抜歯の存在を証明する材料であるとは、ただちにはいえない。」（春成 2002）としている。一方で、近代の民族誌学的研究においては、抜歯の施行年齢は、個人差・蕃社差あるものの12-18歳といった思春期に行われていたことが指摘されている（宮内 1940；野谷 1936）。これらの抜歯の契機としては、年齢

を数える方法が元々無いため抜歯を行うことを以て「成人」であることを表していたとの指摘が見られる（伊能 1907：野谷 1936）。また、清朝支配に入っていなかった先住系民族では、抜歯の他にも腹部結縛、耳朵穿孔、文身、火傷、抜毛、頭蓋変形、ブレグマ部の圧溝等の身体加工が見られ、なかでも、文身は、抜歯とともに成人儀礼の一環として思春期に行われる身体加工である（宮内 1940）。

　抜歯型式に関しては、あまり言及が見られないが、野谷氏の論文中に見られる抜歯型式の中で、複数の個体に見られる規則的な型式として、2I^{2}型（13人）・2I^{2}2C 型（18人）・2I^{1}2I^{2}2C 型（2人）が挙げられている。このうち前者2型式は先史時代台湾において主流な抜歯型式である。氏に拠ると同じ蕃社でも複数の型式が見られ、また、抜歯後の空隙の小さい人が複数本抜歯するという記述が見られる。先史時代の台湾における抜歯型式の意味は未だ検討されておらず、今後検討の余地があるが、台湾の近代抜歯風習においては、抜歯型式に社会的意味は見られないようである。

3　小　　結

　以上の中国大陸・台湾島における抜歯風習の様相をまとめると、中国大陸に関しては、抜歯風習の初源期には、圩墩遺跡のように抜歯歯牙の左右差による抜歯型式が認められるものの、それ以降、定型化した抜歯型式は上顎左右側切歯抜歯の1型式のみであり、施行年齢に関しては、10代前半と推定される（韓・潘 1981）。さらに、文献記録と合わせると、抜歯の施行儀礼に関しては、先行研究により指摘されているとおり（韓・潘 1981；甲元 1995）、抜歯風習の初源期には成人を機に抜歯されていたものが、時期が下るに連れて、文献記録に見られるような婚姻や服喪を契機とした抜歯風習が派生してきたと考えられよう。但し、山東地域において大汶口文化中期から晩期の遺跡で施行率が低く、最年少抜歯個体の年齢が成年の遺跡が見られるようになる。これらの遺跡に関しては、先行研究の指摘通りその儀礼が成人儀礼から変容している可能性も考える必要があろう。台湾島に関しては、文献記録には婚姻抜歯の記載が多く見られるが、先史時代の抜歯に関しては両側性の抜歯であり、抜歯型式がほぼ単

一であるという中国大陸の先史時代抜歯風習との共通点が見られ、近代の民族誌学的研究においても伊能氏や野谷氏に見られるように成人を契機とした抜歯の可能性が指摘されている。したがって、これらの研究成果を考慮すると、台湾先史時代においてはやはり成人抜歯が行われていたと考えられる。以上のことから、台湾島においても先史時代に成人抜歯として行われていたものが、中国大陸同様に一部婚姻抜歯へと変化したと考えられよう。

第Ⅵ章　考　　察

　本章では、Ⅲ章・Ⅳ章・Ⅴ章で行った分析結果を基に、第Ⅰ章で論じた日本先史時代抜歯風習の系統、施行儀礼、抜歯型式に見られる諸社会集団について検討を行う。その上で、抜歯風習から見た列島先史社会の復元および社会進化段階と抜歯風習の関係について議論を行う。

第1節　列島先史時代抜歯風習の系統論

　本節では、前章までの分析結果に基づき、列島先史時代抜歯風習の系統について検討を行う。第Ⅱ章のこれまでの抜歯風習系統論に関する問題点において指摘したように、既存の研究においては抜歯歯種に重きを置き本来は検討が必要な抜歯歯種と抜歯儀礼の結びつきを自明の関係として、抜歯歯種に基づき各地域・時期の抜歯風習の系統付けを行うという問題点があった。これに対し、本論では抜歯歯種のみでなく儀礼の相違を反映していると考えられる抜歯施行年齢・抜歯施行率を用いて抜歯風習の系統を明らかにする。まず、時代順に縄文時代と弥生時以降代について論じたのち、異なる様相を示す南西諸島について別項を設けて論を進める。なお、北海道に関しては、別個に抜歯風習の系統について論じうる資料が得られていないため、本節の終わりに他地域との比較から若干言及するに留める。以下各項ごとに分析結果をまとめた上で、本論における分析結果とこれまでの抜歯系統論との比較を行い、列島先史時代抜歯風習の系統について論じる。

1　縄文時代における抜歯風習の系統

　分析の結果、縄文時代の抜歯風習を、施行年齢・歯種という点から見ると、

地域差は見られるものの、おおよそ以下のような時期的変遷をたどる。

　　A：前期・中期

　　　　①上下顎切歯が主要抜歯歯種である

　　　　②若年の施行は不明であるが、成年期以降は抜歯が行われていた可能性が高い

　　　　③抜歯施行率は低い

　　B：中期末から後期前葉

　　　　①上顎側切歯が主要抜歯歯種である

　　　　②若年の施行は不明であるが、成年期以降は抜歯が行われていた可能性が高い

　　　　③抜歯施行率は低い

　　C：後期中葉から後葉：抜歯歯種・施行年齢ともに変化が見られる

　　　　①抜歯歯種は上下顎犬歯が主要抜歯歯種になる

　　　　②若年期に抜歯が行われた可能性が高い

　　　　③抜歯施行率は高い

　　D：晩期

　　　　①上下顎犬歯に加え、下顎切歯や上下顎小臼歯が抜歯されるようになる

　　　　②若年と成年以降の２段階で抜歯が行われていた可能性が高い

　　　　③抜歯施行率は高い

　これらの時期の抜歯の系統について時期を追ってみていく。まず、AとBの時期の抜歯の系統について検討を行う。この抜歯萌芽期に関しては、先行研究において、西日本で下顎切歯抜歯が見られ東日本で上顎側切歯抜歯が見られるという傾向が指摘されている（山内 1937；渡辺 1966；春成 1983）。さらに日本列島の南北両端においてこれらの古い抜歯歯種が縄文時代晩期或いは弥生時代まで残存するという指摘（峰 1992；服部他 1996；木下 1997）がされている。確かに、北海道においては縄文時代前期末および晩期において上顎側切歯の偏側性抜歯が認められ、沖縄島では旧石器時代に比定される港川人骨と弥生時代の下顎骨に切歯抜歯の痕跡が認められる。しかし、本分析の結果、

①下顎切歯抜歯のみと指摘されてきた轟（前期）・太田（中期）貝塚においても上顎切歯抜歯が観察される

②早期末・前期の東北地方にも貝殻塚貝塚事例のように下顎切歯抜歯が認められる

③上顎側切歯抜歯の出現地域とされてきた東北地方の中期末に比定される諸遺跡出土人骨に関しても上顎側切歯が主要抜歯歯種ではあるものの下顎切歯のみの抜歯や上下顎切歯を抜歯した個体がみられる

という既存の系統論では指摘されなかった傾向が認められる。以上のことから、縄文時代前期から中期には上下顎切歯を中心として抜歯を行っており、時間的に連続するこれらの抜歯を別系統であるとするデータは今のところ得られておらず、先行研究において指摘されている抜歯歯種の地域差は、むしろ前期から中期の確実な資料が西日本では2遺跡と限られており、中期末に貝塚が発達する東北地方で良好な人骨資料が得られるという当該期の出土資料の地域的な偏りに起因している可能性が考えられる。現段階では、日本列島の抜歯風習の萌芽期A期に上下顎切歯を抜歯しており、B期に入ると上顎抜歯に関しては側切歯へと抜歯対象歯種が絞られてくるという現象を指摘することが可能である。萌芽期における抜歯風習の系統を明らかにするには、Aの時期の抜歯資料の増加を待ちたい。

また、既存の研究においては北海道では抜歯風習の萌芽期から晩期の段階まで上顎側切歯抜歯が主流を占めるという傾向が指摘されている。これに関しては、前期の貝殻塚貝塚や轟貝塚の上顎側切歯抜歯事例を勘案すると、この説の基盤をなす抜歯萌芽期の抜歯歯種の列島東西における地域差を積極的に支持することは躊躇せざるを得ない。列島の抜歯風習萌芽期において上下顎切歯抜歯が存在していたのが、北海道のみ上顎側切歯が特化した状態で抜歯風習が遺存していった可能性も考えられる。本州同様Aの時期の資料の増加を待ちたい。

一方で、Bの時期の抜歯風習に関しては、中国大陸における上顎側切歯抜歯との抜歯歯種の類似性が指摘されている（韓・潘1981）。これに関しては、中国においては両側を抜歯するのに対し、日本列島のB期の抜歯風習に関しては片側のみの抜歯が主流である。また、施行年齢に関しては、中国は若年期に行わ

れている（韓・潘 1981）のに対し、日本の上顎側切歯抜歯自体の詳細な施行年齢は不明である。ただし、姥山貝塚例に見られるように、上顎側切歯抜歯が主流のＢ期は、低施行頻度で成年期以降に抜歯が行われており、上顎側切歯自体の施行年齢もその可能性が高い。このような抜歯施行年齢の大陸・列島間の相違を勘案すると抜歯施行儀礼自体も異なっていた可能性が高い。当然、情報伝播の過程における意味変容の可能性もあり得る。但し、弥生時代開始期のような外部からの文化要素の影響が強く見られない当該期において中国大陸の抜歯風習との直接的な系譜関係を推定することは困難であろう。

　Ｂ→Ｃ期には、①抜歯歯種の上下顎切歯から上下顎犬歯への移行②施行年齢の低下③施行率の上昇という抜歯風習変容の画期が認められ、列島内での抜歯風習の変容と捉えられている（渡辺 1966；春成 1983；木下 1997）。これに対し、上顎犬歯と下顎切歯抜歯の組合せの出現という点から、中国大陸に系譜を求める論も見られる（Han and Nakahashi 1996）。周辺地域においては、中国大陸で若年期の高施行率の抜歯が見られるが、上下顎犬歯を抜歯するという風習は見られない。また、特にこの時期に大陸系の文化要素が日本列島全域に色濃く現れるという現象も認められない。以上の点から、この時期に見られる抜歯風習は、縄文時代前期以降連綿と続く風習であり、抜歯歯種・抜歯の施行契機の変化にあえて外来要素の導入を考える必要は見られない。したがって、詳細は後に論じるが、後期の社会変化に起因する、日本列島内の内的要因による抜歯風習の変化であると考えられよう。

　Ｄ期に関しては、上顎犬歯と下顎切歯抜歯の組合せの出現という点から、中国大陸に系譜を求める論が見られる（渡辺 1967）。ただし、後期の段階から姥山・加曽利貝塚・草木洞穴で上顎犬歯と下顎切歯を組み合わせた抜歯事例が見られる。特に姥山貝塚や加曽利貝塚では、主要抜歯歯種が切歯抜歯から切歯＋上下顎犬歯抜歯へ移行する変遷過程の様相を呈していると考えられる。したがって、当該期に関しても、外来要素の可能性を特に考慮する必要性はない。また、当該期の九州における抜歯風習は、後の弥生時代早期・前期に比定される人骨に高率で縄文時代晩期の東海から西日本に特有な抜歯型式が見られる。したがって、縄文時代晩期の九州に関しては、少なくとも九州北半地域におい

ては抜歯が発達していたと考えられよう。

　以上見てきたように、縄文時代の抜歯の系統に関しては以下のようにまとめられる。

　　①A期の系譜に関しては、既存の研究に見られるような抜歯歯種の地域差はなく、日本列島内で上下顎切歯を抜歯するという同一系統の抜歯風習が行われていた。
　　②B期以降に関しては、抜歯系統論の初期に山内氏が指摘したように（山内 1937）列島内部で連綿と変化を追うことが可能である。

2　弥生時代以降における抜歯風習の系統

　弥生時代以降における抜歯風習の系統に関しては、主に弥生時代における抜歯風習の変化に着目して分析を行った。これらの抜歯施行年齢・抜歯歯種・施行率から抜歯風習の系統について検討してみよう。

　東日本の弥生時代に関しては、上顎側切歯を抜歯する事例や施行率の低い遺跡も見られるなど抜歯歯種・施行率に若干の変化が見られる。しかし、上顎犬歯と下顎切歯を中心とした抜歯歯種や若年個体の抜歯事例や高施行率の遺跡が見られるように、いまだ縄文時代以来の抜歯風習の伝統が色濃く残っていると言える。したがって、基本的に縄文晩期以来の抜歯風習の伝統を維持していたと考えられるが、一部の遺跡において抜歯風習に変容が起きていた或いは抜歯風習が衰退していた可能性は考えられる。

　一方、西日本の分析結果は以下の通りである。

　　①抜歯風習の変容時期に関しては、北部九州：前期末から中期初頭、西九州・中国地方の日本海沿岸：前期末から中期である
　　②変化している属性に関しては、施行年齢・施行率と主要抜歯歯種であり、一様に施行年齢の高齢化・施行率の低下という変化の方向性を示す
　　③但し、日本海沿岸の前期末〜中期中葉では施行年齢が高く・施行率の低い抜歯と施行年齢が低く・施行率が高い抜歯の両方が認められる
　　④歯種に関しては、中期初頭の筑紫平野東部および直方平野で切歯中心の抜歯が見られるようになり、前期末〜中期中葉の中国地方の日本海沿岸

で上顎側切歯単独の抜歯が見られるようになる
⑤東松浦地域でも、中期以降の個体や時期不明な個体に下顎切歯の単独抜歯が見られるようになる
⑥日本海沿岸に関しては、後期に上顎犬歯抜歯が主流の遺跡も認められる

以上の結果を既存の研究と比較してみよう。既存の説においては、

α) 縄文時代抜歯風習の踏襲（渡辺 1969）

β) 縄文時代の抜歯風習＋大陸からの上顎側切歯抜歯の導入（春成 1974；中橋 1990；Han and Nakahashi 1996；中橋 2002）

γ) 半島からの成人以降の下顎抜歯（服喪抜歯）の導入（田中 1999；舟橋・田中 2000；Funahashi and Tanaka 2004）

という3つの説が見られる。本論における分析の結果、北部九州では前期末から中期初頭、西九州・日本海沿岸でも中期のある段階で、抜歯歯種や施行年齢において変容が見られることから、α) の縄文時代抜歯風習の踏襲であるとは言えない。β) に関しては、渡来系形質の分布範囲との一致を根拠の1つとして挙げているが、渡来系形質の見られる地域で中国大陸同様に上顎側切歯を単独で若年期に抜歯しているのは、日本海沿岸のみである。それ以外にも北部九州の筑紫平野東部・直方平野で上顎側切歯単独の抜歯が多く見られるが、これらは成人以降に行われる抜歯であり中国大陸で見られる抜歯とは施行年齢が異なる。仮に、中国大陸に日本列島弥生時代の上顎側切歯抜歯の系譜をたどりうるならば、弥生開始期の文化伝播の経由地である韓半島の抜歯風習を考慮に入れる必要があろう。しかし、韓半島においては弥生時代開始期前後において上顎側切歯ではなく下顎切歯・小臼歯を抜歯しており、中国大陸新石器時代に見られるような若年期の抜歯風習でもない。したがって、若年期の上顎側切歯抜歯の系譜を中国大陸に求めるのは困難であろう。γ) に関しては、成人以降に行われた可能性の高い下顎抜歯の分布範囲は、東松浦地域から北部九州・響灘沿岸に及ぶ。東松浦から北部九州にかけての玄界灘沿岸地域は、墓制において半島との類似性の高さが指摘されている（端野 2001：2003）。したがって、γ) の半島からの成人以降の下顎抜歯（服喪抜歯）の導入という指摘（田中 1997；舟橋・田中 2000；Funahashi andTanaka 2004；舟橋 2008）をふまえた上で、以下弥生

時代における抜歯風習の系譜に関して議論を進めたい。

　このような弥生時代に見られる抜歯風習の変化を、
　　ａ）内的要因
　　ｂ）外的要因
の２つの可能性から考えてみよう。

　本論における分析の結果、施行年齢のみに着目すると、成人以降に行われる抜歯は縄文時代晩期の小臼歯抜歯以来存在しており、10代前半の抜歯が衰退し、成人以降に行われる抜歯のみが残存していったという、縄文抜歯風習の変容説の説明は可能である。但し、九州北部地域においても筑紫平野東部・直方平野や東松浦地域の切歯抜歯のように抜歯歯種に地域性が見られ、また、響灘沿岸の諸遺跡では、抜歯型式を上顎歯で形成するという現象や、下顎歯を成人以降の抜歯に充てるという変化が見られる。このような変化の萌芽は縄文時代晩期・弥生時代前期には見ることができない。したがって、抜歯歯種に地域差が生じた要因と下顎歯を成人以降に抜歯するようになる要因に関しては、日本列島外からの影響を考慮する必要があろう。前者に関しては、Ｖ章で見てきたように、切歯中心の成人以降に行われる抜歯は韓半島で見られる。一方で、本分析で上顎または下顎切歯の単独抜歯が見られた玄界灘沿岸地域は、これまでの墓制研究においても祖型と考えられる韓半島の支石墓との類似性の高さが指摘されている（端野 2001：2003）。特に、弥生時代開始期併行かそれより遡る本村里遺跡で、成人以降に抜歯されたと考えられる下顎歯の遺体への供献事例が認められており（田中 1997）、本村里遺跡のある南江流域は墓制研究から日本に伝播した支石墓の起源地であると指摘されている（端野 2001：2003）。また、響灘沿岸地域に関しても、日本列島内における渡来系墓制の伝播に関する考察の中で、韓半島の墓制との類似度が保持されているとの指摘がなされている（端野 2001）。抜歯の変容と時間的に隔たりはあるが、このように前段階において半島からの情報が類似度を保って流入しており、情報の流入元である半島の南江流域と流入先の地域で抜歯歯種・施行年齢に共通性が見られるという点は重要である。したがって、弥生時代に入ってからの抜歯風習の系譜が列島外にも辿りうるという指摘が可能であろう。

では、北部九州と響灘沿岸における上顎側切歯抜歯の違い、即ち響灘沿岸地域においては上顎側切歯が若年時に行われているという地域差はなぜ生じたのだろうか？　響灘沿岸においては、縄文時代晩期に上下顎で抜歯型式の表示をしていたのが、下顎歯を服喪抜歯で抜歯するため或いは抜歯の簡略化による抜歯本数の削減などいくつかの要因の複合により、上顎のみで複数の抜歯型式を生成する必要性が生じたことが考えられる。このため、犬歯の隣接歯で抜去しやすい上顎側切歯を若年期の抜歯として選択したと推定される。一方北部九州においては、成人抜歯自体が社会的機能を失い、半島から抜歯風習を受容した際に服喪儀礼において抜歯する歯種の1つとして上顎側切歯を抜歯するようになったと推定される。

以上の弥生時代の抜歯系統論についてまとめると以下の通りである。

　①弥生時代前期には縄文時代晩期以来の抜歯風習が残存している。

　②弥生時代中期以降になると抜歯の施行年齢・抜歯歯種の面で北部九州を中心として、日本列島各地で韓半島の抜歯風習の影響が見られるようになる。

　③東日本・山陰東部・西九州では抜歯歯種は縄文時代晩期以来の歯種が弥生時代後期まで保持されているが、施行率の低下を見ると一部の遺跡において抜歯風習の変容或いは衰退が起きていたと考えられる。

3　南西諸島と北海道における抜歯風習の系統

日本列島の抜歯風習の萌芽期である縄文時代前期・中期の抜歯系統論や、弥生時代における抜歯風習の系統において、これまで幾度となく議論が行われてきたのが南西諸島における抜歯風習のありようである（金関 1957；永井 1961；春成 1974：1987：2000；池畑 1980；峰 1992；Han and Nakahashi 1996；木下 1997b；春成 2000）。南西諸島の抜歯風習に関しては、主に弥生時代に見られる抜歯風習を対象として研究が行われてきており、薩南諸島と琉球諸島に分けて以下考察を進めたい。

まず、薩南諸島の抜歯風習事例である種子島広田遺跡に関しては、弥生時代後期の種子島遺跡出土古人骨を対象として以下のような説が見られる。

①台湾系譜説（永井 1961）

②中国南部系譜説（金関 1966；渡辺 1966；春成 1974：1987；池畑 1980；峰 1992）

③中国・台湾系譜説（Han and Nakahashi 1996）

一方で、琉球諸島における抜歯風習に関しては、弥生時代の抜歯を対象として、以下の説が見られる。

①縄文晩期の本土系譜説（金関 1957；春成 1974：1987；池畑 1980）、

②縄文前-中期の系譜説（峰 1992；木下 1997b）

③中国系譜説（春成 2000）

本論では、第Ⅲ・Ⅳ章で南西諸島の抜歯施行の様相について分析を行った。薩南諸島の諸遺跡を除くと、抜歯の施行年齢・施行率は不明であるが、以下に分析結果をまとめたい。

宝島以北に関しては、抜歯型式は縄文晩期・弥生時代後期ともに上顎前歯の偏側性抜歯であり、抜歯の施行年齢・施行率に関しては若年時・高施行率である。上記のような抜歯の施行の特徴から見ると、宝島以北に関しては、直接系譜を辿れるような抜歯風習は見られない。若年時の高施行率抜歯は中国大陸・台湾島・日本列島に広くみられる。一方で、抜歯歯種が上顎のみに限られる点は台湾島の抜歯歯種と酷似しており系譜関係が指摘されているが（永井 1961a）、台湾島に見られる抜歯風習は両側性である。中国南部の圩墩遺跡に見られる抜歯風習との類似も指摘されているが（Han and Nakahashi 1996）、時期・地域共にかけ離れている。時間的・空間的に近い抜歯型式の類例は縄文時代中期末-後期の上顎側切歯の偏側抜歯であるが、抜歯の施行年齢・施行率が異なる。広田遺跡の時期が前期に比定されていた段階での研究史においては、貝製品の類似性から広田遺跡と中国南部を結びつける指摘がなされている（金関 1966）。但し、抜歯風習のみからその系譜を辿ろうとした場合、施行年齢・施行率・抜歯型式のいずれもが合致し直接系譜をたどれるような抜歯風習は列島内外ともに認められない。したがって、当該地域の抜歯の系譜に関しては九州以北の抜歯の系統論の結果をふまえた上で以下のような可能性が考えられよう。

α）日本列島全域に上下顎切歯を中心とした抜歯が存在しており、その後

抜歯歯種と施行年齢が薩南諸島北部で独自に変化
　β）前期〜中期に本土から切歯抜歯が流入
　　a）継続的情報の流入により後期後葉以降成人抜歯化
　　b）内的変化：成人抜歯化
　　c）台湾島から成人抜歯の情報流入
　γ）台湾島から上顎犬歯・側切歯の成人抜歯が流入
　　a）中期末から後期中葉に偏側抜歯化
　　b）内的変化で偏側抜歯化

　α）の内的変化に関しては、薩南諸島北部における抜歯の様相が時系列的に明らかになっていないことから不明である。一方で、外的影響による変化に関しては、高宮廣衛氏による南島土器分布圏の変遷（高宮 1983）を見ると、縄文時代前期には南西諸島全域に曽畑式土器が分布している。但し、縄文時代後期になると、大隅諸島とトカラ諸島・奄美諸島と沖縄諸島で土器分布圏が異なり、大隅諸島のみが九州島と同じ土器分布圏に括られている。この様子を見ると、後期の段階に大隅諸島付近まで九州島からの情報の流れが存在したことは明らかである。また、台湾・琉球諸島経由での情報の流入に関しては、広田遺跡において人骨に伴い出土している貝符が、南西諸島北部・中部から出土しており、研究の初期段階から台湾先住民における類似品の使用や文様から中国江南地域とのつながりが指摘されている（金関 1966 等）。さらに、東南アジアのフィリピン群島中の新石器時代の遺跡に類似品が見られるという指摘もあり（国分 1987）、これまで言われてきたとおり、台湾・琉球経由での情報の流れを想定することは可能であろう。したがって、β）の九州以北からの情報の流入と、γ）の台湾・琉球経由での情報の流れが存在した可能性がある。台湾・琉球経由での情報の流れに関しては、次に述べるように奄美大島以南の南西諸島の抜歯の様相がはっきりしていないため、抜歯風習に関する情報が伝播してきた時期に関しては不明である。但し、β）説に関しては、種子島と中期末から後期中葉の本土系偏側性抜歯の施行年齢が、若年と成年期以降で異なることから直接系譜をたどることはできない。また、γ）の台湾島からの抜歯歯種に関する情報の流入については、奄美諸島以南の南西諸島では下顎に抜歯が見られるこ

とから、上顎のみを抜歯している大隅諸島・トカラ列島の抜歯風習とは様相が異なる。したがって、台湾・奄美諸島以南の南西諸島・大隅諸島・トカラ列島の3地域の抜歯風習のより詳細な検討が必要である。γ) に関しては、以下の奄美・琉球諸島に関する検討の中でも若干触れたい。

奄美大島以南の南西諸島の様相に関しては、縄文時代後期から弥生時代にかけての主要な抜歯歯種は、上顎の資料は少ないが下顎抜歯が多く見られるような様相に関しては、薩南諸島北側とは様相が異なる。数少ない上顎の抜歯資料による上顎の抜歯施行状況の推定に基づき抜歯施行の様相に関して仮説を立てると、

α) 下顎切歯のみを抜歯する（従来説②・③）

β) 上顎に関しては犬歯を抜歯、下顎は切歯を抜歯する（従来説①）

γ) 縄文時代前期-後期同様に、上下顎の切歯を中心に抜歯している

という3通りの可能性が挙げられよう。α) の可能性に基づいて従来の縄文時代前-中期の抜歯風習に起源を求める説（峰 1992；木下 1997）と中国系の流れをくむという説（春成 2000）が出されており、β) の可能性に基づいて縄文時代晩期の本土系の流れをくむと考える金関氏以来の説（金関 1957；春成 1974；1987；池畑 1980）が出されている。但し、これまで言われてきた諸説は、第1項の縄文時代の抜歯風習の系統論の結果から問題が挙げられる。まず、第1項での系統論の結果、列島の縄文時代前期-中期には抜歯歯種に地域差はなく、上下顎の切歯を抜歯していたと考えられる。したがって、α) の様相が得られたとしても、下顎のみを抜歯するという抜歯歯種の特徴は縄文時代前-中期の西日本抜歯風習の特徴ではなく、列島外に目を向けても類例が見られないことからこの地域独自の抜歯風習の変遷を検討する必要があろう。

この3つの様相のうちいずれが当時の抜歯風習に近いかは資料の増加を待つ以外にない。この地域における抜歯風習の様相が明らかになれば、上記の大隅諸島・トカラ列島の系譜についても議論が伸展すると考えられる。

以上の南西諸島の抜歯系統論についてまとめると薩南諸島・沖縄諸島ともに直接系譜をたどることはできないが、種子島島内における地域的変容を考慮するならば、縄文中期末から後期の日本列島本土と台湾島の両方の系譜の可能性

が残される。沖縄諸島の抜歯系統に関しては、抜歯歯種・施行年齢といった抜歯の施行状況そのものの解明が必要であり、現段階においては列島内外の抜歯風習との系譜関係および独自の抜歯風習の可能性など様々な可能性が残される。

　北海道に関しては、縄文時代に加え、続縄文時代以降の抜歯の資料も少ないことから、抜歯の系統に言及することは困難である。しかし、縄文時代前期・中期に上顎側切歯の抜歯が見られ、その後近世に至るまで上下顎の切歯を中心とした抜歯が行われていることから、日本列島本土とは異なり、北海道独自の上下顎切歯を中心とした抜歯が行われていた可能性が考えられる。但し、一例のみではあるが、縄文時代後期の上顎左右犬歯抜歯も見られることから、日本列島本土と同じように犬歯抜歯化の道をたどった後に、抜きやすい上下顎切歯へと抜歯対象歯種が変化した可能性も考えられよう。

4　ま　と　め

　以上見てきたように、日本先史時代抜歯風習の系統に関しては以下のようにまとめられる。

　①縄文時代前期から中期の日本列島本土の抜歯風習系譜に関しては、分析の結果既存の研究に見られるような抜歯歯種の地域差はなく、日本列島内で上下顎切歯を抜歯するという同一系統の抜歯風習が行われていた。
　②縄文時代前期から弥生時代前期に関しては、これまで言われていたような列島外からの影響は見られず、内的変容の結果として理解可能である。
　③弥生時代中期以降になると、抜歯の施行年齢・抜歯歯種の面で、北部九州を中心とし韓半島の抜歯風習の影響が見られる。
　④東日本・山陰東部・西九州では、縄文時代晩期以来の抜歯歯種が、弥生時代後期まで保持されているものの、一部抜歯施行率が低下しており抜歯風習の変容・衰退が起きていた可能性が考えられる。
　⑤薩南諸島北部・沖縄諸島の抜歯系統に関しては、列島内外・地域独自性など様々な可能性が残される。

第2節　列島先史時代抜歯風習の儀礼的意味

　次に、日本先史時代抜歯風習のもつ社会的意味の1つの側面である儀礼的意味について明らかにしていく。まず、第Ⅱ章で論じた民族事例と古人骨に見られる抜歯から得られた抜歯風習を伴う儀礼についての諸事例について再度整理し、各儀礼の特徴を示す施行率・年齢を提示する。その上で、分析結果から得られた抜歯施行年齢・施行率が共通する時期・地域の抜歯ごとに類似した特徴の儀礼との比較を行い、抜歯風習の儀礼的意味を推定する。また、施行年齢・施行率のみでは通過儀礼を推定できず、抜歯風習の行われていた時期の社会等の検討が必要な場合には個別に検討を行う。

1　抜歯風習を伴う諸儀礼とその特徴

　抜歯儀礼の意味を検討するに先立ち、第Ⅱ章方法論で論じた未開社会及び古人骨に見られる抜歯風習を伴う儀礼に関する仮説を再度以下のように整理しておく。

　　A）通過儀礼
　　　①成人儀礼：思春期に集中（若干ばらつきある）、施行率高い
　　　②婚姻儀礼：様相不明、女性を抜歯対象とする記述が目立つ
　　　③服喪儀礼：社会的「成人」、施行率は対象者により異なる
　　　④特定の社会的地位への加入礼：特定の年齢、施行率はそれほど高くない
　　B）病気治癒祈願・予防のための祭祀：年齢様々、施行率はそれほど高くない
　　　　集団のための祭祀：施行年齢不明、施行は特定の出自集団

　①の成人儀礼に関しては、抜歯風習を伴わない10代はじめ頃の思春期における儀礼は世界各地に見られ、それをもって成人儀礼とする場合が多い。また、男女ともに思春期の通過儀礼は必ずしも毎年行われるものではなく、3年～4年に1度の事例もある。さらに、儀礼が長期間にわたる場合には、思春期に始

めた儀礼の 1 要素が第 1 子出産後まで続く事例も見られる（Gennep 1995；Evans-Pritchard 1985・1997；Cerulli 1956；Becher 1960；Clemmer 1995；Falad 1963；Griaule 1938；Paulme 1935；Radcliffe-Brown 1999；Rattray 1927；Sarpong 1977；Salamone 1974；Turnbull 1965）。したがって、成人儀礼といっても、特定の年齢で行うという固定的な実年齢に基づく基準がある訳ではなく、個々人の社会的成熟度合いによって「成人」に達する年齢にはばらつきがある。さらに、儀礼自体が毎年行われるわけではないということになると、成人儀礼を行う年齢のばらつきはより大きくなるであろう。なお、日本先史時代抜歯風習の先行研究において婚姻抜歯と言われてきた抜歯（春成 1973）に関しては、その根拠になっていた縄文時代晩期の上下顎抜歯の施行時期差が分析結果から否定された。しかし、第Ⅱ章で整理したように、古代中国において婚姻抜歯に関する記述が見られ（戸出 1977 など）、東アフリカにおいても類似した風習が見られる（Cerulli 1956）。したがって、民族誌学的事例に基づき、婚姻儀礼を仮説に組み込む。

　以上の儀礼の施行年齢・施行率と分析結果を比較するために、分析結果をまとめ上記の通過儀礼の様相と比較を行うと以下のようになる。

　　A）縄文時代前期-後期前葉：高施行年齢、低施行率
　　B）縄文時代後期中葉-弥生時代：低施行年齢、高施行率
　　　　　　　　　　　　　　　　　高施行年齢、低施行率
　　C）弥生時代-古墳時代：高施行年齢、低施行率

日本列島の先史時代においては、低施行率・高施行年齢と高施行率・低施行年齢の 2 通りの抜歯が見られる。したがって、それぞれの特徴を持った抜歯について施行儀礼を検討していきたい。

2　低施行年齢・高施行率抜歯の儀礼的意味

　まず、縄文時代後期・晩期の抜歯の施行年齢に関しては、上顎犬歯・下顎切歯・犬歯抜歯の平均的施行年齢は 13-16 歳であり、早い個体で 10-11 歳から遅い個体でも 20 歳までに施行されていた可能性が高い。また、弥生時代中期中葉までの山陰地方における上顎切歯・犬歯を組み合わせた抜歯も分析の結果ほぼ同じ施行年齢であったと推定された。さらに、施行年齢に関する分析自体は

行えていないものの、抜歯の見られる最年少個体の年齢や縄文時代晩期との抜歯型式の共通性から、弥生時代に入っても高施行率で上下顎犬歯・切歯の両側性の抜歯を行っていた時期・地域（例：北部九州では前期まで、西九州では中期まで、東日本では一部古墳時代まで）では、同じように若年で抜歯が行われていたと推定した。

　この年齢における通過儀礼の民族事例についてみてみると、上述の成人儀礼に伴う抜歯が当てはまる。吉胡貝塚・伊川津貝塚の抜歯施行は早い個体では10-12歳、遅い個体では17-19歳とばらつきが見られた。このような施行年齢の幅は前項で指摘した成人儀礼の開催年や個人の社会的成熟度合いに起因したばらつきの可能性が考えられる。また、日本海沿岸の土井ヶ浜遺跡においては小児以下と若年以上で副葬品に相違が見られた点も、この年齢が社会的な意味での「成人」と考えることの傍証となろう。

　以上のように、若年期に見られる抜歯は、施行年齢や民族事例に見られる思春期における重要な通過儀礼ということから、成人儀礼であった可能性が高い。しかし、未開社会では婚姻年齢が比較的低く、思春期儀礼と年月の隔たりがさほど大きくない可能性も考えられることから、施行年齢のみからではこれらの抜歯が婚姻儀礼に伴うものであるという可能性を完全に排除することはできない。したがって、ここで婚姻の手がかりとなる妊娠・出産痕と抜歯の関係についての分析結果を見てみる。

　妊娠・出産痕（妊娠・出産経験）と抜歯の施行の先後関係および抜歯の有無についての分析結果をまとめると、データが最もそろっている縄文時代晩期において、

①上顎あるいは下顎が無抜歯の個体で妊娠・出産痕が見られる
②妊娠・出産痕の見られる最も若い個体は、16-19歳であり、抜歯の施行開始年齢（13歳-10代中頃）を上回る

という傾向が得られた。また、10代後半（16-22歳の個体）の女性で、妊娠・出産痕の見られる個体は8体中4体であり、妊娠・出産経験者の比率は50％である。

　以上の妊娠・出産痕の分析結果に基づき、妊娠・出産経験のある最年少個体

の年齢から婚姻年齢を検討し、抜歯施行年齢との比較を行う。まず、実際の初経・妊娠・婚姻年齢の実態についてのデータを見てみよう。現代社会を見てみると、通常結婚から2年以内の初妊率は70-93%、初産率は63-85%である（倉智 1981）。一方で、抜歯施行時期である若年の生殖能力の有無に関しては次のようなデータが見られる。現代日本においては初経年齢は10-15歳（平均12-13歳）であり、妊娠可能になる排卵周期の確立は思春期後期（現代日本では15-18歳）である（太田・高松 2001）。さらに、現代日本では初経後6年以上で排卵性月経周期が確立していない人の割合は全体の1/3との指摘もされている。逆に言うと、初経後6年以上の段階で、7割近くの女性が生殖能力を獲得していると言えよう。では未開社会での10代女性の婚姻・妊娠出産はどのような状況であろうか？ 初経・婚姻・出産年齢のデータが提示されており、文明社会からの影響が強まる以前の時期のデータが得られている東パラグアイのAche について見てみよう（Kim and Magdalena 1996）。本来、Ache は小さなバンド（15-70人）を形成し、いくつかのバンドはしばしば「group」と呼ばれるより大きな居住単位を形成し、狩猟採集を行いながら移動生活をしていた。1989年に保護の対象となり、それ以降学校・病院などを伴う生活環境へと移行している。Ache の外的社会との接触以前（1980年以前）の初潮年齢は13-17歳（平均14歳）であり、1990年段階の女性の結婚年齢に関しては、10代中頃である。年齢ごとの女性の出産経験は、15歳では2割弱に留まるがそれ以降の年齢で急激に増加し20歳の女性では7割前後に上る。したがって、未開社会のように婚姻年齢が低い場合には、10代後半女性の出産率は生殖能力獲得状況をダイレクトに反映していると言えよう。

　以上の臨床データおよび民族事例に見られるデータから、上述の縄文時代晩期の若年抜歯（10-20歳の範囲、平均13-16歳）の施行儀礼が婚姻儀礼の可能性について検討してみよう。前出の通り、未開社会においては妊娠・出産が婚姻儀礼の締結の場合もあることから、婚姻締結に妊娠・出産が必要条件である場合と必要条件でない場合の2通りに分けて抜歯が婚姻抜歯の可能性を検討してみよう。まず、出産を以て婚姻が成立し抜歯が行われる場合、抜歯の平均年齢（13-16歳）においてかなりの高率で妊娠・出産経験が想定されるが、Ache の

事例を参考にした場合この年齢における女性の生殖能力獲得率は2割弱である。また、Ache よりも初経の平均年齢が2歳若い現代日本においても妊娠可能になるのは思春期後期の 15-18 歳であり、やはり抜歯を妊娠・出産後とするのは難しい。したがって、妊娠・出産が婚姻の締結と見なされる場合、抜歯はそれ以前に行われており、若年前半期の抜歯風習が婚姻儀礼に伴うものである可能性は否定される。

　一方で、婚姻の成立に妊娠・出産が無関係で抜歯が婚姻を契機とする場合、抜歯の平均年齢が 13-16 歳であり抜歯が高施行率であることから、大半の個体が 10 代前半で結婚しており 10 代後半女性の妊娠・出産経験者の割合は生殖能力を確立している個体の割合をダイレクトに反映していると考えられる。Ache の事例を参考にするならば、10 代後半の女性において 7 割程度あるいはそれに近い割合で出産経験者が見込めよう。しかし、上述の通り縄文晩期人骨の 10 代後半-22 歳の個体群での妊娠・出産経験者の割合は 50％である。したがって、妊娠・出産経験者の割合からみると、10-20 歳の範囲・平均 13-16 歳に行われる上顎犬歯・下顎切歯・犬歯抜歯を婚姻儀礼時の抜歯とするには 10 代後半の妊娠・出産率が低いと考えられる。

　以上のように、施行年齢に関する分析結果を仮説と比較すると、縄文時代晩期の若年時高施行率抜歯に関しては思春期儀礼（≒成人儀礼）を契機として行われた可能性が高い。施行年齢が 10-20 歳までとばらつく点に関しても、上記のような民族事例における成人儀礼のあり方から考えると当然の様相であろう。加えて縄文晩期と相前後する縄文時代後期および弥生時代前期の若年期の抜歯は、施行年齢に関する分析結果の共通性から同様な儀礼に伴うものであった可能性が高い。

　南西諸島全体に関しては、抜歯の施行年齢の詳細な検討は困難であったが、種子島の弥生時代後期の遺跡において若年期に行われたと考えられる高施行率抜歯が見られており、これに関して抜歯施行儀礼について検討してみよう。本論の分析においては永井氏の指摘する 10 代前半の抜歯個体は確認できず、施行率の加齢変化および対向歯牙の咬耗度・側方咬耗から、若年期の抜歯であると推定するに留まった。さらに、抜歯の施行は男女ともに見られる。したがっ

て、この若年期の通過儀礼は成人儀礼と婚姻儀礼の両方の可能性が残されよう。前節の抜歯の系譜を考えると、台湾・日本のどちらの系譜を考えても成人抜歯の可能性が濃厚である。但し、妊娠・出産痕のデータも少なく、婚姻年齢と抜歯年齢の比較を行うことは困難であり、また、前項で見てきたように種子島の抜歯の系統は台湾・日本列島の系譜を引く可能性の他に、種子島において独自の発達を遂げた可能性も考え得る。したがって、清代の文献において見られる女性特有の婚姻抜歯とは様相が異なるものの、薩南諸島独自に発達したという可能性を考えれば、種子島の若年抜歯は婚姻儀礼の可能性も残されよう。

以上の結果をまとめると以下の通りである。

①日本列島本土においては、縄文時代後期中葉から弥生時代前期まで成人儀礼に伴う抜歯が行われている。

②西九州や響灘沿岸地域あるいは東海や関東などの諸地域では弥生時代中期以降も成人抜歯が行われている。

③弥生時代薩南諸島に関しては、成人儀礼と婚姻儀礼の2つの可能性が考えられる。

3　高施行年齢・低施高率抜歯の儀礼的意味

この特徴を持つ抜歯は、服喪儀礼、特定の社会的地位への加入礼、病気と関連した祭祀および集団のための祭祀が挙げられる。本項ではこれらのいずれの儀礼に該当するかについて検討を行う。まず、縄文時代前期-後期前葉までの上下顎切歯を中心とする抜歯である。この時期の抜歯が服喪儀礼の場合は、どのような人が誰に対して行ったものと考えられるだろうか？

人の死に際して、服喪の意味合いを含む哀悼傷身の習俗は世界各地の未開社会に見られ、その中に抜歯も含まれ多くの民族例が報告されている（鈴木 1962；江上 1951；島・鈴木 1968；大林 1970；金関 1975；春成 2000）。近親者の死における哀悼者の範囲としては、妻・夫・兄姉・子など様々である（春成 2000）。一方で、特定の地位の人の死に際しての抜歯事例としてはハワイ諸島の首長の死に対する抜歯が挙げられる（島・鈴木 1968）。さらに、日本の古墳時代においても服喪抜歯の可能性が指摘されており（鈴木 1962；宮川 1974）、家長の死に際

しての抜歯であるという指摘がなされている（土肥・田中 1988）。これらの服喪抜歯事例において抜歯を行う年齢的な条件として、それぞれの社会で「成人」に達している点が挙げられよう。これらは首長・家長といった特定の地位にある人物の死に際しての服喪抜歯であり、施行率はそれほど高率ではない。近親者の死における哀悼儀礼は、抜歯としては施行率を示すような事例は見られないが、通常成人以降まで生存した場合、近親者の死に遭遇する人の割合はかなり高率であると推定される。したがって、縄文時代前期から弥生時代を通じて見られる成人以降に行われた低施行率・高施行年齢の抜歯が服喪抜歯の場合、配偶者や親など多くの人が経験しうるような親族を対象とした儀礼というよりも、寧ろ特定社会的地位の人々に関連した服喪儀礼であった可能性が高い。

　一方で、特定の社会的地位への加入例としての可能性が指摘されている抜歯は、北米原住民の乳歯抜歯の例が挙げられる（Cook 1981）。加えて、イタリアの新石器時代人骨に関しても、抜歯を行った契機の可能性の1つとして、特定の社会的地位の可能性が指摘されている（Robb 1997）。さらに、上述の日本の古墳時代に見られる抜歯は、服喪抜歯であると同時に、家長権の継承という意味合いが付与されていたと指摘されている（土肥・田中 1988）。これらの抜歯の施行状況の共通点としては、特定の年齢や特定の年齢層以降の一部の個体にのみ抜歯が施行されているという点である。これらの施行状況は、成年以降の個体に施され一部の個体にのみ施行されるという縄文時代前期以来の低施行率・高施行年齢抜歯の施行状況と合致する。一方で、縄文時代前期においてすでに貝輪・玦状耳飾などを装着した個体が見られるように、その性格を断定することは困難であるが様々な社会的地位・役割の存在を想定することは可能である。したがって、縄文時代の施行率が低く施行年齢の高い抜歯に関しては、抜歯された契機が服喪か或いは別の儀礼かという点は現段階では可能性の絞り込みは困難であるが、いずれにせよ特定の社会的地位と関連した抜歯であると言えよう。

　弥生時代に関しては、V章で検討したように韓半島において弥生時代開始期前後から古墳時代併行期まで服喪抜歯や抜歯歯牙供献事例が見られ、前項において検討してきたように日本列島弥生時代中期以降の抜歯風習には韓半島から

の影響が認められる。加えて、弥生時代中期以降の抜歯風習は抜歯歯種の多様性・低施行率・成年以降の施行であり、これは服喪を契機とする古墳時代の抜歯風習と同様な傾向である。したがって、弥生時代に見られる、施行率が低く施行年齢の高い抜歯に関しては、特定の社会的地位と関連した抜歯と考えられるが、その契機に関しては服喪に絞り込むことが可能であろう。病気と関連した祭祀および集団のための祭祀は、病気に関しては特に抜歯個体に病気・けがの痕跡が認められるという傾向は得られていない。但し、骨に残らない病気・けがの可能性も考えられるためこの可能性については保留しておく。集団のための祭祀に関しては、これらの低施行率の抜歯個体が墓域内で空間的な偏りを見せるという傾向は得られておらず、特定の出自集団に対応する可能性が低いことから、抜歯個体が集団のための祭祀に対応している可能性は低い。

以上の結果をまとめると以下の通りである。

①縄文時代前期から縄文時代晩期において見られる施行率が低く・施行年齢が高い抜歯は、施行契機は特定できないものの、特定の社会的地位に関連した抜歯と考えられる。

②弥生時代中期以降に見られる低施行率・高施行年齢抜歯は、服喪を契機として行われた特定の社会的地位に関連した抜歯と考えられる。

したがって、これまでの縄文時代中期末から後期の抜歯を婚姻抜歯とする説（春成 1973・1980b）や縄文時代晩期の上下顎第1小臼歯抜歯を近親者への服喪とする説（春成 1973）は棄却される。

では、これらの服喪儀礼もしくは加入礼を伴う特定の社会的地位とはどのようなものであろうか？　古墳時代に関しては既に家長権に関わる儀礼であったという指摘がされている（土肥・田中 1988）。本論では、縄文時代と弥生時代の低施行率・高施行年齢抜歯が関連する特定の社会的地位について、以下、時期ごとに各社会に関する既存の研究等をふまえ検討を行う。

4　抜歯風習に見られる社会的地位

（1）縄文時代前期から晩期

縄文時代前期から晩期に見られる成人以降の抜歯と関連する特定の社会的地

位というのがどのようなものであったかを以下検討する。これらの抜歯個体は墓の中での空間的偏りや頭位方向との相関は見られない。さらに特定の性別への偏りも見られない。また、縄文時代前期から後期前葉の成人以降の抜歯に関しては施行年齢の精緻化という課題が残される。したがって、今後実際の観察に基づくさらなる資料収集が必要とされる。但し、縄文時代が前期以降部族社会であったことを考えると、部族社会においてみられる宗教・政治的な集団における達成者のような地位と結びついていたという予測は成り立とう。縄文時代は、前期以降石製装身具の副葬例が急激に増加し（池田 2000）、骨角・貝製装身具では貝輪が前期以降普及し縄文時代晩期まで続く（岡村 1993 など）。これらの副葬品および縄文時代後期・晩期には鹿角製腰飾が発達するなど、縄文時代には連綿と特定の社会的地位と関係すると考えられる遺物が複数種類見られる。抜歯もこのような社会的地位の1種であったと考えられよう。

（2）弥生時代中期以降

弥生時代中期以降に見られる成人以降の抜歯と関連する特定の社会的地位というのがどのようなものであったかを以下検討する。第1項の結果から分かるように、弥生時代中期以降の北部九州は抜歯儀礼の変容が明らかであり、また墓制に関する研究も進んでいることから、北部九州を対象として抜歯の個体の位置づけについて検討を行う。なお、本論で用いた中期以降の遺跡には区画墓のような突出した特定の個体群を埋葬しているような墓制を含んでおらず、ほとんどの遺跡で副葬品も見られない。したがって、それ以外の要素即ち抜歯個体の墓域内での空間的な位置づけから抜歯個体の性格を考えてみよう。

まず、本論で用いた墓地遺跡の性格から抜歯個体の性格について若干考えてみよう。今回サンプルとした抜歯個体が出土している遺跡で、厚葬墓や墳丘墓・区画墓の出現するような中期以降に墓地経営がなされた遺跡には、厚葬墓や墳丘墓・区画墓を含むような拠点集落に伴うような大規模墓地は含まれておらず、一般集落の墓地と考えられる。一方で、大規模墓地内の厚葬墓と周囲の墓群に埋葬されている人々の性格としては、部族内の様々な氏族のリーダー達の可能性（溝口 1998；田中 2000）と特定の有力単位集団或いは家族集団の可能

性（寺沢1990；広瀬1997など）が指摘されている。いずれの可能性にせよ、当該期の抜歯の対象となるような社会的地位は、少なくともこれらの地位ほど限られたものではなかったと言えよう。

　次に、墓地内での抜歯個体の時間・空間配置から抜歯個体の性格について考えてみよう。金隈遺跡の中期前葉・門田遺跡・ハサコの宮遺跡・正原遺跡はいずれも溝口氏の「列墓b」（溝口1995：1998）に該当すると考えられる。これらの遺跡においては、抜歯個体と無抜歯個体は、空間的に何ら差異無く埋葬されている。金隈遺跡・正原遺跡・門田遺跡に関しては同じ列上に無抜歯個体と抜歯個体の両方が見られる。また、系列墓（溝口1995）の出現する中期後半以降の遺跡（金隈遺跡・原遺跡）では、埋葬系列の開始個体は抜歯個体、無抜歯個体ともに見られ、同一系列内にも抜歯個体、無抜歯個体の両方が見られる。さらに「埋葬系列」間の関係を見ると、複数の埋葬系列が見られる金隈遺跡の中期中葉の段階では抜歯個体は1つの埋葬系列に偏らない。これら一般集落に伴う墓地の列や系列に関しては、列墓が氏族などの親族原理の下に成り立っているという点が形質人類学的な血縁関係の推定から明らかになっているが1つの列そのものの性格に関しては保留になっている（田中・土肥1988b）。したがって、この段階の抜歯個体の社会的位置付けに関しては、今後の列墓・系列墓の研究の進展を待ちたい。また、系列をなす墓のうち、甘木栗山遺跡C群のような「区画墓Ⅱa」で見られる系列に関しては、甕棺の編年間に基づく被葬者間の世代差および被葬者の年齢構成の復元により氏族の代表者の墓であると指摘されている（溝口1995b）。一方で、金隈遺跡や原遺跡・西平塚遺跡のような副葬品を伴わず形成基数の少ない系列の見られる墓は、栗山遺跡B群墓地の分析から社会階層の「より下層を形成しつつある」単位であるという表現がなされており（溝口2001）、系列の性格に関しては保留されている。但し、上述のような「区画墓Ⅱa」で見られる系列が「集団結合単位（≒クラン）の代表者達」（溝口2001）の墓に対応する、即ち社会階層がより上位の墓地において代表者とは言え系列が氏族のような親族集団と対応するならば、おそらく一般成員の墓に見られる系列も同様に何らかの血縁を紐帯として形成されており、系列が何らかの親族ソダリティーと対応している可能性が考えられる。この場合

でも、抜歯個体が特定の系列に偏らないことから、抜歯はごく一部の限定された集団において維持されている風習ではない。以上の点から、系列墓に見られる抜歯個体に関しては、仮に厚葬墓を含むような大規模墓地出土個体にも抜歯が見られるのであれば、氏族のリーダー或いはより下位の社会的地位の人々まで広い範囲で行われていた儀礼と考えられ、そのような墓地出土人骨に抜歯が見られないのであれば、氏族のリーダーとは異なる性格或いはより下位の社会的地位に付随する儀礼であると推定できよう。どちらにしても、厚葬墓の見られない「より下層」(溝口 2001)の人々の中にも見られる風習であり、特定下位氏族あるいはそれより下位の特定親族集団特有の風習として継承されていた儀礼というわけではなさそうである。さらに、系列は「ある特定の祖先の墓葬に近接する位置に特定の死者を埋葬することを繰り返したことの結果」であると指摘されている (溝口 1995b)。逆に言うなれば、系列の始まりは「生前の事跡」を意識された祖先である。しかし、上述のように系列の初めとなる人物には抜歯のある個体と無い個体が存在することから、そのような社会的達成者であっても必ずしも全員が抜歯を経験したわけではないと言えよう。

一方第V章で見たとおり、韓半島においては有力農民層と考えられる礼安里古墳 (武末 1992) で抜歯が残存している。既に指摘されているように、礼安里古墳においては、墓域形成において系列の「始祖」となった人物は、副葬品が豊富であり頭蓋変形・抜歯が見られることから、階層的に上位であり呪的・儀礼的側面における能力・実力者であったと考えられる (田中 1996)。また、A.D.1世紀の韓半島北部貞柏里第127号墳・梧野里20号古墳においては被葬者である土着豪族 (高久 1994) と考えられる楽浪太守掾の妻と推定される個体にも服喪抜歯風習の残存が認められる。下位階層の墳墓においても「漢式度」が高くなっているIII期 (高久 1994) の楽浪漢墓の被葬者層に関連し、服喪抜歯風習が見られるのである。当該期の楽浪郡は漢の支配秩序の影響を色濃く受け、階層的優位性に礼安里のような土着の呪的・儀礼的側面による裏付けを必要としていなかったように見えるにもかかわらず、旧来の風俗である抜歯風習を行っている点が非常に興味深い。

これに対し、日本列島の古墳時代における服喪抜歯は首長圏・家長権の表示

シンボル＝副葬品の欠乏が家長権の継承に伴う象徴的行為として抜歯という縄文時代以来の方法を採択したと指摘されている（田中・土肥 1988；田中 1995）。弥生時代中期後半以降に関しても副葬品をほとんど持たない個体に抜歯が見られることから、副葬品等による葬送行為における階層性表示規範の最下層で行われていた抜歯行為が古墳時代の服喪抜歯へと続いていったと考えられよう。この様な点から考えると、抜歯という行為自体は古墳時代の抜歯風習同様、副葬品の代価行為として社会の階層化秩序の中に位置づけを与えられていたと言える。但し、後述のように社会集団の表示機能はこれに先行して衰退し、『魏志倭人伝』の文身に見られるような制度としての社会集団の表示機能を得ることなく社会の複雑化に伴う儀礼の抽象化の過程で衰退してしまったと言える。

第3節　列島先史時代抜歯風習と社会集団

次に、列島先史時代抜歯風習のもつ社会的意味の1つの側面である抜歯型式の区分原理とその背後にある社会集団について明らかにしていく。まず、第2章で論じた民族事例と古人骨に見られる抜歯風習および社会人類学において明らかにされている諸社会集団の特徴に見られる社会区分原理について再度整理し、各区分原理の特徴を提示する。その上で、分析結果から得られた抜歯型式と性差、血縁関係、考古学的事象との関連の様相が共通する時期・地域の抜歯ごとに仮説との比較検討を行い、抜歯風習に見られる社会区分原理を推定する。

1　抜歯区分原理に関する仮説

本項では、学史上の仮説の整理を行い、抜歯風習の区分原理という点について再度民族事例をまとめた上で新たな仮説の提示を行い、分析結果に基づき検証を行う。

まず、学史上の縄文時代中・後期に見られる上顎左右の抜歯区分原理の解釈としては出自（春成 1973：2002）或いは婚入者の出自の違い（春成 1980b）という可能性が指摘されている。この解釈のブレは、前者が無抜歯個体を時期の違う個体として排除しており、後者が無抜歯個体を考慮に入れたことによるもの

である。これはいずれも抜歯の通過儀礼を婚姻抜歯とする仮説に基づくものであるが、前節においてこの時期の抜歯が婚姻抜歯である可能性は否定された。

また、縄文時代晩期の抜歯型式を集落出自表示とする仮説（春成 1986：1987：1995）は、すでに集落が出自集団とならないことから否定されているが、前項の通過儀礼の検討において仮説の成立の基盤をなす成人・婚姻抜歯説が棄却されたため棄却される。半族表示説（田中 1998）に関しては、この婚姻抜歯説を矛盾無く説明するために出されたものである。但し、「婚姻抜歯説」が否定されても、成人儀礼においては親族集団との係わりが多く見られることから（Radcliffe-Brown 1964；Evans-Pritchard 1985：1997）、抜歯型式が「半族表示」（田中 1998）という可能性は仮説として有効である。さらに、弥生時代上顎抜歯型式を系統表示とする可能性（春成 1974：1987：2002）は、やはり前項の通過儀礼に関する議論において仮説の基盤をなしていた成人・婚姻抜歯説が棄却されたため、否定される。また、土井ヶ浜遺跡を対象とした上顎抜歯の系列を階層差のある世帯或いは家族とする説（山田 1997）も、その根拠となる方法が第Ⅱ章において既に否定されており、分析結果においてもこの説が成立する可能性は否定されている。

以上のことから、抜歯型式の区分原理に関する学史上の仮説において抜歯型式が「半族表示」という可能性は残される。

次に抜歯の区分原理に関する民族事例であるが、第Ⅱ章において整理したとおり、抜歯の区分原理に関しては、民族誌学的事例において仮説になるような事例が少ない。したがって、以下社会区分に関しては、社会人類学的研究で取り上げられている社会区分についても加味して再度整理し仮説として用いる。

　α）抜歯型式に社会的意味が無い場合：利き手、抜歯途中で中止、抜歯後に間隔が狭くなって追加など
　β）抜歯型式が親族組織を内包するような親族ソダリティーと対応する場合：氏族、胞族、半族など
　γ）抜歯型式が親族組織を横断するような非親族ソダリティーと対応する場合：胞族、生業集団、宗教集団、政治集団など

これらの仮説が成立する条件としては、

α) 抜歯型式に社会的意味が無い場合：考古学的事象と相関しない、見た目の類似した型式群である

β) 抜歯型式が親族組織を内包するような親族ソダリティーと対応する場合：血縁集団を内包している、墓域内で群をなす

γ) 抜歯型式が親族組織を横断するような非親族ソダリティーと対応する場合：性差と抜歯型式が相関する

以下、成人儀礼において抜歯された歯種による抜歯型式（縄文時代晩期-弥生時代中期）とそれ以外の儀礼で抜歯された歯種により構成された抜歯型式（縄文時代中・後期）に分けてその区分原理を推定する。

2　抜歯風習に見られる縄文時代中・後期の社会集団

　当該期の抜歯型式に関しては、これまでの研究においてサンプル個体数の多い西広貝塚・貝の花貝塚を用いて、上顎抜歯の左右差や抜歯の有無と墓域内での位置は相関しないという指摘がなされている（春成 1980b）。また、これらの遺跡に関しては、抜歯型式と頭位方向に相関が見られないという傾向が指摘されている（山田 2003）。本論において実際に観察を行った姥山貝塚においても、これらの研究結果と同様な傾向が得られている。抜歯型式を形成する抜歯の通過儀礼に関しては、前項の通過儀礼に関する検討において抜歯の契機は特定できなかったものの、特定の社会的地位と関連した抜歯であると考えられた。但し、このような抜歯の型式が社会区分としての機能を果たしているという事例は見られない。したがって、日本列島特有と考えれば、β)・γ) のいずれの可能性もあり得る。また、なんら考古学的な事象と相関しないことから、α) 付帯する社会的意味がないが区分軸としては意味がある可能性も考えられる。

　以上のように、抜歯と相関する考古学的事象が見られず、現在のところ歯冠計測によって親族関係を推定できる資料が無いため現段階ではこれ以上可能性を絞り込むことは困難である。これらの時期の人骨に関しては、施行儀礼同様に、実見資料による施行年齢推定の精緻化とともに歯冠計測値を用いた親族関係の推定と抜歯の関係を明らかにすることが必要である。

3 抜歯風習に見られる縄文時代晩期から弥生時代の社会集団

まず、同じ成人儀礼（広田遺跡の場合婚姻儀礼の可能性も含む）を契機として行われた抜歯に見られる型式に関する分析結果は以下の通りである。

　①抜歯型式が見た目の類似した型式群からなる時期・地域は無い
　②抜歯型式は性別と相関する：縄文時代晩期-弥生時代中期西日本
　③抜歯型式は考古学的事象と相関する：縄文時代晩期東日本、西日本
　④抜歯型式は血縁関係のある個体群を内包している：縄文時代晩期東日本、弥生時代中期山陰地方、弥生時代後期薩南諸島

以上のことから、前出の仮説のうち、α）社会的意味無しは棄却でき、以下の2つの仮説についての検討が必要である。

　β）抜歯型式が親族組織を内包するような親族ソダリティーと対応する場合：氏族、胞族、半族
　γ）抜歯型式が親族組織を横断するような非親族ソダリティーと対応する場合：生業集団、宗教・政治集団

さらに、成人儀礼とはすなわち「成人」として認められることである。未開社会における「成人」とは何らかの「生業集団」や社会的、政治的、宗教的グループへの参加、加入が認められることであり、それにより個人が「成人」あるいは「男性」「女性」としての役割・振る舞い・特権を、持つようになることである（Gennep 1995；Evans-Pritchard 1985）。したがって、文化人類学の成果を援用すると、「成人」と認められるということは、男性あるいは女性の何らかの社会的・宗教的・政治的グループへの加入、生業活動における何らかのグループなどへの加入と直結している、と言える。また、成人儀礼においては親族集団との係わりが多く見られる（Radcliffe-Brown 1964；Evans-Pritchard 1985・1997）。

したがって、成人儀礼に関連すると考えられる抜歯型式は親族集団や非親族ソダリティーと関連する場合が多いと考えられる。

以下、分析の結果共通する特徴を示す時期・地域ごとに分け、①下顎抜歯系統に性差の見られない縄文時代晩期東日本と性差の見られる縄文時代-弥生時

代中期西日本、②上顎抜歯により型式分類が可能であった弥生時代前期末から中期の山陰地方、③成人儀礼に加え婚姻儀礼の可能性も残される弥生時代後期薩南諸島の順に抜歯型式の区分原理の検討を行う。

(1) 縄文時代晩期東日本
ⅰ) 愛知県南部の諸遺跡

　抜歯の施行は上顎から或いは下顎からのどちらが先に施行される可能性も考えられ、抜歯型式に関しては上顎に下顎が付随すると考えるよりも、上下顎で1つの抜歯型式を形成していると考えられる。抜歯型式は、下顎の中央に明瞭な隙間を有する広型と有さない狭型に大別される。さらに、上下顎合わせると無抜歯型・O型・無抜歯 $2I_1 2I_2$ 型・$2I_1 2I_2$ 型・$2I_1 2I_2 2C$ 型・$2C$ 型・$2C2I_1$ 型の7型式に細分可能である。この大別・細別抜歯型式に関連した分析結果は以下の通りである。

　　①大別・細別抜歯型式と性差は相関しない（保美貝塚の大別型式を除く）
　　②これまでに指摘されているように（春成 1980）合葬例（吉胡貝塚）・卓状集骨例（吉胡貝塚）および多数再葬墓（伊川津貝塚）で大別抜歯型式の一致が見られる
　　③人骨の埋葬密度がそれほど高くない稲荷山貝塚・伊川津貝塚に関しては、埋葬小群（稲荷山貝塚）或いは調査区（伊川津貝塚）の違いで大別抜歯型式の偏りが見られる

　加えて、稲荷山貝塚の歯冠計測値を用いた分析結果から縄文晩期において埋葬小群は血縁者を多く含み込み出自集団／氏族に対応する可能性が考えられる。既存の研究において多数再葬墓は血縁関係を紐帯として再葬が行われていることが明らかになっている（土肥・田中 1988）。したがって、これらの考古学的事象と対応する大別抜歯型式（広型・狭型）は内部に出自表示／氏族を含み社会を二分する区分原理であることから、半族の可能性が高い（舟橋 2006）。

　さらに、先行研究において抜歯2系統が社会的に優劣のある個体群であるとされた根拠に、副葬品の偏りが指摘されている（春成 1979：2002 など）。ただし、これに関しては、第Ⅲ章において副葬品の有無は性別と相関しており抜歯型式

とは相関しないという結果が出ている。

　したがって、部族社会においてみられる社会集団でこれに対応するものは、β) のうち半族であり、大別抜歯型式は半族表示あったと言えよう。では大別抜歯型式が半族であると考えた場合、それより下位の区分である細別抜歯型式が対応するものは何であろうか。加えて、社会的に意味がない可能性（抜歯施術途中での中断・抜去する際別の歯牙を抜く或いは目的歯牙以外も抜いてしまうなど）や区分軸としては意味があるが社会的には意味がない（ボロロ族集落事例など）(Lévi-Strauss 1958) 可能性もある。この場合は、考古学的事象との相関が無いことが予想されるため考古学的情報を用いた積極的根拠の提示は困難である。一方で、細分型式が本論で指摘した2大別型式に対応すると考えられるソダリティーの下位の社会集団に対応する可能性もある。但し、細分型式は考古学的事象との相関が無く考古学的に有意味な細分単位の抽出はできておらず、現段階では細分型式が何らかの社会集団と対応していたと考えるに足るデータは得られていない。

ⅱ) 福島県三貫地貝塚

　三貫地貝塚においては、抜歯型式を下顎抜歯からO型と2C型に分類し、型式設定の困難な切歯を中心とした抜歯に関しても切歯系として葬送行為との相関を分析した。前者は、渥美半島を除いた東海以東の東日本型の抜歯としてO型・2C型として分類されてきたもの（春成 1973・1982b）と同じである。以下これらの分類単位に基づき各墓制との相関を見ていく。分析の結果は以下の通りである。

　　①抜歯型式は性差と相関が無い。
　　②調査区により抜歯型式が異なることから、墓地内で抜歯系統の空間的な
　　　偏りがあると推定される。
　　③多数集骨個体群では2C型とO型の抜歯が混在している。

　以上のように抜歯型式が墓域内で空間的な偏りを見せることから、これに対応するものはβ) の親族ソダリティーの可能性が高い。中でも、社会を2分する単位であることから半族の可能性が推定される。但し、集骨の際には、伊川津貝塚で見られる同一抜歯型式個体のみの集骨という現象は見られない。した

がって、集骨に見られるような集団祖霊祭祀を行う場において、a）半族（抜歯型式）が意識されていない、b）意図的に異なる半族（異型式抜歯）の個体群を同一の祖霊として集骨を行っている、という2通りの可能性が考えられよう。山田氏による多数集骨墓は複数の集団を統合するための祖霊祭祀であるという見解（山田1997）やそれを裏付ける中妻貝塚における複数の血縁集団から成る多数再葬墓の存在を考慮すると後者の可能性が高いと考えられる。

　但し、その他の遺跡における分析の結果、渥美半島を除いた東海以東地域でも下顎切歯を抜歯する広型の個体が出土する遺跡は一定度存在しており、広型個体自体の割合も渥美半島以西と有意差は見られていない。今回は切歯抜歯自体の施行年齢が不明であり個体数も少なかったため切歯系抜歯個体に関しては独立した分類単位として取り扱っておらず積極的な意味づけは行っていない。晩期の愛知4遺跡や津雲遺跡においても分類単位に含まれない抜歯歯種のバリエーションが見られる。今後何らかの考古学的事象との相関が見つかれば、このような少数派バリエーションの抜歯に積極的社会的意味を付与することも可能かもしれない。

（2）縄文時代晩期-弥生時代中期西日本
ⅰ）下顎抜歯型式の区分原理：縄文時代晩期津雲貝塚および弥生時代前期-中期山陰地方および九州北部

　縄文時代晩期津雲貝塚に関しては、広型・狭型の大別2型式に分類可能であり、その分析結果は以下の通りである。

　　①大別・細別抜歯型式と性別には相関が見られる
　　②空間分布に関しては、明瞭な埋葬小群を設定することは困難であるが、性別の空間的な偏りが見られる
　　③副葬品の保有に関しては性別との相関が見られる

　さらに、弥生時代前期北部九州や西北九州の中期までの諸遺跡においても同様に性差と大別抜歯型式の相関が認められる。愛知県保美貝塚においても同様に大別抜歯と性別の相関が見られることからここで津雲貝塚と併せて考察する。以上のように見られる大別抜歯型式と性別の相関は1対1対応ではなく、女性

でも狭型の個体が存在しており男性でも広型の個体が存在する。したがって、これらの大別抜歯型式は生物学的な性別ではなく文化的な男性らしさ、女性らしさに基づく区分を背景としている可能性が考えられる。したがって、大別抜歯型式は社会・文化的な「性」であるジェンダーを区分軸とする何らかの社会的・宗教的・政治的集団のような非親族ソダリティーと対応している可能性が高いと考えられる。このような「成人」に達したと考えられたと同時に加入が許される性別と相関の見られるソダリティーもしくはそれに関連した行為としては、男性の場合アフリカのDogonのmask shelter（Griaule 1938）やMubtiの本格的な狩猟参加者への秘密のtribal知識の伝授（Turnbull 1965）などが挙げられる。また女性の場合にもアフリカのMubtiに見られる思春期を迎えるとelima houseに入り歌・ダンスを教わる例（Turnbull 1965）や北アメリカのHopiにおける宗教的女性societyへの加入の事例（Beaglehole 1937）等が挙げられよう。津雲貝塚・保美貝塚・弥生前期九州北部の場合も、大別抜歯型式は恐らくこれらのようなジェンダーを区分軸とする非親族ソダリティーに対応している可能性が高いと考えられる。但し、北アメリカのHopiの事例（Beaglehole 1937）に見られるように、男性は秘密結社／女性は宗教的societyなど男性と女性でソダリティーの性格が異なる可能性は十分ありうる。また、大別抜歯型式よりも副葬品においてより厳密に性差が反映されているが、限られた個人のみが着装可能な装飾品の副葬がその個人の社会的地位を反映していると考えるならば、一般成員が行う抜歯習俗と比べよりハイレベルの社会的地位に関しては本来の区分軸の理念形が忠実に反映されていたと考えられよう。その結果として副葬品の保有において大別抜歯型式よりもより厳密に性差が反映されたという状況になったと考えられる。

　一方で、弥生時代前期-中期の古浦遺跡と中ノ浜遺跡に関しては、施行儀礼の特定は困難なものの縄文時代晩期に見られるような定型化した両側性の下顎抜歯が行われており、下顎抜歯の有無は性別と有意な相関が見られる。但し、前項で議論してきたように、中ノ浜の近隣遺跡である土井ヶ浜遺跡においては、成人抜歯と服喪抜歯の両方が併存しており、北部九州の弥生時代前期と弥生時代中期以降の様相を併せ持つ過渡期的な様相を示す。したがって、下顎抜歯が

縄文晩期以来の成人抜歯の可能性と、土井ヶ浜遺跡に見られるような服喪抜歯の可能性について考えてみよう。まず、成人抜歯の場合には、縄文時代晩期同様抜歯の区分原理は文化的な男性らしさまたは女性らしさに基づくものであり、成人を機に加入が認められるような社会的・宗教的・政治的グループ、つまり非親族ソダリティーと対応している可能性が高いと考えられる。これに対し、社会的地位の獲得のための抜歯や服喪抜歯の場合、女性のみが行っている点から考えると、①近親者の死に際しての服喪抜歯②女性の社会的・宗教的・政治的グループのような非親族ソダリティーにおける地位の・役割への加入例の可能性が考えられよう。古浦遺跡においては、頭部が緑色に変色した男性頭蓋骨5体分が見られ（藤田 1968）、うち1例については、金関・小片氏が、前頭部に円形の扁平部があり、それに青い斑文があり、さらに側頭部に帯状のくぼみがあり、おそらく円形銅板を固定したはちまき様のバンドが使用され、その使用者としてシャーマン的存在を想定している（金関・小片 1962）。縄文以来の双系社会であったと考えられる弥生時代において（田中・土肥 1988b：1991b）、このような特定の性別に偏った社会的地位・役割が女性にも存在していたと考えてもおかしくはない。

ⅱ）上顎抜歯型式の区分原理：弥生時代前期末-中期山陰地方

　サンプル個体数の多い土井ヶ浜遺跡を用いて、上述の2つのモデルが成立する可能性について検討する。先述の通りγ）の場合には抜歯型式が性別と相関するというのが1つの指標となる。土井ヶ浜遺跡においては分析の結果、抜歯型式全体と性別には相関が見られる。但し、性別に偏りのある抜歯型式と、性別に偏りのない抜歯型式が並存しておりこの仮説には当てはまらない。一方で、前期末の段階では抜歯型式に空間的な偏りが認められる。したがって、β）の可能性が残される。土井ヶ浜遺跡においては抜歯型式が大別6型式存在しており、β）仮説のうち抜歯型式が出自集団／氏族に対応する可能性ついて以下の2通りの場合を検討してみよう。

　　①墓域が1出自集団／氏族とその婚入者からなる場合
　　②墓域が複数出自集団／氏族とその婚入者からなる場合

モデルβ-①：１抜歯型式が出自集団／氏族と対応しており、墓域が１出自集団／氏族とその婚入者からなる場合

このモデルに対しては１つの墓域が核となる１つの抜歯型式とその他の複数の抜歯型式からなるという現象を考え得るが、土井ヶ浜遺跡においては上顎抜歯型式が多様で核となる抜歯型式が存在しないことから、このモデルは成立しない。仮に個体数の一番多い無抜歯集団を本来の集団で、他の抜歯型式を持つ個体を婚入者と考えると、歯冠計測の結果に見られる、２組のそれぞれ異なる上顎抜歯型式を持つ個体間で血縁関係が推定されるという現象の説明が難しい。これはそれぞれ異なる氏族に属していた婚入者同士が親子或いは兄弟・姉妹であったということでしか説明不可能であるが、この条件を満たす場合を考えると完全に否定することはできない。

モデルβ-②：１抜歯型式が出自集団／氏族と対応しており、墓域が複数出自集団／氏族とその婚入者からなる場合

このモデルに対しては、１つの墓域が複数の主要な抜歯型式とその他の複数の抜歯型式からなるという現象を考え得るが、前期末の墓地様相を見ると、列状の埋葬を呈している空間（４・５・９・10次調査区）では各２～３列毎に特定の抜歯型式を中心とした２～３の抜歯型式が見られる。加えて10次調査出土個体の血縁関係推定の結果、列状の埋葬が見られる場合、血縁関係を有する個体が近接して埋葬されている。以上のことから、土井ヶ浜遺跡においてはある出自集団／氏族の人々とその婚入者が、隣接する２～３の列を共有して埋葬されていたと推定される。また、この場合は、隣接する墓域に見られる共通抜歯型式の個体は同じ出自集団／氏族に属すと考えられる。

中期中葉以降の墓の様相は複雑であり、特に1112号墓には土井ヶ浜遺跡で見られる全ての抜歯型式個体が埋葬されており、他の複数再葬個体の抜歯型式の組み合わせに関しても説明は困難である。土井ヶ浜遺跡では中期前葉に墓域経営の断絶が見られ（金関他 1961）、響灘沿岸の他地域でもこの時期におこった小海進の影響で、遺跡の立地がそれまでより高所に変化したという報告がなされている（下関教委 1984；水島 1985・1990）。したがって、土井ヶ浜遺跡においても、これらの地域と同様に墓地の経営断絶のみではなく、居住地・生産地にも

変化がおこり、既存の血縁集団を統廃合するような集団再編成が生じ、既存の出自集団／氏族＝抜歯型式が混在した空間配置や複数再葬を行うようになったと考えられる。

このような前期末の複数出自集団／氏族が整然と列を成すという現象や中期中葉の複数出自集団／氏族を統合する形で再葬が行われているという現象は、それぞれ表現型は異なるものの当該地域においてこれらの下位の親族集団がより上位の結合原理、すなわち部族的結合原理で結ばれていたことを示唆するものであろう。

（3）上顎抜歯型式の区分原理：弥生時代後期南九州

南西諸島全体に関しては、抜歯の施行年齢の詳細な言及は困難である。但し、種子島に関しては大まかな抜歯施行年齢の推定は可能であり、成人・婚姻の両方の儀礼の可能性が残された。したがって、広田遺跡を代表とする大隅諸島の抜歯型式から当時の社会集団について若干議論を行う。先述の通りγ）の場合には抜歯型式が性別と相関するというのが1つの指標となる。しかし、広田遺跡・鳥の峯遺跡においては分析の結果、抜歯型式と性別に相関は見られずこの仮説には当てはまらない。加えて、頭位方向・副葬品・墓地における空間分布など考古学的に観察しうる事象との相関も見られない。歯冠計測値を用いた分析結果自体も集団全体・男性・女性・抜歯の左右個体群ともに血縁者を多く含み込む集団である。したがって、抜歯型式が何らかの親族集団に対応する可能性が考えられるが、今回の分析では儀礼も推定できておらずこれ以上の絞り込みは困難である。

第4節　列島先史時代抜歯風習に基づく社会論

第1節-第3節までの列島先史時代抜歯風習の系統及び抜歯風習を伴う通過儀礼を明らかにし、抜歯区分原理の検討から抜歯の表示区分として採用された諸社会集団についても検討を行った。本節では、前節までで明らかにしてきた列島先史社会抜歯風習の時間的・空間的変容に基づき、時間的空間的社会変容

と抜歯風習の関係を明らかにし、抜歯風習に基づく先史社会復元を試みる。まず、列島先史社会の時間的変化と抜歯風習の時間的変化について比較を行い、先史社会における抜歯風習の位置づけを明らかにする。次に、縄文時代抜歯風習における諸社会集団表示が先史社会におけるどのような側面を明らかにしているのかを検討する。最後に、弥生時代抜歯風習の空間的変容とその背景について議論を行う。

1　列島先史時代における抜歯風習と社会変容

　以下列島の時間的社会変容と抜歯に関する議論を行うが、ここで問題となってくるのが、縄文社会の進化段階の評価である。縄文社会の進化段階の評価により、抜歯の時間的変容との比較結果が変わってくる。したがって、以下縄文社会の社会発展段階について若干検討を行う。

　近年社会人類学的な社会発展段階に基づき縄文時代について論じた研究が見られる。縄文社会に関しては、環状集落の出現する時期、少なくとも前期の初頭から部族社会であるという指摘がなされている（田中 1998；谷口 2002）。また、環状集落の解体する後期以降に関しては「典型的部族社会」（田中 1998）とする考えがある一方で、部族の変質・首長制社会への移行プロセスの開始期（谷口 1999：2002）と捉える考え方も見られる。谷口氏はこの見解の相違を東西日本という対象地域の差に起因していると指摘しているが、田中氏の論考では集骨・環状列石配石墓など寧ろ東日本的な属性を挙げて検討を進めている。では、この見解の差は何に起因しているのであろうか？　集落・墓地の分節化の度合いの評価および墓群を持つ集落に見られる大型建物の評価と副葬品の差の評価が大きいと考えられる。前者に関しては、谷口氏が前期の集落において複数の住居単位が出現し氏族の分節化の証拠として上げているが、同時期の墓地においては中心墓群が2群のままであるという現象からこの可能性は田中氏により否定されている。加えて、大型建物の評価は未だ定まっておらず（高橋 2003）、墓群による埋葬の取り扱いの差異（ここでは土器副葬）はその差異がどのような性質のものかを精査される必要があり（O'Shea 1984）、集団の優劣に即座に繋がるとは限らない。さらに、サーヴィスによると首長制社会は「恒久的な中央

調節機関を伴う再分配社会」と定義されており、特に「経済・社会・宗教的諸活動を調節するセンターの存在によって部族から区別される。」(サーヴィス 1971)。現在までのところ、縄文社会研究においてこの定義に当てはまるような現象を指摘した研究は見られない。近年、フリードの社会の階層化に基づく社会分類 (Fried 1967) の細分類から、縄文時代を「トランスエガリタリアン社会」に位置づけるという研究が見られ (Hayden 1995)、国内においてもこれを支持する研究や (高橋 2001) これに類する研究が見られ (松本 2002)、縄文社会が部族社会から脱却し首長制へと移行しつつある社会として描かれている。紙幅の関係上、本論で縄文社会の階層化程度について議論する余地はないが、若干触れておきたい。トランスエガリタリアンという概念自体がフリードの平等社会と政治的階層化社会の間の社会のことを示しているが、元々フリードの平等社会とサーヴィスの部族社会は重複する部分はあるものの似て非なるものである。フリードが政治的構造の進化に着目したのに対しサーヴィスは社会統合度に着目して分類を行っており、分類基準自体が異なっている。フリードの平等社会はサーヴィスのバンド社会から部族社会に相当し、フリードの位階社会はサーヴィスの部族社会から首長制社会に相当する。したがって、サーヴィスの定義した部族社会・首長制社会といった社会分類と混合して使用するならば、複雑化した部族社会は否応なしに平等社会と首長制の隙間に存在するトランスエガリタリアン社会に当てはめられ首長制社会に向かう進化の過程に乗せられてしまうのである。以上のことから、サーヴィスの定義した社会類型の中にこの新たなトランスエガリタリアンという概念を用いるのは躊躇せざるを得ない。したがって、本論においては従来のサーヴィスの社会進化段階を用いて論を進める。縄文社会をサーヴィスの社会区分に当てはめてみた場合、その物自体の存在が権威の象徴となるような威信財や希少資源の再分配システムの確立、特定個人・集団の突出といった現象が安定してみられるということはない。したがって、上記のサーヴィスの基準から言うと首長制の段階には達しておらず、基本的にはサーヴィスの部族社会に位置づけることが妥当であろう。以下、本論においては基本的に縄文時代後期以降も部族社会であったと捉えて、論を進めたい。

抜歯の出現期である縄文時代前期から後期前葉の抜歯風習に関しては、抜歯型式や通過儀礼・抜歯個体の社会的意味など未だ不確定な部分が多いが、縄文時代後期前葉から中葉の諸遺跡で最初の画期が見られる。では、なぜ、同じ部族社会においてこのような抜歯風習の変化が見られたのであろうか？　この時期は、東日本においては、集落研究から、縄文時代中期後半に盛行した大規模環状集落が終焉を迎えた後に、遺跡数の極端な増加という形で「非居住域への分散居住」現象（加納 2002）が見られる時期である。さらに、貝塚の形成においては、関東地方では縄文時代中期末から後期初頭に衰退した大型貝塚の形成が再び見られるようになる。一方で、多数再葬墓（山田 1995）や配石遺構（小杉 1995）環状列石（大工原・林 1995；佐々木 2002）、大型竪穴建物址の出現、土偶の質・量の発達（小野 1981 など）、などすでに先学に指摘されているように儀礼的側面の活発化が見られる。即ち、縄文時代中期末から後期中葉には、環状集落の解体に伴い日常的な場での部族の縮図としての構造の確認が困難になり、集骨や環状列石など非日常的な出来事を利用して集団としてのまとまりを再確認するような行為が必要になってくるのである。これら縄文時代後期に見られる諸現象の変化の背景には、世代を超えた系譜意識の形成とともに、細分された社会単位の統合の必要性があったと指摘されている（田中 1998：2000）。このような細分化された集団の非日常的場における社会統合の必要性から抜歯も盛んに行われるようになってきたと考えられよう。加えて、抜歯系統という形でソダリティーが顕在化していることは、細分した部族内部を統合する手段の重要度が高まっている結果であると言えよう。

　さらに、弥生時代に入っても、その施行状況の変わらない段階が存在しており、最も変化の早い北部九州では中期から抜歯施行儀礼に変化が生じている。なぜこの前期末から中期初頭の段階に縄文時代以来の抜歯風習を用いた成人儀礼が衰退し、異なる儀礼の場面で抜歯風習が使われるようになったのだろうか？　その理由は集落や墓地などの研究にみられる弥生時代前期末から中期初頭における社会の変容と関連すると考えられる。橋口達也氏の水田遺構に関する研究（橋口 1985）以降、遺跡数の増加に基づく人口増加の可能性や（田中 2000；小澤 2000）集団の再編成（小澤 2000）墓の数の増加からみた人口の増加

（中橋 1993）など、様々な視点からの研究で弥生時代前期末から中期初頭における人口増加が指摘されている。さらに、田中氏はこれらの人口増加の結果として集団の拡散現象が氏族ごとの分節化につながったと指摘し、一方で、この時期に宇木汲田遺跡を始めとするそれまでみられなかった地域の核となる遺跡の出現を指摘している（田中 2000）。氏はこれらの現象に基づき「新たな部族社会秩序の成立」（田中 2000）を指摘している。成人抜歯は、この「新たな部族社会秩序の成立」に際し集団統合手段の形態が変容したために、集団成員権獲得機能を急激に失ったと考えられよう。このように抜歯風習が弥生時代開始期の物質文化の変容期に変化せず、前期末-中期初頭の社会秩序の変化に連動して変容を遂げている点は、抜歯風習が社会構造と密接な関わりを示す事の表れであろう。

　これに対し、中期以降に服喪抜歯に連続すると考えられる抜歯風習が残存する背景にはどのような要因が考えられるであろうか？　縄文時代にも小臼歯抜歯のように選択された人々のみの抜歯は存在する。服喪抜歯自体が縄文時代に存在していたかどうかは不明であるが、縄文時代前期以来選択された人々のみの特定の社会的地位への加入礼としての抜歯が存在している（舟橋 2008a）。したがって、北部九州中期以降に見られる服喪抜歯偏重化は、縄文時代以来続いた一般成員の儀礼としての抜歯が衰退し選択された人々のみの特定の社会的地位への加入礼としての抜歯が残存していく過程であるといえる。この抜歯風習の変容は単なる成人儀礼という抜歯風習の主要要素の欠落というだけでなく、韓半島からの影響が考えられる。これは、前期末から中期初頭の青銅器や無文土器などの半島文化要素及び渡来人の流入期に儀礼という社会システム内の上位に位置する「ハイレベルの文化要素」（田中 1991）にまで半島文化の導入がみられることの一例であろう。一方で既に土肥・田中氏により指摘されているように、列島内特に北部九州域における社会の複雑化や墓制において特定集団・特定個人が選出されていく社会階層化の進展という列島側の事情と無関係ではあるまい（土肥・田中 1988）。抜歯風習に社会の階層化を見るならば、弥生時代中期から後期までと古墳時代の階層化の動きは全く質の異なる変化ではなく、比較的下位の階層において儀礼を持続しうるような一連の変化であったこ

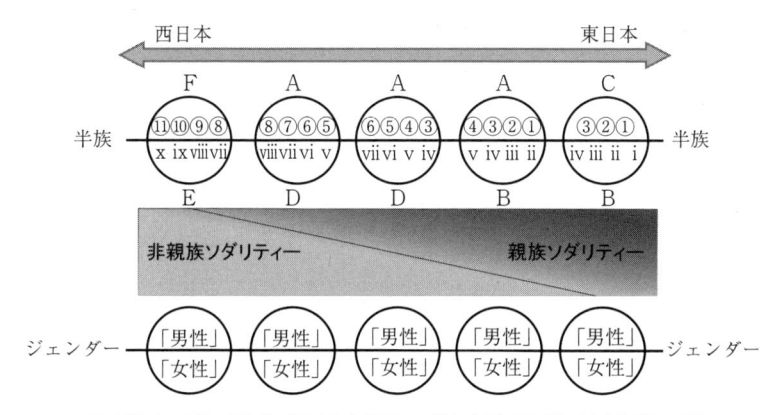

図 96 晩期抜歯区分原理の地域性

円は部族を、上段の円内部の○数字およびギリシャ数字はそれぞれ氏族／出自集団を、下段の円内部の性別はジェンダーを区分軸とした非親族ソダリティーを表現している。親族ソダリティー・非親族ソダリティーはともに東西日本の縄文晩期社会において存在するが、その重要度が各地域社会により相対的に異なる。本概念図の表現方法は松永1989を模倣したものである。

とを窺わせるものである。

2 縄文時代晩期の社会集団とその地域差

前節で見られたような大別抜歯型式の区分原理に地域差が見られる要因はどのようなものであろうか？　また、愛知県南部の諸遺跡に見られる抜歯型式が西日本タイプであり、大別抜歯型式の区分原理に関しては三貫地貝塚との共通性が見られるという、津雲貝塚に代表される西日本型（大別抜歯型式：非親族ソダリティー）と東海以東の東日本型（大別抜歯型式：親族ソダリティー）を混合したような抜歯風習が行われる。なぜ、このような社会集団が大別抜歯型式に反映され、地域差が生じているのであろうか？

後期に出現した成人抜歯の区分原理として半族やジェンダーが使用された背景としては、これらのソダリティーが複数部族を横断可能な組織原理であるという点が考えられよう。これは、広域土器分布圏などに見られるような後期以降の広域コミュニケーションシステム（田中・松永 1984）を成立可能にした主要な社会組織原理＝部族的原理が抜歯の区分原理に現れていると理解することが可能である（図96）。ただし、抜歯の区分原理には地域差があり、東日本で

は親族ソダリティーである半族が、西日本においては非親族ソダリティーの区分原理となるジェンダーが採用されている。これは、後期以降の東日本からの文化複合体の波状伝播の中に含まれていた抜歯の区分原理が東日本から西日本への伝播の際に意味変容を起こしたためと考えられる。その際東西日本において抜歯区分原理に異なるソダリティーが採用された1つの要因としては、東日本は多数個体の再葬墓に見られるように系譜意識が強く親族ソダリティーの社会的な重要性が諸社会集団の中で相対的に高かったのに対し、西日本においては親族ソダリティーの存在が弱かったために相対的に非親族ソダリティーの存在・必要性が大きかった可能性が考えられる。このような親族ソダリティーと非親族ソダリティーの社会的役割の重要性の相補完的な関係は民族事例に散見される（Service 1979；Eisenstadt 1954）。

　この親族ソダリティーの社会的重要度の地域差の1つの表れとして多数再葬墓の存在が挙げられる。多数個体の集骨事例に関しては、後期以降東日本を中心に見られる。約100体が1つの土壙にまとめて集骨されているような中妻貝塚（後期）事例では、歯冠計測値を用いた分析の結果2系統の血縁集団の存在が推定されており（松村・西本1996）、約13体が1つの土壙に集骨されている伊川津貝塚（晩期）の例に関しても、これらの個体が何らかの血縁関係を有していた可能性が高いという報告が為されている（田中・土肥1988）。さらに、考古学的研究からも、後期の多数集骨例に関しては、新集落開設時に異なる血縁関係者を含む集団が複数集合し共同生活を始める際の社会的緊張解消のための儀礼であり、祖霊崇拝であると指摘されている（山田1995）。以上のように、東海以東では系譜関係の確認のための儀礼が、縄文時代中期末に始まった多数個体の集骨以降縄文時代晩期まで盛んに行われている。このような系譜意識の高まりに加え先述の後期における分節化した出自集団／氏族を統合するため、より上位の部族組織原理である半族が抜歯儀礼において区分軸として採用されたと考え得る。一方で、津雲貝塚を含む関西以西に関しては集骨もなく、系譜の確認行為を推定できるような顕著な事例は見られない。このような東海以東における系譜観念の確認行為は西日本に伝わらなかったのであろうか？　東日本においては、中期終末-後期中葉ないし後半に環状集落の解体という現象が

見られ（安斎 1998；佐々木 2000）、数件程度の小集落として再出発する例が多くなる（山本 1980；加納 1995：2002；高橋 2003 など）。但し、それと期を同じくして堀之内式期以降、大規模な集骨が行われるようになり（山田 1995）、同様に祭祀の場としての環状列石の形成も見られるようになる。しかし、晩期以降の東日本でそれまで行われていた大規模集骨と比較してより小規模な集骨を行うという現象に見られるように、時期が下るとより下位の親族集団における祖霊祭祀と系譜意識の再確認が行われるようになっている。この祭祀関連の遺構・遺物の増加は後期初頭の西日本においても見られ、東日本からの東日本文化複合体の西漸の結果であると考えられる（渡辺 1968）。但し、東日本において顕著な集骨に関しては、西日本においては定着しない。また、機能的に集骨に代わるような現象も認められない。即ち、祖霊祭祀と系譜観念については、考古学的な情報から見るかぎり、西日本の方が東日本より相対的に低いのである。加えて、近年増加してきた近畿・中国・四国地方の集落遺跡に関しては、基本的に晩期の大規模な遺跡はほとんど無い。後期後半−晩期前半は集落・住居数が減少する時期であり、晩期前半は集落・住居数が少なく、その後、晩期後半に小規模な遺跡が多いながらも集落・住居数が増加する（大野 2001）。このことから、西日本では集団規模が相対的に小さく、集団の複雑化も東海以西に比べ進展しておらず、上述のように相対的に非親族ソダリティーの重要度が高かった可能性が考えられよう。

　また、もう1つの可能性としては、東西日本において、それぞれ親族ソダリティー・非親族ソダリティーの表現手段が異なっていた可能性が考えられる。例えば、同じ通過儀礼に関しても台湾先住民を見ると抜歯風習以外にも耳朶穿孔・文身などを組み合わせて成人儀礼を行っている。列島の縄文時代においても土製耳飾や文身の表現と考えられる土偶の存在などこれらの身体加工儀礼が行われていた可能性は高い。したがって、同じ成人儀礼でも別の属性において親族ソダリティー・非親族ソダリティーが表現されていた可能性はある。また、通過儀礼とは異なる儀礼の場において親族ソダリティー・非親族ソダリティーが表現されていた可能性もある。諸社会集団の相対的重要度の地域差に加えこのような社会集団の表現手段の違いが複合して、抜歯区分原理の東西差に繋

がっていると考えられるのである。

3 弥生時代における渡来系抜歯風習の地域性とその背景

　第1節および本節第1項で見てきたように、弥生時代中期以降に部族社会秩序の変容を背景として抜歯風習の変容がおきる。この変容には地域差が見られ、半島からの影響を受けたと考えられる特徴（上下顎切歯や小臼歯を成人以降に単独で抜歯する）が北部九州を中心としてその隣接地域で見られる。中期以降は北部九州・土井ヶ浜遺跡以外に関しては施行年齢の推定が困難である。但し、上下顎切歯や小臼歯を1～2本単独で抜歯するという点が弥生時代前期までの縄文晩期以来の伝統を引く抜歯風習と異なっている。加えて、このような歯牙の本数・歯種抜歯は中期の抜歯施行儀礼の変化と同時に出現していることから、抜歯施行年齢の推定が困難な地域においても上下顎切歯や小臼歯を1～2本単独で行う抜歯が低施行頻度で見られた場合、抜歯施行儀礼に変化が生じており背後に渡来系抜歯風習の影響を想定することが可能である。この渡来系抜歯風習の受容時期と地域性について以下若干の考察を行う。

　弥生開始期から中期までには朝鮮半島からの文化伝播・受容のピークが縄文晩期後葉（弥生早期）と弥生前期末・中期初頭に見られる。これまで著者自身、渡来系の抜歯風習受容時期に関して明言はしておらず、列島に導入された支石墓の起源地であると推定される南江流域（端野 2001）において弥生開始期前後の服喪抜歯風習が認められることや（田中 1999；舟橋・田中 2001）、支石墓の伝播において半島的要素がある程度類似度を保ちつつ伝播した地域である玄界灘・響灘沿岸地域（端野 2001）において抜歯風習にも半島的な抜歯の特徴が認められることを根拠とし、抜歯風習に関する情報も北部九州を経由して響灘沿岸地域にもたらされていた可能性を指摘した（舟橋 2008a）。但し、支石墓の伝播・受容自体は弥生開始期或いはその直前に起きた現象であり、抜歯風習の変容（中期）とは時間的にズレがある。加えて、渡来系抜歯風習の分布を見ると、半島との類似度が高い支石墓が分布している地域内でも響灘沿岸・東松浦地域では様相が異なっている（図97）。したがって、抜歯風習に関する情報の伝播とその受容時期について検討を行う。まず、弥生時代開始期の情報伝播につい

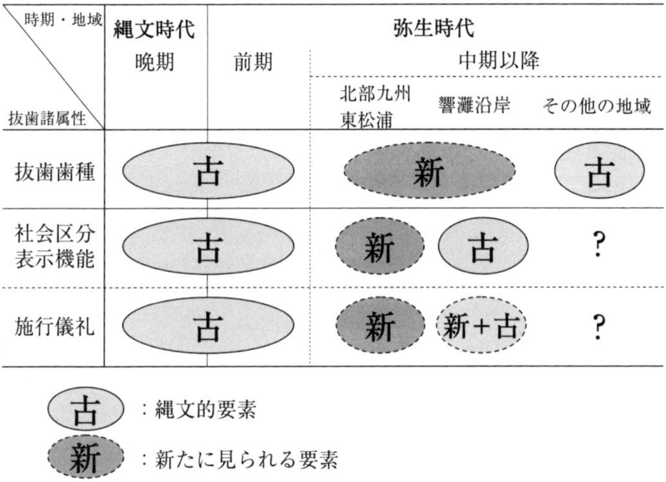

第4節　列島先史時代抜歯風習に基づく社会論　*343*

時期・地域 抜歯諸属性	縄文時代		弥生時代		
	晩期	前期	中期以降		
			北部九州 東松浦	響灘沿岸	その他の地域
抜歯歯種	古		新		古
社会区分 表示機能	古		新	古	?
施行儀礼	古		新	新+古	?

古 ：縄文的要素

新 ：新たに見られる要素

図97　弥生時代抜歯風習の地域性

て検討してみよう。東松浦地域における渡来系文化要素と渡来系形質のずれに関しては、すでに指摘されている土着系人口の多さにより説明が可能であり(田中・小澤 2001；田中 2002)、支石墓にみられるように文化情報としては半島との類似度が高く情報伝播の背後には人の移動が想定されるが(端野 2001)土着の人口が相対的に多かったために渡来系形質の影響は少ないと考えられよう。渡来系抜歯風習に関しても同様な説明が可能である。但し、東松浦と同じように弥生時代開始期に渡来系形質・墓制等が人の移動を伴ってある程度類似度を保って伝播したと考えられる山陰地方(Doi・Tanaka 1987；端野 2001)のうち、古浦遺跡や青谷上寺地遺跡においては中期以降も上顎犬歯抜歯を行っており、渡来系抜歯風習の顕著な影響は認められない。このような渡来系抜歯風習の地域差は上述の支石墓や遠賀川式土器に見られるような弥生時代開始期直前から前期前半の情報伝播の様相とは異なる。したがって、弥生時代開始期の情報伝播に伴い抜歯風習も伝播した可能性はあるものの当該期の情報伝播の空間的様相とも異なることから、この時期には受容されていない可能性が高い。

　では次に、抜歯変容期前後の前末・中初の半島からの文化情報に抜歯風習が含まれておりこれを受容した可能性を検討してみよう。第Ⅴ章で見たように半島においては古墳時代併行期まで抜歯風習が行われており、当該期の半島から

の文化情報に抜歯風習が含まれていた可能性はある。この場合、抜歯風習変容時に生じている地域差についてはどのように説明が可能であろうか？　繰り返しになるが、中期の渡来系抜歯風習を受容した地域には抜歯風習の様相に地域差があり、成人抜歯を維持しながら受容している土井ヶ浜遺跡と成人抜歯を廃止し渡来系抜歯風習を受容した北部九州・東松浦地域という違いがある。土井ヶ浜遺跡においては縄文晩期同様社会区分表示としての機能を維持した成人抜歯を行いながら、成人以降の切歯・小臼歯抜歯を行っている。東松浦地域では抜歯施行年齢こそ不明なものの、中期以降の個体が多いと考えられる第2-4次調査出土個体では抜歯の施行率が低下し、下顎切歯1～2本の単独抜歯が低施行頻度で見られ、北部九州の諸遺跡同様渡来系抜歯風習の影響が色濃く見られる。

　前項の北部九州弥生中期の抜歯風習の変容で指摘した社会変容が抜歯の変容要因であるならば、大友遺跡と土井ヶ浜遺跡を比較するとどちらも平地面積が狭く生産力の増加やそれに伴う人口増加・集団の分化・再編成の点で相違があるようには思われない。但し、それぞれの遺跡をとりまく前期末・中期初頭の地域的特徴を見てみると、2遺跡を取り巻く様相は異なってくる。まず、前期後半の土器の様相を見ると、東松浦地域では独自の土器分布圏というよりもむしろ北部九州の土器分布圏に含まれる（森 1967 など）。一方で、土井ヶ浜遺跡を含む響灘沿岸地域では当該期に独自の綾羅木式土器分布圏が形成される。このような土器の地域色の時期的変化の背景には地域色を成り立たせた背後の社会のありようの変化が指摘されている（田中 1998）。したがって、大友遺跡を含む東松浦地域および北部九州地域社会と土井ヶ浜遺跡を含む響灘沿岸地域社会における抜歯風習の相違は土器分布圏にみられるような地域社会の独自色の出現の一端であると考えられる。加えて、前期末・中期初頭に本格的に列島に導入される青銅器に関しても響灘沿岸地域は北部九州と異なり、出土例数が極めて少なく、梶栗浜遺跡の石棺・向津具遺跡出土例と中ノ浜遺跡出土例のみである。東松浦地域に関しては中期以降墓への青銅器の副葬が見られ、北部九州的なあり方をしている。東松浦地域では宇木汲田遺跡のような前期末‐中期の新たな部族秩序形成の1つの根拠である地域的核集落（田中 2000）や桜馬場遺

跡のような前漢鏡や巴型銅器を有する厚葬墓が認められる。大友遺跡は地域的核が出現した東松浦地域社会縁辺に含まれており、前期末-中期以降新たな部族秩序が形成されたと考えられる。一方で、響灘沿岸地域では平野面積が比較的広い場合には綾羅木遺跡のような規模の大きな集落遺跡が存在するが基本的には土井ヶ浜遺跡・吉母浜遺跡の所在地のように平野面積が狭い場所が多く、北部九州にみられるような厚葬墓は認められない。田中氏が北部九州で指摘するような一定の間隔で地域的核となる遺跡が出現するような状況ではなく、北部九州にみられるような集落間の階層構造が成立していた可能性は低い。響灘沿岸においても、土井ヶ浜遺跡にみられるように中期前葉の気候変動を境として集団の再編成が行われていた可能性は考えられるが、基本的には北部九州にみられるような部族秩序の再編成とは質の異なる動きであったと考えられよう。このような地域社会の様相を見ると、新たな部族的社会秩序の形成を背景とし北部九州からの情報が直接的に流入し受容しうるような社会背景にあった東松浦地域という評価ができよう。響灘沿岸に関しては、北部九州からの情報の流れがある程度欠落していた或いは受容されていない可能性が考えられ、後者の可能性の背景には受容しうるような社会に到っていなかったという評価ができよう。

　一方で、西九州の深堀遺跡においては弥生土器が北部九州と型式学的差を持たないという指摘がなされているが（小田 1967）、抜歯風習に関しては西九州では明確な渡来系抜歯風習の影響が薄い。施行頻度が低く抜歯施行儀礼が変容している可能性のある宮の本遺跡においても抜歯歯種は上顎犬歯に限られている。したがって、北部九州からの文化要素は入ってきているにもかかわらず渡来系抜歯風習の影響は薄いと言える。これは、西九州では儀礼という社会システム内の上位に位置する「ハイレベルの文化要素」（田中 1982）において完全には渡来系要素偏重に至っていないという指摘が可能であろう。

　以上のように、大友遺跡と土井ヶ浜遺跡における抜歯風習の様相を個別に比較すると抜歯風習の変容と社会組織の密接な関連は見えないが、各遺跡の所在する地域内に位置付けることで、抜歯風習の空間的な相違に関しても社会変容と密接に結びついていることが浮き彫りになってくる。加えて、人の移動がある程度落ち着いた前期後半以降の情報伝播であったため、北部九州からの距離

が離れる西九州や島根以東の日本海沿岸・東日本においては渡来系抜歯風習に関する情報が伝播しにくく、儀礼が変容していた場合でも抜歯歯種に関する規制は強いままであったと考えられよう。特に、響灘沿岸・西九州における抜歯風習の有り様はロウレベルの文化要素の共有はある程度社会組織の異なる地域社会間でもみられるが、「ハイレベルの文化要素」の伝播・受容にはベースとなる地域社会の類似性が不可欠であることを窺わせる。したがって、半島的抜歯風習の受容時期に関しては前期末・中期初頭の可能性が高く、その地域差には新たな部族秩序の形成を背景とした地域色の成立と密接に関係している可能性が高いと言えよう。

第5節　先史社会と抜歯風習

　本節では、前節まで検討してきた日本列島に加え、韓半島・中国大陸・台湾島に見られる先史時代抜歯風習も含め、東アジア先史社会進化段階と抜歯風習の変容について比較検討を行う。また合わせて様相の未だ不明な抜歯風習の成立時期に関しても言及したい。
　まず、分析の結果、韓半島においては弥生時代開始期前後の時期から本村里遺跡事例のように服喪抜歯歯牙の遺体への供献が行われており、B.C. 1世紀頃の弥生時代中期併行期には服喪抜歯事例が複数見られるようになる。当時の半島社会について検討してみると、墓制からみると無文土器前期には敷石を持つ単独支石墓が存在しており（河 2000）、遼寧式銅剣を伴う大田市比來洞1号支石墓に関しては「村や小地域の首長層墓」と評価されている（武末 2002）。このような墓の有り様から、現時点で半島において服喪抜歯が最初に確認されている時期は地域的核となる墓が存在するような少なくとも縄文後期や弥生時代前期末・中期初頭以降の社会と同程度かより複雑化した社会であったと言えよう。さらに、半島において抜歯風習及び歯牙供献事例が複数みられるようになる列島の弥生時代中期併行の半島社会についてみてみよう。韓半島においては部族社会から首長制社会への移行期に関する言及は少ないが、日韓青銅器の比較から日本列島と韓半島における首長制社会への移行期の違いを示唆した研

究が見られる（岩永 2000）。岩永省三氏は、半島における当該期の青銅器文化の特徴に関して①半島の金属器文化Ⅳ期における青銅器の儀器化、②韓半島における儀器化した青銅器の墓への副葬行為、③日本列島に見られるような埋納青銅器が少ないという現象を指摘している。さらに、これらの現象に基づき、韓半島においては、日本の青銅器埋納祭祀に見られるような、集団の階層分化を制御し首長の突出を制限する「集団規制機能」を果たす青銅器祭祀が発達する余地がなかったと指摘し、その背景として漢帝国の文化的インパクトが列島より遥かに直接的であったことを挙げている。したがって、韓半島における成人抜歯の存在は未だ明らかになってはいないが、青銅器の研究により階層化が考えられる半島の金属器文化Ⅳ期（日本列島の弥生時代中期前葉併行）には、既に集団成員の大半が行うという形の成人抜歯は見られず、より個人が強調される形の服喪抜歯やそれに伴う抜歯歯牙の供献行為が行われていたと言えよう。

　中国大陸に関しては、抜歯の見られる人骨資料が多く、また社会進化段階に関する研究も進んでいる山東地域をモデルとして取り上げ、社会進化段階と抜歯の変容について見ていこう。まず、華北地方全体に関しての研究によると、龍山文化期にはいると墓制に見られる階層構造の進展・住居構造の変化・集落を壁で囲う城址遺跡の出現などが見られ、首長制社会への移行期として捉えられている（宮本 2000）。また、城址遺跡そのものの研究においても、山東地方の龍山文化期の両城鎮遺跡に関しては、その面積の大きさから、都市的な機能が想定されている（中村 1997）。以上の研究から、少なくとも山東龍山期には首長制段階へ移行していたと考えられよう。一方で、抜歯風習に関する分析結果を見ると、大汶口中期まで見られる高施行率・低施行年齢の成人抜歯抜歯に代わって、大汶口晩期には低施行率・高施行年齢の抜歯風習が増えてくる。したがって、山東地域においても、首長制社会へ変化する前段階において、成人儀礼に伴う抜歯から異なる契機と考えられる抜歯風習へと変化していたと考えられよう。

　さらに、台湾島においては少なくとも近代に至るまで、清朝の影響を受けていない台湾先住民が部族社会および首長制社会を形成していた（鈴木 1932；日本順益台湾原住民研究会 1998）。一方で、抜歯風習に関しては、先史時代の古人骨

に見られる抜歯風習について成人抜歯の可能性が指摘されているのみでなく（蓮 1987）、民族誌学的事例から近代まで成人儀礼時の抜歯風習が存続していたものと指摘されている（伊能 1907；野谷 1936；宮内 1940）。

　日本列島においては、前項までに検討してきたように、部族社会の社会組織が変容を始めた段階、即ち首長制社会に向けた部族社会からの脱却が急速に進展した段階に成人抜歯から服喪抜歯もしくは特定の社会的地位への加入礼としての抜歯に変化している。以上の3地域と日本列島における抜歯風習の変容から、社会の変化と抜歯風習の変容を見てみると、部族社会から首長制社会への移行期に集団成員の大半が行っている成人抜歯から、集団成員の一部の人物のみが行う抜歯へ変化しているという共通性が見られる。民族誌学的研究を見ると、バンド社会から部族社会であったオーストラリア先住民の間では近代まで成人儀礼としての抜歯風習が主流であり、首長制社会であった17世紀ハワイ諸島においては特定の地位の人々の死を悼んで服喪抜歯が行われている。したがって、社会進化の度合いと、そこでの抜歯風習の用いられ方には関連がある可能性が高い。

　では、それ以前のバンド社会から部族社会への移行期には抜歯風習はどのような変化をしているのであろうか？　抜歯風習の元々の機能としては、金関により検討が行われており、服喪抜歯や成人抜歯および抜歯の代わりになったと考えられる成年式や正月のお歯黒は表現形式やそれぞれ行う行事が違っていても、元々の意図された機能は「死霊へのカモフラージュ」であると指摘している。金関氏は死霊となった祖霊は子孫の一生の重要な行事には必ず出張してくる、と指摘しており（金関 1975）、このような考え方は、通過儀礼に対する一般的な考え方である（Gennep 1995）。したがって、成人儀礼や服喪或いは特定の地位への加入礼において、死霊（＝祖霊）から身を守るために行われていた抜歯が行われるようになったと考えられよう。では、祖霊という観念が成立するのはどの段階であろうか？　キージングによると祖霊観念の成立、つまり生者の社会範疇が祖先との関連で決まるようになる出自規制が成立する段階が部族社会である（Keesing 1975）。また、部族社会においてはバンド社会と比較すると社会の複雑度は高く、部族内外における集団間の調整機構としての年齢階

梯性や宗教的・政治的結社が存在しており（Service 1979)、それに伴った獲得的な社会的地位の増加も存在していたと考えられる。第2項で検討を行った日本列島における抜歯風習萌芽期の抜歯や既存の研究に見られるイタリアの新石器時代の抜歯（Robb 1997)が、特定の社会的地位の獲得や特定の社会的地位と関連した服喪抜歯の可能性が高いことを考えると、部族社会での抜歯風習の出現は、祖霊観念の成立や様々な汎部族的ソダリティーの出現に見られる部族社会の特徴（Service 1979)と矛盾しない現象であろう。海外における抜歯風習の出現期の事例は第Ⅱ章で整理したように、確実な事例は東アフリカの中石器時代を除くといずれも新石器時代以降である（Hrdlicka 1940)。世界各地における抜歯風習の出現と社会発展段階に関する検討はまだ手つかずではあるが、新石器時代以降であるということを考えると、すでに部族社会へ移行した社会が多いという予測が成り立つ。列島の先史時代抜歯風習の萌芽期を見てみると、抜歯風習の出現例が増えるのは西日本においては前期であり東日本においては前期以前の人骨があまり遺存していないことから、初源期の様相は不明である。しかし、社会進化段階と抜歯風習の変容が関連しているという点を考慮に入れて抜歯風習の日本列島における出現を考えてみると、列島先史社会における部族社会への移行は、環状集落が出現し集落や墓地の空間的な分割現象が見られる縄文時代早期末から前期初頭であると捉えられている（田中 1998；谷口 2002)。以上のことから、列島先史社会においてもバンド社会から部族社会への移行期における段階で抜歯風習が出現したという予測が成り立とう。

終章　結　　論

　以上 6 章にわたって、日本列島の先史時代抜歯風習の系譜関係を論じ、施行儀礼・区分原理を検討するとともに抜歯風習に基づく社会論を展開してきた。まず、第Ⅰ章においてはこれまでの海外及び日本列島の先史時代抜歯風習の形質人類学的研究・考古学的研究についてその到達点と問題点を明らかにし、日本列島における先史時代抜歯風習研究の特異性を明らかにした。列島先史時代抜歯風習に関する問題点は以下の通りである。

①形質人類学的研究
　抜歯の鑑別方法・抜歯施行年齢の推定方法ともに 1980 年代に入り、既に体系的な手法が提示されており、各研究者により提示されている有効な手法を組み合わせることにより、より確実な抜歯の鑑別・抜歯施行年齢の推定が可能である。

②考古学的研究
　抜歯風習の系統論・施行儀礼に関する議論・抜歯風習に基づく社会論ともに問題が山積している。1980 年代以降、抜歯の基礎的データに関する研究が進んでいるにもかかわらず、それらが各論ともに生かされていない。各論ごとの問題点は以下の通りである。
　ⅰ）日本先史時代抜歯風習の系統論：抜歯歯種や人類学的裏付けのない通過儀礼に基づく系譜付けを行った研究が多く、抜歯歯種・抜歯型式・施行年齢に基づく研究は、弥生時代の土井ヶ浜遺跡（中橋 1996；Han and Nakahashi 1990）のみに限られている。したがって、各地域ごとに抜歯歯種・抜歯型式・施行年齢に基づく系譜論を展開し、併行する時期の中国・台湾・韓国の抜歯風習と比較

を行う必要がある。

　ⅱ）施行儀礼に関する議論：縄文時代に関しては、1970年代以降、形質人類学的裏付けのない儀礼仮説が定着しており、1990年代にはいると若干の疑問が投げかけられるようになっている。現段階では、施行年齢に基づいて導き出された通過儀礼のうち可能性として残されるものは「成人儀礼」(長谷部 1919；清野 1949；渡辺 1967) である。弥生時代に関しても形質人類学的裏付けのない儀礼仮説が定着している一方で、土井ヶ浜遺跡に見られるように形質人類学的データの提示が行われたり (中橋 1990)、形質人類学的データに基づく古墳時代の服喪抜歯説が弥生時代に遡る可能性も示されている (土肥・田中 1988)。

　ⅲ）社会論：縄文時代の抜歯型式に関しては、長期にわたり定着していた春成氏の抜歯型式＝集落出自表示論 (春成 1973：1980) は、集落出自という概念自体が部族社会で成立し得ないという点から既に否定されている (田中 1998)。さらに、形質人類学的手法を用いた血縁者の推定から、春成氏が婚入者の集団であるとしている抜歯型式の個体群も、血縁者を多く含む個体群であるという分析結果が出されている (Tanaka 1993：2001)。

　以上のように、日本の抜歯風習の考古学的研究に関しては系統論・施行儀礼の推定・抜歯風習の区分原理ともに問題が山積していたが、形質人類学的研究における抜歯鑑別方法・施行年齢推定方法や区分原理を検証するための血縁者の推定方法はこれまでの研究において検討が重ねられており、精度が高められているという点を指摘した。

　第Ⅱ章では既存の研究における抜歯鑑別方法・施行年齢の推定方法を再度整理し、上述の日本先史時代抜歯研究の問題点を克服するための観察・分析方法を検討した。分析項目に関しては以下の通りである。

　　①抜歯の鑑別法：基本的に大多和氏 (大多和 1983) および土肥・田中氏 (土肥・田中 1988) に拠る

　　②抜歯の施行年齢の推定：歯牙萌出年齢 (永井 1961b；中橋 1990)・抜歯隣接歯牙の側方咬耗 (大多和 1983)・各年齢相関の抜歯施行率の比較 (中橋 1990)・抜歯対咬歯牙の咬耗 (土肥・田中 1988)

　　③抜歯の施行と婚姻儀礼：婚姻の目安として妊娠経験 (寛骨に見られる妊娠

痕、Houghton 1975；Igarashi 1992）を用い、抜歯年齢との比較を行う
④抜歯に見られる区分原理の推定：抜歯と性別・考古学的現象の比較を行う。加えて、冠計測値を用いた血縁者の推定（土肥他 1986）を行い抜歯と血縁集団の関係を検討する

　以上のような視点と方法に基づいて、第Ⅲ章では縄文時代の抜歯風習について、第Ⅳ章では弥生時代の抜歯風習について、第Ⅴ章では隣接地域における抜歯風習について分析を行った。そして、これらを総合して、第Ⅵ章において列島先史時代抜歯風習についての議論を行った。その概要は以下の通りである。

①列島先史時代抜歯風習の系統

　抜歯歯種のみでなく施行年齢・施行率・抜歯型式群から検討を行った結果、これまでの指摘と異なり縄文時代から弥生時代前期まで列島外からの大きな影響を受けることなく、社会変化に伴い内的変化を遂げていることが確認された。加えて、弥生時代に入り、韓半島からの上下顎切歯および小臼歯を中心とした服喪抜歯の影響を受けたことが明らかになった。また、南西諸島のうち、薩南諸島・沖縄諸島の抜歯系統に関しては、現段階では確定困難であることを示した。

②儀礼的側面

　縄文時代から弥生時代まで成人以降に行われたと考えられる特定の社会的地位に関連した抜歯が行われていたことを明らかにした。特に弥生時代に入ると弥生時代中期以降古墳時代まで服喪抜歯がとぎれることなく連綿と続いていた。一方で、縄文時代後期中葉以降地域差は見られるもののおおよそ弥生時代前期まで、成人儀礼に伴う集団成員の大半に課せられた集団成員権獲得のための抜歯が行われていた。また、弥生時代中期から後期の成人以降の抜歯風習と関連した社会的地位に関しては、北部九州における墓制を検討した結果、一般集落に伴う墓地にも抜歯個体が見られることからごく限られた特定階層のみで行われていた風習ではなかったと推定した。したがって、これまでの研究において言われてきた縄文時代前期から後期前葉の抜歯の契機が婚姻であるとする説

(春成 1973：1982) と縄文時代後期後葉から弥生時代中期までの成人・婚姻抜歯仮説（春成 1973：2002 など）は棄却された。

③抜歯風習に見られる社会集団

　縄文時代晩期東日本の大別抜歯型式・弥生時代前期末から中期中葉山陰地方の上顎抜歯型式・弥生時代後期薩南諸島の上顎抜歯型式はそれぞれ親族ソダリティーに対応していた可能性が考えられた。また、西日本縄文時代晩期から弥生時代に見られる大別抜歯型式はジェンダーを区分軸としており非親族ソダリティーと相関する可能性が高いという結論に至った。以上の結果から、縄文・弥生時代の抜歯型式を集落出自とする説（春成 1973・1974）は棄却された。

④抜歯風習に基づく社会論

　①から③のような抜歯の諸様相から、縄文時代から弥生時代の抜歯風習の変化は社会組織の複雑化と連動しており、社会組織の複雑化に伴い縄文時代後期前葉から中葉を画期として抜歯風習の変容が起こっていると捉えた。また、縄文晩期の抜歯型式に採用されている社会集団が複数の部族を横断可能な部族組織原理であることを指摘した。加えて、縄文時代晩期の抜歯区分原理の東西の地域差に関しては、ソダリティーの表現手段の東西差の可能性とともに、親族集団の複雑化の度合いに東西日本で差があり、非親族ソダリティー／親族ソダリティーの社会的重要度の差が抜歯風習にあらわれている可能性を指摘した。弥生時代における韓半島系抜歯風習受容度合いの地域差は、弥生時代前期後半以降に出現してくる社会変容の進展度合いの地域社会間の差を反映している可能性を指摘した。

⑤先史社会と抜歯風習

　東アジア全域の抜歯風習と社会進化段階の様相を見ると、部族社会から首長制社会への移行期にそれまでの成人抜歯が変容しており、抜歯風習と社会進化段階は関連があると考えられた。さらに、抜歯の原意が死霊（＝祖霊）から身を隠すためのカムフラージュである（金関 1975）という説に基づき、抜歯風習

の出現と祖霊観念の成立が関連していると推定した。このことから、抜歯風習の出現の背後には社会的地位の多様化と祖霊観念が成立する出自規制の成立、つまり部族社会への移行があるという予測を行った。

　本論の結論は以上の通りである。しかし、本論では、列島抜歯風習の萌芽期である前期から後期前葉や中国大陸における低施行率抜歯の儀礼の推定、南西諸島における抜歯施行儀礼の推定、台湾島出土古人骨に見られる抜歯型式や施行儀礼の推定など検討を要する点が残されている。今後、これらの地域・時期の資料を検討することにより、日本列島を含め東アジア地域の抜歯風習のさらなる解明を行う必要がある。これにより、東アジア地域における抜歯風習を用いた通過儀礼と時間的・空間的社会変容に関するモデル化を行うことが可能になる。加えて、列島先史社会において東アジアの中でも独特な抜歯型式の多様化・儀礼の複雑化が生じた要因を明らかにし、列島先史社会の独自性を明らかにすることもできよう。

appendixA-1

縄文時代（○抜歯、×風習的抜歯以外のAMTL、／歯牙・歯槽骨ともに遺存せず、△歯根のみ遺存、？もしくは（○）は鑑別困難なためカウントせず）

個体番号	年齢	性	RP¹	RP¹	RC¹	RI²	RI¹	LI¹	LI²	LC¹	LP¹	LP¹	RP₂	RP₁	RC	RI₂	RI₁	LI₁	LI₂	LC	LP₁	LP₂	収蔵機関
宮城県南境・妙見貝塚（早期末-前期初頭）																							
2	成人	男性			○			○			／	×	×			×	×	×			×		新潟大学
宮城県貝殻塚貝塚（前期）																							
1	熟年	男性？													○	○							新潟大学
番号無し	熟年	女性	／	／																			新潟大学
熊本県轟貝塚（前期）																							
1号？	成年	女性													○								京都大学
3号	成年	女性				／							／	／									京都大学
3-2号	成人	男性						／			／	／	／	／	／	／	／						京都大学
3-3号	成人	不明									／	／	／	／	／			／					京都大学
3-4号	熟年	不明									／	／											京都大学
4号	成年	女性					○																京都大学
5号	成年	女性	／	／			／		／	／		／	／										京都大学
6号	成年	女性	／	／	／								／	／	／								京都大学
10号	熟年	不明													○								京都大学
11号	成年	男性																					京都大学
12号	熟年	女性																					京都大学
13号	成年	男性																					京都大学
15号	成年	不明																					京都大学
16号	熟年	女性										(×)	○	○									京都大学
18号	若年	女性																					京都大学
11号	成年	女性																					東京大学
26号	熟年	男性												／	／	／							東京大学
宮城県川下り・響貝塚（中期末）																							
3号	成年	男性				○			／	／													東北大学
7号	成年	男性				○																	東北大学
1号	成年	女性		○	○													／		／			東北大学
宮城県青島貝塚（中期末）																							
14号	成年	男性																					東北大学
0号	成年	女性					／																東北大学
9号	成年	男性				○																	東北大学
6号	成-熟年	女性				○																	東北大学
10号	熟年	男性	／	／	／			×		×													東北大学
11号	熟年	男性																／					東北大学
102号	熟年	男性														×							東北大学
千葉県中峠貝塚（中期）																							
3次1号	成年	男性	／																				新潟大学
3次3号	若年未-成年	不明																					新潟大学
3次5号	成年	男性												○	○								新潟大学
3次6号	成年	男性																	／				新潟大学
5次1a号	若年	男性					／	／															新潟大学
5次2d号	小児	不明															／						新潟大学
8次1号	若年	女性				／																	新潟大学
8次2号	小児	男性																					新潟大学
8次3号	成年	男性																					新潟大学
8次4号	幼児	不明																					新潟大学
千葉県姥山貝塚（中期末）																							
11	成人	男性			○																		東京大学
12	成年	男性																					東京大学
13	若年	男性																					東京大学
41	成年	女性																					東京大学
31	熟年	男性									／	／	／										東京大学
千葉県加曾利北貝塚（中期末）																							
I-4	成年	男性			○																		東京大学
東京都千鳥窪貝塚（中期後半）																							
2号	成年	女性						○															東京大学
2号	成年	不明											○	○						○			東京大学
広島県太田貝塚（中期）																							
11号	成年	男性																					京都大学
12, 22-2号	熟年	男性				○				／		／	／		／	／	／	／	／				京都大学
12～22号	熟年	男性	／	／	／			／	／					○									京都大学
12号	成年	不明																					京都大学
1号	熟年	女性					○					○											京都大学
20号	熟年	男性						／		／													京都大学
21号	熟年	男性																					京都大学
22号	若年	男性				／	／		／														京都大学
27号	成年	男性				／																	京都大学
2号	成年	男性										／	／										京都大学
2号	成人	女性			／	／		／	／					(○)									京都大学
30号	成年	男性						／															京都大学
31号	熟年	男性												○	△								京都大学
32号	30代	男性												○	○								京都大学
34号	成年	女性																					京都大学
36-1号	熟年	男性												○	○					／			京都大学
36-2号	成-熟年	男性																					京都大学
39号	成年	女性																					京都大学
3号	熟年	男性												○									京都大学
40号	熟年	男性								×			○	○						×			京都大学
42, 54号	成人	不明																					京都大学
43号	成年	女性																					京都大学
44-1号	成年	不明	／	／	／																		京都大学
44-2号	成年	不明	／	／																			京都大学

個体番号	年齢	性	RP^2	RP^1	RC'	RI^2	RI^1	LI^1	LI^2	LC'	LP^1	LP^2	RP_2	RP_1	RC	RI_2	RI_1	LI_1	LI_2	LC	LP_1	LP_2	収蔵機関
44-3号	成年	不明	／	／	／	／	／	／	／	／	／	／	／	／	／	／							京都大学
45号	成年	男性																					京都大学
46号	成年	男性																					京都大学
47号	成年	女性	／	／	／	／	／	／	／	／	／	／											京都大学
48号	成年	女性			／	／	／																京都大学
50号	成年	男性							／	／													京都大学
51号	成年	男性	／	／	／	／	／	／	／	／	／	／											京都大学
52号	成年	女性	／	／	／	／	／	／	／	／	／	／								／	／	／	京都大学
54号	成年	女性	／		／	／	／		／		／	／											京都大学
55号	成年	男性																					京都大学
56号	成年	男性																					京都大学
58号	成年	男性	／	／	／	／	／	／	／	／	／	／											京都大学
59-1号	成年	女性										／											京都大学
59-2号	熟年	不明	／	／	／	／	／	／	／	／	／	／	／	／	／	／	／						京都大学
5号	成年	男性																					京都大学
5号	熟年	男性		×																			京都大学
64-1号	熟年	不明	／	／	／	／	／						／	／	／	／	／	／	／	／	／	／	京都大学
64-2号	熟年	女性	／	／	／	／	／	／	／	／	／	／											京都大学
64-3号	熟年	不明	／	／	／	／	／	／	／	／	／	／	／	／	／	／							京都大学
64-4号	熟年	男性	／	／	／	／	／	／	／	／	／	／						／	／	／	／	／	京都大学
7号	成年	男性																					京都大学
7号	熟年	男性	／	／	／	／	／	／	／	／	／	／											京都大学
8号	成人	不明							／	／	／	／	／	／	／	／	／	／	／	／	／	／	京都大学
8号	成人	不明	／	／	／	／	／						／	／	／	／	／	／	／	／	／	／	京都大学
8号	成人	不明	／	／	／	／	／	／					／	／	／	／	／	／	／	／	／	／	京都大学
K-904	熟年	女性			○			／	／	／	／	／											京都大学
K-905	成年	女性	／	／	／	／	／	／	／	／	／	／			○					○			京都大学
福岡県二川(老齢)貝塚(中期)																							
1,2号	成人	女性	／	／	／	／	／	／	／	／	／	／	／	／	／	／	／				×		京都大学
1,2号	成人	女性	／	／	／	／	／	／	／	／	／	／	／	／	／	／							京都大学
1,2号	成人	不明	×					／	／	／	／	／	／	／	／	／	／	／	／	／	／	／	京都大学
2号	熟年	男性	／	／	／	／	／	／	／	／	／	／											京都大学
2号	成人	男性																					京都大学
3,4号	成年	不明	／	／	／	／	／	／	／	／	／	／				○							京都大学
3,4号	成年	男性	／	／	／	／	／	／	／	／	／	／											京都大学
千葉県貝の花貝塚(中期末・後期初)																							
1号	成人	女性				○																	新潟大学
3号	成年	女性							○							○							新潟大学
8号	成年	男性																					新潟大学
11号	若年	不明																					新潟大学
17号	成年	女性																					新潟大学
18号	成年	男性	×																				新潟大学
21号	成人	女性				／		／	／							／	／	／	／				新潟大学
24号	熟年	女性	／	／	／	／	／	／	／	／	／	／										×	新潟大学
31号	成年	男性						／	／	／	／	／							○				新潟大学
35号	成人	男性			○					○													新潟大学
42号	成年	男性				／	／	／	／	／	／	／											新潟大学
岩手県門前貝塚(中期-後期)																							
3	小児	不明											／	／	／	／	／	／	／	／	／	／	東北大学
7	若年	不明	／	／	／	／	／																東北大学
12	成年	男性							○										／	／	／	／	東北大学
9	成年	男性							○														東北大学
小友	成人	男性																					東北大学
2	熟年	男性	／	／	／	／	／	／	／	／	／	／						／	／	／	／	／	東北大学
千葉県姥山貝塚(中期末-後期)																							
A1	成年	女性																					東京大学
A4	成年	男性																					東京大学
A5	成年	女性																					東京大学
A6	若年	女性																					東京大学
B1	熟年	女性	×														○	○		○			東京大学
B2	成年	男性																					東京大学
溝1	成年	女性														○							東京大学
溝2	成年	男性																					東京大学
溝3	成年	男性																					東京大学
溝5	熟年	女性																					東京大学
21	成年	女性	／	／	／	／	／	／	／	／	／	／											東京大学
41	成年	男性							／	／													東京大学
45	成年	女性		／	／	／	／																東京大学
47	成年	男性	／	／	／	／	／	／	／	／	／	／											東京大学
48	熟年	女性	／	／	／	／	／			○													東京大学
50	成年	女性							○	○		／	／	／		○	○						東京大学
53	成年	男性	／	／	／	／	／	／	／	／		／											東京大学
54	成年	男性																					東京大学
58	成年	男性				／											○						東京大学
番外2.3	成年	女性																					東京大学
3C	熟年	男性							○														東京大学
104	成年	不明											／	／	／	／	／	／	／	／	／	／	東京大学
105	成年	男性											／	／	／	／	／	／	／	／	／	／	東京大学
13	成年	男性				○																	東京大学
01	成年	不明																					東京大学
08	成年	女性			○			／	／	／	／	／					○						東京大学
岩手県湧清水洞穴(後期後葉)																							
24																							新潟大学
20)E-12	成人	女性	／	／	／	／	／	／	／	／	／	／			×	×	×	×	×	×			新潟大学
22)E-23	成人	男性？	／	／	／	／	／	／	／	／	／	／	×	×	○			／	／	／	／	／	新潟大学
22)E-3	成人	不明	／	／	／	／	／	／	／	／	／	／		／	／	／	／	／	／	／	／	／	新潟大学
23)E-3	小児	不明	／	／	／	／	／	／	／	／	／	／					先						新潟大学
25)E-8	成人	不明	／	／	／	／	／	／	／	／	／	／			○		／			○			新潟大学

appendixA-1 359

個体番号	年齢	性	RP^2	RP^1	RC^1	RI^2	RI^1	LI^1	LI^2	LC^1	LP^1	LP^2	RP_2	RP_1	RC	RI_2	RI_1	LI_1	LI_2	LC	LP_1	LP_2	収蔵機関
26)E-11	熟年	男性	/	/	/	/	/	/	/	/	/	/	○								○		新潟大学
27)E-13	成年	女性	/	/	/	/	/	/	/	/	/	/	○								○		新潟大学
29)E-16	成年	男性	/	/	/	/	/	/	/	/	/	/	○								○		新潟大学
33)E-25	成年	男性	/	/	/	/	/	/	/	/	/	/	○	○							○	○	新潟大学
33)E-9	成年	男性	/	/	/	/	/	/	/	/	/	/	○								○		新潟大学
34)A-17	成年	女性	/	/	/	/	/	/	/	/	/	/	○								○		新潟大学
36)B-10	成年	男性	/	/	/	/	/	/	/	/	/	/	○								○	/	新潟大学
37)B-15	成人	不明	/	/	/	/	/	/	/	/	/	/	/	/	/	/	/	/	/	/	/	/	新潟大学
38)E-19	成人	不明					○	○					/	/	/	/	/	/	/	/	/	/	新潟大学
39)E-20	成年	女性?	/	/	/	/	/	/	/	/	/	/	/	/	/	/	/	/	/	/	/	/	新潟大学
40)E-21	成年	不明	/	/	/	/	/	○	○														新潟大学
41)E-22	成年	不明	○										/	/	/	/	/	/	/	/	/	/	新潟大学
44)E-a	小児	不明																					新潟大学
45)E-P	小児	不明																					新潟大学
E-1	成年	女性	○	○				○															新潟大学
E-18	成年	女性?	/	/	/	/	/	/	/	/	/	/											新潟大学
E-3	成年	女性					○	○														/	新潟大学
E-4	成年	女性	/	/	/	/	/	○				/										/	新潟大学
E-7	成年	男性	/	/	/	/	/	○						○					○			/	新潟大学
No.24	成人	不明	/	/	/	/	/	○															新潟大学
宮城県貝ヶ鳥貝塚(後期後葉)																							
2	若年	女性																					科博
宮城県橋本囲(後期)																							
3	成年	男性			○		○															/	東京大学
千葉県曽谷貝塚(後期中葉)																							
1号	成年	女性		○				○															東京大学
2号	成人	女性	/	/	/	/	/	○	○														東京大学
2-2号	成年	男性	/	/	/	/	/	○	○												/		東京大学
4号	成年	男性			○									/										東京大学
5-7号	成年	男性		○				○															東京大学
10号	成年	女性	/	/	/	/	/	×	×														東京大学
千葉県加曽利貝塚(後期)																							
D-11-5	成人	男性	/	/	/	/	/	/	/	/	/	/											東京大学
D-1	成人	男性					○																	東京大学
D-2	成年	男性																					東京大学
1	熟年	男性												○										新潟大学
1	熟年	女性																○					東京大学
Ⅱ-5	成人	女性	/	/	/	/	/	/															東京大学
Ⅱ-6	成年	男性	/	/	/	/	/	/															東京大学
2	成年	女性																					新潟大学
5	小児	不明																					東京大学
3	成人	女性						○															東京大学
6	成人	男性																					東京大学
7a	成人	男性																					東京大学
7b	成年	女性	/	/	/	/	/	/										○	○				東京大学
9	成人	男性																					東京大学
10	成年	女性																					東京大学
10'	熟年	女性																					東京大学
17	成人	男性	○	○																			東京大学
18	熟年	男性		○																			東京大学
千葉県姥山貝塚(後期前葉・中葉)																							
16	成年	男性				○		/															東京大学
18	成年	男性				○																	東京大学
23	成年	女性			/	/	/	/	/														東京大学
5	熟年	女性					○	○										○					東京大学
7	成年	女性																					東京大学
8	成年	男性				○																	東京大学
9	成年	男性						○															東京大学
15	成年	男性					/																東京大学
17	成年	男性					○											○					東京大学
19	成年	女性	/	/	/	/	/	/	/									○					東京大学
19	成年	女性	/	/	/	/	/	/	/														東京大学
21	成年	男性				○																	東京大学
32	熟年	男性			○																		東京大学
33	成年	女性			○													○					東京大学
33	熟年	女性			○																		東京大学
34	熟年	女性			○			○															東京大学
35	成年	女性			○																		東京大学
36	成年	女性					○			○													東京大学
37	成年	男性			○																		東京大学
38	熟年	女性	/	/	/	/	/	/	/	×		/				○	○				/		東京大学
39	熟年	男性			○	○																	東京大学
千葉県下太田貝塚(後期)																							
2	成年	男性	○	○																			新潟大学
3	熟年	男性		○				○															新潟大学
6	小児	不明																					新潟大学
10	熟年	女性					○	○															新潟大学
千葉県宮本台遺跡(後期)																							
合2(104)	成年	男性																					新潟大学
3(103)	成年	男性					/																新潟大学
合4(102)	成年	男性				/	/	/	/	/													新潟大学
合6(105)	成年	男性					/					/											新潟大学
9	成年	男性																					新潟大学
10(112)	小児	不明	/	/	/	/	/	/	/	/	/	/											新潟大学
合12	若年	女性																					新潟大学
14(114)	成年	女性																					新潟大学
15(115)	小児	不明					/	/															新潟大学
21	成年	男性?																					新潟大学

個体番号	年齢	性	RP²	RP³	RC'	RI²	RI¹	LI¹	LI²	LC'	LP³	LP²	RP₁	RP₂	RC	RI₁	RI₂	LI₁	LI₂	LC	LP₁	LP₂	収蔵機関
23	幼児	不明	／	／	／	／	／	／	／	／	／	／						先					新潟大学
5(106)	成年	男性											×	×	×								新潟大学
11(110)	熟年	男性				○		○		×		×										×	新潟大学
東京都西ヶ原二丁目遺跡(後期)
	成年	女性		／	／	／												○					科博
新潟県三宮遺跡(後期後半)
	成人	不明	／	／	／		／		○									／	／				新潟大学
1	熟年	男性				○			○									／	／	／			新潟大学
岡山県中津貝塚(後期)
1	成年	女性	○	○				○	○		○		○	○		○	○						新潟大学
2	成年	男性		○				○			○			○			○						新潟大学
3	熟年	男性	／	／	／	／	／						／	／	／						／	／	新潟大学
4	成年	男性		○				○			○			○			○						新潟大学
6	熟年	女性				○																	新潟大学
岡山県羽島貝塚(後期)
7	成年	不明	／	／	／	／	／		／														東京大学
10・11ab	20代	男性				○																	東京大学
6・7	成年	不明																					東京大学
6・7d	成年	女性																					東京大学
6・7a	成年	男性																					東京大学
岡山県貝殻島(羽島)貝塚(後期)
K-151	成人	男性														(○)	(○)						京都大学
K-152	成年	男性											○										京都大学
K-153	若年後半～成年	女性																					京都大学
K-154	成年	男性																					京都大学
岡山県西元浜遺跡(中-後期)
1	成年	不明																／	／				新潟大学
広島県帝釈堂面洞穴(後期)
72-1	成年	女性		○				○									○						新潟大学
広島県豊松堂面洞穴(後期)
64-1	熟年	男性											○										九州大学
70-3	成年	女性				○		○															九州大学
78-1	成年	女性				○		○															九州大学
81-1	熟年	女性(葉)											○			○							九州大学
広島県帝釈寄倉洞穴(後期後葉)
1	成年	男性				○			○						／	／	／						東京大学
2	成年	男性				／	／		○				○				○						東京大学
4	成年	女性							○														東京大学
5	成年	女性	○	○				○		○							○						東京大学
6	成年	男性							○								○						東京大学
10	成年	男性							○				○				○						東京大学
11	熟年	女性	／	／														／					東京大学
13	若年	女性		○				○			○						○						東京大学
16	成年	男性		○					○				○				○	○					東京大学
17	成年	男性		○									○										東京大学
20	成年	男性											○										東京大学
21	成年	男性											○										東京大学
21	成年	男性											○										東京大学
22	成年	男性		○				○					○				○						東京大学
14-3		女性																					東京大学
2'	成-熟年	女性		○				○			○			○			○						東京大学
8-1	成年	女性	○	○				○					○				○						東京大学
下顎A	若年	不明																					東京大学
下顎B	成年	不明																					東京大学
下顎D	成年	女性																					東京大学
下顎E	熟年	女性											○				○						東京大学
下顎F	成年	女性																					東京大学
下顎G	成年	女性											○	○				○	○				東京大学
下顎H	成年	女性																○	○				東京大学
下顎I	成年	男性																					東京大学
下顎J	熟年	女性											○					○	○				東京大学
下顎K	成年	男性																○					東京大学
番号無し	成年	男性																					東京大学
熊本県御領貝塚(後期末)
I-1	熟年	男性				○	○		○					○									九州大学
I-2	熟年	男性																					九州大学
I-3	熟年	男性																／	／				九州大学
I-4	成年	男性																	×				九州大学
II-2	成年	男性																	×				九州大学
埼玉県新郷(東)貝塚(後-晩期)
4号	成年	女性																			○		東京大学
5a号	成年	女性																					東京大学
3号	成人	男性				○			○		×		○				○	○		○			東京大学
2a号	成年	男性				○			○				○					／	／	／			東京大学
静岡県蜆塚貝塚(晩期)
20号	熟年	女性																		○			東京大学
21号	若年	女性																					東京大学
10号	成年	女性							○											○			東京大学
K-259	成年	男性																					京都大学
K-260	成年	男性																					京都大学
K-142	成年	男性																					京都大学
愛知県亀山(川地)貝塚(後-晩期)
1号	成人	女性	／	／	／	／	／						○	○		○	○	○					京都大学
2号	成年	女性											○	○		○	○						京都大学
3号	成年	男性																					京都大学
8号	成年	女性																					京都大学
9号	熟年	女性																					京都大学
10号	成年	男性	／	／	／	／	／	／	／														京都大学

360

appendix A-1

個体番号	年齢	性	RP²	RP¹	RC'	RI²	RI¹	LI¹	LI²	LC'	LP¹	LP²	RP₂	RP₁	RC	RI₁	RI₂	LI₁	LI₂	LC	LP₁	LP₂	収蔵機関
13号	成年	男性				○																	京都大学
15号	成年	女性			○				○					○					○				京都大学
16号A	成年	男性					○																京都大学
16号B	成年	男性	/	/	/	/	/	/	/	/	/	/			○								京都大学
17号	熟年	男性				○													/	○			京都大学
18号	成-熟年	男性	/	/	/	/	/	/	/	/	/	/	/	/	/	/	/	/	/	/	/	/	京都大学
21号	成年	男性	○	○																			京都大学
北海道有珠貝塚(晩期)
4	成年	男性																					東北大
7	成年	男性																					東北大
10	成人	男性	/	/	/	/	/	/	/	/	/	/	/	/	/	/	/	×	×	/	/	/	東北大
13	成-熟年	女性													×	×							東北大
14	熟年	女性							×	×													東北大
17	小児	不明	/	/	/	/	/	/	/	/	/	/	/	/	/	/	/	/	/	/	/	/	東北大
12号墓	幼児	不明	/	/	/	/	/	/	/	/	/	/	/	/	/	/	/	/	/	/	/	/	東北大
15号墓	成年	不明	/	/	/	/	/	/	/	/	/	/	/	/	/	/	/	/	/	/	/	/	東北大
15号墓覆土	不明	不明	/	/	/	/	/	/	/	/	/	/	/	/	/	/	/	/	/	/	/	/	東北大
16-A	成年	女性																					東北大
16-B	成年	女性			○																		東北大
17(b)	成年	女性																					東北大
3号墓3B	幼児	不明				/																	東北大
8号墓	小児	不明	/	/	/	/	/	/	/	/	/	/											東北大
F5区13	成-熟年	不明																					東北大
F-5区9号	成年	男性											/	/	/	/	/	/	/	/	/	/	東北大
G-5①	成年	不明																					東北大
G-5②	成年	不明																					東北大
G-5③	成人	不明																					東北大
G-5④	小児	不明	/	/	/	/	/	/	/	/	/	/	/	/	/	/	/	/	/	/	/	/	東北大
G-8	成人	不明	/	/	/	/	/	/															東北大
G-8'85	小児	不明	/	/	/	/	/	/	/	/	/	/											東北大
H-5第1貝層	熟年	不明																					東北大
その他(4)	成人	不明																					東北大
17	熟年	男性																					東北大
117号墓 No.82	成人	不明			×																		東北大
G-5区1985	小児	不明																					東北大
G-5区第1貝層	成人	不明																					東北大
F-5南壁ベルト	成年	不明																					東北大
G-5区1986	成年	不明																					東北大
3号墓3A	小児	不明																					東北大
6号墓1号	幼児	不明																					東北大
岩手県大洞貝塚(晩期)
1	成年	女性			○			○															東京大学
2	成年	男性	/	/	/	/	/	/	/	/	/	/											東京大学
3	熟年	男性			○			○															東京大学
6	成年	女性	/	/	/	/	/	/	/	/	/	/			○		/			○			東京大学
B1	熟年	男性			○	○			○														東京大学
B8	成年	男性	/	/	/	/	/	/	/	/	/	/											東京大学
91-139	成年	男性																					新潟大学
岩手県宮野貝塚(晩期)
102	成年	男性			○			○															科博
103	成年	男性			○			○															科博
104	熟年	男性			○			○															科博
105	成年	男性			○			○															科博
岩手県中沢浜貝塚(晩期)
4	若年	女性																					東京大学
6	成年	男性	/	/	/	/	/	/	/														東京大学
7	成年	男性			○			○	×	×													東京大学
8	成年	男性			○			○	×	×													東京大学
20	熟年	女性							○		/	/	/	/	/	/	/	/					東京大学
26	熟年	女性		○	○			○		×		○							(○)	(○)			東京大学
27	成年	男性			○			○															東京大学
1-1	成年	男性			○			○											/	○	○			東京大学
3-1	熟年	男性						○											○	○				東京大学
岩手県細浦貝塚(晩期)
番外	成年	男性	/	/	/	/	/	/															東北大学
1	成人	女性						○															大阪大学
4	熟年	女性	×	×	×			×	×	×					○					○			大阪大学
6	成人	男性						○							○								大阪大学
8	成年	女性			○			○															大阪大学
9	成年	女性			○			○															大阪大学
岩手県下船渡貝塚(晩期)
1	成年	男性			○	○		○															新潟大学
岩手県熊穴洞穴(晩期末)
番外	成年	男性	/	/	/	/	/	/	/	/	/	/	/	/	/	/	/	/	/	/	/	/	東北大
宮城県県鳥(蝦島)貝塚(晩期)
10	成年	女性			○	○			○													/	/	科博
14	成年	女性			○				○															科博
19	若年末-成年	不明	/	/	/	/	/	/	/	/	/	/	/										科博
20	成年	男性			○				○						○	○							科博
21	成年	男性			○				○															科博
21と同じ箱	若年	不明																					科博
24	熟年	男性			○	×	×		○									×	○					科博
26	成年	男性			○				○															科博
27	成年	女性	/	/	/	/	/	/	○					○						○			科博
29	成年	男性																					科博
42	老年	女性	×	×	×	×		○	○					×	×		×	×	×	×	×			科博
44	熟年	男性	/		×	×	×	×	×	×	×	×									○		科博
45	熟年	男性			×	×	×		×														科博

個体番号	年齢	性	RP²	RP¹	RC'	RI²	RI¹	LI¹	LI²	LC'	LP¹	LP²	RP₂	RP₁	RC	RI₁	RI₂	LI₁	LI₂	LC	LP₁	LP₂	収蔵機関
47	成年	女性	/	/											○					○			科博
48	成年	男性																					科博
49	幼児	不明																					科博
52	熟年	男性			○					○													科博
53	小児	不明																					科博
55	小児	不明					/	/	/														科博
56	熟年	男性			○					○													科博
57	成年	女性			○	○				○													科博
58	熟年以上	女性	/	/	/			○		/	/											×	科博
60	若年末-成年	男性			○																		科博
61	熟年	女性					○																科博
62	熟年	女性			×		×			○			×	×			×	×			×	×	科博
63	成年	男性			○	○				○						/	/	/	/		/	/	科博
43	熟年以上	女性			×	×	×	×	×	×	×						/						科博
13	熟年以上	不明	/	/			×						×	×	×	×	×	×	×	×	×	×	科博
59	熟年以上	不明			×			×	×	×	×												科博
64	熟年	男性			○			×	×	×	×		○	○						○			科博

宮城県里浜貝塚(晩期)

2	若年	不明																					東北大学
98-1	若年	不明			○																		東北大学
番外2	成年	女性			○			○															東北大学
番外1	成年	女性			○	○		?			○						○			○		/	東北大学
13	成年	男性			○			○															東北大学
6	成年	男性			○	○		○											×				東北大学
15	熟年	女性			○			○															東北大学
5	熟年	女性			○			○			○	○				○			○	○			東北大学

宮城県二月田貝塚(晩期末)

| 1号 | 成年 | 男性 | / | / | / | / | / | / | | / | / | | | | | | | | | | | | 新潟大学 |

福島県三貫地貝塚(晩期)

1or2	熟年	男性			○			○			×				○			○					東京大学
4	成年	男性			○			○															東京大学
5	成年	男性	/	/	/	/	/	/		/	○				/			○	○				東京大学
5'	成年	女性	/	/							○							○					東京大学
12	成人	女性		○	○			○			○		/					○	○				東京大学
10	成年	女性			○			○										○					東京大学
9	熟年	女性	先	○				○			○							○					東京大学
14	成年	女性			○			○			○							○					東京大学
17	成年	男性			○			○			○					×							東京大学
20	熟年	女性			○			○			○							○				×	東京大学
21	成年	女性			○			○			○							○					東京大学
23	成年	男性			○			○			○							○					東京大学
26	若年末-成年	男性														/	/						東京大学
103	成年	女性																					東京大学
106	成年	男性																					東京大学
107	成年	女性																				/	東京大学
109仮①	熟年	男性																					東京大学
109仮②	成年	男性			○						○												東京大学
111	熟年	女性					/	/										○					東京大学
113(114)	若年	女性			○																		東京大学
114					○			○	○	×	/												東京大学
117(118)	成年	男性			○			○								/	/						東京大学
118	成人	不明									×			/									東京大学
122	成年	男性																	×				東京大学
124	成年	男性																					東京大学
125	成年	女性																					東京大学
129	熟年	不明			○																		東京大学
CGR仮①	成年	男性																					東京大学
CGR仮②	成年	不明																					東京大学
CGR仮③	成年	女性																○					東京大学
CGR仮④	成年	女性																					東京大学
CGR仮⑤	熟年	男性											○					○					東京大学
CGR仮⑥	成年	女性																					東京大学
A-5	成年	女性			○			○															東京大学
番外A11	成年	男性																					東京大学
番外A	成人	女性																					東京大学
番外B仮①	成年	女性						○			○							○					東京大学
番外B仮②	成人	男性									×							○					東京大学
番外B仮③	成年	女性																					東京大学
番外B仮④	成年	不明																					東京大学
番外B仮⑤	成年	男性									○												東京大学
番外B2	若年	女性			○																		東京大学
番外B4	熟年	女性																					東京大学
番外B5	成人	男性																					東京大学
番外B8	若年	男性																					東京大学
GGr	成年	男性																	○				東京大学
036	熟年	女性									×												東京大学
037	成人	女性			○			○															東京大学
038	成年	女性			○			○															東京大学
A Ⅳ-4	熟年	女性	×	×	×																		東京大学
114(113)	成-熟年	女性																					東京大学

千葉県粗谷荒海(晩期)

1	成年	男性			○			○															新潟大学
3	成年	女性			○			○								○			○				新潟大学
4	熟年	女性	/	/	/	/	/	/												×	×		新潟大学
6合人骨含む	成人	不明																					新潟大学

愛知県鳴海(矢切)貝塚(晩期)

| K-801-1 | 成人 | 不明 | | | | | | ○ | | | | | | | | | | | | | | | 京都大学 |
| K-801-2 | 成人 | 不明 | | | | | | | | × | × | | | | ○ | | | | ○ | | | | 京都大学 |

appendix A-1

個体番号	年齢	性	RP²	RP¹	RC'	RI²	RI¹	LI¹	LI²	LC'	LP¹	LP²	RP₂	RP₁	RC	RI₁	RI₂	LI₁	LI₂	LC	LP₁	LP₂	収蔵機関
K-801-3	成人	不明	/	/	/	/	/	/	/	/	/	/	○	○	/	/	/	/	/	/	/	/	京都大学
K-801-4	成人	不明	/	/	/	/	/	/	/	/	/	/	○	/	/	/	/	/	/	/	/	/	京都大学
K-801-5	成人	不明	/	/	/	/	/	/	/	/	/	/	/	/	/	/	/	/	/	/	/	/	京都大学
K-801-6	成人	不明	/	/	/	/	/	/	/	/	/	/	/	/	/	/	/	/	/	○	×	×	京都大学
K-801-7	成人	不明	/	/	/	/	/	/	/	/	/	/	○	/	/	/	/	/	/	/	/	/	京都大学
不明	成年	男性	/	/	/	/	/	/	/	○	/	/	○	/	/	/	/	/	/	/	/	/	京都大学

愛知県伊川津貝塚(晩期)

個体番号	年齢	性	RP²	RP¹	RC'	RI²	RI¹	LI¹	LI²	LC'	LP¹	LP²	RP₂	RP₁	RC	RI₁	RI₂	LI₁	LI₂	LC	LP₁	LP₂	収蔵機関
K-188,189-1	若年末-成年	女性		/	/	/		/			/				○								京都大学
K-188,189-2	成年	男性	/	/	/												○						京都大学
4	成年	男性	○	○				○					○	○	○	○	○						京都大学
5-①	成年	女性		○							○												京都大学
5-②	若年末	男性																					京都大学
5-③	成年	男性																					京都大学
5-④	若年	不明					○																京都大学
5-⑤	成年	不明																					京都大学
5-⑥	成人	不明		○																			京都大学
2	成年	男性		○										○									京都大学
9	成年	男性		○																			京都大学
13	熟年	男性		○																			京都大学
14	成年	男性		/																			京都大学
15	熟年	男性		○				○					○			○							京都大学
16	熟年	男性		○				○															京都大学
17	成年	女性	○	○				○															京都大学
19	成年	男性	/	/	/		叉	叉	○					○	○	○							京都大学
1-1	成年	男性		○	○			○			○									○		○	京都大学
1-2	成年	男性		○	○			○					○									○	京都大学
1-3	老年	女性		○	○			○	○	×	×	×	×	×	×	×	×	×	×	×	×	×	京都大学
3-1	成人	男性		○				○											○				京都大学
4-1	成年	女性		○	×			○											○				京都大学
5-1	成年	女性			○	先		○											○				京都大学
6-1	成年	女性		○				○					○										京都大学
6-2	成年	女性		○				○					○										京都大学
6-3	熟年	女性		○	○			○					○						○	×			京都大学
6-5	成年	男性		○				○					○						○				京都大学
6-6	熟-老年	女性	×	×	○			○	×	○			○				○		○				京都大学
6-7	老年	男性		○									○						○				京都大学
6-8	熟年	女性		○				○					○										京都大学
6-11	成年	女性		○				○	×				○						○				京都大学
6-12	老年	女性		○				○					○										京都大学
11-1	成年	男性	/	○	○			○					○									?	京都大学
12-1	熟年	女性		○	○			○		×	×	×							×	×	×	×	京都大学
12-2	熟年	女性		○	○			○					○						/	/	/	/	京都大学

36-37年発掘

個体番号	年齢	性																					収蔵機関
41	熟年	女性		○	/	/	/	/			○			○	○	○							科博
1, 2	成年	不明						○						○									科博
37(359)	成人	不明		○				○						○									科博
37(359)	成人	不明																					科博
68/233/824	成年	男性		○			○	○															科博
828/旧17	成年	女性																					科博
831/旧19	熟年	女性		○	○																		科博
832/322/旧38	熟年	女性		○	○									○	○	○	○						科博
849/旧26	成人	不明		○									○	○									科博
850	成年	女性		○																			科博
855/旧10	熟年	男性		○																			科博
860/旧21	成年	男性		○				○						○	○	○							科博
不明	成年	女性		○																			科博
不明	成人	不明		○																			科博

57-59年発掘

個体番号	年齢	性																					収蔵機関
1	熟年	男性	/	/	/	/	/	/			○			○	○	○							科博
1,7・8	熟年	女性	○							×													科博
230-232	小児	不明																					科博
230-232	幼児	不明																					科博
230-232	成年	男性?												○	○	○							科博
230-232	成年	女性																					科博
230-232	成年	不明	○	○				○						○									科博
202	若年	女性		○										○									科博
203	成人	男性		/		叉	叉	○															科博
205	成年	不明		○				○						○									科博
210	成年	男性	○	○				○															科博
211	成年	男性		○				○															科博
214, 213-215	幼児	不明	/	/	/	/	/	/	/	/	/	/	/	/	/	/	/	/	/	/	/	/	科博
216	若年	女性		○				○				○		/	/	/							科博
220	成年	女性		○				○						○									科博
223	熟年	男性	/	/	/			○														○	科博
Gr227, 224	成年	女性																					科博
Gr227, 224	成年	不明		○																			科博
226	熟年	女性		○				○						○									科博
227	成年	不明	○																				科博
225	成年	女性		○				○						○									科博
235	成年	女性		○																			科博
208	成年	女性		○	○			先						○									科博
217	成年	男性		○																			科博
229	成年	女性		○				○															科博
233	成人	男性		○				○															科博
834/旧55	成年	男性	/	/				○						○									科博
所属不明	熟年以上	女性	×		×					×	×	×	×	×	×	×	×	×					科博
4																							科博
339-1	小児	不明	/	/	/	/	/	/	/	/	/	/	/	/	/	/	/	/	/	/	/	/	科博

個体番号	年齢	性	RP²	RP¹	RC'	RI²	RI¹	LI¹	LI²	LC'	LP¹	LP²	RP₂	RP₁	RC	RI₁	RI₂	LI₁	LI₂	LC	LP₁	LP₂	収蔵機関
339-2	成年	男性	/	/	/	/	/	/	/	/	/	/											科博
339-3	成人	男性	/	/	/	/	/	/	/	/	/	/											科博
339-4	成年	不明											/	/	/	/	/	/	/	/	/	/	科博
342-1	成年	不明									/	/	/										科博
342-2	成年	不明																				/	科博
342-3	成年	不明	/	/	/	/	/	/	/	/	/	/											科博
342-4	成年	不明																					科博
2,18,48-1	若年	不明			○	○			○														科博
2,18,48-2	若年	不明											○					○					科博
2,18,48-3	若年	不明													○	○	○						科博
2,18,48-4	熟年	男性													○	○	○						科博
2,18,48-5	成人	男性													○	○		○					科博
2,18,48-6	成年	女性													○	○							科博

愛知県伊川津貝塚(晩期)

3	若年	不明									○												京都大学
4	成人	女性									○				○	○	×	×		×	×		京都大学
5	成年	女性													○	○	○						京都大学
6	成年	女性	○	○	○	○		○	○	○	×				○	○							京都大学
7	成人	女性		○						○	○				○	○							京都大学
11	成年	男性		○	○										○								京都大学
14	成人	女性													○								京都大学
15	熟年	女性			○				○						○								京都大学
17	成年	女性			○				○						○		○						京都大学
18	若年	不明			○										○		○						京都大学
21	若年	女性	/	/	/	/	/	/	/	/	/	/			○		○						京都大学
22	熟年	女性		○	○	○			○				○		○		○						京都大学
23	成年	女性			○									/		○							京都大学
24	成年	男性			○				○						○								京都大学
24-2	成年	不明													○								京都大学
25	成年	男性							○						○								京都大学
27	成年	男性			○				○						○								京都大学
28	熟年	男性	○	○	○				○						○								京都大学
29	成年	男性			○				○						○								京都大学
31	成年	男性			○				○						○								京都大学
34	成年	男性			○				○						○								京都大学
37	成人	男性	/	/	/	/	/	/	/	/	/	/			○	○	○	○					京都大学
38	熟年	女性	×		○	○			○					/	/	/	/	/	/	/	/	/	京都大学
39	熟年	男性			○				○		×				○	○	○						京都大学
42	成年	男性			○										○		○						京都大学
44	成年	男性			○				○						○								京都大学
45	成年	男性			○	×									○								京都大学
46	若年末-成年	女性			○				○														京都大学
47	若年末-成年	女性			○				○														京都大学
26	成年	女性			○																		京都大学
1	成年	不明			○																		東京大学
2	成年	女性			○																		東京大学
10	若年	女性																					東京大学
12	成年	女性																					東京大学

愛知県吉胡貝塚(晩期)

1	熟-老年	男性			○				○														京都大学
2	熟年	男性	×		○				○	×	×	×	×		○					○		×	京都大学
3	若年	女性			○				○						○								京都大学
13	成年	女性			○										○	○	○	○					京都大学
17	成年	女性	/	×	○				○	○					○	○	○	○					京都大学
20	若年	男性			○										○	○	○						京都大学
21	熟年	女性	/	/	/	/	/	/	/	/	/	/			○	○							京都大学
27	成年	女性			○				○						○								京都大学
32	成年	男性	/	/	/	/	/	/	/	/	/	/			○								京都大学
42	成年	女性			○				○						○								京都大学
44	小児	不明	/	/	/	/	/		○			/								○	○		京都大学
45	成年	女性																					京都大学
46	成年	女性	/	○	○	○		○	○						○	○		○				×	京都大学
48	熟年	男性			○				○						○	○		○				×	京都大学
49	成年	女性			○	○		○	○	○	○	○			○	○		○	○				京都大学
50	成年	女性			○				○						○								京都大学
51	成年	男性			○				○						○							×	京都大学
56	成年	男性			○				○						○								京都大学
61	熟年	男性			○				○	×					○								京都大学
62	成-熟年	女性			○				○						○						×		京都大学
65	成年	女性			○				○						○								京都大学
68	成年	女性			○										○								京都大学
69	成年	女性			○				○						○								京都大学
73	成年	男性			○																		京都大学
74	成年	男性			○										○								京都大学
75	成年	女性																					京都大学
81	若年	男性																					京都大学
82	成年	男性		○											○	○							京都大学
85	熟年	男性	/		○										○	○	○					×	京都大学
87	成年	男性													○	○							京都大学
89	熟年	男性													○	○							京都大学
90	成人	男性			○					×	×				○								京都大学
92	若年	女性			○				○						○								京都大学
93	成人	女性			○			×	○						○								京都大学
94	熟年	女性		×	×		×	×							○								京都大学
97	成年	男性			○				○						○								京都大学
98	成-熟年	女性			○										○								京都大学
102	熟年	男性	×		○	/	/	/	/	/	/	/			○								京都大学
103	成年	男性			○										○								京都大学

appendixA-1

個体番号	年齢	性	RP²	RP¹	RC'	RI²	RI¹	LI¹	LI²	LC'	LP¹	LP²	RP₂	RP₁	RC	RI₂	RI₁	LI₁	LI₂	LC	LP₁	LP₂	収蔵機関
104	熟年	男性																					京都大学
106	成年	男性	/	/	/	/	/	/	/	/	/					○	○	○	○				京都大学
108	熟年	男性	/	×		先			×	×	×	×											京都大学
111	若年	不明						○								○	○	○	○				京都大学
115	成年	男性	○	○				○								○	○	○	○				京都大学
118	熟年	女性	/	/		/	/	○	/	/	/				×	×	×	×	×	×	×	京都大学
120	成年	男性	/	/				○	/	×					○	○	○	○			×	京都大学
122	熟年以上	男性	×	○			/	○			○					○			○				京都大学
123	熟年	男性		○				○															京都大学
126	成年	男性		○	○			○								○	○	○	○				京都大学
128	成年	男性		○				○								○	○	○	○				京都大学
131	成人	男性	/	/	/	/	/		/	/						○	○	○	○		○		京都大学
136	成年	男性	○	○			○	○								○							京都大学
139	成年	女性	○	○				○	○							○				/	/	/	京都大学
143	成年	男性																					京都大学
144	若年	女性			○	○								○		○							京都大学
147	成年	女性			○			○								○	○	○	○				京都大学
148	成年	女性			○			○								○	○	○	○				京都大学
154	成年	男性	/	/	/	/		○							○								京都大学
158	成年	男性					/	○		○					○	/	/	/	/	/	/	/	京都大学
159	成年	男性	○	○				○	○						○	/	/	/	/	/	/	/	京都大学
161	成年	男性	/	/	/			○							○	/	/	/	/	/	/	/	京都大学
164	成人	男性			○			○								/	/	/	/	/	/	/	京都大学
169	若年	女性			○			○								○	○	○	○				京都大学
171	熟年	男性			○			○	○														京都大学
175	成年	男性	○	○				○	○		○	○	○							○	○		京都大学
183	成年	男性			○			○															京都大学
185	熟年	男性	/	/	/	/	/	○			/					○	○	○	○		(○)		京都大学
186	熟年	男性			○			○								○							京都大学
200	成年	女性	○	○			○	○			○	○					/	/					京都大学
201	熟年	男性															/	/					京都大学
203	成年	男性		/	/			○								○	○	○	○				京都大学
204	若年	男性														○	○	○	○				京都大学
206	成年	女性	/	/	/	/	/	/	/	/						○							京都大学
207	小児	不明																					京都大学
210	熟年	女性		○				○		×	×	○				○	○	○		○			京都大学
214	熟年	男性		○				○								○	○	○	○				京都大学
221	成年	男性		○				○								○	○	○	○				京都大学
223	成年	女性		○	○	/		○								○	○	○	○				京都大学
228	成年	女性														○	○	○	○				京都大学
232	熟年	男性	/	×				×			/	/				○	○	○	○				京都大学
238	不明	不明				/	/		/	/													京都大学
240	熟年	女性		○				○		×		○							○				京都大学
241	熟年	男性		○				○											/				京都大学
248	熟年	女性	×	×				○			×					○	○	○	○				京都大学
249	成年	男性		○				○								○	○	○	○				京都大学
262	若年末~成年	女性			○			○	○														京都大学
263	成年	女性		○	○			○					○			○	○						京都大学
265	成年	男性	/	/				○								○							京都大学
274	成年	男性														○							京都大学
275	小児	不明																					京都大学
278	熟年	男性		○	○			○	○		○			○		○	○	○	○	○	○		京都大学
281	熟年	男性		○	○			○			○					○	○	○	○				京都大学
288	熟年	男性	/	/	/	/	/	/	/	/	/					○	○	○	○				京都大学
301	若年末~成年	女性														○			○				京都大学
101b	若年末~成年	女性																					京都大学
164-1	成年	男性		先	○			○		先						○			○				京都大学
164-2	成年	男性																					京都大学
190-191	若年	女性	/	/	/	/	/	/	/	/	/	/											京都大学
215-220	熟年	男性	/	/	/	/	/	/	/	/		×	(○)				○				○		京都大学
4-I	成年	男性	/	/	/	/	/	/	/	/	○	○							○	○			京都大学
4-II	成年	男性					○	○	○	○	○	○	/	/									京都大学
T-1	成年	男性														○							旧田原町
T-11	成年	男性														○			○				旧田原町
T-13	成年	女性	×	○				○								○	○	○	○			×	旧田原町
T-15	成年	男性	/	/	/	/	/		/	/						○	○	○	○				旧田原町
T-17	成年	女性			○		叉	○		○						○	○	○	○				旧田原町
T-19	成年	女性			○			○								○	○	○	○				旧田原町
T-21	成年	男性														○	○	○	○				旧田原町
T-23	成年	男性														○	○	○					旧田原町
T-25	成年	男性														○	○	○					旧田原町
T-2-B	若年	男性																					旧田原町
T-4-A	成年	男性				○		○					○			○			○				旧田原町
T-5	若年	女性	/	/	/	/	/	/	/	/	/	/				○							旧田原町
T-8	成年	男性														○							旧田原町

愛知県保美貝塚(晩期)

0	成年	男性				○			○											○	○		東京大学
1	成年	女性										/		/									東京大学
1	成年	男性									○		○			○	○						東京大学
2	若年	女性				○			○							○	○						東京大学
2	成年	女性	○	○				○								○	○						東京大学
3	成年	女性						○								○	○						東京大学
3	成年	女性														○	○						東京大学
3	成年	女性	/	/	/	/	/	/	/	/	/					○	○						東京大学
4	熟年	女性	×	×							×												東京大学
6	熟年	男性				○			○						○								東京大学
7	熟年	男性				○	○		○				○										東京大学
7	成年	男性				○			○														東京大学

個体番号	年齢	性	RP³	RP¹	RC'	RI²	RI¹	LI¹	LI²	LC'	LP¹	LP²	RP₂	RP₁	RC	RI₁	RI₂	LI₁	LI₂	LC	LP₁	LP₂	収蔵機関
11	成年	男性																					東京大学
11	成年	男性			○	○	/	/	/														東京大学
15	成年	男性	/		○					○					○					○			東京大学
16	成年	男性			○					○					○					○			東京大学
20	成年	男性			○										○								東京大学
52	成年	男性	/	/						○						○	○						東京大学
011仮①	成年	女性	/	/	/	/	/	/	/	/			○	○	○	○	○						東京大学
011仮②	成年	男性																					東京大学
029	熟年	男性																				×	東京大学
07	若年	女性																					東京大学
10-1	成年	不明			○								○	○	○	○							東京大学
10-1	熟年	女性			○			○					○	○	○	○							東京大学
1-2	成年	女性			/								○	○	○	○							東京大学
12-1	成年	男性			○			○		×			○	○	○	○							東京大学
13-1	成年	男性	○	○				○	○				○	○		○							東京大学
13-2	成年	男性											○	○		○							東京大学
14-1	成年	男性	○	○					○														東京大学
15-1	熟年	男性											○	○		○							東京大学
5-2	若年	女性											○	○		○							東京大学
6-1	熟年	男性											○										東京大学
6-2	成年	男性	/													○		○					東京大学
6-3	成人	不明									○		○				○	○					東京大学
66-6-15	成人	男性											○										東京大学
7-3	成人	女性											○				○	○					東京大学
9-1	熟年	女性		○	○								○										東京大学
A-A-26-1	熟年	男性	/	/	/								○										東京大学
AA26-2	成年	不明											○										東京大学
AA31	成年	男性			○	○		○	○				/					/	/	/	/	/	東京大学
AA48	成年	男性											○					○					東京大学
A-A-57	成年	男性											○										東京大学
A-A-69	熟年	男性											○					○					東京大学
A-A-9	成人	女性											○										東京大学
A-D-100	成人	不明			○								○					/		/	/		東京大学
A-D-19	成年	不明											○										東京大学
A-D-32	熟年	男性											○										東京大学
A-D-62	成年	男性											○										東京大学
A-D-92-1	成人	男性											○							○		×	東京大学
KG148	成年	男性			○			○					○										東京大学

大阪府国府遺跡(前~晩期)

1	熟年	女性	/	/									×					×					大阪大学
2	熟年	男性																					大阪大学
3	成年	男性	×																				大阪大学
4	若年末-成年	女性																					大阪大学
14	熟年	男性																×			×		大阪大学
28	熟年	男性																					大阪大学
34	成年	男性																					大阪大学
2-B	幼児	不明	/	/	/	/	/	/	/	/			未	未	未	未	未	未	未	未	未	未	大阪大学
1	熟年	女性																					東京大学
2	成年	男性			○				○				○				○			○			東京大学
2	熟年	男性		/	/	/	/	/					○					○			×		東京大学
3	成年	女性		○	○			○															東京大学
9	成年	女性			○	叉	叉	叉	叉				○	○	○	○	○						東京大学
17	成年	女性																					東京大学
18	成年	女性																					東京大学
19	成年	女性																					東京大学
20	成年	男性																					東京大学
21	成年	女性																					東京大学
1	成年	女性		○	○	叉	叉	叉			○	○		○	○	○	○						京都大学
2	成年	女性	/	/																			京都大学
3	成年	男性	/	/																			京都大学
1~3③	成人	女性																					京都大学
	若年	女性							○									/	/	/	/	/	京都大学
	成人	女性									○	○					○	○					京都大学

和歌山県瀬戸遺跡(晩期)

	成年	女性		○			/	/	/	○							○						京都大学

岡山県津雲貝塚(晩期)

1	成年	女性	○	○																			京都大学
2	成年	男性			○													○					京都大学
3	成年	男性		○					○														京都大学
4	成年	女性		○					○									○					京都大学
5	成年	女性		○					○									○					京都大学
6	成年	女性		○			○		○									○					京都大学
7	成年	女性		○					○									○					京都大学
8	若年	女性		○																			京都大学
11	成年	女性		○					○						○			/		/		/	京都大学
12	若年末-成年	女性		○					○														京都大学
13	熟年	男性	○	○				○	○						○								京都大学
14	成年	女性		○			○		○						○			○					京都大学
16	成年	女性		○					○						○								京都大学
19	成年	女性		○					○				/					○					京都大学
23	熟年	女性		○					○						○								京都大学
24	成年	女性		○					○						○								京都大学
25	小児	不明																					京都大学
27	成年	女性		○					○														京都大学
29	若年	女性	/	/					○														京都大学
30	成年	男性		○																			京都大学
32	成年	男性		○									○					○					京都大学

appendixA-1

個体番号	年齢	性	RP²	RP¹	RC'	RI²	RI¹	LI¹	LI²	LC'	LP¹	LP²	RP₂	RP₁	RC	RI₂	RI₁	LI₁	LI₂	LC	LP₁	LP₂	収蔵機関
33	熟年	男性	△	○	○					○	○			○					○				京都大学
34	成年	女性		○	○					○	○								○				京都大学
37	成年	女性	○	○	○								○	○	○	○			○				京都大学
38	熟年	女性	/	/	/	/	/			○	○		○	○	○	○	○	ab	○				京都大学
39	成年	女性	/	○	○					○				○					○				京都大学
40	成年	女性	/	/	○	/	/	/	/	/				○	○	○	○						京都大学
41	成年	女性			○					○				○		○			○				京都大学
42	成年	女性	/		○	/	/	/	/	/				○		○			○				京都大学
43	熟年	女性			○					○	×			○		○	○		○				京都大学
44	成年	女性		○	○			○	○	○	/	/		○					○				京都大学
46	熟年	男性		○	○									○									京都大学
50	成年	男性	/	/		/					/			○									京都大学
52	小児	不明																					京都大学
53	成年	男性			○				○														京都大学
55	熟年	女性											/	/	/	/	/	/	/	/	/	/	京都大学
55	成年	女性			○											○	○	○	○				京都大学
63	成年	女性			○											○	○		○				京都大学
4次-2	成年	女性			○													○					京都大学
4次-3	熟年	女性												○				○					京都大学
4次-4	成年	男性			○														○				京都大学
4次-5	成年	女性	/	/	/	/	/	/	/	/	/	/		○		(○)	○	○					京都大学
K-151	成年	男性																					京都大学
NN-1-B(157)	成年	男性		○	○			○	○				○	○				○	○				京都大学
NN-1-A(159)	成年	男性	○	○	○			○	○							/	/	/	/	/	/	/	京都大学
36	成年	男性		○	○	×		○	○				○					○					東京大学
5	成年	男性	○	○	○			○	○				○					○					東京大学
5	成年	男性		○	○			○	○							○		○					東京大学
8	成年	男性		○	○			○							○								東京大学
9	若年	男性		○				○								○							東京大学
15	若年末-成年	女性		○	○			○						○		○			○				東京大学
16	成年	女性		○	○			○								○		○					東京大学
17	成年	男性			○											○							東京大学
18	熟年	男性			○			○						○		○							東京大学
18	成年	女性			○			○								○							東京大学
20	成年	男性			○	○		○						○		○							東京大学
27	成-熟年	男性			○				○				○	○		○							東京大学
3+5	成年	女性			○			○						○									東京大学
1	成年	男性			○			○								○		○					大阪大学
3	成年	男性			○			○						○				○					大阪大学
4	成年	男性			○			○						○				○					大阪大学
7	成年	男性	/	/	/	/	/	/	/	/			○			○							大阪大学
8	成年	女性			○			○						○									大阪大学
9	成人	女性			○			○						○				○					大阪大学
11	小児	不明		未	未			未	未	未	未										/	/	大阪大学
12	熟年	不明	×	○	○			○						○									大阪大学
13	小児	不明																					大阪大学
15	熟年	女性		○	○			○					○	○									大阪大学
17	成年	男性			○		○	○															大阪大学
19	熟年	男性		○	○	/		○					○	○		○		○					大阪大学
20	成年	男性		○	○			○					○	○				○					大阪大学
22	成年	男性			○			○						○									大阪大学
26	熟年	女性			○			○					○	○		○		○					大阪大学
27	成年	男性			○									○									大阪大学
32	成年	不明	/		○	/			/				/			/							大阪大学
33	成年	女性			○			○						○				○					大阪大学
34	成年	女性			○			○						○				○					大阪大学
35	成年	男性			○			○						○									大阪大学
37	成年	女性			○	○		○						○				○					大阪大学
38	熟年	女性	/	/	○	/		○						○				○					大阪大学
39	成年	女性		○				○															大阪大学
40	成年	男性		○				○					/	/	/								大阪大学
42	成年	女性		○	○			○						○									大阪大学
43	成年	不明			○			○					/	/	/								大阪大学
46	成年	男性			○			○															大阪大学
48	成年	男性											(○)		○			○					大阪大学
49	成年	女性		○	○	○		○						○				○					大阪大学
51	熟年	男性		×																			大阪大学
52	小児	不明	/	/	/	/	/	/	/	/			未					未	未	未			大阪大学
54	熟年	女性								×						/	/						大阪大学
54	成年	女性			○																		大阪大学
64	熟年	不明	×	○											○	○							大阪大学
65	成-熟年	男性			○										○	○							大阪大学
66	熟年	男性	×	×	×	×								先			○						大阪大学
68	成年	男性				/																	大阪大学
2(2)													○						○			/	大阪大学
無番号1	小児	不明	/	/	/	/	/	/	/	/	/	/	/	/	/	/	/	/	/	/	/	/	東北大学
1	成年	男性			○			○						○									東北大学
3	成年	男性			○			○															東北大学
無番号2	成年	男性			○																		東北大学

岡山県中津貝塚(晩期)

| 11 | 成年 | 男性 | | | ○ | | | ○ | | | | | | | | | | | | | | | 新潟大学 |

島根県小浜貝塚(晩期)

| 11 | 成人 | 不明 | / | / | / | / | / | / | / | / | / | / | | | | | | ○ | | / | / | 新潟大学 |

鹿児島県長崎鼻貝塚(晩期)

| | | | | | | | ○ | ○ | | | | | | | | | | | | | | 九州大学 |

弥生時代(○抜歯、×風習的抜歯以外のAMTL、/歯牙・歯槽骨ともに遺存せず、△歯根のみ遺存、?もしくは(○)は鑑別困難なためカウントせず)

島根県古浦遺跡(前期)

個体番号	年齢	性	RP³	RP³	RC'	RI²	RI¹	LI¹	LI²	LC'	LP³	LP³	RP₃	RP₄	RC	RI₁	RI₂	LI₁	LI₂	LC	LP₃	LP₄	収蔵機関
22	熟年	女性			○										○	○	○	○	○				九州大学
26	成年	女性								○									○				九州大学
35	熟年	女性			○																		九州大学
36	熟年	女性	×	×	○	○				○	×	×											九州大学
42	成年	女性			○					○													九州大学
44	熟年	男性			○					○						○	○						九州大学
47	成年	男性			○					○													九州大学
49	成年	男性			○					○													九州大学
61	成年	女性			○					○					○					○			九州大学
66	熟年	女性			○																		九州大学
68	成年	男性			○					○													九州大学
山口県中ノ浜遺跡（前期-中期）																							
3号石棺 A	熟年	男性	/	/	/	/	/	/	/	/	/	/											九州大学
B-1-B	熟年	女性			○																		九州大学
C-1-1	成年	男性											/	/	/	/	/	/	/	/	/	/	九州大学
E-2-1	小児	不明																					九州大学
E-2-2	成年	男性			○																		九州大学
G-1-2-1	若年	男性			○	○				○													九州大学
G-1-2-2	熟年	男性	/	/	/	/	/	/	/	/	/	/											九州大学
G-2-1-1	成年	男性			○																		九州大学
G-2-1-2	成年	男性																					九州大学
G-3-1-1-1	成年	女性			○	○																	九州大学
G-3-6	成年	女性			○					○					○					○			九州大学
G-4-2B	成年	女性			○																		九州大学
G-4-3b	熟年	男性	/	/	/	/	/	/	/	/	/	/									/	/	九州大学
H-1-2-2	成年	女性			○	○				○					○					○			九州大学
H-1-3棺外	不明	不明																					九州大学
H-1-4-2	熟年	男性	/	/																			九州大学
I-4-1	成年	女性			○					○													九州大学
906-3	成年	男性			○											○	○						九州大学
山口県土井ヶ浜遺跡（前期末・中期中葉）																							
100番代：2次調査出土人骨、以降200番代：3次、300番代：4次、400番代：5次、900-1100番代：9-11次調査																							
1002A	成年	女性			○	○				○	○				○	○				○			九州大学
2	成年	男性																					九州大学
104	熟年	女性		×	○					○	×				○		×					×	九州大学
105	熟年	女性	/	/	/	/	/	/	/	/	/	/						×			×	△	九州大学
109	成年	女性		×	○					○	×												九州大学
110	若年	女性			○	○				○								○					九州大学
111	成年	男性			○					○													九州大学
117	成年	男性	/	/	/	/	/	/	/	/	/	/								○			九州大学
125	熟年	男性																					九州大学
126	成年	男性																					九州大学
130	成年	男性																					九州大学
131	成年	女性			○																		九州大学
132	成年	男性			○																		九州大学
134	成年	男性			○																		九州大学
136	成年	男性																					九州大学
140	成年	男性																					九州大学
201	成年	男性																					九州大学
202	熟年	男性	/	/	/	/	/	/	/	/	/	/											九州大学
205	熟年	男性	/	/	/	/	/	/	/	/	/					×	×	×		×			九州大学
209	成年	男性			○																		九州大学
210	成年	男性																					九州大学
212	熟年	男性				○									○								九州大学
218	成年	男性																					九州大学
221	熟年	男性																					九州大学
222	成年	男性																○					九州大学
226	成年	男性	/	/		/				○													九州大学
227	成年	男性			○																		九州大学
233	熟年	女性			○																		九州大学
240	成年	女性			○																		九州大学
241	熟年	女性			○					○					○		○						九州大学
242	成年	女性			○	○				○	○												九州大学
244	熟年	女性		×	○	○			○														九州大学
247	成年	男性			○	○																	九州大学
252	成年	男性				○																	九州大学
254	熟年	男性		×	○			○	△	△					○			○					九州大学
255	熟年	女性			○				△														九州大学
303	成年	女性								○													九州大学
307	熟年	男性			○						×			○					○				九州大学
309	若年	不明																					九州大学
310	成年	女性																					九州大学
311	成年	女性																					九州大学
312	成年	女性				○																	九州大学
313	熟年	女性							×	×													九州大学
402	成年	女性																					九州大学
403	成年	女性			○					○													九州大学
408	熟年	男性																					九州大学
409	熟年	男性	×	×						×					○								九州大学
412	成年	女性																					九州大学
413	熟年	女性																					九州大学
416	成年	男性																					九州大学
417	成年	男性																					九州大学
419	熟年	男性	×		○						×												九州大学
421	成年	男性													×	×	×						九州大学
422	成年	女性			○		○																九州大学
801	成年	男性	/	/	/	/	/	/	/	/	/	/											九州大学
805	成年	女性																					九州大学

appendixA-1

個体番号	年齢	性	RP³	RP³	RC⁺¹	RI²	RI¹	LI¹	LI²	LC⁺¹	LP¹	LP²	RP₂	RP₁	RC	RI₂	RI₁	LI₁	LI₂	LC	LP₁	LP₂	収蔵機関
808	熟年	男性				○			○														九州大学
809	熟年	女性				○			○				×										九州大学
901	成年	女性			○		/	/	/	/	/	/					/	/	/	/	/	/	九州大学
906	熟年	男性																					九州大学
907	熟年	女性			○															×	×		九州大学
912	熟年	男性		○	○				○				/	/	/	/	/	/	/	/	/	/	九州大学
1003	成年	男性				○		○															九州大学
1106	熟年	男性	/	/	/	/	/	/	/	/	/		×									×	九州大学
1110	成年	女性				○																	九州大学
1111	若年	女性		○	○			○	○														九州大学
1116	熟年	男性	△	○	○						×												九州大学
1117	成年	女性																					九州大学
1118	成年	男性			○			○															九州大学
1119	熟年	男性	×	○		○			×	×				○	○								九州大学
1200	成年	男性			○			○															九州大学
1001A	成年	女性			○			○															九州大学
1001B	熟年	男性			○			○					○					○					九州大学
1002A	熟年	男性			○			○						○				○					九州大学
1004A	成年	女性			○			○															九州大学
1108A	熟年	男性												△	△								九州大学
1108B	成年	女性		○	○			○															九州大学
1112-180	熟年	男性	/	/	/	/	/	/	/	/	/	/											九州大学
1112-225	成年	女性	/	/	/	/	/	/	/	/	/	/					/	/	/	/	/	/	九州大学
1112B	若年	不明		○	○		○						/	/	/	/	/	/	/	/	/	/	九州大学
1112E	熟年	不明			○								/	/	/	/	/	/	/	/	/	/	九州大学
1112G	熟年	男性			○			○					/	/	/	/	/	/	/	/	/	/	九州大学
1112H	熟年	男性			○	×			○				/	/	/	/	/	/	/	/	/	/	九州大学
1112J	熟年	男性			○								/	/	/	/	/	/	/	/	/	/	九州大学
1112L	熟年	男性			○								/	/	/	/	/	/	/	/	/	/	九州大学
1112M	若年	不明			○			○					/	/	/	/	/	/	/	/	/	/	九州大学
1112P	熟年	不明																					九州大学
1112T	若年	不明			○		○																九州大学
1112U	熟年	男性	×	○	○		○							○									九州大学
229a	成年	女性																					九州大学
902a	熟年	男性	/	/	/	/	/	/	/	/	/	/											九州大学
902b	熟年	女性			○		/	/	/	/	/					先							九州大学
A-10-16	熟年	男性			○				△	△						△	△						九州大学
A-2	熟年	女性																					九州大学
A-4	成年	女性		○	○		○						○					○	○				九州大学
A4-8	成年	女性				○		○													○	○	九州大学
A9-13	熟年	男性								×	/	/	/	/	/	/	/	/					九州大学

山口県吉母浜遺跡(中期)

3	成年	女性																					九州大学
5	成年	女性				○			○														九州大学
8	熟年	男性			○			○															九州大学
9	老年	男性			○	×	×	×	○	×	×				×	×							九州大学
12	熟年	男性																					九州大学
D-1	熟年	男性				○			○														九州大学
D-2	熟年	女性	/	/	/	/	/	/	/	/	/												九州大学
S-1	熟年	男性	/	/	/	/	/	/	/	/	/	/											九州大学
S-2	成年	不明	/	/	/	/	/	/	/	/													九州大学

福岡県金隈遺跡(前期末～後期)

169	熟年以上	男性	×					○															九州大学
102	成年	男性		○				○															九州大学
89	熟年	女性		○				○															九州大学
30	熟年	女性						○	×	×	×		○	×									九州大学
355	熟年	女性				○																	九州大学
350	熟年	女性	×	○																			九州大学
352	熟年	男性				○		○															九州大学
76	成年	男性											○										九州大学
139	熟年	男性			○									×	×								九州大学
字上屋敷	成人	男性		○				○															九州大学
277	熟年	男性												○									九州大学

福岡県原遺跡(中期中葉)

| 5 | 熟年 | 男性 | | | | | ○ | | | / | / | / | / | / | / | / | / | / | / | / | / | / | 九州大学 |

福岡県門田遺跡(中期前半)

| 7 | 成年 | 男性 | | | ○ | | | | | | | | | | | | | | | | | | 九州大学 |
| 69 | 熟年以上 | 女性 | | | | | ○ | | | | | | | | | | | | | | | | 九州大学 |

福岡県西平塚遺跡(中期)

| 5 | 熟年 | 男性 | | | | | | | | | | | | | | | | | | | | | 九州大学 |
| B区 | 熟年 | 女性 | | | | ○ | | ○ | | | | | / | / | / | / | / | / | / | / | / | / | 九州大学 |

福岡県ハサコの宮遺跡(中期前半)

| 2 | 成年 | 男性 | | | | ○ | | | | | | | | | | | | | | | | | 九州大学 |

福岡県西島遺跡(中～後期)

| Y1-D3 | 成年 | 女性 | | | | ○ | | | | | | | | | | | | | | | | | 九州大学 |

福岡県正原遺跡(中期初頭)

| 1 | 成年 | 男性 | | | | | ○ | | | | | | × | × | × | × | | | × | | | | 九州大学 |

福岡県山村遺跡(中期前葉)

| | 成年 | 男性 | | | | | ○ | | | | | | | | | | | | | | | | 九州大学 |

福岡県新町遺跡(早期・前期前葉)

15	成年	男性		/	/		/			/			○	○	○	○	○						九州大学
16	熟年	女性			/								○	○	○	○	○						九州大学
19-1	熟年	男性			○										○								九州大学
24-1	熟年	男性			○																		九州大学

福岡県立岩遺跡(中期前半)

| 測候所 | 熟年 | 男性 | | | | | ○ | | | / | / | / | / | / | / | / | | | | | | | 九州大学 |

福岡県吉ヶ浦遺跡(中期後半・後期初頭)

| 1 | 熟年 | 女性 | | | | | ○ | | | | | | | | | | | | | | | | 九州大学 |

個体番号	年齢	性	RP²	RP¹	RC'	RI²	RI¹	LI¹	LI²	LC'	LP¹	LP²	RP₂	RP₁	RC	RI₂	RI₁	LI₁	LI₂	LC	LP₁	LP₂	収蔵機関
67	熟年	男性			○																		九州大学
福岡県有田126次遺跡(中期前葉)																							
ST-2	熟年	男性			○					○													九州大学
福岡県雀居遺跡(早期・前期後半)																							
7-1	成年	女性								○			/	/	/	/	/	/	/	/	/	/	九州大学
7-2	成年	女性			○					○						○	○	○	○				九州大学
7-7	熟年	女性			○					○						/	○	○	/				九州大学
佐賀県切通遺跡(中期)																							
14	成年	女性								○													九州大学
佐賀県三津永田遺跡(中-後期)																							
10	熟年	男性					○																九州大学
佐賀県小川島貝塚(前期)																							
	成年	男性			○			/	/	/	/	/											九州大学
佐賀県塚崎東畑遺跡(中期)																							
1	成年	男性	/	/	/	/	/			○													九州大学
2	成年	男性			○					○			/	/	/	/	/						九州大学
佐賀県大友遺跡(早期-中期)																							
1次-D1	若~成年	女性			○					○													九州大学
5次-1-1	成年	男性																					九州大学
5次-2-1	熟年	男性					×				×			×	×			×	×	×	×		九州大学
5次-3	熟年	男性			○					○													九州大学
5次-6	熟年	男性			○					○													九州大学
5次-7	成年	女性			○					○					○	○	○	○	○	○			九州大学
5次-8	熟年	女性	×	×						○					○	○	○	○	○	○			九州大学
6次-31	成人	女性			○					○						○	○	/	/				九州大学
6次-35	熟年	男性			○	○				○													九州大学
6次-36	成年	男性			○					○						○	○	○	○				九州大学
6次-37	成人	不明																					九州大学
長崎県有喜貝塚(中期-後期)																							
	老年	男性							○														九州大学
鹿児島県広田遺跡(後期)																							
A-11	熟年	男性			○	○																	九州大学
A-140	成年	男性	/	/	/	/	/	/	/	/	/	/											九州大学
A-4-1	熟年	女性	/	/	/	/	/	/	/	/	/	/											九州大学
A-4-4	成年	女性							○	○													九州大学
A-5	熟年	女性			/			/															九州大学
A-5b	成年	男性	/	/	/	/	/	/	/	/	/	/											九州大学
A-7	成年	女性				○																	九州大学
A-8	熟年	男性							○	○													九州大学
A-9	成年	男性							○	○													九州大学
A-11	熟年	男性			○	○																	九州大学
A-140	成年	男性	/	/	/	/	/	/	/	/	/	/											九州大学
C-1	熟年	男性			○	○																	九州大学
C-3	成年	女性	/	/	/	/	/	/	/	/	/	/											九州大学
C-4	熟年	男性	/	/	/	/	/	/	/	/	/	/											九州大学
C-5	成年	男性			○	○																	九州大学
C-6	熟年	男性							○														九州大学
C-8	熟年	男性																					九州大学
C-11	成年	女性																					九州大学
C-12	成年	男性							○	○													九州大学
C-13	成年	男性			○	○																	九州大学
C-14	成年	女性							○	○													九州大学
D-1-3	成年	女性							○														九州大学
D-1-4b	成年	女性							○														九州大学
D-1-5	成年	男性							○	○													九州大学
D-2-1	熟年	女性							○	○													九州大学
D-2-3	成年	女性				○																	九州大学
D-2-5	成年	男性							○	○													九州大学
D-3-1	熟年	男性			○	○																	九州大学
D-3-1-b	熟年	男性	/	/	/	/	/	/	/	/	/	/											九州大学
D-3-2	成年	男性																					九州大学
D-3-a	成年	男性	/	/	/	/	/	/	/	/	/	/											九州大学
D-3-b	成年	男性	/	/	/	/	/	/	/	/	/	/											九州大学
D-4-1	成年	男性			○					○													九州大学
D-4-6	熟年	男性	×						○	○	×	×											九州大学
D-7-1	成年	男性				○																	九州大学
D-9-1	成年	男性			○	○																	九州大学
D-A	熟年	男性				○																	九州大学
E-1	熟年	女性			○	○																	九州大学
E-2-1	成年	男性							○	○													九州大学
E-3-1	成年	女性		/	/	/	/																九州大学
E-4-1	熟年	女性																					九州大学
E-9-1	成年	男性																					九州大学
E-10-2	成年	女性							○	○													九州大学
I-2-9	成年	女性			/	/	/	/	/	/													九州大学
I-2-E-b	成年	男性	/	/	/	/	/	/	/	/	/	/											九州大学
I-3-G-a	成年	男性	/	/	/	/	/	/	/	/	/	/											九州大学
I-3-G-b	成年	男性	/	/	/	/	/	/	/	/	/	/											九州大学
I-3-G-c	成年	不明	/	/	/	/	/	/	/	/	/	/											九州大学
I-5-16	成年	男性	/	/	/	/	/	/	/	/	/	/											九州大学
N-2-W	熟年	男性				○					×												九州大学
N-3	熟年	男性																					九州大学
鹿児島県前兼久遺跡(後期)																							
2		男性							○				/	/	/	/	/	/	/	/	/	/	九州大学
鹿児島県椎ノ木遺跡(後期)																							
	成年	男性							○														九州大学
鹿児島県鳥ノ峯遺跡(後期)																							
Ⅱ-12	熟年	男性							○														九州大学

appendixA-2

個体番号	年齢	性	RP²	RP¹	RC'	RI²	RI¹	LI¹	LI²	LC'	LP¹	LP²	RP₂	RP₁	RC	RI₂	RI₁	LI₁	LI₂	LC	LP₁	LP₂	収蔵機関
II-14	熟年	女性						○															九州大学
II-A	若〜成年	男性						○															九州大学
III-1	成年	女性			○	○																	九州大学
III-13	熟年	女性						○	○														九州大学
III-3	成年	女性			○	○																	九州大学
III-4	成年	男性			○																		九州大学
III-6b	成年	女性																					九州大学
IV-B	成年	女性						○	○														九州大学
IV-C	成年	男性						○	○														九州大学

○風習的抜歯、×風習的抜歯以外の生前歯牙喪失、／歯牙・歯槽骨ともに遺存せず、△歯根のみ遺存、？もしくは(○)は鑑別困難なためカウントせず

appendixA-2

縄文時代（N＝個体数）

時期	県名	遺跡名	抜歯個体数	観察個体数	抜歯歯種	N	抜歯歯種	N	抜歯歯種	N	抜歯歯種	N	元データ
前期末	北海道	コタン	1	-	RI²	1							石田1973; 服部他1996
中期後-末	北海道	コタン	2	-	RI²	2							石田1973; 服部他1996
中期前半	岩手	貝鳥	1	-	/LI₁(+LRP₂)	1							小片他1971
中期半	宮城	南境	2	-	RI²/RI²	1	/2I₁	1					葉山1973
中期中葉-末	福島	大畑	2	-	/LI₁	2	(他に4号に抜歯の報告あるが実見の結果抜歯とせず)						小片1975
中期中-後期	沖縄	具志川島	1	-	2I² /?	1							松下1993
中期-後期	茨城	新地	1	-	?/2I₁	1							清野1925
後期中葉	北海道	オションナイ	1	1	2I²	1							春成b1983
後期後葉	北海道	美沢1(JX-4)	1	-	LI²	1							服部他1996
後期末	北海道	三ッ谷	1	-	LI²	1							服部他1996
後期初頭	青森	表館	1	-	RI²/RI₁	1							小片1971
後期初-中葉	岩手	貝鳥	2	-	2I²	1	LI²	1	(UC)/?	1			小片1971
後期	岩手	蕨内	U7, L3		2CLI²/?	1	2C2P¹/?	1	2C/?	5	?/2I₁2I₁	1	野坂他1982
					?/RI₁	1	?/RP₁	1	?/無抜歯	2			
中期-後期初	宮城	南境	1	-	RI²	1							葉山1973
後期前葉	宮城	高松	3	-	2I²	3							山内1937
後期前葉	千葉	堀之内	4	-	LI²	1	RI²	3					鈴木1957
後期前葉	千葉	矢作	1	-	RI²	1							武田1938
後期中葉	千葉	西広	5	-	RI²	3	LI²	2					森本1977
後期	茨城	中妻	13	-	RI²	10	LI²	3					松村他1995
後期後葉	岐阜県	羽沢	4	-	2C/	1	RC/2I₁2I₁	1	2C/2C	1	2C/2I₁RI₂	1	小川1952
後期末	静岡	西	1	2	2C/2C	1							鈴木他1961
後期後半	大阪	森の宮	1	-	2C/	1							寺門他1978
後期	広島	猿神岩陰	2	2	?/2C	1	?/RC	1					永井・中橋1979
後期	島根	崎ヶ鼻	1	-	?/2I¹	1							小片1960; 松村1997
後期前葉	熊本	カキワラ	2	-	2I²	1	無抜/2I₁2I₁2C	1					乙益1959; 松野他1967
後期末	熊本	大野貝塚	1	-	2C/2C	1							渡辺誠1974
後期	福岡	桑原飛櫛	2	-	RC	1	2I²	1					中橋1986
後期後葉	大分	草木洞穴	3	-	2C	2	2C/2I₁	1					賀川1967
後期	熊本	沖の原	4	-	LI²	2	2C	1	無抜/2I₁2I₁	1			内藤1973
後期	長崎	脇岬	5	15	2C	?	2C	?	/2C2I₁	?			内藤1971b:1972; 内藤・長崎1973
後期	沖縄	仲宗根	1	-	?/2I₁2I₁	1							木下1997
後期	鹿児島	下山田II	1	2	?/2I₁	1	?/無抜歯	1					小片1988
後期中葉-後半	鹿児島	柊原	1	3	無抜歯	1	?/無抜歯	1	2C	1			峰他1996
後-晩期	岩手	貝鳥	1	-	UC²	1							小片他1971
後-晩期	長野	宮	1	-	2CRI²/2C	1	無抜歯	1					西沢1982
後-晩期	長野	大明神	13	-	2C/?	1	?/2I₁2I₁2C	?	?/2C	?			樋口1962
晩期末	北海道	共春	1	1	LI²	1							平本他1981
晩期後葉	北海道	高砂	1	-	RI²/	1							服部他1996
晩期	北海道	有珠モシリ	1	-	RI²/	1							服部他1996
晩期	北海道	栄磯	1	-	LI²	1							服部他1996
晩期	岩手	下船渡	1	-	2CLI²	1							渡辺1966
晩期	岩手	餓沢	1	-	2CLI²	1							小金井1918; 松本1920
晩期	岩手	熊穴	4	-	RI²LC/	1	RI²LC/?	2	RC?/?	1	LI²?/?	1	岩手県博1985
晩期中葉	宮城	前浜	1	-	2C/LI₁	1							百々1979
晩期	宮城	北小松	1	-	2C/2I₁2I₁2C	1							春成1983b
晩期末	宮城	中沢目	1	-	2C/2I₁2I₁2C	1							春成1983b
晩期前葉	秋田	柏子所	2	-	U2C/?	1	2C/2I₁2I₁2C	1					鈴木・北條1966
晩期後葉	福島	久保ノ作	1	-	2CRI²/2C	1							渡辺1964
晩期	千葉	余山	4	-	2C/	2	2C/?	2					小金井1918
晩期	千葉	荒海	1	-	?/2C	1							大久保1965
晩期	神奈川	高坂	1	-	2C/2I₁2I₁	1							春成1983b
晩期	新潟	寺地	8	-	C(P¹)	?	?/2C	1	?/1C?	1	?/2I₁	1	小片・森沢1972
晩期初頭	長野	深町	2	-	2C/2I₁	1	2C/2C?	1					西沢1982
晩期前半	長野	保地	1	-									関1925
晩期中葉	長野	野口墳墓	U4, L7		2C/?	3	2C2I² /?	1	?/2C	7			渡辺1967
晩期	愛知	吉胡	1	-	?/2I₁2I₁	1							清野1969; 春成1983b
晩期	愛知	大曲輪	1	1	2CP¹/2CP₁	1							江原・木下1981
晩期初頭	愛知	枯木宮	2	-	2C/?	1	2CP¹/2C2P¹	1	無抜歯	1			服部1970; 小片他1981
晩期	愛知	櫻王	1	-	2C/2I₁2I₁LP₂	1							武藤・岡田1961
晩期	愛知	本刈谷	3	-	2C2P¹/2I₁2C2P₁	1	無抜歯 /2I₁2I₁	1	2I²2C/2C	1	2C/2C	1	服部1970
晩期	愛知	西の宮	1	-	2C/?	1							島1968
晩期	愛知	雷	1	-	?/2I₁2I₁	1							小栗1933; 木下1997
晩期	愛知	玉ノ井	3	-	2C2P¹/1L₁2CRP₁LP₂	1	2C2P¹/2C2P₁	1	/2I₁1I₁	1			毛利2003
晩期	大阪	日下	3	-	?/2C	2	2C/2C	1					中山1942

時期	県名	遺跡名	抜歯個体数	観察個体数	抜歯歯種	N	抜歯歯種	N	抜歯歯種	N	抜歯歯種	N	元データ
晩期	岡山	涼松	2	-	2C/2I₁2I₂	2							根岸他1947; 春成1983b
晩期中葉	熊本	天岩戸	1	-	2C/	1							内藤・坂田1977a
晩期中葉	鹿児島	上焼田	1	-	?/2I₁2I₂2C2P₁	1							内藤・坂田1977b
晩期	鹿児島	柊原	1	-	2C/2C	1							峰他1996;1999
晩期	沖縄	クマヤー洞穴	U9	-	?/R1	3	?/L1	2	?/2I₁	1	?/RI	1	松下1993
					?/RI₁RI₂	1	?/2I₁RI₂	1					

弥生時代(N=個体数)

時期	県名	遺跡名	抜歯個体数	観察個体数	抜歯歯種	N	抜歯歯種	N	抜歯歯種	N	抜歯歯種	N	元データ
前期-中期初頭	福島	根古屋	U6, L3	-	1I¹C'/?	3	C'?/?	3	?/I₁C?	1	?/2I₁?	1	馬他1982
					?/2I₁2I₂C	1							
中期初頭	福島	牡丹平	1	-	/2I₁2I₂2C	1							永山1979
前期-中期初頭	新潟	緒立	?	-	2C'/2I₁2I₂2C	?							春成1992
中期初頭	群馬	岩津保	2	2	/I₁	1	?/I₁L	1					小泉・今村1984
中期前半	群馬	八束脛	U2, L14	-	1I¹C'/?	2	?/2I₁	1	?/2I₁	1	?/I₂?	2	飯島他1986
					?/C	3	2C'/2I₁	1	?/2I₁1C	1	?/2I₁2C	1	
中期前半	群馬	幕岩	1	-	1I¹C'/?	1							飯島他1986
後期	群馬	三笠山	1	-	1I¹C'/?	1	15才						飯島他1986
中期初頭	長野	月明沢	2	-	1	1	?/I₁C?	1					飯島他1986
後期	長野	生仁	1	1	2C'/2I¹2I₁2C	1							西沢1982
中期中葉	神奈川	大浦山	1	4	1	1							鈴木1997
弥生	富山	白山神社	U3, L2	U3, L9	2C'/	5	C'?/?	2	?/2C	2			松下1918; 小金井1919
前期	愛知	熱田	1	-	1I²C'/	1							佐藤1918
中期後葉-後期	愛知	朝日	U2	U3, L4	2C'/	1	C'?/?	1					江原1975; 江原・木下1982; 江原他1984; 池田1987; 多賀谷・山田2000
中期末-後期	愛知	新御堂	4	4(or5)	2C'/	3	2C'/	1					江原他1984
中期末-初頭	愛知	瓜郷	0	1									鈴木1963、江原他1995
後期	鳥取	青谷上寺地	7	18	1C'/	1	2C'/	6					井上・松本2002
中期中頃-後期前半	福岡	狐塚	5	(56)	?/2I₁	1							磯谷他1981; 松下1981b
					2C'/	11	1I²2C'/	1	1I² /	1	/1C	1	
前-中期	佐賀	大友2-4次	29	86	/1I₁	2	/1L	1			2	/2I₁	2	
					/2I₁2I₂2C	3	2C/2I₁2I₂C	3					
前期-中期	長崎	宇久松原	3	U2, L1	2C'/	2	?/2I₁2I₂2C	2	1C'/	1			松下・伊丹1983
前末-中期	長崎	根獅子	6	6	2C'/	1	2C'/1I₁C	1	2C'/2I₁2I₂	4			金関1951; 金関他1954; 松下1996
前末-中初	長崎	宮の本	3	39	2C'/	3							松下1981b
前期-中期	長崎	浜郷	4	-	2C'/	4							内藤1971a; 内藤・長崎1973
中期	長崎	深堀	4	-	2C'/	4							内藤・栄田1967
前-後期	鹿児島	大池B地点	1	1	1I²	1							宝島調査班1995
中期	鹿児島	喜念原始墓	4	L3	?/2I₁	2	?/2I₁2I₂2C	2					三宅1943
弥生時代	鹿児島	西ミヤド	1	1	無抜歯/2I₁	1							峰1992
弥生時代	鹿児島	西原海岸	1	U1	2C'/	1							金関1957
弥生時代	沖縄	大当原	2	L2	?/2I₁2I₂	2							松下1993
中期	沖縄	木綿原	4	L4	?/1I₁	3	?/2I₁	1					松下1993
前期	沖縄	安間原原第一	4	U1, L3	1I¹/1I₁	1	?/1I₁	3					松下1993
	沖縄	大原	1	U1	2I¹/	1							峰1992
	沖縄	古座間味	3	L3	?/2I₁2I₂	3							松下1993

appendixA-3

文化	時期	遺跡名	抜歯個体数	観察個体数	抜歯歯種	N	抜歯歯種	N	抜歯歯種	N	抜歯歯種	N	元データ
中国大陸(N=個体数)													
北辛	B.C.5440-4310	北辛											Han and Nakahashi 1995
大汶口早期	B.C.4520-3830	大汶口 I	19	26	1I² (?)	2	2I²	17					Han and Nakahashi 1995
大汶口	B.C.4220-2690	野店	7	12	2I²	7							Han and Nakahashi 1995
大汶口早期	B.C.4060-3210	王因	281	366	1I²	4	2I²	275	1I²2I¹	2	1I²C'	1	Han and Nakahashi 1995
大汶口早期前後	B.C.4050前後	六里井	1	4	1I²	1?							朱1999
大汶口中期	B.C.3770-337-	呈子	15	16	1I²	14							Han and Nakahashi 1995
大汶口中期	B.C.3500-2700	五村	1	16	2I²	1							Han and Nakahashi 1995
大汶口中期		尚庄	5	7	2I²	3	1I²C'	1	2I²2C'	1			Han and Nakahashi 1995
大汶口中-晩期	B.C.2500-2100	大汶口 II	23	31	2I²	23							Han and Nakahashi 1995
大汶口晩期	B.C.2870-2690	三里河 I	3	30	2I²	1	2I₁	1					Han and Nakahashi 1995
大汶口晩期	B.C.2030-1780	橘溝前寨	2	13	1I²	1	2I²	1					Han and Nakahashi 1995
大汶口晩期	B.C.1880-1560	陵陽河	9	15	1I² (?)	1	2I²	1	1I²2I¹	6			Han and Nakahashi 1995
大汶口晩期		西夏侯	10	20	2I²	10							Han and Nakahashi 1995
竜山	B.C.2410-1810	三里河 II	7	33	I₁	1	2I₁2I₂	2	2I²/2I₁	2	1I²2I¹/2I₁2I₂	1	Han and Nakahashi 1995
					2I²2I¹/2I₁2I₂	1							
大汶口		前埠下	-	-		8	2I²	16	2I² ?	1			山東考古研・寒宁文物管理1997
	B.C.2850-2550	蒙城尉迟寺	4	30	1I²C'	1	2I²2C'	3					
大汶口早期	B.C.4510前後	大墩子	42	66	1I²	5	2I²	4	1I² (?)	11	2I²	23	Han and Nakahashi 1995
					1I²C'		2I²P¹	1					
	B.C.4250-2850	随龍碑	1	17	1I²	?							張2006
屈家嶺	B.C.4970-2170	下王崗	-	-	2I²	?							Han and Nakahashi 1995
屈家嶺	B.C.3150-2660	七里河	12	18	2I²	10	2I²2C'	2					Han and Nakahashi 1995
仰韶	B.C.5050-4050	姜寨	1	-	I²	1?	(「死後歯を折っている」との記載)						西安博他1988

龍山-夏代	B.C.2150-1900	神木新华	2	15	I^2		2					韓2005
	B.C.1500-1000	朱开沟	10	37?	I^2		6	$2I^2$	1	$1C'$	2 $2C'$ 1	韓2000
	A.D.658	唐史道洛墓	1	2	$2I^1 2I^2$		1					韓1999
馬家浜	B.C.4170-3270	圩墩	27	39	I^2		27					Han and Nakahashi 1995
馬家浜・崧沢	B.C.3900-3300	崧沢	4	–	$2I^2$		4					Han and Nakahashi 1995
畳石山	B.C.1830-1250	畳石山	1	9	$2I^2$		1					Han and Nakahashi 1995
	B.C.2500	金蘭寺	1	2	$2I^1$		1					Han and Nakahashi 1995
	B.C.3660-2520	河宕	19	22	$2I^1$		1	$I^2(?)$	4	$2I^2$	10 $1I^1 I^2$ 1	韓・藩1982
		$I^1 2I^2$			2							
	B.C.1050前後	仔北	2	–	I^2		1	$2I^2$	1			韓・薫1999
大汶口		富庄	13	14	$2I^2$		2	$2I^1 2I^2 2C'$	2	$2I^1 2I^2/2I_1 2I_2$	4 $2I^1 2I^2 2C'/2I_2$ 1	Han and Nakahashi 1995
明代	A.D.1368-1644	洛表	6	10	$2I^2$		6					蓮1987
台湾島(N=個体数)												
圓山		芝山岩	1	1	$2I^2 2C'$		1					蓮1987
圓山	B.C.2200-1500	圓山	3	3	$2I^2 2C'$		3					蓮1987
牛稠子	B.C.2000前後	墾丁	16	17	$2I^2 2C'$		16					蓮1987
牛稠子		鵝鑾鼻	2	2	$2I^2 2C'$		2					蓮1987
牛稠子	B.C.2000前後	鎮港	1	3	$2I^2$		1					蓮1987
卑南	B.C.2700-770	卑南	46	51	$2I^2$		3	$2I^2 2C'$	43			蓮1987
韓半島(N=個体数)												
弥生中期併行	A.D.1世紀	勒島	3	13	$2C'$		2	LI^1	1			実見
弥生中期併行	A.D.1世紀	貞柏里127号墳	1	1	$LI^2/2I_1$		1					今村1935
弥生併行	A.D.2-3世紀	尹家屯漢代磚墓	1	1	$2P_2$		1					三宅1933
古墳時代併行	A.D.4-7世紀	礼安里	7		$1I^1$		1	$1I^2$	2	$1C'$	1 $1P^1$ 2	実見
					$1P_1$		1					

appendixA-4

列島の時代区分	時期	地域	遺跡名	供献歯種	事例数	供献位置	元データ
弥生開始期前後		韓半島	本村里	LP_1、I_2	1	口腔内	田中1999
古墳時代	A.D.5世紀中頃-後半	韓半島	城山里	I^1、I^2	2	頭部付近清掃中	金2003
弥生時代中期	A.D.1世紀	韓半島	勒島	c'	1	頸部	実見
弥生時代中期	B.C.1世紀中頃-A.D.1世紀	韓半島	梧野里20号墳	I^1、$I^1 orC'$、P	1	頭部近く漆器下	髙久私信・田中1999

appendixB

AppendixA 縄文時代抜歯施行率のカイ自乗検定結果（P値）一覧表

サンプルカテゴリー	若年－成年	成年－熟年	サンプルカテゴリー	若年－成年	成年－熟年
太田女性 UI1	－	0.333	稲荷山全体 UI1	－	1.000
太田女性 UC	－	0.333	稲荷山全体 UI2	0.636	0.576
太田女性 LI1	－	0.250	稲荷山全体 UC	0.602	0.561
太田女性 上顎	－	0.333	稲荷山全体 UP1	1.000	0.583
太田女性 下顎	－	0.152	稲荷山全体 UP2	1.000	0.586
太田男性 UI1	－	0.296	稲荷山全体 LI1	1.000	0.225
太田男性 LI1	－	0.063	稲荷山全体 LI2	1.000	0.225
太田男性 上顎	－	0.333	稲荷山全体 LC	0.669	1.000
太田男性 下顎	－	0.047	稲荷山全体 LP1	－	1.000
太田全体 UI1	－	0.094	吉胡女性 UI2	0.697	－
太田全体 UC	－	0.308	吉胡女性 UC	0.585	
太田全体 LI1	－	0.004	吉胡女性 UP1	0.042	－
太田全体 LC	－	0.095	吉胡女性 LI1	0.003	－
太田全体 下顎	－	0.013	吉胡女性 LI2	0.012	－
姥山女性 UC	－	0.042	吉胡女性 LC	0.456	0.249
姥山女性 LI1	－	0.341	吉胡女性 LP1	0.582	－
姥山女性 LI2	－	1.000	吉胡男性 UC	0.199	－
姥山女性 LC	－	1.000	吉胡男性 UP1	0.623	0.169
姥山女性 上顎	－	0.592	吉胡男性 LI1	0.630	－
姥山女性 下顎	－	1.000	吉胡男性 LC	0.018	－
姥山男性 UI2	－	0.663	吉胡男性 LP1	1.000	0.443
姥山男性 UC	－	0.333	吉胡全体 UC	0.064	－
姥山男性 上顎	－	0.245	吉胡全体 UP1	0.037	－
姥山全体 UI2	－	1.000	吉胡全体 LI1	0.007	－
姥山全体 UC	－	0.012	吉胡全体 LI2	0.048	－
姥山全体 LI1	－	0.260	吉胡全体 LC	0.037	－
姥山全体 LI2	－	0.619	吉胡全体 LP1	0.357	－
姥山全体 LC	－	1.000	吉胡全体 LP2	－	－
姥山全体 上顎	－	0.035	保美女性 UC	－	0.560
姥山全体 下顎	－	0.665	保美女性 UP1	－	0.475
寄倉女性 UP1	0.644	－	保美女性 UP2	1.000	－
寄倉女性 LP1	－	1.000	保美女性 LI1	0.549	－
寄倉男性 UP1	－	0.473	保美女性 LP1	0.222	－
後期中葉女性 UI2		1	保美女性 LC	0.109	－
後期中葉女性 UC		0.619	保美女性 LP1	－	0.097
後期中葉女性 LI1		1	保美男性 UI2	－	1.000
後期中葉女性 LI2		1	保美男性 UC	－	1.000
後期中葉女性 LC		1	保美男性 LP1	－	0.429
後期中葉男性 UI2	1		保美全体 UI2	1.000	－
後期中葉男性 UC		0.089	保美全体 UC	0.512	－
三貫地女性 UC	0.107	0.529	保美全体 UP1	1.000	－
三貫地女性 LI1	－	1.000	保美全体 UP2	1.000	－
三貫地女性 LI2	－	1.000	保美全体 LI2	0.490	－
三貫地女性 LC	0.299	0.235	保美全体 LC	0.008	－
三貫地男性 UC	－	0.529	保美全体 LP1	0.337	0.221
三貫地男性 LI1	－	1.000	伊川津女性 UP1	1.000	0.410
三貫地男性 LI2	－	1.000	伊川津女性 LC	0.481	0.130
三貫地男性 LC	－	0.612	伊川津女性 LP1	－	1.000
三貫地全体 UC	0.162	1.000	伊川津男性 UP1	0.486	－
三貫地全体 UP1	0.628	－	伊川津男性 LP1	1.000	－
三貫地全体 LI1	0.305	0.577	伊川津全体 UP1	0.186	0.844
三貫地全体 LI2	－	0.619	伊川津全体 LC	0.754	0.054
三貫地全体 LC	0.305	0.082	伊川津全体 LP1	1.000	0.681
三貫地全体 LP1	0.644	1.000	津雲男性 UI2	1.000	－
稲荷山女性 UI1	－	1.000	津雲男性 UP1	1.000	0.270
稲荷山女性 UI2	－	0.541	津雲男性 LI1	1.000	0.308
稲荷山女性 UC	－	1.000	津雲男性 LI2	1.000	－
稲荷山女性 LI1	1.000	1.000	津雲男性 LC	0.492	－
稲荷山女性 LI2	1.000	1.000	津雲男性 LP1	－	0.187
稲荷山女性 LC	1.000	1.000	津雲全体 UI2	1.000	－
稲荷山女性 LP1	－	1.000	津雲全体 UP1	0.551	0.375
稲荷山男性 UP1	－	0.532	津雲全体 LI1	0.473	0.077
稲荷山男性 UP2	－	0.634	津雲全体 LI2	0.490	0.710
稲荷山男性 LI1	－	0.137	津雲全体 LC	0.490	0.597
稲荷山男性 LI2	－	0.137	津雲全体 LP1	1.000	0.003

数値：P値

appendixC

					上顎抜歯歯種				下顎抜歯歯種		
所蔵機関	遺跡名	発掘番号	キャプション	RC'	LC'	RC	RI₂	RI₁	LI₁	LI₂	LC
京都大学	伊川津貝塚	6-1	2C		○	○					○
京都大学	伊川津貝塚	6-6	2I₁2C		○	○		○	○		○
京都大学	伊川津貝塚	16	2I₁2C		○	○	○			○	○
京都大学	伊川津貝塚	17	2C		○	○					○
京都大学	伊川津貝塚	6-8	2C		○	○					○
京都大学	伊川津貝塚	4	2C		○	○					○
京都大学	伊川津貝塚	1-2	2C		○	○					○
京都大学	伊川津貝塚	5-1	2C		○	○					○
京都大学	伊川津貝塚	6-5	2C		○	○					○
京都大学	伊川津貝塚	6-11	2C		○	○					○
科博	伊川津貝塚'36-37	855／旧10	1C/0	○							
科博	伊川津貝塚'36-37	860／旧21	2I₁2I₂	○	○		○	○	○	○	
科博	伊川津貝塚'59	226	2I₁2I₂	○	○		○	○	○	○	
科博	伊川津貝塚'59	233	2I₁2I₂	○	○		○	○	○	○	
科博	伊川津貝塚'59	235	2I₁2I₂	○	○		○	○	○	○	
科博	伊川津貝塚'59	217	2I₁2I₂	○	○		○	○	○	○	
科博	伊川津貝塚'59	229	2I₁2I₂	○	○		○	○	○	○	
科博	伊川津貝塚'59	210	2I₁2I₂	○	○		○	○	○	○	
京都大学	稲荷山貝塚	31	2C		○	○					○
京都大学	稲荷山貝塚	25	2C		○	○					○
京都大学	稲荷山貝塚	34	2C		○	○					○
京都大学	稲荷山貝塚	44	2C		○	○					○
京都大学	稲荷山貝塚	29	2C		○	○					○
京都大学	稲荷山貝塚	24	2C		○	○					○
京都大学	稲荷山貝塚	15	2I₁2I₂		○		○	○	○	○	
京都大学	稲荷山貝塚	22	2I₁2I₂2C		○	○	○	○	○	○	○
京都大学	稲荷山貝塚	28	2C		○	○					○
京都大学	稲荷山貝塚	6	2I₁2I₂2C		○	○	○	○	○	○	○
京都大学	稲荷山貝塚	11	2I₁2I₂2C		○	○	○	○	○	○	○
京都大学	稲荷山貝塚	17	2I₁2I₂2C		○	○	○	○	○	○	○
京都大学	稲荷山貝塚	26	2C		○	○					○
東京大学	保美貝塚	16	2C		○	○					○
東京大学	保美貝塚	KG148	2C		○	○					○
東京大学	保美貝塚	7	2C		○	○					○
東京大学	保美貝塚	13-2	2I₁2I₂		○	○		○	○		○
東京大学	保美貝塚	11	0								
東京大学	保美貝塚	12-1	2I₁2I₂		○	○		○	○		○
東京大学	保美貝塚	13-1	2I₁2I₂		○	○		○	○		○
東京大学	保美貝塚	6	2I₁2I₂2C		○	○	○	○	○	○	○
東京大学	保美貝塚	7	2C		○	○					○
東京大学	保美貝塚	5-2	2I₁2I₂		○	○		○	○		○
東京大学	保美貝塚	9-1	2C		○	○					○
東京大学	保美貝塚	10-1	2I₁2I₂		○	○		○	○		○
東京大学	保美貝塚	15-1	2I₁2I₂		○	○		○	○		○
東京大学	保美貝塚	4	0/2I₁2I₂					○	○		
東京大学	保美貝塚	0	2C		○	○					○
旧田原町	吉胡貝塚	T-19	2C		○	○					○
京都大学	吉胡貝塚	50	2I₁2C		○	○			○		○
京都大学	吉胡貝塚	56	2C		○	○					○
京都大学	吉胡貝塚	73	2C		○	○					○
京都大学	吉胡貝塚	147	1I₁2C		○	○	○				○
京都大学	吉胡貝塚	148	2I₁2I₂		○	○		○	○	○	
京都大学	吉胡貝塚	186	2I₁2I₂		○	○		○	○	○	
京都大学	吉胡貝塚	223	2I₁2I₂2C		○	○	○	○	○	○	○
京都大学	吉胡貝塚	281	2I₁2C		○	○	○		○		○
京都大学	吉胡貝塚	128	2I₁2I₂		○	○		○	○	○	
京都大学	吉胡貝塚	221	2I₁2I₂		○	○		○	○	○	
京都大学	吉胡貝塚	42	2C		○	○					○
京都大学	吉胡貝塚	200	1I₁2C		○	○	○				○
京都大学	吉胡貝塚	249	2I₁2I₂		○	○		○	○		
京都大学	吉胡貝塚	115	2I₁1I₁		○	○		○	○		
京都大学	吉胡貝塚	175	2C		○	○					○
京都大学	吉胡貝塚	263	2I₁2I₂2C		○	○	○	○	○	○	○
京都大学	吉胡貝塚	126	2I₁2I₂		○	○		○	○		
旧田原町	吉胡貝塚	T-17	2I₁2I₂		○	○		○	○	○	○
旧田原町	吉胡貝塚	T-4-A	2C		○	○					○
旧田原町	吉胡貝塚	T-13	2I₁2I₂		○	○		○	○	○	
京都大学	吉胡貝塚	17	2I₁2I₂		○	○		○	○	○	
京都大学	吉胡貝塚	46	2I₁2I₂2C		○	○		○	○	○	○
京都大学	吉胡貝塚	65	1C/2I₁2I₂2C		○		○	○	○	○	○
京都大学	吉胡貝塚	82	2I₁2I₂		○	○		○	○	○	
京都大学	吉胡貝塚	136	2I₁2I₂	○				○	○	○	
京都大学	吉胡貝塚	228	0/2I₁2I₂					○	○	○	
京都大学	吉胡貝塚	27	2I₁2C	○	○			○	○		○
京都大学	吉胡貝塚	48	1I₁2C		○	○	○				○
京都大学	吉胡貝塚	49	2I₁2I₂2C		○	○	○	○	○	○	○
京都大学	吉胡貝塚	51	2C		○	○					○
京都大学	吉胡貝塚	61	2I₁2C		○	○	○				○
京都大学	吉胡貝塚	89	0/2I₁2I₂					○	○	○	
京都大学	吉胡貝塚	123	2C		○	○					○
京都大学	吉胡貝塚	171	2I₁2I₂	○	○			○	○	○	
京都大学	吉胡貝塚	210	2C		○	○					○
京都大学	吉胡貝塚	214	2I₁2I₂	○				○	○	○	
京都大学	吉胡貝塚	232	0/2I₁2I₂								

大学	遺跡	No.	型	1	2	3	4	5	6	7	8
京都大学	吉胡貝塚	240	2C	○	○	○					○
京都大学	吉胡貝塚	248	2I,2I	○	○		○	○	○	○	○
京都大学	吉胡貝塚	278	2I,2I,2C	○	○	○	○	○	○	○	○
京都大学	吉胡貝塚	2	2C	○	○	○					○
京都大学	吉胡貝塚	62	2I,1I,2C	○	○	○		○	○		○
京都大学	吉胡貝塚	93	2I,2I	○	○		○	○		○	○
京都大学	吉胡貝塚	103	2C	○	○						○
京都大学	吉胡貝塚	164-1	1I,2C	○	○	○				○	○
京都大学	吉胡貝塚	164-2	2C	○	○	○					○
京都大学	吉胡貝塚	238	O/1I							○	○
京都大学	吉胡貝塚	274	O/2I,2I				○	○		○	○
東京大学	津雲貝塚	5	2C	○	○	○	○				○
東京大学	津雲貝塚	8	1I,2C	○	○			○	○		○
東京大学	津雲貝塚	15	2I,2I	○	○		○	○	○	○	○
東京大学	津雲貝塚	16	2I,2I	○	○			○	○		○
東京大学	津雲貝塚	18	2I,2C	○	○	○		○	○		○
東京大学	津雲貝塚	18	1I,2C	○	○			○	○		○
東京大学	津雲貝塚	20	2I,2I	○	○		○	○	○		○
東京大学	津雲貝塚	27	2I,2I,1C	○	○		○	○	○		○
東京大学	津雲貝塚	3+5	2I,2I	○	○			○	○		○
大阪大学	津雲貝塚	1	1I,2C	○	○	○					○
大阪大学	津雲貝塚	3	1I,2C	○	○	○				○	○
大阪大学	津雲貝塚	4	2C	○	○	○					○
大阪大学	津雲貝塚	8	2C	○	○	○					○
大阪大学	津雲貝塚	9	2I,2I,2C	○	○	○	○	○	○		○
大阪大学	津雲貝塚	12	2I,2I,2C	○	○	○	○	○	○	○	○
大阪大学	津雲貝塚	15	2C	○	○	○					○
大阪大学	津雲貝塚	17	O	○							
大阪大学	津雲貝塚	19	2I,2C	○	○	○		○	○		○
大阪大学	津雲貝塚	20	1I,2C	○	○	○				○	○
大阪大学	津雲貝塚	22	1I,2C	○	○	○					○
大阪大学	津雲貝塚	26	2I,2I,2C	○	○	○	○	○	○		○
大阪大学	津雲貝塚	34	2I,2I,2C	○	○	○	○	○	○		○
大阪大学	津雲貝塚	37	2I,2I	○	○		○	○	○		○
大阪大学	津雲貝塚	42	2C	○	○	○					○
大阪大学	津雲貝塚	46	2C	○	○	○					○
大阪大学	津雲貝塚	49	2C	○	○	○					○
京都大学	津雲貝塚	1	2I,2I	○	○		○	○	○	○	○
京都大学	津雲貝塚	12	2I,2I	○	○		○	○	○	○	○
京都大学	津雲貝塚	13	2I,2C	○	○	○		○	○		○
京都大学	津雲貝塚	14	2I,2I,2C	○	○	○	○	○	○	○	○
京都大学	津雲貝塚	16	2I,2I	○	○		○	○	○		○
京都大学	津雲貝塚	4次-3	2C	○	○	○					○
京都大学	津雲貝塚	19	1I,1I	○	○			○		○	○
京都大学	津雲貝塚	2	O/1I,2C			○					
京都大学	津雲貝塚	23	2I,2I	○	○		○	○	○		
京都大学	津雲貝塚	24	2I,2C	○	○	○		○	○		○
京都大学	津雲貝塚	27	O	○	○						
京都大学	津雲貝塚	32	2C	○	○	○					○
京都大学	津雲貝塚	33	2C	○	○	○					○
京都大学	津雲貝塚	34	2C	○	○	○					○
京都大学	津雲貝塚	37	2I,2I,2C	○	○	○	○	○	○		○
京都大学	津雲貝塚	39	2C	○	○	○					○
京都大学	津雲貝塚	4	2I,2I	○	○		○	○	○		○
京都大学	津雲貝塚	43	2I,2I	○	○		○	○	○		○
京都大学	津雲貝塚	44	2I,2I,2C	○	○	○	○	○	○		○
京都大学	津雲貝塚	46	O	○							
京都大学	津雲貝塚	5	2C	○	○	○					○
京都大学	津雲貝塚	53	1C/O	○							
京都大学	津雲貝塚	6	2I,2I	○	○		○	○	○	○	○
京都大学	津雲貝塚	7	2I,2I	○	○		○	○	○	○	○
大阪大学	津雲貝塚	64	2I,1I	○	○		○	○	○		○
京都大学	津雲貝塚	NN-1-A(159)	1I,1I,2C	○	○	○				○	○
京都大学	津雲貝塚	NN-1-B(157)	1I,1C	○	○					○	○
京都大学	津雲貝塚	3	1I,1I	○	○				○		
東京大学	津雲貝塚	131641	O/1I						○		
大阪大学	津雲貝塚	68	O/1I							○	

○：抜歯歯牙

参考文献

〔和文〕（五十音順）

麻生優, 1961：西貝塚.

飯島義雄・宮崎重雄・外山和夫, 1986：八頸洞窟遺跡出土人骨における抜歯の系譜について. 群馬県立歴史博物館紀要, 7.

池田晃一, 2000：埋葬に伴う石製装身具類. 考古学ジャーナル, 466.

池田次郎, 1964：発掘人骨の概要. 五島遺跡調査報告. 長崎県教育委員会, 長崎.

池田次郎, 1981：日本の抜歯風習. 日本人Ⅰ（人類学講座5）. 雄山閣, 東京.

池田次郎, 1987：方形周溝墓出土の一弥生時代人骨. 愛知県埋蔵文化財センター年報昭和61年度. 愛知県埋蔵文化財センター, 名古屋.

池田次郎, 1993：愛知県知多市法海寺遺跡出土の弥生時代人骨. 法海寺遺跡Ⅱ. 知多市文化財資料第31集. 知多市教育委員会, 知多.

池田次郎・本間隆平, 1963：人骨. 新潟県佐渡三宮貝塚の研究. 立教大学博物館学講座研究報告2. 立教大学博物館学講座, 東京.

池田次郎・茂原信生, 1975：青島貝塚の縄文人骨について. 南方町史資料篇. 南方町史編纂委員会, 南方.

池畑耕一, 1980：鹿児島県における抜歯風習の特質. 隼人文化, 8.

石田肇・百々幸雄・埴原恒彦・大島直行・木田雅彦・松村博文, 1973：北海道八雲町コタン温泉遺跡出土の縄文時代人骨について. コタン温泉遺跡. 八雲町教育委員会, 八雲.

石原道博編訳, 1951：魏志倭人伝（中国正史日本伝1）. 岩波書店, 東京.

磯谷誠一・乗安整而・永井昌文・内藤芳篤, 1981：大友遺跡出土の人骨資料. 大友遺跡. 呼子町郷土史研究会, 長崎.

伊能生, 1907：台湾の土蕃の歯を鈙く風. 人類学雑誌, 22-258.

井上貴夫・松本充香, 2002：第4章関連分野の成果. 青谷上寺地遺跡4（本文編1）. 財団法人鳥取県教育文化財団, 鳥取.

今村豊, 1935：楽浪王光墓発見人骨について. 楽浪王光墓. 古蹟調査報告第二. 図版第95-99. 朝鮮古蹟研究会, 韓国.

今村豊, 1935：楽浪古墳骨の一例（予報）. 人類学雑誌, 48-1.

岩手県立博物館，1985：熊穴洞穴遺跡発掘調査報告書．岩手県立博物館研究調査報告書 1．岩手県立博物館，岩手．

岩永省三，2000：青銅武器儀器化の比較研究—韓と倭—．考古学からみた弁・辰韓と倭（第 4 回九州・嶺南合同考古学大会）．嶺南考古学会・九州考古学会，釜山・福岡．

江上波夫，1940：南方シナ民族の欠歯の風習に就いて．人類学雑誌，55-4．

江上波夫，1951：ユウラシア北方民族の葬礼における劈面、截耳、剪髪について．ユウラシア北方文化の研究．山川出版社，東京．

江上波夫，1967：中国の中部・南部における欠歯の風習．アジア文化史研究：論考編．東京大学東洋文化研究所，東京．

江原昭善，1975：朝日遺跡群出土人骨について．環状 2 号線関係朝日遺跡群第一次調査報告．愛知県教育委員会，愛知．

江原昭善・小片保・木下実，1995：愛知県西尾市新御堂貝塚出土の中世焼骨および弥生時代人骨について．貝ス遺跡・新御堂遺跡．西尾市埋蔵文化財発掘調査報告書第 3 集．西尾市教育委員会，西尾．

江原昭善・木下実，1981：大曲輪遺跡出土人骨の概略．瑞穂陸上競技場内大曲輪遺跡発掘調査概要報告書．名古屋市教育委員会，名古屋．

江原昭善・木下実，1982：朝日遺跡出土の人骨について．朝日遺跡 I．愛知県教育委員会．愛知．

江原昭善・木下実・松本眞，1984：SZ021 出土の人骨について．環状 2 号線関係埋蔵文化財発掘調査年報 II—昭和 58 年度．愛知県教育委員会，愛知．

江守五夫，1986：日本の婚姻その歴史と民族．弘文堂，東京．

Jhering. H.V., 1882: Die Künstliche deformierung der Zähne. *Zeitschr. f. Ethnologie*, 14. （杉本茂春訳，1984-85：歯の人工的変形．えとのす，24-27, 29.）

遠藤美子・遠藤萬里，1979：東京大学総合研究資料館所蔵縄文時代人骨型録．東京大学総合研究資料館，東京．

大賀美利雄，1957：恵曇遺跡と抜歯例．米子医学雑誌，8-2．

大串菊太郎，1920：津雲貝塚及国府石器時代遺跡に対する二三の私見．民族と歴史，3-4．

大久保進，1965：関東における縄文式最後の貝塚—埋葬人骨．科学読売，17-10．

大倉辰雄，1939：三河国稲荷山貝塚人の抜歯及び歯牙変形の風習に就て．京都医学雑誌，36-8．

太田博明・高松潔，2001：III ホルモン分泌からみた女性の加齢．武谷雄二編，エージングと身体機能（新女性医学大系 3）．中山書店，東京

大多和利明, 1983：広田弥生人骨の所謂風習的抜歯、特にその抜歯痕の検討. 九州歯科学会雑誌, 37-3.

大野薫, 2001：近畿・中国・四国地方における集落変遷の画期と研究の現状. 縄文集落研究の現段階. 縄文時代文化研究会, 東京.

大場磐雄, 1933：安房神社境内発見古代洞窟調査外報. 史前学雑誌, 5-1.

大林太良, 1970：哀悼傷身の風俗について. 民族学から見た日本. 河合出書房新社, 東京.

大林太良, 1971：縄文時代の社会組織. 季刊人類学, 2-2.

大藤時彦, 1968：お歯黒. 金関丈夫博士古稀記念委員会編. 日本民族と南方文化. 平凡社, 東京.

岡村道雄, 1993：埋葬に関わる遺物の出土状況から見た縄文時代の墓葬礼. 論苑考古学. 天山舎, 東京.

岡本勇, 1956：埋葬. 日本考古学講座 3. 河出書房, 東京.

小片丘彦, 1961：日本古墳時代人頭骨に於ける抜歯例の追加. 解剖学雑誌, 37-3 付録Ⅳ.

小片丘彦・金鎭晶・峰和治・竹中正巳, 1997：朝鮮半島出土先史・古代人骨の時代的特徴. 青丘学術論集, 10

小片丘彦・峰和治・川路則友・山本美代子, 1988：鹿児島県奄美大島下山田Ⅱの縄文時代人骨. 下山田Ⅱ遺跡・和野トフル墓. 鹿児島県教育委員会, 鹿児島.

小片保, 1956：出雲国八束郡恵曇古浦砂丘遺跡発掘報告. 鳥取大学解剖学教室業績集 3 別篇. 鳥取大学解剖学教室, 鳥取.

小片保, 1960：山陰地方古代人骨の抜歯に就いて. 日本人類学会・日本民族学協会連合大会第 14 回記事. 日本人類学会・日本民族学協会連合大会事務局.

小片保, 1968：称名寺貝塚人骨所見概報. 武蔵野, 47-2・3.

小片保, 1975：大畠貝塚出土の人骨について. 大畑貝塚調査報告書. いわき市教育委員会, いわき市.

小片保, 1976：中峠貝塚（縄文中期）人の形質およびその他の特徴. 下総考古学, 6.

小片保・大賀美利雄・小村京子・益本宗, 1966：日本古墳時代人骨の抜歯. 鳥取大学解剖学教室業績集 4. 鳥取大学解剖学教室, 鳥取.

小片保・小村京子・石村正, 1957：日本石器時代人抜歯の追加例. 鳥取大学解剖学教室業績集 5. 鳥取大学解剖学教室, 鳥取.

小片保・平野哲司, 1960：縄文時代人の抜歯風習について. 新潟医学会雑誌, 74-10.

小片保・森沢佐蔵, 1972：抜歯のある縄文人焼骨について. 人類学雑誌, 80-1.

小片保・森沢佐蔵・加藤克知・石野辰夫, 1973：第 7 章人骨群. 貝の花貝塚. 松戸

市教育委員会, 松戸.

小片保・森沢佐蔵・西本豊弘・柳沢清一, 1971：出土人骨. 貝鳥貝塚. 花泉町教育委員会, 花泉.

小片保・森本岩太郎・江坂輝弥, 1971：青森県表館発見の縄文文化後期初頭の甕棺と人骨. 考古学ジャーナル, 63.

小片保・森本岩太郎・小片丘彦・森沢佐蔵・加藤克知・石野辰夫, 1973：出土人類学とその問題点. 湧清水洞穴遺跡. 佐田町教育委員会, 佐田.

小片保・森本岩太郎・小片丘彦・森沢佐蔵・行形勝・服部又彦, 1981：人骨. 枯木宮貝塚Ⅰ. 西尾市教育委員会, 西尾.

小川榮一, 1952：美濃の石器時代文化. 梅田書院, 岐阜.

小栗鉄二郎, 1933：鳴海町雷貝塚. 愛知県史跡名勝天然記念物報告. 愛知.

小澤佳憲, 2000：弥生集落の動態と画期：福岡県春日丘陵域を対象として. 古文化談叢, 44.

小野美代子, 1981：加曾利B式期の土偶について. 土曜考古, 4.

小田富士雄, 1967：土器（弥生土器）. 深堀遺跡. 人類学研究報告, 1. 長崎大学医学部解剖学第二研究室, 長崎.

乙益重隆, 1959：熊本県上益城郡カキワラ貝塚. 日本考古学年報, 8.

賀川光夫, 1967：大分県草木洞穴. 日本の洞穴遺跡. 平凡社, 東京.

鹿島町教育委員会, 2005：古浦遺跡. 古浦遺跡調査研究会・鹿島町教育委員会, 鹿島.

春日市教育委員会, 1981：西平塚遺跡・ナライ遺跡. 春日市文化財調査報告10. 春日市教育委員会, 春日.

金関丈夫, 1951：根獅子人骨について（予報）. 平戸学術調査報告. 京都大学平戸学術調査団, 京都.

金関丈夫, 1957：沖永良部島西原墓地採集の人骨. 民族学研究, 21-4.

金関丈夫, 1966：種子島広田遺跡の文化. FUKUOKA UNESCO, 3. 福岡ユネスコ協会, 福岡.

金関丈夫, 1975：死霊に対するカムフラージュ—抜歯のおこり. 発掘から推理する. 朝日新聞社, 東京.

金関丈夫・牛島陽一・永井昌文・原田忠昭, 1954：山口県豊浦郡神玉村土井ヶ浜人骨の抜歯例について. 解剖学雑誌, 29-9.

金関丈夫・小片丘彦, 1962：着色と変形を伴う弥生前期の頭蓋. 人類学雑誌, 69-3・4.

金関丈夫・金関恕・原口正三, 1961：佐賀県切通遺跡. 日本農耕文化の生成. 東京

堂，東京．

金関丈夫・佐野一，1958：山口県土井ヶ浜遺跡Ⅳ弥生式時代人の抜歯に就いて．解剖学雑誌，33-6 付録Ⅲ．

金関丈夫・佐野一，1962：山口県土井ヶ浜遺跡出土弥生式時代人の抜歯に就いて．人類学雑誌，69．

金関丈夫・坪井清足・金関恕，1961：山口県土井ヶ浜遺跡．日本農耕文化の生成第1冊．本文篇・第2冊図版篇．東京堂，東京．

金関丈夫・永井正文・山下茂雄，1954：長崎県平戸島獅子村根獅子免出土の人骨に就いて．人類学研究，1-3・4．

金関丈夫・原田忠昭・浅川清隆，1955：熊本県下益城郡豊田村御領貝塚発掘の人骨に就いて．人類学研究，2-1．

加納実，1995：下総台地における加曽利EⅢ式期の諸問題―集落の成立に関する予察を中心に．研究紀要，16．

加納実，2002：非居住域への分散居住が示す社会．縄文社会論（上）．同成社，東京．

河瀬正利，1985：広島県太田貝塚．探訪縄文の遺跡西日本編．有斐閣，東京．

北九州市教育委員会，1979：こうの巣横穴群：北九州市小倉北区篠崎所在横穴群の調査．北九州市教育委員会，北九州．

木下尚子，1997a：日本列島の風習的抜歯―東アジアの視点から．熊本大学〈地域〉研究Ⅱ東アジアの文化構造．九州大学出版局，福岡．

木下尚子，1997b：東アジアにおける風習的抜歯の基礎的研究．熊本大学文学部考古学研究室創設25周年記念論文集（先史学・考古学論及Ⅱ）．龍田考古会，熊本．

九州大学医学部解剖学第2講座，1988：日本民族・文化の生成2．九州大学医学部解剖学第2講座所蔵古人骨集成．六興出版，東京．

京都大学平戸学術調査団，1951：平戸学術調査報告．京都大学平戸学術調査団，京都．

清野謙次，1925：日本原人の研究．岡書院，東京．

清野謙次，1949：古代人骨の研究に基づく日本人種論．岩波書店，東京．

清野謙次，1969：日本貝塚の研究．岩波書店，東京．

清野謙次・金高勘次，1929：三河国吉胡貝塚人の抜歯および歯牙変形の風習について．史前学雑誌，1-3．

草間俊一・小片保・森本岩太郎・及川洵他，1973：岩手県住田町湧清水洞穴遺跡．住田町教育委員会，住田．

熊本県教育委員会，1978：菊池側流域文化財調査報告書．熊本県教育委員会，熊本．

倉智敬一，1978：1-1 定義およびその根拠となる統計．不妊（図説臨床産婦人科講座

10)．メジカルビュー，東京．

小泉清隆・今村啓爾，1983：群馬県岩津保洞窟遺跡出土の弥生時代人骨について．人類学雑誌，91-2．

甲元眞之，1975：弥生時代の社会（古代史発掘4）．講談社，東京．

甲元眞之，1995：中国先史時代の抜歯習俗．文明学原論．江上波夫先生米寿記念論集．古代オリエント博物館．山川出版，東京．

小金井良清，1918：日本石器時代人に上顎犬歯を抜き去る風習ありしことに就て．人類学雑誌，33-2．

小金井良清，1919：日本石器時代人の歯牙を変形する風習に就て．人類学雑誌，34-11．

小金井良清，1923：日本石器時代人の歯牙を変形する風習に就ての追加．人類学雑誌，38-6．

小金井良清，1933：安房神社洞窟人骨．史前学雑誌，5-1．

小金井良清，1936：日本民族中の南方要素の問題．人類学雑誌，51-6．

国分直一，1953：種子島南種子町広田の埋葬遺跡調査概報．考古学雑誌，43-3．

小杉康，1995：縄文後半期における大規模配石記念物の成立．駿台史学，93．

小場恒吉・榧本亀次郎，1935：楽浪王光墓．古蹟調査報告第二．朝鮮古蹟研究会，韓国．

小林達雄，1988：縄文人の道具（古代史復元）．講談社，東京．

坂田邦洋，1973：現代日本人に見られた風習的抜歯例．考古学ジャーナル，89．

坂田正博・倉智博久，2000：GnRH．ゴナドトロピン．武谷雄二編，思春期医学（新女性医学大系18）．中山書店，東京．

佐々木高明，1991：日本史誕生（日本の歴史1）．集英社，東京．

佐々木藤雄，2002：環状列石と縄文式階層社会．縄文社会論（下）．同成社，東京．

佐宗亜衣子・諏訪元，2009：姥山貝塚B9号住居址人骨群の形態的類似性―歯冠計測値及び局所的頭蓋形態による検討―．考古学研究会第55回研究集会親族と集団．

佐藤亀一，1918：尾張国熱田の貝塚より得たる日本石器時代人骨に就いて．人類学雑誌，33-11．

佐藤重紀，1891：本邦涅歯考．東京人類学会雑誌，6-65・66

潮見浩，1985：岡山県津雲貝塚，探訪縄文の遺跡西日本編．有斐閣，東京．

潮見浩・川越哲志・河瀬正利，1971：広島県尾道市太田貝塚発掘調査報告．広島県文化財報告9集．広島県教育委員会，広島．

潮見浩・藤田等，1966：中国・四国．弥生時代（日本の考古学3）．河出書房，東京．

志田不動麿，1937：東亜における歯牙変更の風俗について．立正史学，3-12

篠田謙一・松村博文・西本豊弘，1998：DNA分析と形態データによる中妻貝塚出土人骨の血縁関係の分析．動物考古学，11．

島五郎，1957：摂津国有馬郡東山古墳人骨について．人文論究，7-6．

島五郎，1968：半田市西の宮貝塚出土人骨について．半田市誌．半田市誌編纂委員会，半田．

島五郎・鈴木誠，1968：ハワイ諸島人の抜歯について．金関丈夫博士記念委員会編　日本民族と南方文化．平凡社，東京．

島五郎・山崎秀治，1953：河内国石切大藪古墳人骨，特にその黒彩色歯牙に就いて．大阪府文化財調査報告書2．大阪府教育委員会，大阪．

志摩町教育委員会，1987：新町遺跡．志摩町文化財調査報告書7．志摩町教育委員会，志摩．

下川敏夫，1959：抜歯創の治癒過程に関する知見的補遺　第2編．久留米医学雑誌，16．

下関市教育委員会，1984：伊倉遺跡．下関教育委員会，下関．

下関市教育委員会，1985：吉母浜遺跡．下関教育委員会，下関．

杉原荘介・戸沢充則，1971：貝塚文化—縄文時代．市川市史第1巻．市川市史編纂委員会，市川．

杉本茂春，1973：抜歯の一方法とその源流．日本歯科医師学会会誌，1-1．

鈴木質，1932：台湾蛮人風俗誌．理番の友発行所，台北．

鈴木重治・鳥飼隆好，1964：大野郡朝地町草木岩陰遺跡．大分県地方史，34．

鈴木隆雄・藤田尚・史常徳・西本豊弘，1995：人骨．伊川津遺跡1992年度調査．渥美町教育委員会，愛知．

鈴木尚，1939：人工歯牙の変形．人類学・先史学講座12．雄山閣，東京．

鈴木尚，1953：我国石器時代における歯の人為的変工について．歯界展望，10-23．

鈴木尚，1960：骨．

鈴木尚，1962：（附）蜆塚貝塚の総合所見．蜆塚遺跡総括篇．浜松市教育委員会．

鈴木尚，1962a：内谷組合式石棺内出土の人骨．徳島県文化財調査報告5．吉川弘文館，東京．

鈴木尚，1962b：人骨．徳島県文化財報告書5．吉川弘文館，東京．

鈴木尚，1963：豊橋市瓜郷遺跡の弥生時代人骨．瓜郷．豊橋市教育委員会，豊橋．

鈴木尚，1997：大浦山洞穴の弥生時代人骨とくにその人為的損傷について．大浦山洞穴．三浦市教育委員会，三浦．

鈴木尚・遠藤萬里・寺沢俊男，1962：（附）蜆塚貝塚第四次発掘の人骨．蜆塚遺跡総括篇．浜松市教育委員会，浜松．

鈴木尚・木村賢・馬場悠男，1976：加曾利貝塚発掘の人骨．加曾利南貝塚．中央公論美術出版，東京．

鈴木尚・佐倉朔・遠藤萬里，1961：人骨の調査．西貝塚．磐田市教育委員会．

鈴木尚・佐倉朔・佐野一，1957：堀之内貝塚人骨．人類学雑誌，65-5．

鈴木尚・北條暉幸，1966：柏子所貝塚の人骨．秋田県史跡能代市所在柏子所貝塚：第2次・第3次発掘調査報告．秋田県教育委員会，秋田．

鈴木義昌，1968：縄文遺跡における埋葬施設の一例．石器時代，1．

住谷靖，1959：日本人における歯の異常の統計的観察．人類学雑誌，67-4．

関孝一，1965：長野県埴科保地遺跡発掘調査概報．考古学雑誌，51-3．

世羅町教育委員会，1979：矢の迫遺跡．世羅町教育委員会，世羅．

大工原豊・林克彦，1993：配石墓と環状列石．信濃，47-4．

高久健二，1994：楽浪墳墓埋葬主体部に対する研究 -楽浪社会構造の解明-．考古歴史学志，10（高久健二訳，1995：楽浪墳墓の埋葬主体部 -楽浪社会構造の解明-．古文化談叢，35．）．

高砂市教育委員会社会教育課，1964：日笠山貝塚．発掘調査報告1．高砂市教育委員会，高砂．

高瀬克範，2004：Ⅲ-12-2-(4)被葬者の系譜．本州島東北部の弥生社会誌．六一書房，東京．

高橋龍三郎，2001：総論．村落と社会の考古学（現代の考古学6）．朝倉書店，東京．

高橋龍三郎，2003：縄文後期社会の特質．大学合同考古学会シンポジウム実行委員会編，縄文社会を探る．学生社，東京．

高宮廣衞，1978：沖縄諸島における新石器時代の編年（試案）．南島考古，6．

宝島大池遺跡発掘調査班，1995：吐噶喇列島宝島大池遺跡．国立歴史民俗博物館研究報告，60．

多賀谷昭・山田博之，2000：朝日遺跡出土の人骨について．朝日遺跡Ⅵ．愛知県埋蔵文化財センター調査報告書第83集．愛知県教育サービスセンター・愛知県埋蔵文化財センター，弥富．

武末純一，1992：韓国礼安里古墳群の階層構造．古文化談叢，28

武末純一，2002：遼寧式銅剣墓と国の形成―積良洞遺跡と松菊里遺跡を中心に―．福岡大学人文論叢，34-2．

武田宗久，1938：下総国矢作貝塚発掘報告．考古学，9-8．

瀧川渉，2004：尾張・三河における弥生人骨の埋葬と形質―対峙する二つの文化を担った弥生人の様相―．古代文化，56-3．

竹中正巳，1996：古墳時代南九州における抜歯風習．鹿児島考古，30．

竹中正巳・小片丘彦・峰和治・佐久間正史，1993：風習的抜歯の疑われる古墳時代若年女性人骨．人類学雑誌，101-5．

田中良之，1982：磨消縄文土器伝播のプロセス―中九州を中心として―．古文化論集：森貞次郎博士古希記念古文化論集上巻．森貞次郎博士古稀記念論文集刊行会，福岡．

田中良之，1991a：いわゆる渡来説の再検討．生産と流通．横山浩一先生退官記念論文集II．文献出版，東京．

田中良之，1991b：弥生時代の親族構造．新版古代の日本3．角川書店，東京．

田中良之，1995：古墳時代親族構造の研究：人骨が語る古代社会．柏書房，東京．

田中良之，1996：埋葬人骨による日韓古墳時代の比較．4・5世紀の日韓考古学．嶺南考古学会・九州考古学会，韓国．

田中良之，1998a：出自表示論批判．日本考古学，5．

田中良之，1998b：土器が語る縄文社会．西と東の縄文土器：土器が語る縄文時代の日本列島：開館15周年記念特別展．北九州市立考古博物館，北九州．

田中良之，1999：南江地域出土人骨について．남강선사문화세미나요지．東亜大学校博物館編，韓国．

田中良之，2000：墓地から見た親族・家族．女と男，家と村（古代史の論点2）．小学館，東京．

田中良之，2002：3 弥生人．古代を考える 稲・金属・戦争―弥生．吉川弘文館，東京．

田中良之，2008a：山鹿貝塚墓地の再検討．地域・文化の考古学．下條信行先生退任記念論文集．愛媛大学法文学部考古学研究室，愛媛．

田中良之，2008b：骨が語る古代の家族．吉川弘文館，東京．

田中良之・小澤佳憲，2001：渡来人を巡る諸問題．弥生時代における九州・韓半島交流史の研究―平成12年度韓国国際交流財団助成事業共同研究プロジェクト研究報告書―．九州大学，福岡．

田中良之・土肥直美，1987：吉母浜中世墓の親族構造．東アジアの考古と歴史．岡崎敬先生退官記念論文集．岡崎敬先生退官記念事業会．福岡．

田中良之・土肥直美，1988a：出土人骨の親族関係の推定．伊川津遺跡．伊川津貝塚遺跡発掘調査団，渥美．

田中良之・土肥直美，1988b：2列埋葬墓の婚後居住規定．日本民族・文化の生成，1．六興出版，東京．

田中良之・土肥直美・永井昌文，1985：VI土井ヶ浜遺跡第10次調査出土人骨の親族関係．土井ヶ浜遺跡第10次調査発掘調査概報．豊北町教育委員会．豊北．

田中良之・土肥直美・永井昌文，1986：中ノ浜遺跡 ST906 被葬者の親族関係．中ノ浜遺跡第9次発掘調査概報．豊浦町教育委員会，豊浦．

田中良之・松永幸男，1984：広域土器分布圏の諸相．古文化談叢，14号．

田中良之・溝口孝司・岩永省三・Tom Higham，2004：速報　弥生人骨を用いたAMS年代測定（予察）．日・韓交流の考古学（九州考古学会・嶺南考古学会第6回合同考古学会）．九州考古学会・嶺南考古学会，釜山．

谷口康浩，2002：環状集落と部族社会．縄文社会論（上）．同成社，東京．

坪井清足，1962：縄文文化論．日本歴史1．岩波書店，東京．

坪井清足，1967：熊本県御領貝塚．石器時代，8．

寺門之隆，1964：兵庫県高砂市日笠山貝塚出土人骨．日笠山貝塚．高砂市教育委員会社会教育課，兵庫．

寺門之隆・嶋田武男・多賀谷昭・研みき子，1978：森の宮遺跡出土人骨．森の宮遺跡3・4次調査報告書．難波宮址顕彰会．

寺沢薫，1990：青銅器の副葬と王墓の形成―北部九州と近畿にみる階級形成の特質（I）．古代学研究，121．

戸出一郎，1977：中国における欠歯の風習について．日本歯科学会会誌，5-1．

富舛健次・木村幾多郎，1982：小川島．末廬国．六興出版．東京．

栃原博，1957：日本人歯牙咬耗度に関する研究．熊本医学会雑誌，31 補冊 4．

豊浦町教育委員会，1984：史跡中ノ浜遺跡．豊浦町教育委員会，豊浦．

豊浦町教育委員会，1986：中ノ浜遺跡第9次調査概報．豊浦町教育委員会，豊浦．

土井ヶ浜遺跡・人類学ミュージアム，1995：土井ヶ浜遺跡発掘調査報告書第11集（第13次）．土井ヶ浜遺跡・人類学ミュージアム，豊北．

土肥直美・田中良之，1988：古墳時代の抜歯風習．日本民族・文化の生成1．六興出版，東京．

土肥直美・田中良之・船越公威，1986：歯冠計測値による血縁者推定法と古人骨への応用．人類学雑誌，94-2．

百々幸雄，1981：宮里浜貝塚出土の縄文時代人頭蓋について―松本彦七郎博士発掘資料―．人類学雑誌，89-3．

百々幸雄，1979：宮城県本吉郡本吉町前浜遺跡出土人骨．前浜貝塚．本吉町教育委員会，本吉．

百々幸雄・石田肇，1985：岩手県東山町熊穴洞穴出土人骨．岩手県東山町熊穴洞穴遺跡発掘調査報告書．岩手県立博物館調査研究報告書第1冊．岩手県立博物館，岩手．

内藤芳篤，1969：宇久島松原遺跡出土の弥生時代人骨．解剖学雑誌，44-3 付録 I．

内藤芳篤, 1971a：西北九州出土の弥生人骨. 人類学雑誌, 79-3.
内藤芳篤, 1971b：長崎半島脇岬遺跡出土の縄文人骨. 解剖学雑誌, 46-1.
内藤芳篤, 1972：長崎半島脇岬遺跡出土の縄文人骨（続報）. 人類学雑誌, 80-1.
内藤芳篤, 1973：沖ノ原遺跡の人骨. 長崎大学医学部解剖学第二教室, 長崎.
内藤芳篤, 1982：人骨. 末廬国. 六興出版, 東京.
内藤芳篤・栄田和行, 1967：埋葬・人骨. 深堀遺跡. 長崎大学医学部解剖学第2 教室, 長崎.
内藤芳篤・坂田邦洋, 1977a：天の岩戸岩陰遺跡出土の人骨について. 菊池川流域文化財調査報告書. 熊本県教育委員会, 熊本.
内藤芳篤・坂田邦洋, 1977b：上焼田遺跡出土の人骨所見. 指辺・横峯・中ノ峯・上焼田遺跡. 鹿児島県教育委員会, 鹿児島.
内藤芳篤・長崎洋, 1973：西北九州出土人骨（縄文・弥生）の風習的抜歯. 解剖学雑誌, 48-1.
中橋孝博, 1984：豊松堂面遺跡出土の人骨. 帝釈峡遺跡群発掘調査室年報7. 広島大学文学部帝釈峡遺跡群発掘調査室, 広島.
中橋孝博, 1986：桑原飛櫛貝塚出土の縄文人骨. 桑原遺跡群2. 福岡市教育委員会, 福岡.
中橋孝博, 1990：土井ヶ浜弥生人の風習的抜歯. 人類学雑誌, 98-4.
中橋孝博, 1991：福岡市有田遺跡126次調査出土の弥生時代人骨. 有田小田部12. 福岡市埋蔵文化財調査報告書264, 福岡市教育委員会, 福岡.
中橋孝博, 1993：墓の数で知る人口爆発. 原日本人, 朝日新聞, 東京.
中橋孝博, 1996：4, 鹿児島県種子島・鳥ノ峯遺跡出土の弥生人骨. 種子島鳥ノ峯遺跡：鹿児島県熊毛郡中種子町所在埋葬遺跡の調査. 中種子町教育委員会, 中種子.
中橋孝博, 1997：塚崎東畑遺跡出土の弥生人骨. 塚崎東畑遺跡：県道宮本・大川線関係埋蔵文化財調査報告書. 福岡県教育委員会, 福岡.
中橋孝博, 2000：福岡市雀居遺跡出土の弥生人骨. 雀居遺跡5. 福岡市教育委員会, 福岡.
中橋孝博, 2002：大友遺跡第5次調査出土人骨. 佐賀県大友遺跡Ⅱ. 九州大学大学院人文科学研究院考古学研究室, 福岡.
中橋孝博, 2003：大友遺跡第6次調査出土人骨. 佐賀県大友遺跡Ⅱ. 九州大学大学院人文科学研究院考古学研究室, 福岡.
中橋孝博・岡崎健治, 2003：福岡市雀居遺跡出土の弥生前期人骨. 雀居遺跡9. 福岡市教育委員会, 福岡.
中橋孝博・土肥直美・永井昌文, 1985：金隈遺跡出土の弥生時代人骨. 史跡金隈遺

跡. 福岡市教育委員会, 福岡.

中橋孝博・土肥直美・田中良之, 1989：IV土井ヶ浜遺跡第11次調査出土の弥生人骨. 土井ヶ浜遺跡第11次調査発掘調査概報. 豊北町教育委員会, 豊北.

中橋孝博・永井昌文, 1980：椎ノ木遺跡出土人骨. 馬毛島埋葬址：鹿児島県西之表市椎ノ木遺跡. 西之表市教育委員会, 西之表.

中橋孝博・永井昌文, 1980：豊松堂面遺跡出土の人骨. 帝釈峡遺跡群発掘調査室年報 3. 広島大学文学部帝釈峡遺跡群発掘調査室, 広島.

中橋孝博・永井昌文, 1980：豊松堂面遺跡出土の人骨. 帝釈峡遺跡群発掘調査室年報 4. 広島大学文学部帝釈峡遺跡群発掘調査室, 広島.

中橋孝博・永井昌文, 1985：人骨. 吉母浜遺跡. 下関市教育委員会, 山口.

中橋孝博・永井昌文, 1986：形質. 弥生人とその環境（弥生文化の研究1）. 雄山閣出版, 東京.

中橋孝博・永井昌文, 1987：福岡県志摩町新町遺跡出土の縄文・弥生移行期の人骨. 新町遺跡. 志摩町教育委員会, 志摩.

中橋孝博・船越公威・永井昌文, 1985：山口県中ノ浜遺跡第9次調査出土人骨. 中ノ浜遺跡第9次発掘調査概報. 豊浦町教育委員会, 豊北.

中種子町教育委員会 1996：種子島鳥ノ峯遺跡：鹿児島県熊毛郡中種子町所在埋葬遺跡の調査. 中種子町教育委員会, 中種子.

中村慎一, 1997：中国における囲壁集落の出現. 考古学研究, 44-2.

中山英司, 1942：河内日下遺跡出土の石器時代人骨に就いて. 大阪府史跡名勝天然記念物報告書, 12.

中山英司, 1952：人骨. 吉胡貝塚. 吉川弘文館.

永井昌文, 1961a：広田弥生時代人の歯牙変形例. 解剖学雑誌, 36-1 付録I.

永井昌文, 1961b：風習的抜歯の施行年齢. 解剖学雑誌, 37-2 付録I.

永井昌文, 1962：古代九州人の風習的抜歯. 福岡医学雑誌, 5.

永井昌文, 1969：一の谷遺跡出土人骨. 一の谷遺跡. 春日町文化財調査報告書2. 春日町教育委員会, 春日.

永井昌文, 1970：金隈人骨について. 金隈第一次調査概報. 福岡市埋蔵文化財調査報告書7. 福岡市教育委員会, 福岡.

永井昌文, 1971：金隈人骨について. 金隈第二次調査概報. 福岡市埋蔵文化財調査報告書17. 福岡市教育委員会, 福岡.

永井昌文, 1972：鹿児島県鳥ノ峯遺跡出土弥生時代人骨の風習的抜歯. 解剖学雑誌, 47-1.

永井昌文, 1977：出土人骨について. 筑紫野市所在永岡甕棺遺跡. 福岡県南バイパ

ス関係埋蔵文化財調査報告書 5. 福岡市教育委員会, 福岡.
永井昌文, 1981：西平塚出土人骨について. 西平塚遺跡・ナライ遺跡. 春日市文化財調査報告書 10. 春日市教育委員会, 春日.
永井昌文, 1984：中ノ浜遺跡出土の人骨について. 史跡中ノ浜遺跡. 豊浦町教育委員会, 山口.
永井昌文・中橋孝博, 1979：帝釈峡猿神岩陰遺跡出土の人骨. 広島大学文学部帝釈峡遺跡群発掘調査室年報 2. 広島大学文学部帝釈峡遺跡群発掘調査室, 広島.
永井昌文・中橋孝博・土肥直美・田中良之・船越公威, 1984：土井ヶ浜遺跡第 9 次調査出土人骨. 土井ヶ浜遺跡第 9 次発掘調査概報. 豊北町教育委員会. 豊北.
永井昌文・中橋孝博・土肥直美・田中良之・船越公威・松村公志, 1983：土井ヶ浜遺跡第 8 次調査出土人骨. 土井ヶ浜遺跡第 8 次発掘調査概報. 豊北町教育委員会. 豊北.
永井昌文・中橋孝博・船越公威, 1985：土井ヶ浜遺跡第 10 次調査出土人骨. 土井ヶ浜遺跡第 10 次発掘調査概報. 豊北町教育委員会. 豊北.
長崎県教育委員会, 1983：長崎県埋蔵文化財調査集報 6. 長崎県教育委員会, 長崎.
永山倉造, 1979：牡丹平遺跡. 日本考古学年報, 30.
名古屋市教育委員会, 1981：瑞穂陸上競技場内大曲輪遺跡発掘調査概要報告書. 名古屋市教育委員会, 名古屋.
西尾市教育委員会, 1981：愛知県西尾市枯木宮貝塚 1, 自然遺物・人骨. 西尾市教育委員会, 西尾.
西沢寿晃, 1982：中部高地諸遺跡出土の抜歯人骨. 中部高地の考古学Ⅱ. 長野県考古学会, 長野.
西本豊弘, 2008：血縁関係の推定―中妻貝塚の事例―. 人と社会（縄文時代の考古学 10）, 同成社, 東京.
西本豊弘・篠田謙一・松村博文・菅谷通保, 2001：DNA 分析による縄文後期人の血縁関係. 動物考古学, 16.
根岸博・金重哲爾・岡光雄, 1947：岡山県浅口郡土生貝塚調査報告第二報. 吉備文化, 72.
野坂洋一郎・伊東一三・大沢得二・都筑文男・藤村朗, 1982：萪内遺跡出土人骨の鑑定書. 盛岡市萪内遺跡 1. 岩手県埋蔵文化財センター, 岩手.
野守健・榧本亀次郎・神田惣藏, 1935：平安南道大同郡大同江面梧野里古墳調査報告. 昭和五年度古跡調査報告第一冊. 朝鮮総督府, 韓国.
野谷昌俊, 1936：台湾蛮人における抜歯の風習に就いて. 人類学雑誌, 51-1.
乗安和二三, 1983：Ⅲ調査の課題と成果. 土井ヶ浜遺跡第 8 次発掘調査概報. 豊北

町教育委員会, 豊北.

橋口達也, 1979：4, 甕棺の編年的研究. 福岡県小郡市三沢所在遺跡群の調査. 九州縦貫道自動車道関係埋蔵文化財調査報告ⅩⅩⅩⅠ（中巻）. 福岡市教育委員会, 福岡

橋口達也, 1985：日本における稲作の開始と発展. 石崎曲り田遺跡Ⅲ. 今宿バイパス関係埋蔵文化財調査報告. 福岡県教育委員会, 福岡

橋本裕子・馬場悠男, 1998：歯の非計測的特徴に基づく古人骨埋葬小群の確認. 日本考古学協会第64回総会研究発表要旨.

橋本裕子・馬場悠男, 2000：歯の観察に基づく縄文時代の埋葬体系―岡山県津雲貝塚出土人骨を例として―. 日本考古学協会第66回総会研究発表要旨.

端野晋平, 2001：支石墓の系譜と伝播様態. 弥生時代における九州・韓半島交流史の研究―平成12年度韓国国際交流財団助成事業共同研究プロジェクト研究報告書―. 九州大学, 福岡.

端野晋平, 2003：支石墓伝播のプロセス. 日本考古学, 16.

長谷部言人, 1919a：上顎外切歯を缺く貝塚頭蓋. 人類学雑誌, 34-8.

長谷部言人, 1919b：石器時代人の抜歯に就て. 人類学雑誌, 34-11.

長谷部言人, 1923：石器時代人の抜歯に就いて第二. 人類学雑誌, 38-6

長谷部言人, 1941：備中羽島貝塚人骨. 人類学雑誌, 56-12.

服部又彦, 1970：抜歯の風習に関する一考察. 古代文化, 22-9.

服部良造・大島直行・埴原恒彦・百々幸雄, 1996：北海道縄文時代人の風習的抜歯について. 考古学研究, 43-3.

埴原和郎, 1952：日本人男性恥骨の年齢的変化について. 人類学雑誌, 62.

羽原又吉, 1949：日本古代漁業経済史. ジャパン・パブリッシャーズ, 東京.

濱田耕作・榊原政職, 1920：肥後國宇土郡轟村宮莊貝塚発掘報告, 京都帝國大學文学部考古學研究報告, 5.

葉山杉夫, 1973：南境人骨についての所見. 矢本町史, 1. 矢本町史編纂委員会, 矢本町.

林謙作, 1977：縄文期の葬制―第二部 遺体の配列特に頭位方向―. 考古学雑誌, 63-3.

林謙作, 1980：東日本縄文期墓制の変遷（予察）. 人類学雑誌, 88-3.

林謙作, 1998：縄紋社会は階層社会か. 権力と国家と戦争（古代史の論点4）. 小学館, 東京.

春成秀爾, 1973：抜歯の意義（1）. 考古学研究, 20-2.

春成秀爾, 1974：抜歯の意義（2）. 考古学研究, 20-3.

春成秀爾，1979：縄文晩期の婚後居住規定．岡山大学法文学部学術紀要，40（史学篇）．
春成秀爾，1980a：縄文合葬論—縄文後・晩期の出自規定—．信濃，32-4．
春成秀爾，1980b：縄文中・後期の抜歯儀礼と居住規定．古文化論攷：鏡山猛先生古稀記念．鏡山猛先生古稀記念論文集刊行会，福岡．
春成秀爾，1982a：抜歯．日本歴史地図（原始・古代編〈上〉）．柏書房，東京．
春成秀爾，1982b：縄文社会論．社会・文化（縄文文化の研究8）．雄山閣，東京．
春成秀爾，1982c：土井ヶ浜集団の構造．森貞次郎博士古稀記念古文化論集．森貞次郎博士古稀記念論文集刊行会，福岡．
春成秀爾，1983a：抜歯習俗の成立．季刊考古学，5．
春成秀爾，1983b：縄文時代—抜歯．考古遺跡／遺物地名表．柏書房，東京．
春成秀爾，1986：縄文・弥生時代の婚姻居住様式．日本民俗社会の形成と発展．山川出版，東京．
春成秀爾，1987a：縄文・弥生時代の親族組織をさぐる．ウヂとイエ（日本の古代11）中央公論社，東京．
春成秀爾，1987b：抜歯．祭と墓と装い（弥生文化の研究8）．雄山閣，東京．
春成秀爾，1992：弥生時代—抜歯．図解・日本の人類遺跡．東京大学出版会，東京．
春成秀爾，1995：葬制と親族組織．展望考古学．考古学研究会，岡山．
春成秀爾，1999：叉状研歯．国立歴史民俗博物館研究報告，21．
春成秀爾，2000：哀悼抜歯．国立歴史民俗博物館研究報告，83．
春成秀爾，2002：縄文社会論究．塙書房，東京．
春成秀爾，2007：儀礼と習俗の考古学．塙書房，東京．
馬場悠男・茂原信生・阿部修二，1982：根古屋遺跡出土の人骨．霊山・根古屋遺跡—福島県霊山町根古屋における再葬墓群の調査概報．霊山町教育委員会，福島．
樋口昇一，1962：長野県西筑摩郡大明神遺跡．日本考古学年報，15．
平本嘉助・本田克代・豊原熙司，1982：北海道共春遺跡出土の人骨．人類学雑誌，90-3．
広瀬和雄，1997：縄紋から弥生への新歴史像．角川書店，東京．
福岡県教育委員会，1973：発掘現場紹介・吉ヶ浦遺跡，教育福岡，11月号．
福岡県教育委員会，1978：春日市・門田遺跡門田地区甕棺墓群の調査．山陽新幹線関係埋蔵文化財調査報告書6．福岡県教育委員会，福岡．
福岡県教育委員会，1978：福岡県春日市大字上白水所在原遺跡の調査．山陽新幹線関係埋蔵文化財調査報告書10．福岡県教育委員会，福岡．
福岡県教育委員会，1979：福岡県小郡市三沢所在遺跡群の調査．九州縦貫自動車道

関係埋葬文化財調査報告ⅩⅩⅩⅠ（中巻）．福岡県教育委員会，福岡．
福岡市教育委員会，1970：金隈遺跡第一次調査概報．福岡市埋蔵文化財調査報告書7．福岡市教育委員会，福岡．
福岡市教育委員会，1971：金隈遺跡第二次調査概報．福岡市埋蔵文化財調査報告書17．福岡市教育委員会，福岡．
福岡市教育委員会，1985：史跡金隈遺跡．福岡市埋蔵文化財調査報告書123．福岡市教育委員会，福岡．
福岡市教育委員会，1991：有田小田部12．福岡市埋蔵文化財調査報告書264．福岡市教育委員会，福岡．
藤田恒太郎，1949：歯の計測基準について．人類学雑誌，61．
藤田尚，1997：愛知県渥美半島出土の縄文時代人骨の抜歯―抜歯の施術年齢および加齢変化の検討を中心として―．古代，104．
藤田尚・鈴木隆雄，1995：縄文人の齲歯について．考古学雑誌，80-3．
藤田等，1987：島根県古浦遺跡．探訪弥生の遺跡西日本編．有斐閣，東京．
藤田等，2005：総括．古浦遺跡．古浦遺跡調査会・鹿島町教育委員会，鹿島．
藤田等・永井昌文，1976：山村倒立甕棺墓．スダレ遺跡．穂波町教育委員会，穂波．
舟橋京子，2000：土井ヶ浜集団における抜歯風習の社会的意義．古文化談叢，45．
舟橋京子，2003年：縄文時代の抜歯施行年齢と儀礼的意味．考古学研究，50-1．
舟橋京子，2006：弥生時代抜歯風習の研究―北部九州・山口地方を中心として―．平成17年度九州史学会考古学部会．福岡．
舟橋京子，2008a：抜歯．人と社会（縄文時代の考古学10）．同成社，東京．
舟橋京子，2008b：弥生時代抜歯風習の研究―北部九州・山口地方を中心として―．九州と東アジアの考古学―九州大学考古学研究室50周年記念論文集―．九州大学考古学研究室50周年記念論文集刊行会，福岡．
舟橋京子，2009：古人骨資料から見た縄文時代の社会集団．考古学研究56-2．
舟橋京子・田中良之，2001年：弥生時代人骨に見られる下顎抜歯に関する一考察―韓半島出土古人骨に見られる抜歯風習との比較から―．弥生時代における九州・韓半島交流史の研究―平成12年度韓国国際交流財団助成事業共同研究プロジェクト研究報告書―．九州大学，福岡．
古庄浩明，2001：土井ヶ浜遺跡の社会構造―抜歯型式からの帰納法的考察―．山口考古，21．
豊北町教育委員会，1982：土井ヶ浜遺跡第7次調査発掘調査概報．豊北町教育委員会，豊北．
豊北町教育委員会，1983：土井ヶ浜遺跡第8次調査発掘調査概報．豊北町教育委員

会，豊北．

豊北町教育委員会，1984：土井ヶ浜遺跡第9次調査発掘調査概報．豊北町教育委員会，豊北．

豊北町教育委員会，1985：土井ヶ浜遺跡第10次調査発掘調査概報．豊北町教育委員会，豊北．

豊北町教育委員会，1989：土井ヶ浜遺跡第11次調査発掘調査概報．豊北町教育委員会，豊北．

穂波町教育委員会，1976：山村倒立甕棺墓．穂波町発掘調査報告書1．穂波町教育委員会，福岡．

堀越正行，2005：縄文時代の社会構造をのぞく・姥山貝塚．新泉社，東京．

松下孝幸，1981a：宮の本遺跡出土の人骨．宮の本遺跡．佐世保市教育委員会，佐世保．

松下孝幸，1981b：大友遺跡出土の弥生時代人骨．大友遺跡．呼子町郷土史研究会，呼子．

松下孝幸，1983：宮崎県野尻町大萩地下式横穴出土の古墳時代人骨．宮崎県文化財調査報告書27．宮崎県教育委員会，宮崎．

松下孝幸，1993：沖縄県具志川島遺跡群出土の古人骨．具志川島遺跡群．伊是名村教育委員会，伊是名．

松下孝幸，1995：山口県豊浦郡豊北町土井ヶ浜遺跡第13次調査出土の人骨．土井ヶ浜遺跡第13次発掘調査概報．豊北町教育委員会，豊北．

松下孝幸，1996：根獅子遺跡出土の弥生時代人骨．平戸市史．平戸市史編纂委員会，平戸．

松下孝幸，1997：広島県世羅町矢ノ迫遺跡出土の人骨．矢ノ迫遺跡．世羅町教育委員会，世羅．

松下孝幸・伊丹陽，1983：長崎県宇久松原遺跡出土の弥生時代人骨．長崎県埋蔵文化財調査集報6．長崎県教育委員会，長崎．

松下孝幸・大田純二，1993：沖縄県具志川島遺跡群出土の古人骨．具志川島遺跡群．伊是名村教育委員会，伊是名．

松下孝幸・野田耕一，1983：宮崎県高原町旭台地下式横穴出土の古墳時代人骨．宮崎県文化財調査報告書26．宮崎県教育委員会，宮崎．

松下孝幸・分部哲秋・石田肇・内藤芳篤・永井昌文，1983：（付編）山口県豊浦郡豊北町土井ヶ浜遺跡出土の人骨．土井ヶ浜遺跡第7次発掘調査概法．豊北町教育委員会，豊北．

松野茂・池後井泰弘・永田忠寿，1967：肥後国上益城郡六嘉かきわら貝塚出土人骨

について．熊本医学会雑誌，41-1．

松村博文・西本豊弘，1996：中妻貝塚出土多数合葬人骨の歯冠計測に基づく血縁関係．動物考古学，6．

松村博文・西本豊弘・河合菜弥子，1995：人骨所見．中妻貝塚．取手市教育委員会，茨城．

松村瞭，1918：越中大境洞窟内発見の人骨．人類学雑誌，33-7．

松本彦七郎，1920：二三石器時代遺跡に於ける抜歯風習の有無及様式に就いて．人類学雑誌，35-3・4．

松本彦七郎，1922：二三石器時代古式遺跡に於ける抜歯風習に就いて．人類学雑誌，37-8．

松本直子，2002：伝統と変革に揺れる社会．縄文社会論（下）．同成社，東京．

水島稔夫，1985：Ⅳ-1 層序．吉母浜遺跡．下関教育委員会，山口．

水島稔夫，1990：Ⅰ遺跡の位置と環境．綾羅木川下流域の地域開発史．下関教育委員会，山口．

溝口孝司，1995a：福岡県筑紫野市永岡遺跡の研究：いわゆる 2 列埋葬墓地の一例の社会考古学的再検討．古文化談叢，34．

溝口孝司，1995b：福岡県甘木市栗山遺跡 C 群墓域の研究—北部九州弥生時代中期後半墓地の一例の社会考古学的検討—．日本考古学，2．

溝口孝司，1998：カメ棺墓地の移り変わり．弥生時代のタイムカプセル．福岡市博物館，福岡．

溝口孝司，2001：弥生時代の社会．村落と社会の考古学（現代の考古学 6）．朝倉書店，東京．

溝口優司，1993：古人骨から血縁関係はどこまでわかるか．新視点日本の歴史 1：原始編．新人物往来社，東京．

南種子町教育委員会，2007：広田遺跡．南種子町教育委員会，南種子．

峰和治，1992：南九州および南西諸島における風習的抜歯．南九州地域における原始・古代の諸様相に関する総合的研究．鹿児島大学法文学部，鹿児島．

峰和治・竹中正巳・小片丘彦，1996：垂水市柊原遺跡出土の縄文時代人骨．柊原遺跡．垂水史教育委員会，垂水．

峰和治・竹中正巳・小片丘彦，1999：垂水市柊原遺跡出土の縄文時代人骨．垂水市埋蔵文化財調査報告書 4 柊原貝塚．垂水史教育委員会，垂水．

宮内悦蔵，1940：所謂台湾蕃族の身体変工．人類学・先史学講座 19．雄山閣，東京．

宮川徙，1974：於古墳出土の歯牙について．馬見丘陵における古墳の調査（奈良県史跡名勝天然記念物調査報告 29．奈良県教育委員会，奈良．

三宅宗悦, 1931：遼東磚墓人骨の抜歯例. 人類学雑誌, 46-6.

三宅宗悦, 1943：大隅国徳之島喜念原始墓出土貝製品及び出土人骨の抜歯に就いて. 考古学雑誌, 33-10.

宮本一夫, 2000：中国古代北疆史の考古学的研究. 中国書店, 福岡.

宮本一夫編, 2001：佐賀県大友遺跡-弥生墓地の発掘調査-（考古学資料集16），九州大学大学院人文科学研究院考古学研究室, 福岡.

宮本延人, 1926：肥前国北高来郡有喜村字六本松貝塚より発掘せられたる人骨について. 人類学雑誌, 41-12.

宮本延人, 1963：台湾の南端、墾丁寮石棺群遺跡. 東海大学紀要（文学部）, 4.

宮本博人, 1925：津雲貝塚人の抜歯風習に就て. 人類学雑誌, 40-5.

武藤浩・岡田治夫, 1961：樫王貝塚出土人骨について. 篠束第二・樫王・行明調査報告. 小坂井町教育委員会, 小坂井.

毛利俊雄, 1985：縄文後・晩期3貝塚集団の頭蓋非計測形質三角形累積類似度による分析. 人類学雑誌, 93-2.

毛利俊雄・奥千奈美, 1998：西日本縄文晩期抜歯型式の持つ意味. 考古学研究, 45-1.

森貞次郎, 1966：九州. 弥生時代（日本の考古学3）. 河出書房, 東京.

森本岩太郎・小片丘彦, 1983：抜歯の疑いのある古墳時代人骨. 解剖学雑誌, 58.

森本岩太郎・小片丘彦・吉田俊爾・平本嘉助, 1977：人骨の形質について. 西広貝塚. 早稲田大学出版部, 東京.

森本岩太郎・吉田俊爾・小片丘彦, 1983：抜歯のうたがいのある古墳時代人骨. 解剖学雑誌, 58.

森幸彦, 1988a：第9章-第2節　人骨の埋葬状態について. 三貫地貝塚, 福島県立博物館編, 福島.

森幸彦, 1988b：第10章-第1節　調査概要. 三貫地貝塚, 福島県立博物館編, 福島.

八木奘三郎, 1899：日本考古学, 下巻. 小林新兵衛, 東京.

山田康弘, 1995：多数合葬例の意義. 考古学研究, 42-2.

山田康弘, 1997：土井ヶ浜集団の社会構造. 熊本大学文学部考古学研究室創設25周年記念論文集（先史学・考古学論及Ⅱ）. 龍田考古会, 熊本.

山田康弘, 2003：頭位方向は社会組織を表すのか―縄文時代の人骨出土例による再検討―. 家根祥多さん追悼論集：立命館大学考古学論集3. 立命館大学考古学論集刊行会, 京都.

山田康弘, 2004：墓制論. 縄文時代, 15.

山田康弘, 2008：人骨出土例にみる縄文の墓制と社会. 同成社, 東京.

山内清男，1937：日本先史時代における抜歯風習の系統．先史考古学，1-2.
山本信夫，1974：小郡市西島出土の弥生時代遺物．九州考古学，49・50.
山本暉久，1980：縄文時代中期終末の集落．神奈川考古，9.
吉岡郁夫1989：身体の文化人類学・身体変更と食人．雄山閣，東京．
吉留秀敏1989：比恵遺跡の弥生時代墳丘墓：北部九州における弥生時代区画墓の一例．九州考古学，63.
呼子町郷土史研究会，1981：大友遺跡．呼子町郷土史研究会，呼子．
和島誠一，1948：原始聚落の構成．日本歴史学講座．学生書房，東京．
和島誠一，1962：序説―農耕・牧畜発生以前の原始共同体―．古代史講座2．学生社，東京．
渡辺新，1991：縄文時代集落の人口構造．渡辺新．
渡辺新，2008：集団構成―千葉県権現原貝塚の事例―．人と社会（縄文時代の考古学10）．同成社，東京．
渡辺誠，1964：久保ノ作洞窟．福島県史6．福島県，福島．
渡辺誠，1966：縄文文化における抜歯風習の研究．古代学，12.
渡辺誠，1967：日本の抜歯風習と周辺地域との関係．考古学ジャーナル，10.
渡辺誠，1968：九州地方における抜歯風習．帝塚山考古学，1.

〔英文〕（アルファベット順）

Beaglehole, E., 1937 : *Notes on Hopi economic life*. Yale University Press, New Haven.

Becher, H., 1960 : *The Surara and Pakidai two Yanoama tribes in northwest Bragil*. De Gruyter & Co. HRAF.

Campell, T.D., 1925 : *Dentition and plate of the Australian Aboriginal*.

Carranza, F.A.Jr., 1993：*Glickman's Clinical Periodontology*.（原耕二他訳：グリックマン臨床歯周症疫学．西村書店，東京）

Campbell, A, H., 1981 : Tooth avlusion Victorian Aboriginal skulls. *Archaeology in Oceania*, 16.

Cerulli, E., 1956 : Peoples of south-west Ethiopia and its borderland. in Forde, D. (ed.) *Ethnographic survey of Africa*；*pat.3*. International African Institute. HRAF.

Chappel, H, G., 1927 : Jaws and teeth of ancient Hawaiians. *Memoirs of the Bernice Pauahi Bishop Museum of Polynesian ethnology and natural history*, 9-3.

Clemmer, R. O., 1995 : *Roads in the sky: the Hopi Indians a century of change*. Westview Press, Boulder. HRAF.

Cook, D, C., 1981 : Koniag Eskimo tooth ablation : Was Hrdlicka right after all?. *Current anthropology* ,122-2.

Cox, M. and Scott, A., 1992 : Evaluation of the obsteric significance of some pelvic characters in an 18th century British sample of known parity status. *Am J.Phys. Anthrop*89.

Doi, N. and Tanaka, Y., 1987 : A geographical clina in metrical characeristics of Kofun skulls from western Japan. *J.Anthrop.Soc.Nippon*, 95-3.

Eisenstadt., 1954 : Plains Indian age groups : Some comparative notes. Man, 54.

Evans-Pritchard,E.E., 1940 : *The Nuer*. Clarendon Press, Oxford. （向井元子訳，1997：ヌアー族．平凡社，東京.）

Evans-Pritchard, E. E., 1951 : *Kinship and marriage among the Nuer*. Clarendon Press, Oxford. （長島信弘・向井元子訳，1985：ヌアー族の親族と結婚．岩波書店，東京.）

Falad, S., 1963 : Women of Dakar and the surrounding urban area. in Paulme, D. (ed.) *Women of tropical Africa*. Univ. of Calif. Press, California.

Fried, M., 1967 : *The evolution of political society : An essay in political anthropology*. Random house, New York.

funahashi, K., 2004 : Ritual tooth ablation and social organization from the Final Jomon to the Yayoi in Northern Kyushu, Japan. *Worldwide Conferences of the Society For East Asian Archaeology 2004*.Daejon.

funahashi, K., 2006 : The change of gender expression from the Jomon to the Yayoi in Japan : as seen from the case study of ritual tooth ablation. *World Archaeology Congress Inter —Congress Osaka 2006*. Osaka.

funahashi, K., and tanaka, Y., 2004 : Methods of Tooth Extraction in Prehistoric Japan and Korea : a comparative study. *Interaction and Transformations*, Vol.2.

Garn, S. M., 19962 : The relationship between third molar agenesis and reduction in tooth number. *Angle Ortho*, 32.

Gennep, A., 1909 : *Les rites de passage*. É. Nourry, Paris. （綾部恒雄・綾部裕子訳，1995：通過儀礼．弘文堂，東京.）

Griaule, M., 1938 : Dogon masks. Institute d' ethnologie. HRAF.

Houghton, P., 1974 : The relationship of the pre-auricular groove of the ilium to pregnancy. *Am J.Phys.Anthrop*41.

Houghton, P., 1975 : The bony imprint of pregnancy. *Bulletin of the New York Academyof Medicine*, 51.

Hrdlicka, A., 1940 : Ritual ablation of front teeth in Siberia and America. *Smithsonian*

Miscellaneous collections,99-3.

Igarashi, Y., 1992 : Pregnancy bony imprint on Japanese female pelvis and its relation to pregnancy experience. *J. Anthrop. Soc. Nippon* 100(3).

Inoue, N., Sakashita, R., Inoue, M., Kamegai, T., Osaki, K., and Katsivo, M., 1995 : Ritual ablation of front teeth in modern and recent Kenyans. *J. Anthrop. Soc. Nippon*,103(3).

Jackson, J. W., 1915 : Dental mutilations in Neolithic human remains. *Journal of anatomy and physiology*, 49.

Han. K, and Nakahashi, T., 1996 : A comparative study of ritual tooth ablation in ancient China and Japan. *Anthropol.Sci*, 104-1.

Hayden,B.,1995 : Pathway to power ; principles for creating socioeconomic inequalities. *Foundation of Social Inequality*. Prenum Press, New York.

Keesing,R.M.,1975：*Kin Groups and Social Strucuture*.（小川正恭・笠原政治・河合利光訳, 1975：親族集団と社会構造. 未来社, 東京.）

Kim, H. and Magdalena, H., 1996：*Ache life history*. Aldine de gruyter, New York.

Kaneseki,T., 1962 : Note on the sleletal materials collected during the Ryukyu survey 1960. *Asian perspectives : the bulletin of the Far-Eastern prehistory association*,6-1-2.

Kelly, M. A., 1979 : Parturition and pelvics change. *Am J.Phys.Anthrop*, 51.

Lévi-Strauss, 1958：*Anthropologie structurale*（荒川幾男［ほか］訳, 1972：構造人類学. みすず書房, 東京）

Merbs, C. F.,1968 : Anterior tooth loss in arctic population. *Southwestern journal of anthropology*,24-1.

Nakahashi,T., 1995：Ritual tooth ablation in Weidun Neolithic people. *Studies on the human skeletal remains from Japan, China*. National science museum, Tokyo.

Nakahashi, T., 2002：Ritual tooth ablation in the ancient Jiangnan region, China. *Ancient people in the Jiangnan region,China*. Kyushu university press, Fukuoka.

Oota.H., Settheetham-Ishida.W., Tiwawech.D., Ishida.T., and Stoneking.M., 2001：Human mtDNA and Y-chromosome variation is correlated with matrilocal versus patrilocal residence. *Nature Genetics* 29.

O'shea, J.M., 1984：*Mortuary Variability*. Academic press, Orland.

Paulme, D., 1935 : *Organisation sociale des Dogon*. (translated by Frieda Schu¨tze, 1969 : *Social organization of the Dogon*. New Haven, Conn. HRAF.)

Pietrusewsky,M. and Douglas, M, T.,1993 : Tooth ablation in old Hawaii. *The journal of the Polynesian Society*,102-3.

Pindborg, J.J., 1969 : Dental mutilation and associated abnormalities in Uganda. *Am. J. Phys. Anthropol*.31.

Pounder, Derick.,1984 : Forensic aspects of aboriginal skeletal remains in Australia. *American journal of forensic medicine and pathology*, 5-1.

Putschar, W. G. J., 1976 : The structure of the human symphysis pubis with special consideration of parturition and its sequelae. *Am. J. Phys. Anthropol*.45.

Radcliffe-Brown, .A. R., 1999 : *The Andaman islanderes*. Free Press, Illinois.

Rattray, C. R. S., 1927 : *Religion and art in Ashanti*. Clarendon Press, Oxford. HRAF.

Rippen, V, D., 1918a : Practices and customs of the African matives involving dental procedures. *Journal of the allied dental societies*, 13.

Rippen, V, D., 1918b : Mutilations and decorations of teeth among the Indians of North, Central and South America. *Journal of the allied dental societies*, 13.

Rippen, V, D., 1918c : Dental procedures among the natives of Australasia, Melanesia, Polynesia, and Micronesia. *Journal of the allied dental societies*, 13.

Robb, J., 1997 : Intentional tooth removal in neolithic Italian women. *Antiquity*,71.

Sarpong, P., 1977 : *Girls nubility rites on Ashanti*. Glana Pub. HRAF.

Salamone, F. A., 1974 : *Gods and goods in Africa:persistence and change in ethnic and religious identity in Yauri Emirate, North-Western State, Nigeria*. New Haven, Conn. HRAF.

Service.E., 1971 : *Primitive Social Organization*-An Evolutionary Perspective- (松園万亀雄訳, 1979：未開の社会組織. 弘文堂).

Singer, R., 1953 : Artificial deformation of teeth. South Africa journal of science,50.

Sjøvold, T., 1973：The occurrence of minor non-metrical variants, : *Homo*, 24.

Spring, D. B. and Lovejoy, C. O. and Bender, G. N. and Duerr. M., 1989 : The radiographic preauricular groove : Its non-relationship to past parity. *Am J.Phys. Anthrop*79.

Stewart,T. D. 1939 : Negro skeletal remains from Indian sites in the west Indies. *Man*, 39.

Stewart,T. D. and Groome, J. R. 1968 : The African custom of tooth mutilation in America. *Am J.Phys.Anthrop*,28.

Takakura, H. and Mizoguchi Koji, 2004：Some Problems with the Outcome of the A. M.S. Dating of the Yayoi Period by the National Museum of Japan. *Worldwide Conferences of the Society For East Asian Archaeology 2004*. Daejon.

Tanaka, Y., 1993 : Tooth measurement as indicator of kinship distance and post-marital residence pattern in the final Jomon of western Japan. *Abstract of the 58th Annual Meeting of Society for American archaeology.*

Tanaka, Y., 2001 : Reconstructing final Jomon post-marital residential patterns in western Japan. *Bulletin of Indo-Pacific prehistory association,*21.

Turnbull, M. C., 1965 : *The Mbuti pygmies: an ethnographic survey. Anthropological papers of American museum of natural history,*50-3. HRAF.

〔中文〕

莫俊卿, 1982：古代越人的拔牙習俗. 百越民族史論集. 中国社会科学出版社, 北京.

张君, 2006：湖北枣阳市雕龙碑新石器时代人骨分析报告. 中国社会科学院考古研究所編. 枣阳雕龙碑. 科学出版社, 北京.

张雄, 1990："夷"、"越" 文化関係略論. 百越民族研究. 江西教育出版社,

朱泓, 1999：六里井遺址人骨鑑定报告. 国家文物局考古領队培训班編. 兖州六里井. 科学出版社, 北京.

藩其風 1999：人骨. 原州聯合考古隊編. 唐史道洛墓. 勉誠出版, 東京.

藩其風 2000：朱开沟墓地人骨的研究. 内蒙古自治区文物考古研究所・鄂尔多斯博物館編. 朱开沟—青铜时代早期遗址发掘报告. 文物出版, 北京.

藩其風 2005：陕西神木新华古代墓地人骨的鑑定. 陕西省考古研究所, 榆林市文物保护研究所編. 陕西省考古研究所田野发掘报告. 科学出版社, 北京.

韓康信・藩其風, 1981：我国拔牙風俗的源流及其意図. 考古, 1.

韓康信・藩其風, 1982：广东佛山河宕新石器时代晚期墓葬人骨. 人類學學报, 1-1.

韓康信・薰新林, 1999：香港馬湾島东湾仔北史前遺址出土人骨鑑定. 考古, 1.

林蔚文, 1990：百越民族与東南业民族文化探微. 百越民族研究. 江西教育出版社,

厳文明, 1979：大汶口文化居民的拔牙風俗和族属問題. 大汶口文化討論文集. 文魯書社,

西安半坡博物馆, 陕西省考古研究所, 临潼县博物馆, 1988：姜寨：新石器时代遺址发掘报告. 文物出版社, 北京.

莲照美, 1987：台湾史前时代拔歯習俗之研究. 国立台湾大学文史哲学报, 35.

山东省考古研究所・寒宁区文物管理所, 1997：山东濰坊前埠下遺跡発掘报告. 山东省文物考古研究所編. 山东省高速公路考古报告集. 科学出版, 北京.

韓康信, 2000：山东兖州王因新石器时代人骨的鑑定报告. 中国社会科学院考古研究所編. 山东王因—新石器时代遺跡発掘报告—. 科学出版, 北京.

〔韓文〕

河仁秀, 2000：嶺南地方無文土器時代墓制の様相―洛東江下流域を中心に―. 第48回埋蔵文化財研究集会　弥生の墓制（1）―墓制からみた弥生文化の成立―.

慶尚南道・東亜大学校博物館, 1999：南江流域文化遺跡発掘図録. 韓国.

金宰賢, 2003：大邱市花園城山里古墳出土人骨에대廃分析, 大邱花園城山里1号墳別刷. 慶北大学校博物館, 韓国.

金鎮晶・小片丘彦・峰和治, 1988：三千浦勒島遺跡出土人骨（予報）. 伽倻通信, 17.

金鎮晶・小片丘彦・峰和治, 1990：勒島住居址出土人骨. 伽倻通信, 19・20.

金鎮晶・小片丘彦・峰和治・竹中正巳・徐姶男, 2006：勒島遺跡ⅠC地区出土人骨. 勒島遺跡. 釜山大学校博物館. 韓国.

金鎮晶・小片丘彦・峰和治・竹中正巳・佐熊正史・徐姶男, 1993：金海禮安里古墳群出土人骨（Ⅱ）. 金海禮安里古墳群Ⅱ. 釜山大学校博物館, 韓国.

韓国土地公社・韓国文化財保護財団, 1988：慶山林堂遺跡（Ⅰ）. 韓国土地公社・韓国文化財保護財団, 韓国

慶北大学校博物館, 2003：大邱花園城山里1号墳. 慶北大学校博物館, 韓国.

釜山大學校博物館編輯, 1993：金海禮安里古墳群. 釜山大学校博物館, 韓国.

東亜大学校博物館, 1999：남강선사문화세미나요지. 東亜大学校博物館, 韓国.

あとがき

　本書は2005年3月に九州大学大学院比較社会文化研究科に提出した博士論文『日本先史時代抜歯風習の研究』を基礎とし、その後の資料調査の成果を加味し、北部九州弥生時代抜歯風習の変容および抜歯風習による縄文社会復元に関する考察について若干議論を進めたものである。博士論文の提出に当たっては田中良之先生、岩永省三先生、中橋孝博先生、溝口孝司先生、佐藤廉也先生、宮本一夫先生，辻田淳一郎先生、石川健先生（現大野城市教育委員会）からご指導・ご鞭撻を賜った。心よりお礼申し上げたい。加えて、私が本研究を行う基礎には学部時代から人骨に関する勉強が可能であった環境がある。当時考古学研究室の学部生であった私が人骨を使った研究ができるよう大学院授業への参加を許可いただいた学部時代の恩師西谷正先生・宮本一夫先生と当時の大学院講義担当であった田中良之先生・中橋孝博先生のご助力は大きい。この時期に、人骨の基礎を教えていただきその後も韓国の出土人骨についてご教示下さっている金宰賢先生（現東亜大学校）にもこの場を借りてお礼を申し上げたい。

　本書で扱っている抜歯風習の研究を始めたのは1998年3月である。きっかけとなったのは1996年の大学院の田中ゼミにおいて精読したJohn O'shea氏の *Mortuary Variability* と1997年前期の大学院ゼミにおいて田中先生の「出自表示論批判」の骨子を教えていただいたことである。これらの授業において、考古学者の常識に基づき部族社会の実態と遺跡で拾いうる情報を安易に結びつけることの危うさを認識した。それとともに列島先史社会構造の復元において引用されることが多い縄文時代晩期抜歯型式出自表示論の基礎となる抜歯の複数段階儀礼論に興味を持った。前期の授業が終わりその夏に参加させてもらったシリアでの2ヶ月間の発掘調査に持ち込んだ学術書は春成秀爾先生の「抜歯

の意義」と Arnold van Gennep 氏の『通過儀礼』であった。

　抜歯出自表示論に関しては1973年の春成先生の「抜歯の意義」が出されるとその結論のみを安易に使用する研究が行われていた。しかし、春成先生御自身は1979年の論考内で、想定している抜歯儀礼が変われば抜歯型式に対応する社会集団も変わってくる可能性を示唆されていた。したがって、私は「まずは抜歯施行儀礼の復元を行ってみよう、とにかく抜歯の施行年齢が不明なことには抜歯儀礼の性格・内実もわからない」という問題意識から手近にあった弥生時代人骨の抜歯年齢の推定を始めた。余談であるが以前他の研究者の方から「予想通りの結果が出なかったらどうするつもりだったのですか？」と尋ねられたことがある。私は特定の結果を意図して分析を行っていたわけではなく、分析結果が民族事例において確認されている様々な通過儀礼のどれと対応するかを明らかにしたかったのである。

　抜歯施行年齢推定の結果縄文・弥生時代抜歯風習ともに既存の研究成果と一致しない分析結果が得られ、推定した抜歯儀礼論に基づいて、一から抜歯と社会集団の対応関係の解明・抜歯風習を用いた先史社会復元を行うという大きな課題が目の前に出現した。当時既存の研究成果を否定する分析結果が得られたことに満足してしまうとともにこれらの課題の前で躊躇している私に、「違う結果が出ましたでは話にならん」「新たに自分の説を出さんと既存の研究を超えたことにはならんぞ！」と叱咤して下さったのは、既存の抜歯通過儀礼論が正しければという条件の下に抜歯出自表示に関する試行実験を行い、先に抜歯出自表示に関する代替案を出されていた田中先生であった。博士論文提出後研究が停滞気味な私に対し、「君の研究は世に何かを問えるか？」と檄を飛ばしながら、時に日本語にならない私の弥生抜歯論を長時間根気強く聞いて下さり、弥生抜歯風習と地域社会の変容を結びつけるヒントを与えて下さったのは、岩永先生であった。

　博士論文および本書執筆過程で学内のゼミ発表・日常の研究室のみでなく学外における様々な研究会・学会などで発表・議論を行う機会に恵まれた。ご指摘・ご助言・激励をいただいた五十嵐由里子・サイモン＝ケーナー・清家章・武末純一・富岡直人・春成秀爾・松本直子・村上恭通の諸先生、板倉有大・岡

崎健治・岡田裕之・小澤佳憲・佐宗亜衣子・田尻義了・邱鴻霖・德留大輔・端野晋平・橋本裕子の諸氏および九州大学大学院比較社会文化学府基層構造講座・比較基層文明講座・人文社会学府考古学専修の学生諸氏（以上各五十音順）に心よりお礼申し上げたい。また、国内外の資料調査を必要とする本研究を続けてこられたのは独立行政法人日本学術振興会の特別研究員制度（DC・PD・RPD）・特別研究費奨励費および韓国国際交流財団フェローシップや九州大学 21 世紀 COE プログラム「東アジアと日本：交流と変容」学術研究員制度による研究費のおかげである。研究資金獲得以前の調査費用が乏しい折には調査の間伯父・伯母や従姉夫婦の家に宿泊させてもらうなどご迷惑をおかけした。この場を借りて心よりお礼申し上げたい。

　発行元であるすいれん舎社長の髙橋雅人氏、編集の原木加都子氏、装丁の篠塚明夫氏には本書の刊行に当たり、多大なるご迷惑をおかけするとともに大変お世話になりました。記して感謝申し上げたい。私自身博士論文執筆から本書刊行に至るまでの間に婚姻・妊娠・出産という大きなイベントを経験した。この間公私にわたり多大なるご心配・ご迷惑をおかけした田中良之先生、まゆみ様ご夫妻に心よりお礼・お詫びを申し上げたい。また、私の研究活動を日夜支えてくれている夫・娘と義理の両親にこの場を借りて感謝の言葉を述べることをお許しいただきたい。最後に、私を時に暖かく時に厳しく見守ってくれている両親と兄、そしてともに考古学という学問の楽しくも険しい道を歩んでいる夫健に本書を贈ることをお許しいただきたい。

2010 年 2 月

舟橋　京子

索 引

事 項

あ 行

齲歯　16,18,32,33,36,61,62,88
永久歯　11,12,17,21,24,25
お歯黒　57-59,348

か 行

カイ二乗検定　92,157,158,176
外傷性欠如　16,35,61,62,88
下顎無抜歯個体　46,47,71,129,146,158
家長権　49,50,57,73,79,319,320,323,324
合葬　22,23,51,162,167,328
加入礼　24,26,48,70,82,84,87,318-324,348
鑑別基準　17,31,33-37,60
鑑別方法　15,35,60,79,81
Qモード相関係数　52,99
居住集団　76,83
空隙歯列　32,160
形質人類学　12,15,31,37,45,53,54,59,70,71,73,74,76,77,79,80,81,98
系譜意識・系譜観念　54,78,337,339-341
系列墓　250,322
研歯・叉状研歯　24,25,27,28,41,51,82,146,147,158,167
犬歯の位置異常　35,62,88
広域コミュニケーションシステム　339
厚葬墓　321-323,345
骨充塡　34,35,62-64,71,93,143,165,170,181,236
婚姻、婚姻儀礼　46-49,51,54,59,70,82,84,87,94,147,313,318
婚姻抜歯　21,26,46,47,48,55,68,71,81,298,299,300,314,318,325
婚後居住規定　51,52,53,75,77,79
婚出者　22,53,77

婚入者　11,52,53,101,102,324,332,333

さ 行

再葬（墓）　53,128,164,208,209,216,328,337,339
削歯　24,27,28,82
ジェンダー　58,83,331,339
歯冠計測（値）　52,76,98,102,103,104,163,164,167,180,215-218,268,334
歯牙供献事例　22,44,49,66,73,293,319,346,347
歯牙様副葬品　292,293
歯周疾患　16,31,32,33,61,62,88,160
思春期（春機発動期）　17-20,22,24,25,33,46,71,84,87,299,313,317
歯槽窩　34,35,60-64,71,93,143,165,170,181,236
氏族　22,51,55,83,101,103,320,323,325,327,332-335
歯列　32,33
社会区分（原理）　60,82,220,324,325,326,344
社会集団　12,56,81,82,83,85,98,324-334,329,340,341
社会進化・社会進化段階　22,56,74,79,335,346,347,349
社会人類学　82,83,324,325
社会組織　50,56,345,348
社会的地位　21,48,70,82,84,87,313,316-324,326,331,332,348,349
集骨　22,104,131,132,134,162,163,164,167,203,204,208,209,216,328,330,335,339-341
集落出自　51,81,147,325
首長制社会　335,336,346,347,348
出自、出自集団　46,47,51-53,56,76,78,81,84,85,87,103,313,320,328,332-334

出自表示（論）　51-53,55,79
親族構造　53,56,57
親族集団　12,27,30,102,322,323,325,327,334,341
親族ソダリティー　54,77,81,83,85,87,98,325-332,339-341
親族関係　98
身体加工儀礼　28,57,72,299,341
水平的社会区分（社会の水平区分）　77,103
垂直的社会区分（社会の垂直区分）　77
成人、成人儀礼　11,24,26,28,31,45-50,54,56,58,70,72,74,75,82,84,87,181,299,313-318,341,347,348
成人抜歯　47,54,55,298,300
生前歯牙喪失（AMTL）　17,18,32,33,62,160
施行儀礼　45,50,51,54,56,57,59,68,70-74,77,79,81,90-98,127,158,299,337,342
施行順序　34,37,48,63,65,71,72
施行年齢　25,32,33,35-37,42-47,49,63-74,90-93,313-321
狭　型　155-164,172-180,252,262,264,328
先天性欠如　18,32,33,35,61,62,88,160
染　歯　24,25
双　系　56,101
側方咬耗、抜歯隣接歯側面の咬耗　35,36,37,63,64,92,93,129,134,144,145,165,170,180,188,191,192,194,245,266
ソダリティー（非居住集団）　83,349
祖霊，祖霊観念　58,330,348
祖霊祭祀　330,341

た　行

対咬歯牙、抜歯対咬歯牙　35,37,49,62,63,64,78,93,245,246,266,280-286
通過儀礼　11,20,21,51,60,70,72,75,80,84,85,87,90,167,313,325,337,347,348
挺出、提出状態　35,49,62,93
頭骨小変異　52,76,99,164
土器分布圏　310,344
渡来系形質　40,42,253,306,343
渡来系抜歯風習　342-346

な　行

2C系　51,52,53,75,77,148,183
乳　歯　17,21,24,25,43,58
妊娠・出産痕　47,90,93-98,129,134,145,171,194,195,249,250,268,270,315-317

は　行

ハイレベルの文化要素　338,345,346
抜歯区分原理　54,77,81,98,324,339,341
抜歯後の空隙　34,64,71,82,155
抜歯方法　28-30
歯の形態小変異　52,75,76,99
春成仮説　4,8,52,53,65,72,76,77
半　族　53,76,77,81,83,325-330,339,340
バンド社会　348,349
非親族ソダリティー　54,56,77,81,83,85,87,98,325-332,339-341
秘密結社　21,83
広　型　155-164,172-180,246,262,264,328
服喪抜歯　11,20,21,23,26,43,44,46-50,58,61,66,68,70,71,73,80,279,298,318-320,323,338,346,347,348
服喪・服喪儀礼　66,70,82,84,87,299,313,318-324
父　系　51,52,57,79,98,101,102
部　族　19,24-27,54,82
部族社会　53,75,79,329,335,336,348,349
部族的（組織）原理　339,340
部族的社会秩序　338,342,344,345
文献記録　19,20,22,23,25,57,298
文身（入れ墨）　11,25,28,57,341
胞　族　26,53,77,83,325,327
母　系　23,51,98,100-102

ま　行

埋葬小群　51,54,56,78,103,132,162,164,167,179,180,182,202,204
埋　伏　35,62
未開社会　58,85,315,318
mtDNA（ミトコンドリア DNA）　42,68,99,100-102
耳朶穿孔　25,28,299,341
民族誌学　13,15,16,22,23,27,30,31,57,70,74,79,325,348
無抜歯個体（上下顎無抜歯個体）　21,46,47,71,72,77,191,208,250,272,322,324
4I系　51,52,75,148,167,183

ら　行

累積類似度　52,164
列状墓 列墓　250,253,332
鹿角製腰飾　146,147,158,160,161,178,321

遺　　跡

国　内

あ　行

青島貝塚　宮城県登米市南方町　32,119
朝日遺跡　愛知県清洲市朝日　275
安座真原第一遺跡　沖縄県宜野湾市真志喜　271
熱田貝塚　愛知県名古屋市熱田区　31,275
有田遺跡　福岡県福岡市早良区　231-233,246
伊川津貝塚　愛知県田原市伊川津町　32,52,53,75,77,103,135-167,184,328,329,340
稲荷山貝塚　愛知県豊川市平井　33,47,52,103,135-167,184,328
岩津保遺跡　群馬県多野郡神流町　274,276
宇久松原遺跡　長崎県佐世保市宇久町　258-259,261,262,263
有珠モシリ貝塚　北海道伊達市有珠　183
姥山貝塚　千葉県市川市柏井町　123-126,304
栄磯岩陰遺跡　北海道島牧郡島牧村　183
大池遺跡B地点　鹿児島県鹿児島郡十島村　271
太田貝塚　広島県尾道市高須町　108,109,116,119,126,296,303
大友遺跡　佐賀県唐津市呼子町　68,254-257,260-264,344,395
大畑貝塚　福島県いわき市泉町　116
大原貝塚　沖縄県島尻郡久米島町　271
小川島貝塚　佐賀県唐津市呼子町　254,262

か　行

貝殻塚貝塚　宮城県宮城郡松島町　303
貝鳥貝塚　岩手県一関市花泉町　116
貝の花貝塚　千葉県松戸市八ヶ崎　121
加曽利貝塚　千葉県千葉市桜木町　126
荻内遺跡　岩手県盛岡市繋　122
金隈遺跡　福岡県福岡市博多区　228-231,246,249,250,253,322
亀山貝塚　愛知県田原市亀山町　121
川下・響貝塚　宮城県東松島市川下　119
枯木宮貝塚　愛知県西尾市巨海町　34,184
切通遺跡　佐賀県三養基郡上峰町　243,244,246
喜念原始墓遺跡　鹿児島県大島郡伊仙町　271
具志川島遺跡　沖縄県島尻郡伊是名村　122
久保ノ作洞穴　福島県いわき市平下　35,45
クマヤー洞穴遺跡　沖縄県中頭郡北谷町　183
栗山遺跡　福岡県朝倉市栗山　322
月明沢洞窟遺跡　長野県佐久市前山　275
国府遺跡　大阪府藤井寺市総社町　31,32,184
古浦遺跡　島根県松江市鹿島町　186-223,331-333
御領貝塚　熊本県熊本市城南町　121

さ　行

西広貝塚　千葉県市原市西広
崎ヶ鼻遺跡　島根県松江市美保関町　122
雀居遺跡　福岡県福岡市博多区　226-228
里浜貝塚　宮城県石巻市鳴瀬町　32
三貫地貝塚　福島県相馬郡新地町　127-135,184,329,339
下山田遺跡　鹿児島県奄美市笠利町　122
正原遺跡　福岡県小郡市三沢　242,250,253,322
新郷（東）貝塚　埼玉県川口市東貝塚　121
新地遺跡　茨城県牛久市　122
新町遺跡　福岡県糸島市志摩新町　226,245
新御堂遺跡　愛知県西尾市八ツ面町　275

た 行

帝釈猿神岩陰　広島県庄原市東城町　122
帝釈寄倉岩陰　広島県庄原市東城町　123,126
大明神遺跡　長野県木曽郡大桑村　121
高砂貝塚　北海道虻田郡洞爺湖町　183
立岩遺跡　福岡県飯塚市立岩　240
千鳥窪貝塚　東京都大田区南久が原　119
塚崎東畑遺跡　福岡県久留米市三潴町　244
津雲貝塚　岡山県笠岡市西大島　31,32,33,47,48,50,52,53,72,168-182,184,261,330,331,339,340
土井ヶ浜遺跡　山口県下関市豊北町　35,36,41,55,56,67,73,78,80,186-223,247,332-334,345
道場山遺跡　福岡県筑紫野市　245
轟貝塚　熊本県宇土市宮の荘町　108,109,116,119,126,297,303
共春遺跡　北海道野付郡別海町　183
鳥ノ峯遺跡　鹿児島県熊毛郡中種子町　270,272,334

な 行

永岡遺跡　福岡県筑紫野市永岡　245
長崎鼻遺跡　鹿児島県熊毛郡南種町　183
仲宗根貝塚　沖縄県沖縄市仲宗根　122
中妻貝塚　茨城県取手市寺田　101,122,330,340
中ノ浜遺跡　山口県下関市豊浦町　186-223,331
生仁遺跡　長野県千曲市生萱　275
西島遺跡　福岡県小郡市三沢　242,243
西原海岸遺跡　鹿児島県大島郡和泊町　271
西平塚遺跡　福岡県春日市小倉　233-234,244,246,249,250,353,322
西ミヤド遺跡　鹿児島県大島郡伊仙町　271
西元浜　岡山県倉敷市西元浜　121
根古屋洞窟遺跡　福島県伊達市霊山町　275
根獅子遺跡　長崎県平戸市獅子町　50,257,258,261,262,263

は 行

白山神社洞穴遺跡　富山県氷見市大境　274
ハサコの宮遺跡　福岡県小郡市三沢　241-242,244,246,250,322
橋本囲貝塚　宮城県多賀城市大代　122
浜郷遺跡　長崎県南松浦郡上五島町　260
原遺跡　福岡県春日市上白水　236-238,244,245,250,253,322
広田遺跡　鹿児島県熊毛郡南種子町　34,35,39,40,92,266,269,272,334
深堀貝塚　長崎県長崎市深堀　260
法海寺　愛知県知多市八幡平井　275
保美貝塚　愛知県田原市渥美町　32,47,75,135-167,330,331
堀之内貝塚　千葉県市川市北国分町　122
本刈谷貝塚　愛知県刈谷市天王町　34,71

ま 行

三笠山岩陰　群馬県富岡市南蛇井　275,276
三津永田遺跡　佐賀県神埼郡吉野ヶ里町　244
南境貝塚　宮城県石巻市　116,122
宮遺跡　長野県長野市中条　121
宮の本遺跡　長崎県佐世保市高島町　259-260,263
宮本台貝塚　千葉県船橋市宮本町　122
門前貝塚　岩手県高田市小友町　121
門田遺跡　福岡県春日市門田　234-236,246,250,253,322
八束脛洞窟遺跡　群馬県利根郡みなかみ町　275

や 行

山鹿貝塚　福岡県遠賀郡芦屋町山鹿　121
山村遺跡　福岡県飯塚市川島　239,240
吉ヶ浦遺跡　福岡県太宰府市　238,239,244,245
吉胡貝塚　愛知県渥美郡田原市田原町　33,47,52,75,77,135-167,315,328
吉母浜遺跡　山口県下関市豊浦町　186-223,345

わ　行

脇岬遺跡　　長崎県長崎市脇岬町　　67,122

有喜貝塚　　長崎県諫早市　　260-263

海　外

王因遺跡　　中国山東省済寧市兗州市　　22
三里河遺跡　　中国山東省青島市膠州市　　46,296,297
城山里古墳　　韓国慶尚北道大邱広域市　　291,292
富庄遺跡　　中国安徽省亳県　　46,67,297
本村里遺跡　　韓国慶尚南道泗川市　　44,286,287,307
林堂遺跡　　韓国慶尚北道慶山市　　292,293
五村遺跡　　中国山東省東営市広饒県　　296,297
梧野里第20号古墳　　北朝鮮平壌市大同区　　288-291,322

諸城橘溝前寨遺跡　　中国山東省濰坊市諸城市　　296
貞柏里第127号墳　　北朝鮮平壌市大同区　　281,282,322
曇石山遺跡　　中国福建省閩侯県　　296
礼安里古墳群　　韓国慶尚南道金海郡大東面　　284-287
尹家屯漢代磚墓　　中国遼寧省大連市　　282-283
勒島遺跡　　韓国慶尚南道三千浦市　　280,281,287,288
圩墩遺跡　　中国江蘇省常州市　　297

筆者紹介

舟橋京子（ふなはし　きょうこ）

1973年熊本県生まれ．九州大学文学部、同大学院比較社会文化研究院博士課程単位取得退学。現在九州大学総合研究博物館日本学術振興会特別研究員（RPD）．考古学・形質人類学専攻，比較社会文化博士．

主な著書・論文

『縄文時代の考古学10』（共著，同成社），『海岱地区早期農業和人類学研究』（共著，科学出版社），「土井ヶ浜井集団における抜歯の社会的意義」『古文化談叢』45，「縄文時代の抜歯施行年齢と儀礼的意味」『考古学研究』50-1，「Methods of Tooth Extraction in Prehistoric Japan and Korea：a comparative study」『Interaction and Transformations』2 などがある．

抜歯風習と社会集団

2010年6月16日第1刷発行

著　者　舟橋京子
発行者　高橋雅人
発行所　株式会社 すいれん舎
　　　　〒101-0052
　　　　東京都千代田区神田小川町3-10 西村ビル5F
　　　　電話 03-5259-6060　FAX03-5259-6070
　　　　e-mail：masato@suirensha.jp
印刷・製本　亜細亜印刷株式会社
装　丁　篠塚明夫
ⓒ Kyoko Funahashi.2010
ISBN978-4-86369-095-0　Printed in Japan